Andreas Lindenberg
Albtraum Neuer Markt

www.albtraum-neuer-markt.de

Andreas Lindenberg

Albtraum
Neuer Markt

Eine brisante Internetstory vom
Aufstieg und Fall eines „Zukunftsunternehmens"

FinanzBuch Verlag

"Es ist nicht Absicht dieses Buches, Personen oder Gesellschaften, die Teil des vorliegenden Erfahrungsberichts sind, zu schädigen. Um die Betroffenen zu schützen, werden Namen teils gar nicht, teils verfremdet wiedergegeben. Eine eventuelle Namensgleichheit mit lebenden Personen oder existierenden Gesellschaften wäre rein zufällig."

Die Deutsche Bibliothek – CIP-Einheitsaufnahme
Ein Titeldatensatz für diese Publikation ist bei
der Deutschen Bibliothek erhältlich

E-MAIL: LINDENBERG@FINANZBUCHVERLAG.DE

Realisierung: Michael Volk, München

© 2002 BY FINANZBUCH VERLAG GMBH MÜNCHEN
LANDSHUTER ALLEE 61 • 80637 MÜNCHEN
TEL.: 0 89/65 12 85-0 • FAX: 0 89/65 20 96

ISBN: 3-932114-50-7

Für mehr Bücher: www.finanzbuchverlag.de

INHALTSVERZEICHNIS

Die Geschichte der WWL Internet AG

Erfahrungen und Randgeschichten

Anhang

Dieses Buch widme ich

Achim O.	Kerstin K.
Andrea O.	Klaus S.
Andreas A.	Konstantin B.
Andreas M.	Manuela K.
Astrid H.	Mariola G.
Benjamin O.	Micha B.
Brigitte B.	Michael M.
Cécile T.	Michael R.
Claudia S.	Monika U.
Daniela B.	Nadine V.
Dennis E.	Oliver G.
Dirk F.	Oliver K.
Elmar A.	Peter F.
Frank W.	Peter H.
Gaby K.	Philipp B.
Gerhard R.	Ralf B.
Gunther G.	Sabine S.
Harald W.	Simone L.
Henry D.	Sonja D.
Jens R.	Stefan B.
Jürgen M.	Stefan M.
Jürgen O.	Sven S.
	Uwe K.

... sowie allen weiteren ehemaligen und heutigen Mitarbeitern der WWL Internet AG, die sich dem Unternehmen verbunden fühlen und die zum Aufbau beigetragen haben oder Teil seiner Geschichte waren.

VORWORT

Am 10. März 1997 wurde der Neue Markt aus der Taufe gehoben, ein spezielles Börsensegment für den risikobereiten Anleger einerseits und junge, innovative, stark wachsende Unternehmen andererseits. Mit dem Neuen Markt wurden die Voraussetzungen für eine altbewährte Art der Kapitalbeschaffung auch für kleine Aktiengesellschaften realisiert, die die Statuten für die Zulassung an den anderen Börsensegmenten nicht erfüllen könnten. Die scheinbare Leichtigkeit, mit der es Unternehmen in den folgenden vier Jahren dadurch möglich sein sollte, große Mengen an Kapital zu günstigen Konditionen zu erhalten, führte zu einem Ansturm auf den Neuen Markt und gipfelte im Jahr 2000 in 133 Neuemissionen – jeden zweiten Arbeitstag eine!

Mehrfach wurde der Neue Markt als Geldmaschine oder Lizenz zum Gelddrucken bezeichnet. Die hohe Bereitschaft der Anleger, teilweise völlig überzogene Unternehmensbewertungen kritiklos zu akzeptieren, hat nicht nur den neu emittierten Unternehmen ein hübsches Sümmchen in ihrer Kasse beschert, sondern auch deren Altgesellschafter zumindest zu Depotmillionären werden lassen. Und nicht zuletzt für die Banken und das Heer an Dienstleistern, die sich auf die Herausforderung „Börsengang" spezialisiert haben, war und ist der Neue Markt ein einträgliches Geschäft.

Überall dort allerdings, wo scheinbar mühelos das große Geld zu machen ist, tummeln sich sehr bald auch schwarze Schafe. Infolge von Insidergeschäften, Anlagebetrügereien, Falschmeldungen und Spekulationen auf Kosten von Kleinanlegern ist der Neue Markt spätestens seit Herbst 2000 in eine tiefe Vertrauenskrise geraten. Fondsmanager bauten ihre Positionen ab und enttäuschte Privatanleger drosselten ihre Investitionen oder haben sich gar ganz aus dem Neuen Markt zurückgezogen.

Erlebten viele Neuemissionen 1999 noch atemberaubende Überzeichnungen ihrer Aktien, so schwand das Interesse zunehmend in der zweiten Jahreshälfte 2000. Der gebrannte Anleger hielt sich zurück und fast schien es, als sollte der Neue Markt bestreikt werden. Der dramatische Einbruch der Kurse, der auch die Stimmung im ersten Halbjahr 2001 prägte, hat letztendlich die nach wie vor junge Aktienkultur in Deutschland beschädigt. Im immer noch instabilen Börsenumfeld ist die Zahl der Unternehmen, die an die Börse gehen, deutlich zurückgegangen. So ist in den ersten sechs Monaten des Jahres 2001 nur elf Gesellschaften der Schritt an den Neuen Markt gelungen, gegenüber 80 Unternehmen im gleichen Zeitraum ein Jahr zuvor.

Noch heute sitzen viele Privatanleger auf Schuldenbergen aus der Zeit, als der Kauf einer Aktie am Neuen Markt kurzfristig verlockende Renditen versprach. Allzu bereitwillig haben Banken ihren Kunden Wertpapierkredite bis zur Hälfte ihrer Depotwerte eingeräumt und ihnen damit ermöglicht, sich weitere (hochspekulative) Aktien kaufen zu können. Wer den rechtzeitigen Absprung verpasst hatte, darf heute empfindlich hohe Schulden tilgen.

Genährt wurde die weltweite euphorische Stimmung gegenüber den Technologieaktien durch das explosionsartige Wachstum, welches der Internetbranche auf Jahre hinaus unterstellt wurde. So sah beispielsweise *Roland Berger & Partner* für die Jahre 1998 bis 2002 eine durchschnittliche jährliche Wachstumsrate von 189 Prozent der E-Commerce-Umsätze in den Bereichen *Business-to-Business* (B2B) und *Business-to-Consumer* (B2C) allein in Deutschland vorher. Für nahezu alle Bereiche des Internetmarktes wurden im gleichen Zeitraum auch von anderen renommierten Marktforschungsinstituten jährliche Wachstumsraten von mehr als 100 Prozent prognostiziert.

Enorme Vorräte an vagabundierendem Kapital, die in den Technologiesektor gepumpt werden konnten, taten ein Übriges, um die Explosion der Kurse zu entfachen. Für die noch junge Internetbranche mit vergleichsweise wenig notierten Aktiengesellschaften waren schier unendliche Mengen an Kapital vorhanden, die zu einer völlig überzogenen Bewertung der Internetfirmen im Frühjahr 2000 führten. Dabei hatte der Anleger, auch der Profi, schnell übersehen, dass es kein unendliches Wachstum gibt.

Die Herausforderung für die Geschäftsführung einer Internetfirma bestand zu jener Zeit darin, das Unternehmen im Strudel der Begeisterung für den Neuen Markt und für den Technologiesektor steuerbar zu halten. Bei der Realisierung vieler Vorhaben, die die Vorstände der oftmals noch sehr jungen Unternehmen den Investoren beim Gang an die Börse versprochen hatten, war diese Herausforderung zu einer Überforderung geworden.

Über den Neuen Markt, die Anlagestrategien an den Börsen und die oftmals schlechten Erfahrungen von Anlegern ist viel geschrieben worden. Ebenso ist ein fast unerschöpfliches Angebot an Sachbüchern erschienen, die sich von Existenzgründungen über die Möglichkeiten zur Kapitalbeschaffung bis zu *Stock Options*-Programmen mit der Thematik auseinander setzen. Wie aber hat diese Situation ein betroffenes Unternehmen erlebt und die Menschen, die in und mit ihm arbeiten? Der stetig gesunkene Aktienkurs von fast 60 Euro in der Spitze bis auf zeitweise unter ein Euro hinterließ seine Spuren nicht nur bei den Altgesellschaftern, deren Depotwerte erbarmungslos dahinschmolzen, sondern auch bei den Mitarbeitern, Kunden und Privatanlegern.

Das vorliegende Buch ist die Rückblende auf eine aufregende Firmengründung im boomenden Internetmarkt. Es beschreibt den Börsengang der daraus hervorgegangenen *WWL Internet AG*. Mit der Aufnahme der Aktie in den Handel am Neuen Markt am 12. Juli 1999 hat von einem Tag auf den anderen das „Produkt" Aktie die Unternehmenskultur verändert. Nichts war mehr, wie es vorher war. Unerbittlich forderte die Aktie eine Rundumbetreuung ein, auf die das Unternehmen so nicht eingestellt war und die das Management und seine Mitarbeiter auf das Äußerste forderte. Fast drängt sich der Eindruck auf, als sei mit dem Börsengang eine Serie existenzbedrohender Managementfehler und Misserfolge eingeleitet worden, die den bis dahin unbestrittenen Erfolgskurs des Unternehmens abrupt beendeten und es nahe an den Abgrund drängten.

Sie erfahren auch die Erzählungen von drei Mitarbeitern, die mir ihre Sicht des Börsengangs niedergeschrieben haben. Da sind zunächst die wehmütigen Erinnerungen einer Mitarbeiterin, die die Gründerzeit miterlebt hat. Auch unser Niederlassungsleiter in Stuttgart, ein Standort, der aus einer unserer Akquisitionen hervorgegangen ist, hat seine Eindrücke zusammengefasst, die er sich damals in der Rolle des Verkäufers notiert hatte. Das Trio wird durch unseren ehemaligen Leiter „Investor-Relations" komplettiert, der unsere so wichtige Schnittstelle zu Investoren war, die ihm nach schlechten Unternehmensmeldungen naturgemäß wenig Anerkennung zollten. Es war auch für mich interessant, diese sehr authentisch erzählten Berichte zu lesen und dabei die anderen Erlebnisperspektiven eines Börsengangs und seiner Folgen zu erfahren.

Heute sieht es so aus, als bekäme die WWL eine zweite Chance. Nachdem sie sich auf ihr Kerngeschäft besonnen und alle nicht profitablen Geschäftsfelder – teilweise eilig und überhastet nach dem Börsengang aus dem Emissionserlös aufgebaut – stillgelegt oder veräußert hat, könnte ihr mit ihrem neuen Investor der viel beschworene Zusammenschluss der *New* mit der *Old Economy* gelingen.

Andreas Lindenberg   September 2001

Wie konntet ihr nur …?

Wehmütig las ich die E-Mails, die mich Anfang Februar 2001 von vielen Mitarbeitern der WWL Internet AG erreichten. So sehr ich mich über die große Anteilnahme an meinem Ausscheiden aus der WWL freute, so betroffen machte mich die Untergangsstimmung, die aus diesen E-Mails herauszulesen war. Der Schrecken bei den Mitarbeitern saß tief. Wenn ein Gründer und langjähriges Vorstandsmitglied von Bord geht, so musste das Besorgnis erregende Ursachen haben.

Tatsächlich hatte ich die schwierigste Entscheidung meines Lebens kurz zuvor mit der Unterschrift unter meine Kündigung besiegelt. Achtzehn Monate nach unserem fulminanten Börsengang war für mich kein Platz mehr in „meinem" Unternehmen. Die Aufgaben, für die ich mittlerweile vorgesehen war, konnte und wollte ich nicht länger mittragen. Es stand schon lange nicht mehr in meiner Macht, Dinge zu ändern, die ich in den letzten Monaten immer heftiger kritisiert hatte. Mein Vertrauen zu zwei Vorstandskollegen war zutiefst erschüttert. Ich war überzeugt, das Unternehmen würde unter ihrer Leitung nicht mehr lange existieren. Meine eindringlichen Appelle an den Aufsichtsrat, Mitglieder des Vorstands auszutauschen, wurden nicht erhört. Eine Verdrängungstaktik wollte ich nicht riskieren – zu leicht wäre diese fälschlicherweise mit Eitelkeiten begründet worden. Ich wusste nicht, wie stark mein Rückhalt im Aufsichtsrat und bei den Aktionären war. Selbst vorsichtige, aber in der Sache deutliche „Ermahnungen" unseres Konsortialführers, die Vorstandsfrage zu lösen, zeigten wenig Wirkung. Nichts hat geholfen, alles nahm seinen gewohnten Gang – business as usual eben.

Sicherlich, die existenzbedrohende Lage, in die die Firma geraten war, war zweifellos nicht die Schuld eines Einzelnen. Sie war überwiegend die Folge eines kollektiven Irrtums der letzten achtzehn Monate, dem neben Vorstand und Aufsichtsrat auch Banken, Investoren, Analysten und Anleger aufgesessen waren. Trotzdem musste jetzt endlich das Gebot der Stunde erkannt werden, mit den dringend notwendigen Aufräumarbeiten zu beginnen, um der Firma noch eine Überlebenschance zu geben.

Hatte ich mein Ausscheiden aus der WWL zunächst als Befreiungsschlag empfunden, so kamen mir durch die Mails der Mitarbeiter allmählich erste Zweifel und fast kam ich mir egoistisch vor. Viele Mitarbeiter baten mich um ein Vieraugengespräch und wollten aus erster Hand meine Motive erfahren. Einer von ihnen war für viele seiner Kollegen eine Schlüsselfigur und genoss ihr Vertrauen. Ich erklärte ihm, warum ich selbst gegangen war, aber gleichzeitig von ihm erwartete, dass er blieb. Ich bat ihn, sich bis zur nächsten Hauptversammlung in drei Monaten in Geduld zu üben. Bis dahin würde ich genügend Aktionärsstimmen beisammen haben, um die Ablösung des Vorstands zu fordern und durchzusetzen. Auch wenn er selber durchaus dazu bereit war, er war sich sicher, dass es viele andere nicht wären und das Unternehmen vorher verlassen würden. Die hohe Unzufriedenheit vieler Mitarbeiter, die einer Endzeitstimmung nahe kam, würde ein schnelleres Handeln erfordern.

Ich sah keinen anderen Ausweg, als ihn ins Vertrauen zu ziehen. Ich erklärte ihm im Detail meinen Plan, der die längst überfällige Ablösung des Vorstands herbeiführen sollte. Dieser Schritt war nach meinem Dafürhalten die einzige Möglichkeit, das Unternehmen zu retten und den Weg zu einem Turnaround freizumachen. Allerdings gab es einige Unbekannte, die das Vorhaben noch zum Scheitern bringen konnten.

Zum ersten Mal stellte er mir an diesem Abend jene Frage, die ich später noch so oft hören sollte und die mich jedes Mal aufs Neue aufwühlte. Wie konnten nur die Gründer der WWL Leute in so mächtige Positionen wie die von Vorständen einsetzen, die sich dafür weder bei der WWL noch in anderen Unternehmen durch ihre Arbeit oder Position empfohlen haben?

Ich erzählte ihm von dem großen Traum, von der einzigartigen Vision, der wir mit dem Erlös aus dem Börsengang ein gewaltiges Stück näher kommen wollten. Doch Geld allein beschert keinen Erfolg. Wenn sich die Firma von einem *Start-up* zu einem professionell geführten Unternehmen entwickeln wollte, musste man die Verantwortung mit Profis teilen. Jetzt waren die Barreserven fast aufgezehrt und die Vision immer noch in weiter Ferne. Der Traum schien geplatzt – trotz der „Profis".

Unser Traum von einem großen und erfolgreichen, international bekannten Unternehmen hatte sich zeitweise zu einem Albtraum entwickelt. Sehr bald musste der Vorstand den hohen Wachstumserwartungen Tribut zollen. Die WWL war, wie so viele andere Unternehmen auch, in die Wachstumsfalle „Neuer Markt" getappt. Zu keiner Zeit war der Spagat zwischen einer jährlichen Umsatzverdopplung und gleichzeitigem Erreichen der Gewinnschwelle beherrschbar. Heute klingt diese Einsicht banal, tatsächlich konnte man sie vorher kaum gewinnen. Der Druck und die Erwartungshaltung des Marktes, ständig und um jeden Preis Firmenakquisitionen zu tätigen, haben zu einer Überforderung des Managements und zu einer verfehlten Wachstumspolitik geführt.

Sie merken schon, ich will Sie nicht einfach so zu einem Plauderstündchen einladen und mich nett mit Ihnen über den Neuen Markt oder die WWL unterhalten. Ich will Ihnen offen die Wahrheit sagen! Was spielte sich hinter den Kulissen ab und was lief schief? War nur der Vorstand unfähig, die WWL in den letzten zwei Jahren durch den Boom im Internetmarkt zu manövrieren, oder gab es da noch „Interessen" von ganz anderer Seite? Der Name des hier beschriebenen Unternehmens, WWL, ließe sich in den meisten Passagen problemlos gegen viele andere Namen am Neuen Markt austauschen; das jedenfalls ist meine Erkenntnis aus Gesprächen, die ich mit ausgeschiedenen Gründern anderer Unternehmen geführt habe.

Weil die Geschichte der WWL aber 1995 mit einem Traum begonnen hatte, möchte ich Sie zunächst in die heile Welt der Gründerzeit entführen, als das Internet noch jede denkbare Perspektive für eine Traumkarriere bot und echte Goldgräberstimmung auf nahezu dem gesamten Globus herrschte.

ALBTRAUM NEUER MARKT

DIE GESCHICHTE DER WWL INTERNET AG

DER ANFANG IST DIE HÄLFTE VOM GANZEN

Wissen Sie noch, wann und wie Sie das erste Mal mit dem Internet in Berührung gekommen sind? Und was Sie bei dieser Begegnung mit dem neuen Medium empfunden haben? Vor wenigen Jahren, als das Internet und die dafür verfügbaren Anwendungen noch in den Kinderschuhen steckten, waren die Reaktionen der Leute ein Gemisch aus Neugier und lächelnder Zurückhaltung. Ist das Internet aus vielen Bereichen heute nicht mehr wegzudenken und sein Nutzen durch eine Vielzahl von Anwendungen anschaulich begründbar, so musste man 1995 noch eine große Portion Gutgläubigkeit aufbringen, um diesem Medium eine nie da gewesene Wachstumsdynamik zuzutrauen: Eine Errungenschaft, von der man bisweilen sogar als Aufbruch in ein neues Technologiezeitalter gesprochen hat, wie er in einem Fünfzigjahresrhythmus die Menschen beglückt.

Die Pionierzeit des Internets

Mitte der neunziger Jahre schwappten von den Universitäten, wo das Internet schon seit Jahren eingesetzt wurde, für den Ottonormalverbraucher zunehmend wahrnehmbar die ersten Internetschlagworte in die Tageszeitungen. Auf den großen deutschen Computermessen wie der *Systems* oder der *CeBIT* waren nur sehr vereinzelt erste Surf-Stationen zu sehen und auch sonst waren die Möglichkeiten, das neue Medium einmal auszuprobieren, sehr begrenzt. Nur ein Jahr später hatte sich das Bild völlig gewandelt: Es gab kaum einen Aussteller, der nicht in irgendeiner Weise das „Internet zum Anfassen" angeboten hätte.

Auch wenn das Internet den Anschein hatte, als sei es plötzlich aus dem Nichts erschienen, so hat es doch eine lange Vorgeschichte, die ihren Anfang schon zu Beginn der sechziger Jahre nahm.

Da gibt es zunächst einmal die Fama, nach der der Auftrag des Pentagons mit seiner politischen Anforderung, die landesweite, zerstörungssichere Kommunikation der Vereinigten Staaten nach einem feindlichen Atomschlag zu gewährleisten, die Geburtsstunde des weltumspannenden Netzes begründet. Tatsächlich wurde mit Mitteln des Verteidigungshaushalts ab 1966 Grundlagenforschung für die Vernetzung von Computern betrieben. Doch erst 1973 erarbeiteten die beiden Wissenschaftler *Vint Cerf* und *Bob Khan*, die als die Väter des Internets angesehen werden, die Definition des *Internet Protocol* (*IP*), die festlegt, wie eine zu übermittelnde Botschaft in viele kleine elektronische Datenpakete zerlegt wird und es so ermöglicht, verschiedene isolierte Netze zu einem großen Netz zu verbinden. Die Revolution dieser Übertragungsmethode bestand in ihrer Fähigkeit, Daten zu übermitteln, ohne ihre Bedeutung zu kennen, und trotzdem sicherzustellen, dass die Daten ihren Empfänger verlustfrei erreichen. Jedes einzelne der Datenpakete tritt auf einem vom Absender nicht vorhersehbaren Weg seine Reise durch das spinnenartige Geflecht der Netzbahnen an und wird am Ziel wieder zu der ursprünglichen Botschaft zusammengesetzt. Solange es nur irgendeine Verbindung – und sei es über viele Zwischenstationen – zwischen dem Absender und dem Ziel gibt, werden die Pakete das Ziel erreichen.

Bereits 1961 ist von *Leonard Kleinrock* eine Arbeit zur Frage des Paket-Transports vorgelegt worden. Von da an sollte es noch sieben Jahre dauern, bis erstmals ein Paket-Protokoll auf einem Netzwerk in Betrieb genommen wurde, welches allgemein als der Vorgänger des Internets angesehen wird, dem *ARPAnet* (*Advanced Research Projects Agency*). Die *ARPA* war 1958 die Antwort des Verteidigungsministeriums der USA auf den ersten unbemannten Raumflug der Sowjets ein Jahr zuvor, mit dem Ziel, den wissenschaftlichen und technologischen Führungsanspruch des amerikanischen Militärs zu festigen. Allerdings stieß die *ARPA* in ihren Anfangszeiten sowohl beim Militär als auch bei den Universitäten auf Ablehnung. Zu sehr fürchtete man damals die Absorption der wertvollen Kapazitäten der spärlich vorhandenen Großrechner zugunsten einer Vision, die niemand nachempfinden oder teilen wollte. Die Universität in Los Angeles besaß Ende der sechziger Jahre einen solchen Superrechner, eine *Honeywell DDP-516*, raumhoch, fast eine halbe Tonne schwer und rund 80.000 Dollar teuer. Die 12 Kilobyte des Rechners – heute in jedem Taschenrechner zu finden – waren die so eifersüchtig gehüteten Ressourcen, die die Wissenschaftler nicht teilen wollten. Die millionenschweren Etats der *ARPA* brachen allerdings jeden Widerstand und so konnte das *ARPAnet* 1969 mit nur vier Netzknoten in Kalifornien und Utah in Betrieb gehen. 1970 kamen erste Knoten an der Ostküste der USA hinzu. Noch 1971 konnte das 23 Knoten starke Netz mittels einer Art Schaltzentrale überwacht werden, ähnlich dem Stellwerk eines Güterbahnhofs. Ein Team aus Technikern kontrollierte den Datenfluss und konnte ihn bei möglichen Störungen umleiten.

1972 wurde von *Raymond Tomlinson* die erste E-Mail-Software entwickelt – er ist auch der Vater des „@" als Trennsymbol einer E-Mail-Adresse. Die Möglichkeit, E-Mails zu versenden, sorgte endlich für die nötige Akzeptanz des Netzes. Gleichzeitig wuchs der Datenverkehr auf dem noch überschaubaren Netz dramatisch an. Zwar war das Netz in gewisser Weise längst öffentlich – es unterlag nicht etwa einer Geheimhaltungsstufe, nur weil es aus Mitteln des Militärs entstanden war –, für ein wirkliches „Volksnetz" fehlten aber noch die Anwendungen, die den Umgang mit dem Netz vereinfachen und benutzerfreundlich machen sollten. Erst 1989 schuf *Tim Berners-Lee* mit der Erfindung des *World Wide Web* (*WWW*) dazu die Voraussetzung, eine Software, die es ermöglicht, auf Basis von Hypertexten bequem im Internet zu navigieren und sich in dem unübersichtlich gewordenen Dschungel von Informationen zurechtzufinden. Als 1993 sein Arbeitgeber *CERN* offiziell auf alle Rechte und Lizenzen am *WWW* verzichtete, wuchs die Datenmenge im Internet sprunghaft um das dreieinhalbtausendfache an. Hatten 1973 gerade einmal 2000 Menschen das Netz genutzt, welches aus rund 35 Netzknoten bestand, so waren es 1981 bereits eine halbe Million Nutzer und das Internet war auf 188 Rechner angewachsen. Über die Zahlen heute gibt es lediglich Schätzungen, die im Januar 2001 von 420 Millionen Nutzern weltweit und 109 Millionen ständig an das Internet angeschlossenen Rechnern ausgehen.

Dann gibt es weiterhin die ideologische Erklärung, nach der das Netz der Netze mit atemberaubender Geschwindigkeit vom Forschungsgegenstand zum Werkzeug mutiert ist, einem Instrumentarium des Kapitalismus zur Schaffung einer weltweiten Plattform für die lückenlose Liberalisierung der Märkte dieser Welt. Die Erwartung, dass der E-Commerce einen Kaufrausch im elektronischen Handel auslösen würde, war schon früh der Motor jeder Annäherung an das Internet. Den Anfang hatte mit ihrer Registrierung am 15. März 1985 die Firma *Symbolics.com* gemacht. 1989 folgte *John McAfee*, der fortan Antiviren-Software über das Netz vertrieb und heute durch seine gleichnamige Firma weltbekannt ist. Am 23. November 1992 reagierte der US-Kongress und erließ ein Gesetz, mit dem das ursprünglich aus Steuermitteln finanzierte Netz für Geschäfte aller Art frei wurde.

Für eine Einführung in das Internet musste ich mich 1995 noch an die Universität in Erlangen begeben, wo mir mein Gründerkollege die erste Vorführung gab. Wollte man sich damals sinnvolle Anwendungen im Internet zeigen lassen, so musste man schon ein wenig technikverliebt sein, um über die Pionierangebote mit eher spielerischem Charakter schmunzelnd hinwegsehen und dem Internet wirtschaftliche Tugenden unterstellen zu können.

Da gab es beispielsweise die mittlerweile weltberühmt gewordene Kaffeemaschine an der Universität in Cambridge. Der „Sage" nach hatten der Student *Quentin Stafford-Fraser* und seine Kommilitonen wenig Lust, ständig zur Kaffeemaschine zu laufen, nur um festzustellen, dass die Glaskanne noch nicht gefüllt oder schon wieder leer war. So bastelten sie innerhalb eines Tages eine Kamera, die sie auf die Kaffeemaschine ausrichteten und an das Netzwerk der Universität anschlossen. Fortan war es von jedem Platz der Uni möglich, den Füllstand der Kaffeemaschine über ein permanent aktualisiertes Foto zu prüfen. Diese Idee führte zur ersten Webcam, die ab 1993 die Bilder der Kaffeemaschine für die ganze Welt im Internet abrufbar machte und daraufhin viele Nachahmer erhielt. Ich erinnere mich an eine Webcam, die ein Berliner Provider von seinem Büro direkt auf den Bahnhof Zoo ausgerichtet hatte. Im Fünfminutentakt aktualisierte sie das Foto vom hektischen Treiben der Parkplatzsuchenden vor dem Bahnhof und der Position der Züge auf den Bahngleisen. Viel war nicht zu erkennen auf diesen Bildern in meist kleiner Auflösung und schlechter Qualität, wer aber wissen wollte, wie das Wetter in Berlin war, der konnte beim Betrachten der Fotos zumindest zwischen Sonnenschein und Regen unterscheiden. Bis heute ist der Siegeszug der Webcam ungebrochen, egal ob sie als Hilfsmittel bei einer Konferenz oder dem kostenpflichtigen Exhibitionismus von Wohngemeinschaften dient – ihre Einsatzmöglichkeiten sind vielfältig. Die legendäre Webcam aus Cambridge fiel dieser Tage übrigens einem Umzug der Fakultät zum Opfer – rund zehn Jahre nach ihrer Inbetriebnahme.

Ein anderes, damals gerne gezeigtes Beispiel für eine Anwendung im Internet war ein Online-Pizza-Lieferservice. Die eher spartanisch aufgebauten Seiten mit Ankreuzmöglichkeiten für die gewünschte Pizza ließen den Besteller stets im Ungewissen, ob denn seine Order auch bei dem Pizza-Service angekommen war. Obwohl ich persönlich immer das Telefon der Onlinemöglichkeit vorgezogen hatte – der Griff zum Telefonhörer war einfach um ein Vielfaches schneller als die damals nicht unproblematische Einwahl ins Internet und der unerträglich langsame Seitenaufbau –, bedurfte es keiner allzu großen Fantasie, sich die Magnetwirkung künftiger Internetanwendungen auf die Menschen vorzustellen.

Schon damals ließ eine Reihe von Suchmaschinen, allen voran *Yahoo!*, erahnen, mit welcher atemberaubenden Geschwindigkeit die Angebotsvielfalt im Internet täglich zunahm. Die Nutzer waren bereit, die eher dummen Suchmaschinen, die auf jede Anfrage hunderte von Antworten aus ihrer Datenbank hervorkramten, als ein Zeugnis nie da gewesener

Informationsfülle zu loben. Erst sehr viel später, als sich das Internet vom verspielten zum professionell genutzten Medium entwickelte, wurde dieser Effekt als störend und nervend bei der Suche nach der gewünschten Information angesehen. Die Grundlage für die vielen Suchmaschinen der heutigen Generation, die sich auf bestimmte Branchen beschränken und erste intelligente Ansätze zeigen, war geschaffen, als man der Informationsflut Herr werden wollte.

Wirklich überzeugende Anwendungen für das Internet waren schon damals Dienste wie E-Mails oder Datentransfer über das Netz. Zwar unterliegt ein allzu intensiver Gebrauch von E-Mails der Gefahr, die klassischen Kommunikationswege zwischen Menschen zu vernachlässigen und schnell zur Eskalation von an sich harmlosen Meinungsverschiedenheiten beizutragen, aber dennoch erleichtern sie erheblich die tägliche Arbeit. In der Möglichkeit des Datentransfers war ein grandioses Einsparpotenzial für alle Software-Hersteller dieser Welt absehbar, die damit Updates, verbesserte Treiber, leistungsfähigere Zusatzmodule und Demoversionen ihrer Programme zentral und für jeden zu jeder Zeit abrufbar machen konnten.

Die Faszination rund um das Internet, diesem scheinbar rechtlosen Raum, wurde durch weltweit beachtete, teils kriminelle Handlungen noch gefördert. Das herrenlose Netz der Netze entwickelte eine Eigendynamik, die außer Kontrolle geriet, und viele Bemühungen, für Rechtssicherheit zu sorgen, sind bis heute immer wieder ausgehebelt worden. Unvergessen bleibt das von der Internetgemeinde, Politikern und Wirtschaftsvertretern aus aller Welt mit Fassungslosigkeit aufgenommene Urteil gegen den ehemaligen Geschäftsführer von *CompuServe, Felix Somm*, der von einem Münchener Gericht wegen Verbreitung von Kinder- und Tierpornografie über die Datenspeicher von CompuServe im Mai 1998 zu zwei Jahren auf Bewährung und 50.000 Euro Geldstrafe verurteilt wurde. Im November 1999 wurde das Urteil im Revisionsprozess aufgehoben, und das Gericht gestand *Somm* zu, deutschen Kunden nur den technischen Zugang zu den Datenspeichern der US-Mutterfirma ermöglicht zu haben, auf denen die beanstandeten Inhalte waren. Somit hatte eine Bestimmung des deutschen Multimediagesetzes von 1997 gegriffen, wonach Anbieter von Internetzugängen für fremde Inhalte, zu denen sie lediglich den Zugang vermittelten, nicht verantwortlich seien.

Nicht geringeres Aufsehen erregte die über zweijährige Jagd nach dem Hacker *Kevin Mitnick*, der Anfang der neunziger Jahre in mehrere Netzwerke amerikanischer Konzerne und des Militärs eingedrungen war, eher er 1995 endlich überführt werden konnte[1]. Nach Verbüßung einer fast fünfjährigen Haftstrafe ist er im Januar 2000 unter sehr strengen Auflagen wieder auf freien Fuß gekommen. So darf *Mitnick* in den folgenden drei Jahren weder Hardware noch Software besitzen oder benutzen, ebenso wenig Modems, Handys oder Fernseher. Als einzige Möglichkeit der elektronischen Kommunikation ist ihm die Benutzung eines Festnetztelefons erlaubt.

Die immer wieder gelungene Verbreitung von Viren und Würmern im Internet, die teilweise erheblichen Schaden angerichtet hatten, konnte der Zunahme der Nutzerzahlen keinen Abbruch tun. Unvergessen bleibt „I love you", das Virus, das als Trojanisches Pferd unter aktiver Mithilfe seiner E-Mail-Empfänger im Herbst 2000 weltweit einen Schaden von zehn Milliarden Dollar anrichtete. Mehr als zehn Jahre zuvor, in der Nacht zum 3. November 1988, brachte der sich selbst verbreitende Wurm des Informatikstudenten *Robert Tappan Morris* weltweit bis zu 10.000 Computer im Internet zum Absturz. Glücklicherweise war das Internet von der Industrie noch nicht entdeckt und beschränkte sich Ende der Achtziger vorwiegend auf Universitäten und militärische Einrichtungen, was den wirtschaftlichen Schaden in Grenzen hielt.

Wie schwer das Internet noch beherrschbar und durchschaubar war, zeigte eindrucksvoll die Golfkrise. Die Amerikaner als die Väter des Internets versuchten zunächst recht erfolglos, die Kommunikation im irakischen Teil des Internets lahm zu legen.

Wesentlichen Anteil an dem sich explosionsartig ausbreitenden Bekanntheitsgrad des Internets hatte die Marketingmaschinerie, die von den Medien und der Werbeindustrie aufgebaut wurde. Wie ein Schwamm sogen Redakteure auf der ganzen Welt alle Nachrichten und Geschäftspotenziale um das Internet auf und haben sich bereitwillig zu seinem Diener gemacht, um es fortan zum meistbeschriebenen Wirtschaftsinstrument der Welt zu machen. Diese gigantische und dazu kostenlose Marketingpower verhalf dem Internet und allen, die ihr unternehmerisches Glück in seinem Umfeld versuchten, zu einem weltweit beachteten Wirtschaftszweig, der im März 2000 in einer völlig überzogenen Börsenbewertung seinen vorläufigen Höhepunkt erreicht hatte.

---

1 Über die Jagd nach Kevin Mitnick ist 1996 im dtv Verlag das Buch „Data Zone" von Shimomura erschienen.

Der Aufbruch in die New Economy

Im April 1995, gut vier Wochen vor der Gründung der WWL, wurde ich das erste Mal mit dem Internet konfrontiert. Allerdings gleich mit der Frage, ob ich mich an der Gründung eines Unternehmens beteiligen würde, welches zum Geschäftsgegenstand die Erstellung von Internetapplikationen hat. Zwei Studenten, die sich ein gutes Jahr vor dem Ende ihres Studiums befanden, wollten mit der Unterstützung meines Bruders und mir, die wir schon fünf Jahre selbstständig waren, eine Firma aufbauen, die ihnen nach dem Studium einen Arbeitsplatz in diesem Umfeld bieten könnte.

Ich kann heute getrost zugeben, dass wir die WWL gründeten, ohne zuvor mit einem Businessplan die Regeln wirtschaftlicher Betriebsführung beachtet zu haben. Ich halte dies für völlig legitim und bin überzeugt, dass ein Businessplan unsere Gründungsphase auch nicht erfolgreicher gemacht hätte, als sie ohnehin war. Grundsätzlich muss es erlaubt sein, eine gute Idee im unternehmerischen Sinne auch spontan umsetzen zu dürfen. Immerhin vergingen von der Idee bis zur notariellen Gründung nicht einmal drei Wochen.

Andererseits haben es die letzten Jahre sehr eindrucksvoll gezeigt: Der Internetmarkt ist fast nicht planbar. Jeder Plan, den wir uns damals gemacht hätten, wäre binnen Monaten überholt gewesen. Uns vier Gründern genügten die Überlegungen, welche Investitionen wir mit einem Startkapital von 25.000 Euro tätigen könnten. Wir hatten ohnehin nicht vor, uns innerhalb des ersten Geschäftsjahres Gehälter auszuzahlen. Tatsächlich waren wir so blauäugig anzunehmen, wir könnten den Betrieb von ein paar Einwahlknoten und die Erstellung von ein paar Internetauftritten eher so nebenbei stemmen. Jeder von uns hatte bereits mehrere Aufgaben wahrzunehmen, sei es an der Universität oder, wie im Falle meines Bruders und mir, durch die vollberufliche Tätigkeit bei unserem fünf Jahre zuvor gegründeten Softwareunternehmen, der *B&L Impuls Software GmbH*. Schon sehr bald wurden wir eines Besseren belehrt und mussten mehr und mehr unsere Arbeitskraft in den Dienst der WWL stellen. Wir wurden binnen kurzer Zeit überrascht von der Welle der Begeisterung, die das Internet auslöste und seinen Dienstleistern die Kunden wie von Geisterhand zuführte.

Einerseits war es sicher die lockere Vorgehensweise, die uns einen erfolgreichen Start bescherte. Wir konnten in den ersten Monaten ohne jeglichen existenziellen Druck ganz eisern unseren eingeschlagenen Weg

gehen. Wir kamen nie in die Versuchung, unsere beiden Kerngeschäfts-
felder – Erstellen von Internetpräsenzen und Netzwerklösungen – zu verlassen, nur um zusätzlichen Umsatz zu generieren.

Andererseits kamen wir genau zur richtigen Zeit mit der Geschäftsidee der WWL im Nürnberger Raum. Das ist das unternehmerische
Glück, das man auch schon mal für sich in Anspruch nehmen muss.
Nürnberg war 1995 tatsächlich noch ein weißer Fleck auf der Landkarte
einiger bundesweit operierender Provider, die auf regionaler Ebene Partner für den Betrieb von Einwahlknoten suchten. So gab es einen Partner
des damals sehr populären Netzanbieters *Eunet*, dem der Ruf vorauseilte,
die qualitativ besten Zugänge anzubieten, und der daher sehr teuer war,
sowie einen Partner von *ContribNet*, der zwar sehr preiswert, aber auch
bekannt für ständig überlastete Leitungen war.

Wir schlossen uns einem Hamburger Provider an, *MAZ Hamburg*, der
wenig später in *IS Internet Services* umgetauft wurde und im Jahre 2000
als *Ision Internet AG* an den Neuen Markt gegangen ist. Zu diesem Zeitpunkt standen wir allerdings in keiner Geschäftsbeziehung mehr zu-
einander. Die *MAZ* war schon 1995 ein sehr leistungsfähiger Netzbetrei-
ber, der sich gerade von seinem Nürnberger Partner getrennt hatte, weil
dieser keine Aktivitäten für den Betrieb eines Einwahlknotens erkennen
ließ. Die *MAZ* brachte das in die unglückliche Lage, die zahlreichen
Nürnberger Anfragen für Internetzugänge nicht bedienen zu können.
Just in diesem Moment klopfte die WWL, noch in Gründung, bei dem
Geschäftsführer der *MAZ* an und kam mit ihrer Geschäftsidee wie gerufen. Mit dem Vertrag in der Tasche kauften wir die nötige technische Ausrüstung, um den Einwahlknoten in Nürnberg zu errichten.

Es war unglaublich, was man seinen Kunden damals zumuten konnte – und wegen technischer Probleme der Ausrüstung auch musste –,
ohne dass sich einer beschwert hätte. Offenbar war allen bewusst, dass
sich das Internet in einer Art Erprobungsphase befand, und ein bis zwei
Stunden Betriebsstörung beim Provider mehrfach pro Woche wurden in
Kauf genommen. Hinzu kam die völlig überlastete Leitung, mit der wir
uns an den Münchener Knoten der *MAZ* angeschlossen hatten. Man stelle sich vor, dass wir acht Monate lang mit nur einer ISDN-Verbindung (ein
Kanal!) einen Einwahlknoten für den Raum Nürnberg betrieben hatten,
ein Einwahlgebiet mit einem Potenzial von immerhin knapp eineinhalb
Millionen Einwohnern! Und damit nicht genug. Wir wiederum waren eine
Anschlussstelle für die Firma *Axis* aus Erlangen, die dort einen Einwahlknoten unterhielt. Gemeinsam hatten wir schon nach wenigen Monaten

zwei Dutzend gleichzeitig benutzbarer Einwahlkanäle geöffnet, die alle über unsere 1-Kanal-ISDN-Leitung von München gespeist wurden. Das entspricht der Bandbreite, die heute jeder Internetnutzer, der sich von zu Hause einwählt, für sich ganz allein in Anspruch nimmt. Mildernd muss man allerdings eingestehen, dass 1995 die meisten Nutzer ein analoges Modem mit einer maximalen Transferrate von 14.400 bits/Sekunde verwendeten. Die doppelt so schnellen 28.8er-Modems und die viermal so schnellen ISDN-Leitungen fingen erst langsam an, populär zu werden.

Und dann die ewigen Betriebsstörungen. Wir hatten damals die Wahl, entweder für sehr viel Geld *Cisco*-Produkte zu kaufen, die den Vorteil einer hohen Betriebszuverlässigkeit gehabt hätten, oder für sehr viel weniger Geld eine PC-basierte Lösung zu installieren, mit dem Nachteil, den PCs nun einmal so an sich haben – sie stürzen häufig ab. Solche Abstürze hatten zur Folge, dass die Leitung nach München nicht mehr bedient wurde und den eingewählten Kunden der Spaß am Surfen vermasselt wurde. Den armen *Axis*-Kollegen erging es noch schlimmer. Sie waren nicht nur bei eigenen Problemen vom Internet abgeschnitten, sondern auch, wenn wir infolge technischer Ausfälle den Stillstand der Leitung nach München zu beklagen hatten.

Wochentags blieben die Abstürze des Verbindungsrechners nach München vom Kunden meist unbemerkt. Binnen Sekunden war der Rechner nach einem manuell ausgelösten Neustart wieder im Einsatz. Nachts und am Wochenende allerdings war meist niemand von uns in der Firma, um den *Reset* des Rechners durchzuführen, wenn er sich einmal mehr „aufgehängt" hatte. Als Einziger von uns vier Gründern hatte ich das Pech, in Nürnberg zu wohnen und die Firma binnen einer Viertelstunde von zu Hause aus erreichen zu können.

Irgendwann hatte ich aufgegeben mitzuzählen, wie oft ich nachts aus dem Schlaf und am Wochenende aus dem Familienleben gerissen wurde, um in die Firma zu fahren, nur um dort eine klitzekleine Handbewegung auszuführen: einen kurzen Druck auf den *Reset*-Schalter des Rechners. Manchmal musste ich gleich wieder umdrehen, kaum dass ich zu Hause angekommen war. Als ich auch am Heiligabend in die Firma fahren musste, war meine Geduld am Ende. Ich machte meinen Gründerkollegen unmissverständlich klar, dass wir jetzt sofort den Rechner durch einen Router von *Cisco* austauschen würden, koste es, was es wolle. Der Widerstand der anderen war praktisch nicht vorhanden. Die Alternative wäre höchstens gewesen, sie fahren fortan an meiner Stelle in die Firma zur Betätigung des Notfallschalters.

War das eine Steigerung der Lebensqualität (und der Kundenzufriedenheit), als die *Cisco*-Maschine ans Netz ging! Ein Urlaub konnte nicht so erholsam sein, wie der Anblick des neuen Routers, der von nun an sehr unspektakulär und höchstzuverlässig das tat, wofür wir ihn angeschafft hatten: den stabilen Betrieb der Münchener Leitung zu gewährleisten.

Es mag erstaunlich klingen, aber wir hatten damals kaum einen Kunden verloren. Richtig böse wurden einige Kunden immer erst dann, wenn ein bestimmter Dienst bei uns ausfiel: Das Angebot der Informationsforen, die so genannten *News Groups*, über die „tonnenweise" pornografisches Bildmaterial konsumiert wurde. Freilich enthalten *News Groups* auch andere Informationen, die gleichzeitig ausfielen und prima als Beschwerdevorwand genutzt werden konnten – denn natürlich beschwerte sich niemand bei uns, nur weil er mal wieder nicht an aktuelle Sexbilder herankam. Unsere Zugriffsstatistiken täuschten aber nicht darüber hinweg, was meistens der wahre Grund für die Beschwerden gewesen sein dürfte.

Die Einkaufspreise bei der *MAZ* waren leistungsorientiert und richteten sich nach dem über die Leitung übertragenen Datenvolumen. Als Maßgröße für die Abrechnung mit unseren kommerziellen Kunden ermittelten wir jeden Monat die Anzahl der Bytes, die sie über unsere Leitung schickten. Jedes Megabyte kostete unmittelbar nach Inbetriebnahme unseres Einwahlknotens noch die für heutige Verhältnisse unvorstellbare Summe von dreieinhalb Euro. Zwar führten wir Staffelrabatte ein, um höhere Transfervolumina attraktiver zu machen, aber dennoch gab es kaum Kunden, die ob dieser Preise mehr als ein- oder gar zweihundert Megabytes pro Monat über die Leitung schickten. Ein Kunde mit zweihundert Megabytes wurde von uns schon als Großkunde gefeiert.

Auch hier ging der Preisverfall nicht spurlos an uns vorüber. Immer mehr Wettbewerber traten auf den Plan und sorgten für einen immer rapider fallenden Preis. Besonders aggressiv fiel damals *Nacamar* auf, ein Provider, der grundsätzlich immer zu Tiefstpreisen anbot, bei denen wir – und auch die *MAZ* – zu keiner Zeit mithalten konnten. Wir hatten ernsthaft Zweifel, wie *Nacamar* ihr Netz profitabel betreiben konnte. Später machten immer wieder Gerüchte um Zahlungsschwierigkeiten bei *Nacamar* die Runde, die höchstens durch teilweise von der *Telekom* abgeschaltete Leitungen oder spärlicher gewordene Messeauftritte genährt wurden. Von einem britischen Investor war zu hören, der *Nacamar* aus den Zahlungsschwierigkeiten geholfen haben soll.

Vor Übernahmegerüchten blieb die Branche ohnehin nie verschont. Alle schauten sich nach potenten und kapitalträchtigen Partnern um, um ihr weiteres Wachstum zu finanzieren. Egal ob es *AOL* und *Bertelsmann* waren, die *MAZ* und die *Thyssen Telekom* oder *Nacamar*, die 1999 in den Hafen von *World Online* steuerten. Nach Überwindung ihrer technischen Anfangsschwierigkeiten konnte sich die WWL durch qualitativ hochwertige Zugänge deutlich von der Konkurrenz abheben. Auch mit der Geschwindigkeit klappte es ab März 1996 bestens, nachdem wir direkt an Hamburg über eine breitbandige Verbindung mit der 30fachen Kapazität (2 Mbit/s) unserer Münchener Leitung angeschlossen wurden. Damals waren neben dem Preis vor allem die Verfügbarkeit des Providers (Besetztzeichen versus freie Leitungen), die Geschwindigkeit des Seitenaufbaus beim Surfen und die Stabilität der aufgebauten Leitungen noch echte Unterscheidungskriterien. Heute sind die Qualitätsunterschiede fast völlig verschwunden und die Abgrenzung gegenüber Wettbewerbern findet ausschließlich über schlecht vergleichbare Preismodelle statt. Bei der WWL war das Megabyte zuletzt ab zwei Eurocent zu haben – ein Preisverfall von mehr als 99 Prozent gegenüber unserer ersten Preisliste.

1995 war die Internetindustrie noch in der Lage, eine Deutschlandkarte zu zeichnen, auf der sämtliche Leitungen aller Provider dargestellt werden konnten. Die Topologie des Internets ließ sich sichtbar machen. Viele Netze waren damals sternförmig gewachsen, alle Leitungen liefen in einem Punkt zusammen. Erst ab 1997 bemühten sich die Provider, ringförmige *Backbones* („Hauptschlagadern" der Netze) in Deutschland einzurichten, die mit dem steigenden Datenvolumen besser zurechtkamen. Paradox war, dass der Austausch der Daten zwischen den deutschen Netzbetreibern oftmals noch über die USA abgewickelt wurde. Wollte man eine E-Mail von der WWL in Nürnberg an einen Studenten der benachbarten Erlanger Universität schicken, so wanderten die Datenpakete über viele Zwischenstationen von Nürnberg bis San Francisco und zurück nach Erlangen. Erst nach und nach haben die Deutschen auf massiven Druck der Amerikaner, die ihre eigenen Netze wieder entlasten wollten, in Frankfurt einen Austauschknoten für innerdeutschen Datenverkehr eingerichtet, das *DE-CIX*.

Unsere Geschäftsaktivitäten als Betreiber mehrerer Einwahlknoten in und um Nürnberg entwickelten sich zunächst viel besser als unser anderes Geschäftsfeld: das Design und die Programmierung von Internetauftritten. 1995 und teilweise auch noch 1996 wurde das Internet überwiegend als Spielwiese angesehen, auf der man hin und wieder den einen oder anderen Versuchsballon startete, um erste Erfahrungen mit dem neuen Medium zu machen. Einige wenige tausend Euro warf das Marketingbudget unserer Kunden dafür meist noch ab.

Neu und beeindruckend war auf jeden Fall die Erkenntnis, dass die Nutzer beim Besuch von Internetseiten zwar anonym blieben, aber dennoch wertvolle Informationen hinterließen, die statistisch ausgewertet eine Menge Rückschlüsse auf das eigene Waren- oder Werbeangebot lieferten, wie man es aus dem Bereich der Druckmedien nicht kannte. Diese Erfahrungen machten Appetit auf das Internet und ab 1997 sahen viele Unternehmen in ihren jährlichen Marketingaufwendungen entsprechende Budgets vor. Bis dahin überstieg die Auftragshöhe pro Projekt selten zehntausend Euro.

Auch die Prozesse bei unseren Kunden mussten auf das neue Medium um- und eingestellt werden. Plötzlich gab es neben dem Telefon und der klassischen Post auch noch ein weiteres Medium, das in akzeptablen Antwortzeiten bedient werden wollte: E-Mails und elektronische Bestellsysteme, die anfangs meist noch manuell bedient wurden. Mehrfach wurden Unternehmen, die ihr Leistungsangebot auch im Internet bewarben, von Fachzeitschriften mit getarnten Anfragen auf ihre Reaktionszeiten getestet. Nur wenige Unternehmen erzielten Bestnoten, für die eine Beantwortung innerhalb von 48 Stunden zwingende Voraussetzung war.

Einer unserer Kunden wurde von dem Erfolg seines Internetauftritts völlig überrascht. Eher zögerlich gab er uns den Auftrag, ein paar seiner Produkte, Zubehörartikel für den sportlichen Autofahrer, im Internet abzubilden. Bestellbar war anfangs lediglich der gedruckte Gesamtkatalog aller Produkte. Die Erfolgskurve seines Internetangebots verlief genau nach dem gleichen Muster wie bei vielen anderen Kunden auch: Nur langsam stellten sich respektable Zugriffszahlen ein, die meist sprungartig nach oben schnellten, sobald die entsprechenden Einträge in den gängigen Suchmaschinen aktiviert waren und der Internetauftritt auch in dem klassischen Corporate Design, beispielsweise auf Visitenkarten oder Briefköpfen, der Firma beworben wurde. Gut drei Monate nach erstmaliger Onlinestellung seiner Webseiten bat uns der Kunde, seinen Auftritt für ein paar Tage vom Netz zu nehmen. Er wurde völlig überrannt von Nachfragen, die ihn über sein Onlineversuchsprojekt erreichten. Nachdem er eilends eine Halbtagskraft eingestellt hatte, die nur für die Bearbeitung der Anfragen aus dem Internet zuständig war, durften wir seinen Auftritt wieder aktivieren.

Nicht nur die Anbieter von Inhalten mussten lernen, mit dem Internet umzugehen. Auch die Nutzer wollten an das Medium herangeführt werden. Mit der Nürnberger Filiale des Buchhändlers *Hugendubel* veranstalteten wir mehrere Internettage: „Internet zum Anfassen – für jedermann". In einem Wechselbad aus Scheu, Neugier und Begeisterung näherten sich die Leute dieser medialen Welt. Die Grundtechniken des Surfens, das Zurechtfinden in den Millionen von Webseiten, waren keineswegs trivial. Fassungslos, weil eher die Technik hinterfragend, ohne sie wirklich zu verstehen, sah der Nutzer mit an, wie man Seiten aus den USA abrufen konnte und doch nur am nächstgelegenen Internetknoten zum Ortstarif eingewählt war. Die Leute mussten erst die Vorstellung an sich heranlassen, dass sie das Internet als eine riesengroße Illustrierte begreifen durften, die aus Millionen von Seiten mit fachlichen und werblichen Inhalten besteht und zu der die ganze Welt der Internetgemeinde Beiträge liefert. Gleichzeitig mussten sie sich von der Gewohnheit lösen, in nationalen Grenzen zu denken und Wege und Herkunft der Seiten bei ihrem Surfverhalten ergründen zu wollen. Im Internet gibt es diese Grenzen nicht, die Welt verschmilzt zu einem einzigen, virtuellen Kontinent – in dem allerdings verschiedene Sprachen gesprochen werden.

Vielen Menschen das Internet näher zu bringen war eine unserer Hauptaufgaben im Gründungsjahr. Wir mussten unentwegt Pionierarbeit leisten, die meistens ehrenamtlichen Status hatte, denn bezahlt wurden solche Aktionen wie die bei *Hugendubel* natürlich nicht. Sicherlich, die äußerst freundlichen Leute der Nürnberger *Hugendubel*-Filiale schenkten uns damals ein tolles Buch über das Internet und luden uns zum Essen ein. Aber davon kann man nicht die Verpflichtungen der Firma bestreiten und auch keine Gehälter ausbezahlen. Was wir brauchten, waren Referenzen, die unsere Kompetenz bewiesen.

Nun gibt es schon seit vielen Jahren bei Roth, einer kleinen Stadt rund 30 Kilometer südlich von Nürnberg, im Sommer ein weltweit beachtetes, sportliches Großereignis: die Austragung des teilnehmerstärksten *Ironman*-Triathlons der Welt. Rund zweieinhalb Tausend Athleten aus rund 40 Nationen gehen hier an den Start, um erst 3,8 Kilometer zu schwimmen, anschließend 180 Kilometer mit dem Fahrrad zu bewältigen und – als wäre dies noch nicht genug – nach der dritten Disziplin, dem Marathonlauf (42,2 Kilometer) acht bis fünfzehn Stunden später das Ziel zu erreichen. Beachtliche einhunderttausend Zuschauer, überwiegend aus der Region, verfolgen alljährlich das Spektakel. Dies brachte uns 1996 auf die Idee, den Triathlon live im Internet zu übertragen, wenn im Gegenzug der Veranstalter etwas Promotion für uns machen würde, beispielsweise in den Programmheften, Ausschreibungen und Ergebnislisten. Tatsächlich war damals die Domäne *ironman.de* noch frei, die wir uns umgehend reservierten und die über die Kanäle des Veranstalters publik gemacht wurde. Keinem Besucher der *Ironman*-Seiten konnte entgehen, dass WWL der Erbauer derselben war. Die Zugriffszahlen auf die *Ironman*-Plattform nahmen schnell schwindelerregende Ausmaße an. Schon Wochen vorher erwiesen sich das Gästebuch und die ständig aktuellen News aus der Veranstalterriege als echter Publikumsmagnet. Am Tag des Events glühten die Leitungen förmlich und unser Rechner, der die Anfragen aus aller Welt bedienen musste, arbeitete unter Volllast.

Alle acht Mitarbeiter der WWL waren an diesem Sonntag von morgens früh bis spät in die Nacht auf den Beinen, um, als WWL-Reporter getarnt, digitale Bilder von den Sportlern auf der Strecke zu sammeln und per Motorrad ins Pressezentrum zu bringen, wo wir unseren Brückenkopf eingerichtet hatten. Ständig wollten aktuelle Zwischenergebnisse, Durchgangszeiten und Liveberichte zweisprachig, in Deutsch und Englisch, der neugierigen Internetgemeinde zur Verfügung gestellt werden. Weit nach Mitternacht ging auch für uns der „Internetman" zu Ende und völlig erschöpft zählten wir über zwei Millionen Zugriffe von Surfern, die sich tagsüber auf unsere Seiten eingeklinkt hatten. Das Glück des Tüchtigen war uns dabei wohlgesonnen: Der Topfavorit *Lothar Leder* absolvierte an jenem Tag als erster Triathlet die *Ironman*-Distanz in der Weltbestzeit von weniger als acht Stunden. Dieser Weltrekord sorgte für einen Besucheransturm auf unseren Internetauftritt.

Maßnahmen, wie die Liveübertragung des Triathlons aus Roth oder die „Tage der offenen Tür" bei *Hugendubel* trugen zu einem schnell wachsenden Bekanntheitsgrad der WWL bei, weit über Nordbayern hinaus. Für die Akquisition von neuen, attraktiven Kunden sind neben dem Bekanntheitsgrad allerdings auch respektierliche Referenzen nötig. Europas größtes Versandhaus, *Quelle*, machte damals den so wichtigen Anfang und verewigte sich als erstes Unternehmen in unserer Referenzliste.

Zum Jahreswechsel 1995/1996 bekamen wir die großartige Chance, für *Quelle* eine der ersten Shopping-Plattformen mit Warenkorbcharakter in Deutschland zu entwickeln, lange bevor Shoppingsysteme von *Intershop* oder *Openshop* verfügbar waren. Für die Auftragsvergabe an die so unbekannte und noch nicht bewährte WWL mag damals unser preislich sehr günstiges Angebot sicherlich seinen Teil beigetragen haben. Immerhin befanden wir uns im Wettbewerb mit sehr viel bekannteren Unternehmen aus der deutschen IT- oder Beratungsbranche. Für ein *Start-up* wie die WWL war es kein sonderliches Kunststück, diese Firmen preislich zu unterbieten. Wahrscheinlich hätten wir den Auftrag auch kostenlos ausgeführt und dies als Einstandspreis für unsere erste tolle Referenz angesehen, die künftig eine fantastische Anziehungskraft auf weitere Kunden ausübte, mit uns ebenfalls ihre E-Commerce-Strategie umzusetzen. Vermutlich haben wir den Auftrag von *Quelle* damals aber auch bekommen, weil wir einen wesentlich engagierteren Eindruck hinterlassen hatten als unsere Wettbewerber. Von uns ging ein Funke aus, wie er eben nur von Unternehmensgründern ausgehen konnte, die mit glühendem Enthusiasmus ihre erste große Chance witterten und die durch alles, was sie sagten und taten, eine Begeisterung versprüht hatten, die die Verantwortlichen von *Quelle* einfach angesteckt haben musste.

In den folgenden drei Jahren, bis wir den Entschluss fassten, an die Börse zu gehen, waren wir der allgemeinen Aufbruchstimmung im Internetmarkt oftmals hilflos ausgeliefert. Nicht wir kontrollierten den Markt, sondern er uns. Anfangs benötigten wir nicht einmal einen eigenen Vertrieb, der Ansturm auf die Internetdienstleister landauf, landab war gigantisch. Der Markt schien unendlich groß und zog immer mehr Unternehmen in seinen Bann. Man brauchte nur das Telefon abzuheben und hatte schon den nächsten Kunden in der Leitung. Und doch war das Geschäft nicht einfach. Der schnell wachsende und sich wandelnde Markt forderte unentwegt die noch jungen Prozessabläufe im Unternehmen aufs Äußerste. Die Anpassungsfähigkeit des Unternehmens und der Menschen, die in ihm arbeiteten, wurde immer wieder harten Belastungsproben unterworfen.

Es gab keine Geburtsstunde der *New Economy*, auch wenn es vielen so vorkam, als sei sie plötzlich da gewesen. Vielmehr war es ein Entstehungsprozess, an dem nicht nur ihre Vertreter großen Anteil hatten, sondern auch alle anderen, die in irgendeiner Form vom Internet infiziert wurden. Sie alle sorgten dafür, dass dort eine neue Weltanschauung entstand, die zeitweise sogar – auf dem Gipfel der *New Economy*-Bewegung im Frühjahr 2000 – eigene Gesetze und Regeln für die Abläufe der Wirtschaft aufgestellt zu haben schien, die offenbar auch eine Zeit lang funktionierten und die alten, seit Jahrzehnten bewährten Gesetze der *Old Economy* auszuhebeln und auf den Kopf zu stellen drohten.

Die vielfältigen Chancen, die der *New Economy* zugesprochen wurden, ließen alle, die über ihre Visitenkarte oder ihre bloße Erscheinung als Architekten der Gründerwelle identifiziert wurden, wie Propheten einer besseren Ära erscheinen und über jeden Zweifel an ihren eilig geschmiedeten Geschäftsabläufen erhaben sein. Alle bis dahin stets gescholtenen, revolutionären Gesetzmäßigkeiten bekamen plötzlich in dem Inertialsystem *New Economy* eine neue Existenzberechtigung und hatten paradoxerweise nichts, aber auch gar nichts mit *Neuer Sparsamkeit* zu tun. Die „Neu-Ökonomen" schienen die Weisheit für sich gepachtet zu haben und entführten die staunende Masse durch begeisternde Fantasien und einen schier unerschütterlichen Optimismus mit atemberaubender Geschwindigkeit in neue Märkte, ehe sie von einer dramatischen Insolvenzwelle auf den Boden der Tatsachen zurückgeholt wurden.

Von Gründern und Geschäftsführern

In meiner Zeit als Vorstand der WWL Internet AG haben mir junge Entrepreneure und Gründer vieler *Start-ups* aus dem Internetumfeld ihre Geschäftsideen und -visionen vorgetragen. Bei nahezu allen habe ich, während sie erzählten, das Leuchten in ihren Augen bemerkt, das ich so gut von uns WWL-Gründern kannte, wenn wir über unser Unternehmen ins Schwärmen gerieten. Die Gespräche mit den neugebackenen Geschäftsführern oder Vorständen ihrer selbst gegründeten Unternehmen waren jedes Mal von einer besonderen, gegenseitigen Anziehungskraft geprägt. Ich interessierte mich für ihre Ideen, und sie wollten von mir erfahren, worauf sie bei dem Aufbau ihrer Firma achten müssten, ob ihre Idee Erfolg haben könnte und wie man ihn denn bewerkstellige, den Börsengang – den *IPO*.

In genau diesem Punkt unterscheiden sich die Gründungen aus der Startphase der WWL von den heutigen *Start-ups*. Neuerdings gibt es kaum einen Businessplan von gerade einmal auf dem Papier existierenden Firmen, der nicht im dritten, spätestens im vierten Jahr das Ziel des *IPO* anvisiert. Fast könnte man den Eindruck bekommen, die vielen Neugründungen werden nur zu diesem Zweck aus der Taufe gehoben. Das ist keinesfalls verachtenswert – es ist sogar völlig legitim, vom ganz großen Erfolg zu träumen und auch vom Reichtum. Selbst die seit mehr als einem Jahr anhaltende Abkühlung des Neuen Marktes kann dem Enthusiasmus und dem Esprit der heutigen Unternehmensgründer nichts anhaben. Erstaunlich ist auch das Selbstbewusstsein, mit dem die Entrepreneure den Wert ihrer noch nicht existenten Firma taxieren. Obwohl der Businessplan nichts weiter enthält als die Idee, die in ein paar beeindruckende Zahlen gegossen und mit irgendwelchen Marktstudien untermauert ist, verlangen sie für die Abgabe einiger Unternehmensteile an Investoren schnell ein paar Millionen.

Es ist schwer, einzuschätzen, wie viele von ihnen mit ihrer Geschäftsidee Erfolg haben werden und wie viele tatsächlich eines Tages in die Lage kommen, ihr Unternehmen an die Börse führen zu können. Vermutlich nur sehr wenige, aber das ist nicht die entscheidende Frage. Viel wichtiger ist, dass es schon immer junge Unternehmer gegeben hat und geben wird, die den Mut besitzen, sich mit ihrer Idee selbstständig zu machen. In ihrer großen Zahl leisten sie volkswirtschaftlich nicht nur irgendeinen Beitrag – sie sind mindestens ein Zylinder im Motor unserer heutigen Wirtschaft.

Auch wenn der Neue Markt als Ziel vieler Entrepreneure bei einem Gros der Anleger in Ungnade gefallen ist, missbraucht von Anlagemanagern, Banken und einigen in ihm gelisteten Unternehmen, so ist sein Beitrag für die Wirtschaftskraft in Deutschland beispiellos. Während unserer *Roadshow* hatten uns mehrfach unsere europäischen Nachbarn zu dem Instrument Neuer Markt beglückwünscht. Wenn er auch teilweise für dubiose Geschäftemacherei zweckentfremdet wurde, so darf man dies getrost als Geburtswehen betrachten. Überall in diesem Lande kann man spüren, welche Aufbruchstimmung der Neue Markt bei jungen Leuten bewirkt hat, die ihr Glück in der Selbstständigkeit suchen. Selbst die Vorlesungsangebote an den Universitäten tragen dem neuen Zeitgeist Rechnung und bereiten, begleitet durch viele Fachveranstaltungen und Seminare, die Studenten auf die große Stunde ihres Lebens vor. Überall gibt es regionale Businessplan-Wettbewerbe und Vereinigungen von *Business Angels*, die ihr Übriges tun, den Gründergeist im positiven Sinne des Wortes anzuheizen und den jungen Unternehmern die so wichtige Starthilfe zu geben.

Heute besitzen die meisten ein Grundlagenwissen in kaufmännischer Buchführung, und sie wissen alle, wie man eine Gesellschaft gründet, egal ob es sich um die Rechtsform einer AG oder GmbH handelt. Zu meiner Zeit wusste das höchstens der Steuerberater, der einen mit irgendeiner Mustersatzung zur weiteren Erläuterung möglichst schnell zum Notar geschickt hatte.

Die Frage ob AG oder GmbH hatte sich nie wirklich gestellt. Die Grundlagen für die so genannte *kleine AG*, bei der charakteristischerweise ein überschaubarer Kreis von Aktionären namentlich bekannt ist, wurden erst im August 1994 mit Einführung des Gesetzes „für kleine Aktiengesellschaften und zur Deregulierung des Aktienrechts" geschaffen. Das Aktiengesetz wurde damit um regulativen Ballast erleichtert, um mittelständische Unternehmen zu motivieren, die Rechtsform der AG anzunehmen. Heute gibt es in Deutschland rund 630.000 GmbHs und 7.200 AGs, von denen nur etwa 1.200 an der Börse notiert sind.[2]

Bei all der professionellen Unterstützung, die man heutzutage auf dem Weg in die Selbstständigkeit erfahren kann, eines gilt damals wie heute: Die Unternehmensgründer, die die Mitarbeiter der ersten Stunde sein werden, müssen zu einer schlagkräftigen Rollenverteilung finden und einen Teamgeist entwickeln, der auch harten Zeiten standhält und in der Aufbauphase das Rückgrat der Firma bildet.

Gerade der Punkt der eigenen Rollenfindung und das Erkennen seiner persönlichen Kernkompetenzen sind in der Praxis alles andere als trivial und stellen die erste Belastungsprobe für die Gründer dar. Mehrfach habe ich erlebt, wie sich selbst bei einem drei- oder vierköpfigen Unternehmerteam eines *Start-ups* allesamt als Geschäftsführer vorstellten. Das erinnerte mich an die WWL, da waren wir auch alle von der notariellen Zeremonie der Gründung als frisch berufene Geschäftsführer nach Hause gekommen, bevor wir das Thema erst Monate später ausdiskutierten und uns schließlich auf mich als alleinigen Geschäftsführer verständigten. Vom Anspruch jedes Einzelnen her ein absolut nachvollziehbarer Schritt. Die Gründer sind ja gerade Gründer, weil sie sich dazu berufen fühlen, ein Unternehmen aufzubauen und zu lenken. Sie haben sich für den Schritt in die Selbstständigkeit als Alternative zu einer Karriere als Angestellter entschieden, um ihr eigener Herr sein zu können.

Allerdings ist die Visitenkarte des Geschäftsführers auch Verpflichtung. Ihr Inhaber repräsentiert die Firma nach außen, egal ob in Gesprächen mit Kunden, in Presseinterviews oder gegenüber Geldgebern wie Banken und Investoren. Und genau hier gibt es große Unterschiede zwischen den Gründern, die ansonsten alle sicherlich ein hervorragendes Fachwissen über das Produkt der Firma haben. Im Gründerkreis muss offen angesprochen werden, wer die bessere Ausstrahlung hat, das beste Auftreten, wer sprachlich am gewandtesten ist und, geradezu existentiell, wer bereit ist, den Schreibtisch gegen den Außendienst am Kunden einzutauschen.

Ich habe Gründer erlebt, die keine drei zusammenhängenden Sätze formulieren konnten, und von manchen habe ich ihre Stimme überhaupt nicht kennen gelernt. Andere pulten dauernd an ihren Fingernägeln, bohrten in der Nase, zupften sich die Härchen auf den Armen oder zogen unentwegt an ihren Augenlidern. Wieder andere lehnten es kategorisch

---

2 Quelle: Praktiker-Handbuch Börseneinführung, 3. Auflage, von Koch/Wegmann.

ab, Hemden oder Krawatten zu tragen, geschweige denn einen Anzug, und erschienen stattdessen in T- oder Sweatshirts bei Geschäftsterminen. Auch wenn es noch so sehr der eigenen Einstellung entspricht und man meint, man müsse in diesem Punkt die Welt verändern, in Wirklichkeit revoltiert man damit nur gegen das eigene Unternehmen. Ob es uns passt oder nicht, die Wirtschaft in dieser Welt funktioniert nun einmal so, dass auch solche „Äußerlichkeiten" – der erste Eindruck eben – zum Erfolg des Unternehmens beitragen. Und wenn man sich entschieden hat, das Spiel mitzuspielen, dann muss man auch in diesem Punkt konsequent sein.

Abgesehen von der Geschäftsführerfrage gibt es noch zwei weitere Konfliktpotenziale zwischen Gründern, die sich erst Monate oder Jahre nach dem gemeinsamen Start auftun können. Das ist zum einen die unterschiedliche Einstellung zum erforderlichen Arbeitseinsatz und zum anderen die Frage, wie man seiner Verpflichtung als Gesellschafter nachkommt, wenn das Unternehmen zur Absicherung des weiteren Wachstums frisches Kapital benötigt.

Bei der WWL haben von Anfang an alle Gründer, teilweise zunächst noch eingeschränkt durch ihr Studium, im Tagesgeschäft mitgewirkt. Sie waren Angestellte der eigenen Firma. Einer fiel sehr bald dadurch auf, dass er selten abends oder am Wochenende mit aushalf, wenn Not am Mann war. Den zweifellos höchsten Zeiteinsatz erbrachte immer mein Bruder, der sich irgendwann einmal lautstark beschwerte, von jenem Gründerkollegen nicht genügend Unterstützung zu erhalten. Immerhin sei es die gemeinsame Firma und alle würden davon profitieren, wenn der Auftrag pünktlich fertig werde. Daraufhin bekam er lapidar die Antwort, die Firma dürfe eben keine Aufträge annehmen, die nicht in der vorgegebenen Zeit zu schaffen seien. Als ob man das immer vorher wüsste! Das war die erste harte Belastungsprobe für uns Gründer, und sie ließ sich, abgesehen von der persönlichen Enttäuschung über eine derartige Äußerung, nur über die Differenzierung der bis dahin in gleicher Höhe gezahlten Gehälter lösen.

Beim Geld hört bekanntlich die Freundschaft auf. Die Kapitalfrage stellte für die Gründer der WWL gut zwei Jahre nach Gründung die zweite Belastungsprobe dar. Das wachsende Unternehmen, das sich zudem noch in einem sehr investitionsintensiven Markt bewegte und „nur" ausgeglichene Ergebnisse erzielte, befand sich regelmäßig in Liquiditätsproblemen. Als kaufmännisch Verantwortlicher war das meine permanente Sorge, die mir so manche Nacht den Schlaf geraubt hatte. Manchmal trafen Zahlungen von Kunden erst am Tag der anstehenden Gehaltszahlungen ein. Lieferantenrechnungen mussten wir teilweise empfindlich spät zahlen und ausloten, bei welchen Lieferanten das Mahnwesen nicht funktionierte. Diese ständigen Zitterpartien hatte ich irgendwann satt und forderte als Geschäftsführer die Gesellschafter auf, für die nötige Liquidität zu sorgen. Mit unserer Hausbank vereinbarte ich eine Kreditlinie von 125.000 Euro. Stolz auf meinen Verhandlungserfolg, die Linie lediglich kumuliert durch nicht unterlegte Höchstbetragsbürgschaften der Gesellschafter besichern zu müssen, ging ich auf meine Mitgründer zu, um die Unterschriften einzusammeln.

Einer von ihnen wollte allerdings nicht mitziehen. Er vertrat den Standpunkt, die Firma müsse eben ihre Wachstumsziele zurückschrauben. Keinesfalls würde er über die Haftung, die er als Gesellschafter eingegangen war, hinausgehen wollen. Allerdings hätte er auch kein Problem damit, wenn die drei anderen Gesellschafter durch ihre Unterschrift das Wachstum allein ermöglichten. Eine höchstangespannte und kritische Situation. Es gibt keinerlei Möglichkeiten, einen Gesellschafter zu diesem Schritt zu zwingen. Wir hätten lediglich eine Kapitalerhöhung unter Ausschluss seiner Person durchführen können. Damit wären seine Anteile verwässert worden und die übrigen Gesellschafter hätten die Früchte ihres Engagements in Form einer höheren Beteiligung an der Gesellschaft ernten können. Nur, dazu hätten wir das Geld tatsächlich aufbringen müssen. Gerade deswegen war das Angebot unserer Hausbank so wertvoll.

Natürlich kann man sich über diese Trittbrettfahrer-Mentalität tagelang ärgern. Im Sinne der Firma musste allerdings eine schnelle Entscheidung her. Nach einigen zähen Diskussionen machte ich den Gesellschaftern damals den salomonischen Vorschlag, dass ich eine Bürgschaft in doppelter Höhe eingehen würde. Als Geschäftsführer würde ich so die Folgen von Fehlentscheidungen auch am ehesten in meinem eigenen Portemonnaie spüren. Diese Idee war sehr schnell konsensfähig und stellte den Frieden unter den Gesellschaftern wieder her. Es ist keineswegs so, dass ich später diesem Mitbegründer seinen Depotwert, der in etwa meinem entsprach, neidete. Tatsächlich hatte mir – und auch der Firma – die Entscheidung der höheren Bürgschaft eine Reihe von Vorteilen gebracht, die ich zugegebenermaßen so am Anfang nicht absehen konnte. Der Weg zu einem strammen Wachstumskurs war frei und viele meiner Entscheidungen wurden nicht mehr in Zweifel gestellt. Mein Mitgesellschafter hatte sich durch seinen Schritt in gewisser Weise selber mundtot gemacht. Was sollte er auch sagen? Schließlich war er am Risiko deutlich weniger beteiligt.

Heute ist die Sache längst vergessen, und ich freue mich, dass gerade in den unruhigen Gewässern, in denen sich die WWL im ersten Quartal 2001 befand, ein starker Zusammenhalt zwischen den Gründungsgesellschaftern die Voraussetzungen schuf, den nötigen Konzentrationsprozess auf die Kerngeschäfte durchzuführen.

Zwischen Festhalten und Loslassen

Mit der wichtigste Lernprozess für Unternehmensgründer ist die Erkenntnis der eigenen Stärken und Schwächen. Irgendwann während der Aufbauphase ihrer Firma müssen sie sich mit der Frage befassen, ob sie weitere Entscheidungsträger sowohl auf der operativen als auch auf der gesellschaftsrechtlichen Ebene zulassen wollen.

Für uns stand die Frage erstmalig nach gut neun Monaten Geschäftsbetrieb im Raum, als wir eher durch einen glücklichen Zufall die Option angeboten bekamen, einen weiteren Gesellschafter aufzunehmen, der frisches Kapital in unser investitionsintensives Geschäft einbringen wollte. Er bot uns an, mit uns das Stammkapital der Firma von 25.000 auf 200.000 Euro aufzustocken. Dies war einerseits höchstverlockend, da wir dringend zusätzliches Kapital benötigten, aber andererseits auch eine Frage des gegenseitigen Vertrauens. Immerhin wollte der Investor dafür die Hälfte der Anteile am Unternehmen übernehmen. Er blieb damit zwar bewusst unterhalb der Satzungsmehrheit, um uns nicht zu dominieren, dennoch kann ein Gesellschafter dieser Größenordnung empfindlich den Geschäftsbetrieb stören. Letztlich aber war uns allen klar, dass wir – gesellschaftsrechtliche Statuten hin oder her – uns immer würden einigen müssen. Da wir Gründer in Person auch die operative Mannschaft bildeten, hätte sich unser neuer Gesellschafter gar nicht gegen unsere Meinung durchsetzen können, solange wir uns nur einig waren. Hätten wir infolge einer Auseinandersetzung mit ihm das Unternehmen verlassen, wären auch seine Anteile völlig wertlos geworden.

Diese Gedanken hören sich zunächst sehr misstrauisch an. Aber es waren nun einmal sehr weit reichende Entscheidungen, die wir Gründer damals zu treffen hatten, und wir waren einfach hin- und hergerissen zwischen den Chancen und Risiken der Aufnahme eines neuen Gesellschafters. Letztlich haben wir uns nach sehr kurzer Zeit für die Annahme seines Angebots entschieden und sind damit meistens gut gefahren.

Die Erweiterung des Gesellschafterkreises zog sehr bald den zweiten

Schritt nach sich. Dem neuen Hauptgesellschafter trauten wir als Außenstehendem, der sich tatsächlich zwei Jahre so gut wie gar nicht in die Geschäfte eingemischt hatte, bei der Beurteilung unserer Managementfähigkeiten mehr Objektivität zu als uns selbst. Nur schwerlich kann man seine Mitgründer auf Schwächen aufmerksam machen und diese möglichst unbefangen zur Sprache bringen, wenn man gleichzeitig von ihnen eine positive Einschätzung der eigenen Person erwartet. Für unseren Investor waren wir allesamt sehr gute Techniker oder „Ingenieure", wie er zu sagen pflegte. Mir gestand er darüber hinaus noch eine große Portion kaufmännisches Geschick zu. Keinen von uns hielt er jedoch mit großem vertrieblichen Können gesegnet. In der Tat, als Vertriebsleute fühlten wir uns wirklich nicht, nichtsdestoweniger standen wir einer professionell aufgebauten und umgesetzten Vertriebsstrategie sehr wohl aufgeschlossen gegenüber. Und so war es nur nahe liegend, dass wir uns auch irgendwann mit der Verstärkung unseres Teams durch einen Vertriebsmann beschäftigen mussten. Knapp zwei Jahre nach Gründung war es so weit.

Ich möchte allerdings gleich vorweg die Frage stellen, wodurch sich gute Vertriebsleute eigentlich auszeichnen. In den letzten vier Jahren habe ich den vielen Vertriebsmitarbeitern unserer Firma genau auf die Finger geschaut und mich immer wieder gefragt: Was können die eigentlich, was meine Gründerkollegen oder ich als Vertreter der Ingenieursliga nicht können? Bis heute ist mir lediglich ein wesentlicher Unterschied aufgefallen, der allerdings nur auf einem sehr schmalen Grat zum dauerhaften Erfolg des Vertriebs führt. Lassen Sie einmal einen Ingenieur und einen Vertriebsmann einem Kunden ein und dieselbe Sache erklären, um ihn vom Kauf zu überzeugen.

Seine Natur verbietet es dem Ingenieur, sich von einer detailgenauen Erklärung zu entfernen. Er bleibt so nah wie möglich bei der Wahrheit, wird mit seiner Erläuterung aber auch nicht fertig. Der Vertriebsmann dagegen abstrahiert auf den Verständnisgrad des Kunden und entfernt sich, wenn es sein muss, beliebig weit von der Wahrheit – ist allerdings nach wenigen Sätzen fertig. Meistens hat er dazu Schlagworte benutzt, die den Appetit des Kunden so richtig anregen sollen. Immer wieder habe ich den Konflikt zwischen diesen beiden Menschengattungen erlebt: Der Entwickler schimpft auf den Vertriebsmann, da er das (fast) Unmögliche ausbaden darf, welches dieser dem Kunden versprochen hat. Nicht nur bei uns hat man immer wieder Workflows entworfen, nach denen genau festgelegt wurde, wann sich der Vertriebsmann aus dem Prozess der Kundenakquisition ausklinkt und den fachverständigeren Projektleiter einführt.

Ist es das also? Die richtige Entfernung von der Wahrheit, die Abstraktion von der technisch korrekten Erklärung auf das Verständnispotenzial des Kunden? Alles andere ist erlernbar, solange man eine gewisse Redegewandtheit besitzt. Der Griff zum Telefonhörer und das Verbindenlassen mit dem Neukontakt fallen nach dem dritten Versuch auch dem Ingenieur leicht, wenn ihm erste Erfolge zu mehr Selbstvertrauen verholfen haben. Dauerhaft erfolgreiche Vertriebsleute werden allerdings nicht umhinkönnen, sich über ein minimales Verständnis hinaus etwas eingehender mit der Materie zu befassen, die Gegenstand ihrer Verkaufstätigkeit ist. Kein Kunde will über die einzelnen Stationen eines Projekts dauernd wechselnde Ansprechpartner beim Dienstleister vorgesetzt bekommen. Ich habe einmal die Definition gehört, ein Vertriebsmann sei nur dann wirklich gut, wenn es ihm gelinge, dem Kunden auch Dinge zu verkaufen, die dieser gar nicht braucht. Wirklich? Diese sehr enge Sichtweise wird letztlich dazu führen, dass der Kunde nur einmal kauft und sich dann unzufrieden der Konkurrenz zuwendet. Ein guter Vertriebsmann wird dem Kunden genau das verkaufen, was er braucht – und das gilt es erst einmal herauszufinden.

Im März 1997 haben wir uns nach sehr kontroversen Diskussionen im Gesellschafterkreis auf der Geschäftsführerebene durch einen Vertriebsmann verstärkt. Tatsächlich wehte von einem Tag auf den anderen ein völlig neuer Wind im Unternehmen. So einfache, aber höchstwirkungsvolle Dinge wie Firmenbroschüre, Imageprospekt, einheitliche *Corporate Identity* auf Briefpapier und Visitenkarten, Kundenanschreiben und -veranstaltungen bis hin zur Erstellung einer Preisliste mit Tages- und Stundensätzen hatten wir Ingenieure vorher völlig übersehen. Das Unternehmen gewann an Fahrt, der Grad der Aufmerksamkeit, den man der WWL schenkte, stieg gewaltig an. Natürlich kam es zu den oben beschriebenen Problemen zwischen uns Ingenieuren und dem „Neuen". Aber letztlich profitierte das ganze Unternehmen aus dieser Zusammenarbeit, an deren Auftaktphase ich mich gerne erinnere. Durch den Vertriebsmann waren die Zeichen auf Wachstum gestellt, und so erschien es nur natürlich, dass wir ihn im Frühjahr 1999 nach dem Übergang in eine Aktiengesellschaft zu unserem Vorstandssprecher kürten. Er war unsere Galionsfigur für den Gang an die Börse.

Allerdings verschlechterte sich ab diesem Zeitpunkt auch das Klima zwischen ihm und den Gründungsgesellschaftern. Das Bewusstsein seiner zunehmenden Unverzichtbarkeit ließ ihn gleichsam seine Forderungen erhöhen, die bisweilen die Schmerzgrenze überschritten. Unglück-

licherweise erhielt er für seine Forderungen mehr als einmal die Rückendeckung unseres Hauptaktionärs.

Wir hatten gerade erste Überlegungen zu unserem Börsengang ange-
stellt, als wir uns auch schon den Rat von kompetenter Seite einholen
mussten. Hätte unser Unternehmen in seiner aktuellen Ausrichtung
überhaupt die Möglichkeit, erfolgreich an der Börse platziert zu werden?
Der große Moment für unseren Sprecher war gekommen und er lief zu
wirklicher Hochform auf. Mit einer beeindruckenden Präsentation der
WWL gelang es ihm, bei unserem späteren Emissionsberater eine wahre
Euphorie über unsere als sicher zu platzierende Story zu wecken. Wir
mussten anerkennen, dass in dieser seiner Leistung der wirkliche Auftakt
zu unserem Gang an die Börse begründet lag.

Unser Hauptgesellschafter, der der Präsentation beiwohnte, fühlte
sich in seiner Aussage bestätigt, für so einen Auftritt bedurfte es eines Ver-
triebsmannes. Wir Ingenieure hätten eine solche Glanzleistung sicher
niemals abgeliefert. Fortan war er der Meinung, unserem Sprecher müsse
nicht nur die Schlüsselrolle bei unserem Börsengang zukommen, vielmehr sei ein Börsengang ohne ihn gar nicht möglich. Er sei einer von der
Sorte, die niemals satt seien und nicht eher ruhten, bis sie Milliardär
seien. Man müsse sich nur an seine Sporen heften. Wir anderen seien zu
schnell zufrieden mit dem bereits Erreichten. Prompt forderte unser
Sprecher die Gesellschafter auf, ihm für 50.000 Euro zehn Prozent der
Anteile zu übertragen, ansonsten würde er für einen Börsengang nicht
zur Verfügung stehen. Er war sich seiner Rolle so sicher, dass er seiner
Forderung sogar mit einem Ultimatum Nachdruck verlieh. Unser Hauptgesellschafter war sofort einverstanden und konnte überhaupt nicht verstehen, warum wir Gründungsgesellschafter uns so zierten. Man sei doch
lieber mit wenigen Anteilen an einer großen Sache beteiligt als mit vielen
Anteilen an einer kleinen. Diese Aussage hörten wir fortan immerzu, fast
gebetsmühlenartig wiederholte er diese nicht entkräftbare Lebens-
weisheit.

Grundsätzlich standen wir alle einer Beteiligung der Verantwortlichen
im Management aufgeschlossen gegenüber. Wir waren überzeugt, dass es
gut sei, wenn die Vorstandsmitglieder alle Auswirkungen ihrer Entscheidungen auch am eigenen Portemonnaie spüren würden. Uns Gründungsgesellschaftern waren zehn Prozent allerdings entschieden zu viel. Eine
solch große Bedeutung maßen wir unserem Sprecher nicht bei, als dass
wir bereit gewesen wären, ihn für den Einsatz von 50.000 Euro in wenigen Monaten zum Millionär zu machen. Die Fronten verhärteten sich

und wertvolle Zeit verstrich. Erschwerend kam hinzu, dass wir Gründungsgesellschafter uns auch nicht einig waren, welchen Prozentsatz wir als unser äußerstes Zugeständnis ansehen würden. Zunächst hatten wir an zwei bis maximal drei Prozent gedacht. Die Dauer des Konflikts machte uns allerdings unterschiedlich mürbe, und unser Großaktionär lockte mit dem Angebot, die nötigen Geldmittel für den Börsengang großzügig bereitzustellen, wenn die Gründungsgesellschafter nur endlich der Forderung hinsichtlich der abzugebenden Anteile zustimmten.

Bewegung kam erst in die vertrackte Situation, als wir unsere Taktik änderten. So selbstbewusst wir auch behaupteten, wir würden den Börsengang notfalls ohne unseren Sprecher meistern – unser Investor nahm uns das nicht ab und wollte in so ein unsicheres Unterfangen nicht investieren. Also machten wir uns fieberhaft auf die Suche nach anderen potenten Vertriebsleuten, die wir unserem Investor als Ersatz präsentieren konnten. Und tatsächlich gelang uns dies besser als zunächst erwartet. Unser Sprecher war also ersetzbar! Plötzlich saßen wir am längeren Hebel. Während einer langen Unterhaltung unter vier Augen machte ich ihm das klar. Er hatte die Schmerzgrenze der Gründungsgesellschafter einfach überschritten. Er begriff unmissverständlich, dass der Zug jetzt ohne ihn abfahren würde, wenn er sich nicht mit deutlich weniger zufrieden gäbe. Wir schliefen alle noch einmal eine Nacht darüber und einigten uns schließlich versöhnlich auf fünf Prozent. Erheblich weniger spektakulär banden wir zeitgleich unseren neu an Bord geholten Finanzvorstand mit ebenfalls fünf Prozent der Anteile an das Unternehmen.

Ich habe mich später des Öfteren gefragt, ob nicht in jener Auseinandersetzung der Grundstein für die von Argwohn, Misstrauen und Missgunst geprägte Partnerschaft mit unserem Sprecher gelegt wurde. Immerhin endete die Zusammenarbeit bereits neun Monate nach dem Börsengang nach einigen weiteren unschönen Vorfällen, ohne dass wir gemeinsam den großen Erfolg ernten konnten, für den wir angetreten waren. Aber ich bin überzeugt, dass es auch nicht anders gekommen wäre, wenn wir damals ohne jegliche Diskussion auf seine Forderung eingegangen wären. Die Chemie hatte niemals wirklich gestimmt, auch vorher nicht. Dies hätte sich auch nicht übertünchen lassen, wenn wir ihm mehr Anteile abgetreten hätten. Unterschwellig schwelte ein Konflikt zwischen uns. Viel zu gegensätzliche Ansichten über viele unternehmerische Ziele und die Art und Weise, sie zu erreichen, schwebten einem Damoklesschwert gleich über der Beziehung.

Die Gesellschafter reagierten darauf und fingen an, sich für den Tag der Trennung zu rüsten, der irgendwann unausweichlich kommen würde. Im September 1999 teilten wir unter seiner aktiven Mitwirkung sein Vorstandsressort auf und vergaben den Bereich Vertrieb und Marketing an ein neues Vorstandsmitglied. Schon bald machten wir den neuen Vorstand zum Sprecher und später, nach der endgültigen Trennung der WWL von seinem Vorgänger, sogar zum Vorsitzenden.

Auch diese Ehe blieb wenig glücklich, wenngleich charakterlich ohne Fehl und Tadel. Unser Vorsitzender sollte für den Vertrieb zuständig sein und hatte all die Voraussetzungen, die wir für einen Vertriebsmann als ideal erachteten und die man auf den ersten Blick feststellen kann: Er war sehr redegewandt, besaß ein gewisses Charisma und hatte eine Unmenge an Kontakten. Gebracht hat es der WWL letztlich herzlich wenig und so währte die erfolglose Zusammenarbeit nur bis März 2001. Wenige Tage nach seinem Ausscheiden habe ich in der Ausgabe der Fachzeitschrift „One-to-One" ein Interview mit ihm gelesen. Darin beklagt er sich über den Fehler der Gründer und Gesellschafter, nicht loslassen zu können. In gewisser Weise mag er damit Recht haben. Der hohe Vertrauensvorschuss, den wir ihm am Anfang gegeben hatten, schmolz in der Tat sehr bald kontinuierlich dahin, und so manches Mal mögen ihm die immer noch auf Managementebene mitwirkenden Gründungsgesellschafter in die Parade gefahren sein. Ich glaube nicht, dass dies die Folge des unterstellten, chronischen Nicht-Loslassen-Könnens von uns Gründern war, sondern eher schwindendes Vertrauen in sein Vermögen, die Firma, die zunehmend Gefahr lief, in eine existenzbedrohende Schieflage zu rutschen, wieder auf Kurs zu bringen.

Aufsichtsräte sind keine Götter

Beinahe ebenso schwer wie das Finden eines geeigneten Namens bei Gründung der Firma ist die Besetzung des Aufsichtsrats. Das Aktiengesetz schreibt die Anzahl seiner Mitglieder als ein Vielfaches von drei vor. Bei der WWL entschieden wir uns im Sinne einer schlanken und entscheidungsfreudigen Struktur für die kleinstmögliche Anzahl: Drei Aufsichtsräte sollten genügen.

Obwohl wir uns frühzeitig mit der Frage nach den „richtigen" Aufsichtsräten auseinander setzten – rund neun Monate vor dem Börsengang, unmittelbar nachdem dieser von den Gesellschaftern beschlossen wurde –, taten wir uns bei der Suche nach Kandidaten nicht leicht. Aus der Medienlandschaft sollten sie sein, obendrein unser Hauptgeschäft verstehen, keine Verquickung zu unseren Wettbewerbern aufweisen und natürlich, ganz wichtig, eine beeindruckende Zahl an Kontakten haben. Ihr Bekanntheitsgrad, das Gewicht ihrer Namen, sollte sie als kompetente Größen ausweisen, die auch für Anleger und Investoren ein wichtiges Signal bei ihrer Kaufentscheidung sein würden. Die Hauptaufgabe des Aufsichtsrats sahen wir, neben seinen gesetzlichen Pflichten, in der Funktion des „Türöffners". Er musste sich optimalerweise aus Personen zusammensetzen, die uns den Zugang zu den großen Unternehmen, die wir immer mit „Top 500" bezeichneten, verschaffen konnten.

Auf dem Papier war durchaus bald der eine oder andere Wunschkandidat gefunden. Bei der Vielzahl unserer Anforderungen blieb aber nicht mal eine Hand voll erlesener Namen übrig. Und die wenigen, die wir ansprachen, lehnten unsere Anfrage ab. Jeder fühlte sich zwar geehrt, aber entweder ließ es seine Zeit nicht zu oder der Angesprochene war schon zur Genüge mit Aufsichtsratsmandaten versorgt. Schon die Suche nach einem Aufsichtsratsmitglied gestaltete sich schwierig, wie sollte sich dann erst die Suche nach dreien entwickeln? So kam es uns zunächst „nur" darauf an, wenigstens für die Position des Aufsichtsratsvorsitzenden eine hochkarätige Persönlichkeit zu finden. Die beiden anderen Mandate könnten vorübergehend mit einem Gründungsaufsichtsrat besetzt werden – beispielsweise aus den Reihen der Altgesellschafter –, der zu einem späteren Zeitpunkt von der Wunschperson abgelöst werden sollte, sobald diese gefunden war.

Während zunächst die Frage der endgültigen Besetzung unseres Aufsichtsrats ungelöst blieb, las ich schwer beeindruckt in der Zeitung die Geschichte, wie es *Bernd Kolb* von der *I-D Media AG* gelungen war, *Lothar Späth* für die Position des Aufsichtsratsvorsitzenden zu gewinnen. Demnach hatte *Bernd Kolb* nach einer Vortragsveranstaltung *Lothar Späth* ganz spontan angesprochen, der wohl zum Erstaunen von *Kolb* ebenso kurz entschlossen seine grundsätzliche Bereitschaft äußerte. Wer wagt, gewinnt – von einer ähnlichen Geschichte für die WWL träumte ich auch.

Ich vermochte die Fachkompetenz von *Lothar Späth* nicht einzuschätzen, aber eines war unweigerlich klar: Mit ihm hatte *Bernd Kolb* einen Fürstreiter gewinnen können, der nicht nur über einen hervorragenden Namen verfügte, sondern sicherlich auch viele, erstklassige Kontakte in sein neues Aufgabengebiet einbringen konnte. Ein solcher Name wäre wahrscheinlich nur noch mit dem des Bundeskanzlers zu überbieten gewesen, immerhin war ja gerade einer „frei" geworden. Natürlich dachten wir nicht ernsthaft daran, den ehemaligen Bundeskanzler anzusprechen, aber der Gedanke daran beschäftigte uns des Öfteren – letztlich haben wir es aber für keine gute Idee gehalten.

Bei den ganzen Überlegungen um die Besetzung des Aufsichtsrats spielte plötzlich fast unmerklich etwas anderes mit. Es war zum ersten Mal so etwas wie politisches Taktieren bei den vorschlagenden Gesellschaftern und Vorständen zu spüren. Kaum wahrnehmbar zwar, aber dennoch war manche Überlegung von dieser Kraft getrieben. Wer seinen Vorschlag und somit „seinen" Aufsichtsrat durchbringen konnte, hatte unweigerlich einen größeren Einfluss auf die Unternehmensstrategie und damit nicht zuletzt auch seine eigene Position gestärkt und gefestigt. Ich will dieses Gespür von damals nicht überbewerten; es war, wie wahrscheinlich überall, in völlig gesunden Maßen vorhanden. Aber es war ein erster kleiner, ganz zarter Vorgeschmack auf das Politikum, zu dem der Aufsichtsrat später manches Mal instrumentalisiert werden sollte.

Unser Finanzvorstand unterbreitete eines Tages seinen Vorschlag für den Posten des Aufsichtsratsvorsitzenden. Er kenne einen erfahrenen Manager aus dem *ThyssenKrupp*-Konzern, der damals der Vorsitzende der Geschäftsführung einer Konzerntochter war. Dieser sehr erfolgreiche Manager bewege sich auf seine Pensionierung zu und wäre möglicherweise bereit, den Posten bei der WWL als eine neue Herausforderung anzunehmen. Die Reaktionen bei uns waren verhalten positiv. Wie sollte jemand aus dem *ThyssenKrupp*-Konzern, zuständig für einen klassischen Industriezweig, eine starke Ergänzung für unser Kerngeschäft sein?

Mit dieser eher gemischten Einstellung empfingen wir den *Thyssen*-Manager denn auch bei dem arrangierten Treffen in unserem Haus. Er befand sich gerade auf dem Rückweg von einer Überseereise und kam über Zürich nach Frankfurt geflogen. Von dort wurde er von seinem Chauffeur eilends nach Nürnberg gefahren. Da sich sein Anschlussflug in Zürich verzögert hatte, kam er mit einer knapp zweistündigen Verspätung in Nürnberg an – übrigens das erste und einzige Mal, dass ich ihn unpünktlich erlebt habe. Unser damaliger Vorstandssprecher und auch unser Großaktionär hatten für diesen Abend weitere Verpflichtungen, weshalb ihnen die Wartezeit ungelegen kam. Lediglich die Höflichkeit gebot es ihnen, sich unserem Gast wenigstens noch eine Viertelstunde zu widmen.

Und dann kam er. Schon bei der Begrüßung wurde jedem von uns augenblicklich klar: Dieser Mann war von einem anderen Kaliber, als unsere Generation dies nach einigen wenigen Jahren Berufserfahrung sein konnte. Eine anziehende, geradezu faszinierende Aura umgab ihn. Dafür sorgte sein selbstbewusstes, gewinnendes Auftreten und seine starke Persönlichkeit. Mir fiel auch auf, dass er nach dieser langen Reise perfekt gekleidet erschien; weder Anzeichen von Müdigkeit noch die Folgen des Jetlags waren ihm anzumerken, obwohl ihm dieser sicher zu schaffen machen musste. Seine vielen auflockernden Randbemerkungen, meist heiterer Natur und wahrscheinlich schon tausendmal bei unzähligen Geschäftsterminen erprobt, machten es spannend, ihm zuzuhören, und erlaubten ihm, sehr galant die Gesprächsführung an sich zu nehmen. Er war sofort auf eine sehr natürliche, aber entschlossene Art Herr der siebenköpfigen Runde, die auf ihn gewartet hatte. Er war es, der die Fragen stellte, nicht wir. Und seine Fragen trafen den Kern der Sache. Eindrucksvoll gab er uns eine Kostprobe der hohen Schule unternehmerischer Führung und des Scharfblicks kaufmännischen Verständnisses. Und er beherrschte beides perfekt. Da tat es nichts zur Sache, dass er gleich zu Beginn zugab, von unserem Geschäft nichts zu verstehen. Seine brillante und analytische Vorgehensweise machte sehr schnell deutlich – allein von diesen Tugenden könnten wir profitieren. Seine Kontakte lasen sich zudem wie das Who's who? der deutschen Wirtschaft und Politik. Als er zwei Stunden später ins 300 Kilometer entfernte Koblenz aufbrach, hatten wir ihn einstimmig zu unserem Aufsichtsratsvorsitzenden erkoren. Selbst die beiden Kollegen, die zunächst vorgehabt hatten, nach der Begrüßungszeremonie zu gehen, hatten ihre anderen Termine abgesagt und an diesem Meeting bis zum Ende fasziniert und überaus aktiv teilgenommen.

Sie sollten bitte nicht denken: „Jetzt schreibt der eine Lobeshymne über seinen ehemaligen Aufsichtsrat, um sich einzuschmeicheln." Nein, das ist weder meine Art noch meine Absicht, zumal es mir jetzt gar keinen Vorteil mehr verschafft. Zum einen war dies einfach die Stimmung der Situation damals, in der die *New* auf die *Old Economy* traf, zum anderen will ich Verständnis für mein eigenes Verhalten gegenüber dem Aufsichtsrat in den nächsten zwei Jahren wecken. Bekanntlich ist der erste Eindruck meist der richtige, und so bestätigte sich auch später in unseren zahlreichen gemeinsamen Sitzungen immer wieder die starke Wahrnehmung der ersten Stunde. Unser Aufsichtsratsvorsitzender versprühte eine angenehme Sicherheit in seinen Entscheidungen, und stets zollte ich ihm hohen Respekt für viele Jahre Berufserfahrung, die er mir und uns voraushatte.

Allerdings traf auch er bisweilen weniger glückliche Entscheidungen, teilweise auf Basis falscher Informationen. Entschieden zu lange habe ich in den folgenden zwei Jahren viel zu kritiklos Entscheidungen des Aufsichtsrats akzeptiert, ohne sie immer richtig zu hinterfragen oder auch wirklich in Frage zu stellen. Zu schnell habe ich manches Mal meinen Widerstand aufgegeben, obwohl die tadellosen Umgangsformen miteinander und der Respekt füreinander auch harter Kritik ohne Wunden standgehalten hätten. Erst als ich im Frühjahr 2001 selber für rund drei Monate Aufsichtsrat sein sollte, habe ich meine Meinung und die meiner Gründerkollegen vehement vertreten, um damit den Turnaround-Prozess bei der WWL einzuleiten – und habe dazu notfalls auch harte Diskussionen nicht gescheut.

Als weitere Mitglieder des Aufsichtsrats wurden während der Gründungsphase der Aktiengesellschaft unser Hauptinvestor und aus der Gründerriege mein Bruder bestellt. Letzterer wurde wenige Monate nach Börsengang planmäßig durch ein Vorstandsmitglied aus der *Media-Saturn*-Gruppe abgelöst. Ebenfalls ein sehr erfahrener und respektabler Mann. Als nicht immer vorteilhaft sollte sich jedoch bald erweisen, dass er und unser Vorstandsvorsitzender aus früheren Berufsjahren sehr gut miteinander bekannt waren. Dies nahm ihm etwas von seiner ansonsten beeindruckenden Objektivität und machte ihn gegenüber dem ihm so vertrauten Vorstand weitgehend kritiklos. Als in Übereinstimmung mit dem Aufsichtsrat zur Jahreswende 2000/2001 der dringend gebotene Erneuerungsprozess eingeleitet wurde und sich abzeichnete, dass an diesen Prozess die unbequeme Vorstandsfrage geknüpft war, wurde Letztere nicht vehement genug angegangen.

In der Beziehung zwischen Vorstand und Aufsichtsrat ist am Neuen Markt ohnehin ein unnatürliches Phänomen weit verbreitet. Das Aktienkapital – und damit die Macht – sitzt meist nicht im Aufsichtsrat oder bei Investoren, die nicht in das operative Geschäft involviert sind, sondern im Vorstand, in dem oftmals ein oder mehrere Gründer vertreten sind. Dies führt zu einer gewissen, meistens nicht bewusst herbeigeführten Entmündigung des Aufsichtsrats. Diese Machtverteilung ist solange unproblematisch, wie sich Sachfragen argumentativ klären lassen. Sie wird aber spätestens dann zum Problem, wenn sich die Vorstandsfrage auf die Tagesordnung drängt. Was soll dann der Aufsichtsrat tun, wenn der, über den er richten muss, auch der ist, der ihn zum Aufsichtsrat gemacht hat und der ihn dort duldet?

WIE, BITTE, GEHT'S ZUR BÖRSE?

In den mehr als drei Jahren seit Gründung war die WWL in der Rechtsform der GmbH bis zum Herbst 1998 auf 27 Mitarbeiter angewachsen und hatte ein Umsatzniveau von monatlich rund 180.000 Euro erreicht. Das Ergebnis war in etwa ausgeglichen, alle Investitionen wurden aus dem *Cashflow* und dem zur Verfügung stehenden Stammkapital getätigt.

Zu damaliger Zeit kristallisierten sich drei Probleme heraus. Das wohl gewichtigste war, dass die WWL aus eigener Kraft nicht so schnell wachsen konnte, wie es von den ständig auf uns hereinprasselnden Marktstudien für den Internetsektor vorhergesagt wurde. Wir hatten die Wahl, den Anschluss zu verpassen – heute muss man sich fragen, an was eigentlich, die anderen waren auch nicht schneller – oder gigantische Anstrengungen zu unternehmen, uns in diesem Markt so zu positionieren, dass wir mindestens ebenso schnell wachsen könnten wie der Markt. Gerade die Herausforderung, für das erwartete schnelle Wachstum eine überzeugende Strategie zu finden, mit der wir die Outperformance-Chancen der WWL gegenüber Investoren glaubhaft machen könnten, war der Auslöser der Operation „Börsengang".

Das zweite Problem waren die ständig wiederkehrenden Liquiditätsengpässe, die hauptsächlich mir, als kaufmännisch Verantwortlichem für die WWL, schlaflose Nächte bereiteten. Ursache für die Liquiditätsschwierigkeiten waren die zunehmenden Projektlaufzeiten der von uns erstellten Internetauftritte und die damit wachsenden Abstände zwischen Abrechnungsterminen.

Drittens war die WWL einfach zu klein, um sich für eine Reihe von großen Projekten und Kunden, die wir auf unserer Wunschliste hatten, überzeugend und nachhaltig empfehlen zu können. Wir hatten sehr bald gelernt, dass die Pflege und der Ausbau potenter Stammkunden wesentlich lukrativer sein würden als die aufwändige und kostspielige Akquisition von Neukunden. Nur nahm man es uns im Hinblick auf unsere Gesamtgröße berechtigterweise einfach nicht ab, dass wir dauerhaft in der Lage sein würden, Projektteams von zehn und mehr Mitarbeitern bereitzustellen.

Wer nicht anklopft, dem wird nicht aufgetan

Mit einem Gesellschafterbeschluss machten die fünf Eigentümer der WWL im Herbst 1998 den Weg für den Gang an die Börse frei. Der Beschluss wurde zwar einstimmig getroffen, das bedeutet aber nicht, dass er ohne Schwierigkeiten zustande gekommen war. Nicht alle Gründungsgesellschafter waren bereit, die nötigen Voraussetzungen ohne Einschränkung zu schaffen. Das mag verblüffend klingen, denn wer wollte nicht die Chance nutzen, sein Unternehmen an die Börse zu führen, wenn ihm dazu die Gelegenheit geboten würde?

Um die vorhandenen Zweifel nachzuvollziehen, muss man sich in die damalige Zeit zurückversetzen. Die faszinierende und geradezu fantastische Börsenstory der 1995 gegründeten *Netscape Communications* aus den USA war vielen noch in Erinnerung. Sechzehn Monate nach Gründung war *Netscape* mit ein paar Dutzend Mitarbeitern an die Börse gegangen und über Nacht zu einem Unternehmen mit einer Bewertung von sagenhaften 4,4 Milliarden Dollar geworden, und das, obwohl sie das einzige Produkt, das sie besaß, ihren Browser „Netscape Navigator", kostenlos verteilte. Der Neue Markt wurde von der Masse der Anleger eben erst entdeckt und Unternehmen wie *EM.TV*, *Mobilcom* und *Intershop* rückten allmählich in das Bewusstsein der Leute und sollten erst noch richtig spektakulär werden. In Erinnerung waren noch die Börsengänge der *Deutschen Telekom* und des Fernsehsenders *Pro 7*. Die Börse schien nur etwas für sehr große und bekannte Unternehmen mit breiter Publikumswirksamkeit zu sein. Aber für die WWL? Die Regularien des Neuen Marktes, die gerade für junge, wachstumsorientierte und innovative Unternehmen geschaffen waren und damit auch die WWL ansprachen, waren uns noch völlig unbekannt.

Der andere Grund, warum dem Börsengang nicht vorbehaltlos zugestimmt worden ist, hing mit den finanziellen Möglichkeiten jedes einzelnen Gesellschafters zusammen und auch mit seiner Bereitschaft, die finanzielle Basis zu schaffen. Die Vorbereitungen zum Börsengang würden viel Geld kosten, jedenfalls mehr, als die Firma aus eigener Kraft aus dem Umsatz finanzieren konnte. Wir kalkulierten, dass die geschätzten rund neun Monate bis zu einer möglichen Erstnotiz etwa 1,2 Millionen Euro verschlingen würden. Darin bestand das Risiko der Gesellschafter, denn natürlich konnte niemand die Garantie dafür übernehmen, dass die Operation „Börsengang" auch gelingen würde. Allerdings war jedem Gesellschafter auch klar, dass der Zug wahrscheinlich auch ohne ihn abfahren würde. Dass die erforderliche Kapitalerhöhung entsprechend der Satzungsmehrheit notfalls auch gegen die Stimme von bis zu zwei Gründungsgesellschaftern durchgeführt würde, durfte nach ersten Vorgesprächen erwartet werden, in denen unser 50-Prozent-Investor und zwei der Gründungsgesellschafter deutlich machten, sie seien entschlossen, das Kapital zur Verfügung zu stellen. Wollte einer nicht mitziehen, so musste er den Verwässerungseffekt seiner Anteile in Kauf nehmen.

Zunächst einmal entschlossen sich die Altgesellschafter, das Management der WWL zu beteiligen. So erhielten unser damaliger – neben mir der zweite – Geschäftsführer und spätere Vorstandssprecher und unser neu an Bord geholter Finanzvorstand jeweils fünf Prozent der Anteile. Wir Gründungsgesellschafter behielten noch jeweils 11,25 Prozent und unser Investor aus dem ersten Geschäftsjahr noch 45 Prozent.

Entsprechend dieser Quote waren die 1,2 Millionen Euro in den nächsten zwei Monaten der Gesellschaft zur Verfügung zu stellen. Das Risiko der Gründungsgesellschafter betrug also jeweils 135.000 Euro! Wir waren uns einig, dass wir damit den Börsengang finanzieren wollten, ohne dabei den Fortbestand der Firma zu gefährden. Denn natürlich erzeugt auch ein verschobener Börsengang hohe Kosten, die besonders schmerzlich sind, da zu ihrer Deckung kein Emissionserlös vorhanden ist.

Noch nie in unserem Leben hatten meine Frau und ich 135.000 Euro liquide besessen. Unsere Ersparnisse waren da nur der berühmte Tropfen auf den heißen Stein. Es galt also, eine Bank zu finden, die bereit war, uns diesen Betrag gegen möglichst wenig Sicherheiten in Form eines Darlehens bereitzustellen. Die Rückkaufwerte aller Lebensversicherungen, die wir besaßen, und aller sonstigen Festanlagen konnten etwa die Hälfte abdecken.

Meine Erfahrungen mit Banken waren nicht sonderlich positiv, und so glaubte ich nicht ernsthaft daran, dass es meiner Frau und mir gelingen könnte, den Betrag aufzutreiben. Bekanntlich geht Probieren über Studieren und so wurden wir bei unseren beiden Hausbanken vorstellig – und erlebten das Wunder. Sowohl die Sparkasse als auch die Deutsche Bank erklärten nicht nur ihre Bereitschaft, bis zur Hälfte unserer Kreditanfrage ins Obligo zu gehen, sie bemühten sich mit geradezu nie gekanntem Engagement, unser Darlehensgeber sein zu dürfen. Den Ausschlag für die Deutsche Bank bei der Kreditvergabe gaben letztlich ihre günstigeren Zinskonditionen.

Ich hätte es nie für möglich gehalten, dass ich angesichts so hoher Schulden noch ruhig schlafen könnte. Allerdings ließ mir der Stress der

Vorbereitung zum Börsengang auch nicht viel Zeit, mir dieser Situation täglich gewahr zu werden. Je weiter die Zeit voranschritt, desto sicherer und auch absehbarer wurde das Gelingen des Börsengangs. Über alle Zweifel, die jemals aufkamen und den Börsengang in Frage stellten, war unser Emissionsberater ohnehin erhaben und wir ließen uns gerne immer wieder durch seine Zuversicht und seinen Optimismus anstecken.

Im Rahmen der Erstemission trennte ich mich am 15. Juli 1999 von 5.000 Aktien und war nach Abzug der Steuern in der Lage, einen Großteil des Kredites zu tilgen. Durch den persönlich hohen finanziellen Einsatz aller Gesellschafter wurde so verhindert, dass wir unnötig viele Anteile an einen *Venture-Capital*-Geber abgeben mussten.

Ein Emissionsberater für alle Fälle

Mit eine der häufigsten Fragen, die mir nach dem Börsengang gestellt worden ist, ist die nach der Notwendigkeit eines Emissionsberaters. Hinter der Frage steckt zumeist Unsicherheit über die Unterstützung, die man von dem Emissionsberater erfahren kann, und eng damit verbunden natürlich die Abwägung seines Kosten-Nutzen-Verhältnisses. Gerne würde man sich einerseits die Kosten für den Berater sparen und andererseits trotzdem möglichst genauso erfolgreich den Gang an die Börse meistern, als hätte man ihn beauftragt.

Wir hatten unseren Emissionsberater längst beauftragt, da wurden wir mit genau der Frage konfrontiert, was wir uns denn von ihm versprächen. Die *BinTec Communications AG* beispielsweise, unsere Nachbarin in Nürnberg, ist vier Monate zuvor von exakt dem gleichen Emissionsteam der Commerzbank an die Börse begleitet worden wie wir, allerdings ohne Emissionsberater. Als ich die frisch gebackenen Börsenneulinge zwecks eines Erfahrungsberichts traf, kommentierten sie die Frage nach dem Sinn oder Unsinn eines Emissionsberaters lapidar mit der Feststellung, dass man sich das Bankenexposé, mit dem sich das Unternehmen für den Gang an die Börse empfiehlt, auch selber schreiben könne. Dafür bräuchte man nicht ein paar hunderttausend Euro für den Berater auszugeben.

Auch bei unserem ersten Treffen mit dem Emissionsteam der Commerzbank vor dem offiziellen *Beauty-Contest* stellte man ebenfalls den Emissionsberater in Frage. Dabei spielte es gar keine Rolle, dass sie ihn nicht kannten. Die Bank würde sich schließlich als Komplettbetreuerin verstehen, die uns von nun an an die Hand nehmen würde, um den ganzen weiteren Weg der WWL an die Börse abzusichern. Erneut war das Hauptargument, wir könnten einiges Geld sparen und auch den Aufwand, mehrere Dienstleister immer wieder koordinieren zu müssen. Und dennoch kann ich für die WWL die Frage ganz klar so beantworten, dass sie den Weg an die Börse ohne ihren Emissionsberater vermutlich nicht oder zumindest nicht in der Zeit geschafft hätte.

Das Honorar für den Emissionsberater, welches sich gewissermaßen an dem Emissionserlös orientiert, ist der Punkt, der offensichtlich am meisten schmerzt. So mussten wir unserem Berater nach erfolgreichem Börsengang rund 300.000 Euro bezahlen. Sicherlich eine stolze Summe. Allerdings hat er diesen Preis durch entsprechendes Verhandlungsgeschick gegenüber den anderen Dienstleistern, in erster Linie den Konsortialbanken, mehrfach wieder herausgehandelt. Der Vorteil des Beraters ist nun einmal, dass man mit ihm aufgrund seiner Erfahrung und Kenntnis der aktuellen Verrechnungssätze von Seiten der Banken keine überhöhten Prämien akzeptieren wird. So unterstützte er uns bei der Vertragsgestaltung mit den beiden Konsortialbanken, die auf jeweils ein knappes Prozent Provision vom Emissionserlös verzichten mussten, bei den Verhandlungen zur Festlegung der *Bookbuilding*-Spanne, die den Korridor für den Preis der Aktie vorgibt – zehn Eurocent rauf oder runter machten immerhin einen Unterschied von 220.000 Euro aus – und bei der Auswahl der Kommunikationsagentur für die PR-Kampagne zum Börsengang, für die er auch die passenden Argumente zu einer angemessenen Preisfindung parat hatte.

Das ist aber nur der monetäre, leicht aufrechenbare Effekt. Immer wieder erwies sich unser Emissionsberater auch als ein hervorragender Seelsorger. Bei jeder Vorbereitung eines Börsengangs gibt es mentale Tiefpunkte und Rückschläge. Er war zu jeder Zeit Meister der Situation, und wenn alle anderen Berater, auch die der Commerzbank, Unsicherheit zeigten, so war er nie um eine qualitativ beeindruckende Antwort verlegen. Egal ob in Gesprächen mit den Juristen, Steuerberatern, Wirtschaftsprüfern oder dem Emissionsteam der Commerzbank, ich hatte stets den Eindruck, unser Emissionsberater sei gerade in die Haut der jeweiligen Beraterzunft geschlüpft und unterhielt sich als Primus inter Pares mit seinesgleichen.

Ich erinnere mich an eine lebhafte Diskussion mit den Commerzbankern, die zeitweise eher unter dem Eindruck des seinerzeit abflauenden Neuen Marktes standen und besorgt mit uns den richtigen Zeitpunkt für den Börsengang abwogen. Der von uns angestrebte 15. Juli 1999 war nahezu der letzte sinnvolle Termin für einen *IPO* vor der Sommerpause, während der man urlaubsbedingt nur eine verringerte Aufmerksamkeit genießen kann. Natürlich konnte niemand garantieren, dass anschließend in den Monaten September und Oktober das Marktumfeld wieder positiver würde. Andererseits rechnete man damals fest damit, dass im Oktober 99 auch *Pixelpark* an den Neuen Markt gehen würde. *Pixelpark* war der unbestritten größte Player in der deutschen Internetszene und der unangefochtene Marktführer. Der Börsengang der *Pixelpark* würde wie ein Magnet alle Aufmerksamkeit auf sich und weg von der WWL ziehen.

In solchen Pessimismus hätte man sich noch endlos weiter hineinsteigern können. Da erwies es sich als sehr vorteilhaft, dass unser Emissionsberater mit vielen anderen Emissionshäusern, Analysten und Börsenaspiranten engen Kontakt hatte und mit seiner genauen Marktkenntnis die gesamte Argumentationskette der Commerzbank überzeugend widerlegen konnte. In der Retrospektive muss man sich wirklich über die Auswirkung dieser vergleichsweise schwachen Baisse des zweiten Quartals 99 am Neuen Markt wundern. Es war höchstens ein Lüftchen verglichen mit dem Gewitter, das ein Jahr später einsetzen sollte. Und auch das hat erfolgreiche Neuemissionen hervorgebracht.

Nach anfänglicher Skepsis gegenüber unserem Emissionsberater hatten die Commerzbanker nach und nach doch einräumen müssen, dass er eine hervorragende Arbeit gemacht hatte. Dies wurde richtig deutlich, als er der Commerzbank und uns sein Konzept für die Präsentation der WWL auf der *Roadshow* vorlegte. Das Konzept wurde mit anerkennender Zustimmung der Commerzbanker quittiert, die darauf aufbauend eine hervorragende Präsentation erstellten.

Natürlich kann ich schwer sagen, ob ein Emissionsberater der *BinTec* genutzt hätte und in welchen Punkten ihr Börsengang anders verlaufen wäre. In einem Punkt hätte sich der Vorstand der *BinTec* aber erheblichen Aufwand sparen können, besuchte er doch 19 Banken, um endlich seine Auswahl des Konsortialführers zu treffen. Ein erfahrener Emissionsberater kennt sie praktisch alle, die Banken mit ihren aktuellen Mandaten und Auslastungsquoten. Wir waren in der Lage, eine vernünftige Vorauswahl zu treffen und damit unseren ohnehin angespannten Terminkalender etwas zu entzerren. Dass es letztlich wie bei *BinTec* auch die Commerzbank mit demselben Emissionsteam geworden ist, spricht für die gute „Vorarbeit" des *BinTec*-Vorstands.

Die Last mit den Formalien

Zunächst einmal hatte die WWL als GmbH die falsche Rechtsform. Obwohl wir nur sehr wenig über das Prozedere eines Börsengangs wussten, eines war uns sonnenklar: Die WWL musste auf irgendeine Weise noch zu einer Aktiengesellschaft gemacht werden. Unglücklicherweise trugen die Juristen gleich drei Methoden vor, wie dies bewerkstelligt werden konnte, und zwar auf dem Wege der Umwandlung, Einbringung oder Verschmelzung.

Die Umwandlung ist die einfachste Möglichkeit. Bei ihr wird lediglich ein Formwechsel von einer GmbH in eine Aktiengesellschaft vollzogen, ohne dass eine Vermögensübertragung stattfindet. Der Rechtsträger wechselt unter weitgehender Wahrung der an ihm beteiligten Personen. Für uns kam diese Möglichkeit nicht in Frage. Das Stammkapital der WWL GmbH betrug rund 400.000 Euro und die resultierende AG hätte auch genau diese Summe als Grundkapital ausgewiesen. Das reichte für den Gang an die Börse nicht aus. Um für eine attraktive Anzahl an frei gehandelten Aktien zu sorgen, ohne dabei die unternehmerische Kontrolle abzugeben, war ein Stammkapital von mindestens fünf Millionen Euro vor der Kapitalerhöhung, aus der die Aktien für die Platzierung stammen sollten, erstrebenswert. Für die erforderliche Kapitalerhöhung um 4,6 Millionen Euro hätte den Altgesellschaftern allerdings das nötige Kleingeld gefehlt.

Diesen Nachteil beheben die Möglichkeiten der Einbringung oder Verschmelzung. Bei beiden wird die GmbH in Form einer Sacheinlage in die zunächst parallel gegründete Aktiengesellschaft eingebracht. Der Wert der Sacheinlage, also der Wert der einzubringenden GmbH, ist von einem Wirtschaftsprüfer festzustellen und zu testieren. Der Unterschied zwischen Einbringung und Verschmelzung liegt hauptsächlich in der steuerlichen Behandlung der einbringenden Gesellschafter und in dem zu aktivierenden Firmenwert bei der Aktiengesellschaft. Um die Altgesellschafter nicht mit Steuerforderungen zu belasten, entschieden wir uns für die Methode der Verschmelzung und nahmen den kleinen Nachteil in Kauf, dass der eingebrachte Wert bei der WWL AG über die nächsten Jahre abgeschrieben werden muss.

Am 26. Januar 1999 gründeten wir in Form einer Bargründung die WWL Internet AG mit einem Grundkapital in Höhe von einer Million Euro. Die kalkulierten restlichen zweihunderttausend Euro, die bis zum Börsengang notwendig waren, hatten wir zuvor der GmbH über eine Kapitalerhöhung zur Verfügung gestellt.

Als wir anfingen, uns mit der Umwandlung der GmbH in eine AG zu beschäftigen, war sehr schnell der Punkt erreicht, an dem wir uns hilflos den Juristen und Steuerberatern ausgeliefert fühlten. Mehr als einmal mussten wir fast blind der Empfehlung des Beraters folgen, wollten wir nicht zuvor ein Jurastudium absolvieren, um alle Auswirkungen einer Entscheidung im Detail zu verstehen. Da war oftmals ein tiefes Vertrauen in den Juristen geboten, schließlich waren wir nicht wirklich in der Lage, seinem so verheißungsvollen Vorschlag, den er nach Abwägung aller Für und Wider formulierte, zu widersprechen: *„Die Änderung der Rechtsform des Unternehmens WWL Connect Online Services GmbH in eine Aktiengesellschaft wird unter steuerlichen und rechtlichen Aspekten in Anbetracht der gegebenen Situation idealerweise im Wege der Verschmelzung zur Aufnahme gegen die Gewährung von Anteilen am übertragenden Rechtsträger gemäß §§ 1 Abs. 1 Nr. 1, 2 Nr. 1 Umwandlungsgesetz vorgenommen, wobei die WWL Connect Online Services GmbH als übertragender Rechtsträger ihr Vermögen als Ganzes auf die neu zu gründende WWL Internet AG als aufnehmenden Rechtsträger mit der Konsequenz der Gesamtrechtsnachfolge überträgt."*

Als Nächstes mussten wir einen Wirtschaftsprüfer damit beauftragen, den Wert der WWL GmbH festzustellen. Zwar gibt es Wirtschaftsprüfer wie Sand am Meer, doch die Wahl des Prüfers will gut überlegt sein. Erleichtert stellten wir fest, dass es bei diesem Vorgang nicht auf den Bekanntheitsgrad des Wirtschaftsprüfers ankam – im Gegensatz zu dem Wirtschaftsprüfer, der die *Due Diligence* mit Plausibilitätsgutachten unmittelbar vor dem *IPO* durchführen musste. Allerdings hat man nur einen Versuch, den richtigen Wirtschaftsprüfer zu bestellen. Ein Gutachten, das nicht so ausfällt, wie man sich das vorstellt, ist nicht mehr aus der Welt zu schaffen. Es kann auch nicht dadurch korrigiert werden, dass anschließend ein zweites Gutachten eines anderen Prüfers einen höheren Wert ausweist. Die Existenz des ersten, möglicherweise niederschmetternden Urteils dürfte im Verkaufsprospekt der Gesellschaft zum Börsengang nicht verschwiegen werden und würde eine Menge unbequemer Fragen nach sich ziehen. Die Wirtschaftsprüfer mögen das zwar nicht wahrhaben wollen, aber es ist definitiv so, dass sie, auch wenn sie nach der gleichen Methode arbeiten, zu sehr unterschiedlichen Ergebnissen kommen. Geben Sie den gleichen Auftrag an drei verschiedene Wirtschaftsprüfer, Sie werden sehen, dass Sie drei durchaus sehr unterschiedliche Ergebnisse erhalten.

Wir beauftragten einen Frankfurter Wirtschaftsprüfer zum Festpreis und gingen damit einer Empfehlung nach, wonach dieser Mann eine umfangreiche Kenntnis unseres Marktes haben sollte. Das erwies sich einerseits als Vorteil, denn tatsächlich verkürzte dies an manchen Stellen erheblich den genauen Erklärungsaufwand. Andererseits, oder gerade deswegen, teilte er nicht ganz unsere Euphorie für die Entwicklung des Internetmarktes, so dass wir während der dreiwöchigen Zusammenarbeit mit ihm nicht ganz sicher sein konnten, welchen Wert er uns am Ende testieren würde. Er auch nicht. Er schob diese Frage wie sein bestgehütetes Geheimnis vor sich her und wollte vorab auch keine Tendenzaussage treffen.

Wir bekamen einen Vorgeschmack auf die *Due Diligence*, die uns noch im Rahmen des Plausibilitätsgutachtens erwarten sollte. Wirtschaftsprüfer wollen eine schier endlose Zahl an Unterlagen einsehen. So mussten wir beispielsweise eine Aufstellung anfertigen, die am Ende fast den Umfang einer wissenschaftlichen Studie hatte, wie und mit welcher Begründung wir die künftige Entwicklung unserer Stunden- und Tagessätze erwarten und wie sich die Personalkosten entwickeln würden. Auch fühlten wir uns dem Wirtschaftsprüfer nach einer gewissen Zeit der Zusammenarbeit geradezu ohnmächtig ausgeliefert. Mehr als einmal kamen uns Gedanken wie „Gängelei" oder „reine Willkür" in den Sinn. Letztlich quittierte uns der Frankfurter Prüfer einen Wert von rund 4,4 Millionen Euro, von denen wir vier Millionen aufdeckten, um auf unser anvisiertes Grundkapital von insgesamt fünf Millionen zu kommen.

Die letzten drei Monate vor dem *IPO* waren geprägt durch unzählige Termine bei den Juristen, unserem Konsortialführer und auch beim Notar, bei dem sich oft der ganze – noch überschaubare – Gesellschafterkreis mit dem Aufsichtsrat traf. Alle Entscheidungen, die der Zustimmung der Hauptversammlung bedurften, mussten möglichst für das ganze nächste Jahr im Voraus getroffen werden. Künftig würde die Einberufung einer Hauptversammlung nicht mehr so einfach nebenbei unter Verzicht auf alle gesetzlichen und statutarischen Erfordernisse möglich sein. So verabschiedeten wir beispielsweise das erste Aktienoptionsprogramm, schufen bedingtes Kapital für Akquisitionen und wählten formal den Aufsichtsrat.

Als sei dies nicht genug, mussten wir zeitgleich noch die *Due Diligence* über uns ergehen lassen, die von einem renommierten Wirtschaftsprüfer aus Düsseldorf durchgeführt wurde. Der weniger fachkundige Leser stelle sich die *Due Diligence* am besten so vor, dass eine Firma von Kopf bis Fuß umgekrempelt und akribisch genau alles ans Tageslicht befördert wird, was dort jemals zu Papier gebracht wurde – und schon längst wieder in Vergessenheit geraten ist. Plötzlich tauchte das Gesellschafterprotokoll von 1997 auf, das nicht von allen unterschrieben war, oder der Auftrag eines Kunden, der damals auf eine dreijährige Gewährleistung bestand und daher noch ein Risiko darstellte.

Der wichtigste Bestandteil der Arbeit des Wirtschaftsprüfers war aber, herauszufinden, ob die von uns ermittelten Planzahlen für das laufende und das folgende Jahr plausibel waren. Dazu führte er mit Mitarbeitern Interviews, die erklären mussten, wie bei uns das Controlling aussah und wie der Weg einer verrechenbaren Stunde bis zur geschriebenen Rechnung verläuft. Der Vorstand musste eine Liste aller Angebote anfertigen und diese mit der Wahrscheinlichkeit ihrer Annahme gewichten. Daraufhin wurden diverse Projektleiter befragt, ob sie die Einschätzung des Vorstands teilten. Natürlich waren innerhalb einer gewissen Bandbreite abweichende Antworten möglich, im Wesentlichen sollte aber die Glaubwürdigkeit vieler Aussagen des Vorstands hinterfragt werden.

So gut hätten wir im Vorfeld unsere Mitarbeiter gar nicht vorbereiten oder einschwören können, als dass etwaige Unstimmigkeiten nicht doch aufgeflogen wären. Einen kleinen Spaß erlaubten wir uns aber dennoch mit den Düsseldorfer Wirtschaftsprüfern. Gerne hätten wir nämlich von ihnen auch einen Auftrag gehabt, was angesichts der rund 45.000 Euro, die wir für das Plausibilitätsgutachten zahlen mussten, von uns doch mit gewissem Nachdruck verfolgt wurde.

Tatsächlich boten wir den Prüfern die Erstellung ihres Internetauftritts für 40.000 Euro an. Allerdings lehnten sie das Angebot zwar höflich, aber mit Nachdruck ab. Trotzdem nahmen wir das Angebot in die verlangte Angebotsliste auf und gewichteten es mit einer Eintrittswahrscheinlichkeit von zehn Prozent. Da sie diesen Betrag nicht herausgestrichen haben, haben sie ihn entweder übersehen oder den Spaß wegen des geringen, gewichteten Betrags von 4.000 Euro einfach mitgemacht. Am kritischsten aus der Sicht der Wirtschaftsprüfer war damals ohnehin, dass wir fast die Hälfte unseres Umsatzes mit unseren sechs größten Kunden erwirtschafteten.

Interessant war, dass die Wirtschaftsprüfer damals jede „Deckelung" unserer Planzahlen ab 2001 wegen der schlechten Prognostizierbarkeit des Internetmarktes ablehnten. Die Bandbreite der Marktstudien gab ihnen Recht. Die Studien, die uns zum Börsengang zur Verfügung standen, stammten meist noch aus 1998 und divergierten für die Jahre ab 2001 bereits erheblich.

Noch zwei Hürden

Die erste externe Einschätzung zur Attraktivität der WWL als Börsen-
kandidat hatten wir von unserem Emissionsberater erfahren. Sicherlich
werden Sie sagen, es verhält sich mit Emissionsberatern nicht anders als
mit Anwälten, an die man sich bei Rechtsstreitigkeiten wendet und die
einem meist einen positiven Prozessausgang prognostizieren, nur um das
Mandat zu bekommen. Das ist allerdings keineswegs so. Unser Emissionsberater hatte das Mandat sehr genau geprüft. Erstens stand sein guter
Ruf auf dem Spiel und zweitens würde ihm ein nicht platzierbares Unternehmen nichts als Sorgen bereiten, wenn es wie eine Klette an ihm hängen bliebe.

Die zweite, in der Tat wesentlich entscheidendere Resonanz auf unser
Unternehmen erhielten wir von den Banken, die wir in die engere Wahl
für eine mögliche Konsortialführerschaft gezogen hatten. Damit die Banken auch „anbeißen" würden, investierten wir viel Arbeit in das Bankenexposé, das bis zum Verkaufsprospekt sechs Monate später das Aushän-
geschild der Firma sein sollte.

Mit unserem Emissionsberater erarbeiteten wir in Workshops Stärken
und Schwächen der WWL, ihre Wettbewerbssituation und stimmten
unsere Ziele und Visionen ab. Das geschah im Kreis des Vorstands und
der Gründungsgesellschafter, die damals die so wichtige zweite Ebene
bildeten. Der Workshop förderte unterschiedliche Ansichten über die
Kernkompetenzen der Firma und unterschiedliche Einschätzungen ihrer
Wettbewerber zu Tage. Die Ergebnisse wurden anschließend im großen
Kreis besprochen und in einem von allen getragenen Papier manifestiert.

Der Emissionsberater schrieb das Konzept für das Bankenexposé und
er trieb – ich weiß nicht, wie – jede nur denkbare und zur Untermalung
unserer Aussagen benötigte Marktstudie auf. So entstand im Januar und Februar 1999 das rund hundertseitige Bankenexposé der WWL Internet AG.

Parallel dazu legten wir die Auswahl der Banken fest, die wir zu unserem *Beauty-Contest*, einer Art Wettbewerb zur Auswahl der konsortial-
führenden Bank einladen wollten.

Hierbei spielten neben subjektiven Kriterien, wie der Name der Bank
oder unsere persönlichen Erfahrungen, vor allem Referenzen erfolgreich
begleiteter Emissionen, verfügbare Kapazitäten und die zu erwartende
Marktkenntnis des Analysten der Bank die entscheidende Rolle. Natürlich gab es gewissermaßen Traumstarts an der Börse, die wir nur allzu
gerne nachgeahmt hätten. Beispielsweise den des einstigen ostdeutschen

Vorzeigeunternehmens aus Jena, der *Intershop AG*, die am 16. Juli 1998 unter der Leitung des Schweizer Bankhauses Vontobel mit einem Zeichnungsgewinn von 160 Prozent an den Neuen Markt ging und quasi über Nacht mit einer sagenhaften Marktkapitalisierung von 690 Millionen Euro bewertet wurde.

So gab es zu jeder der Banken irgendeine Geschichte, eine Referenz oder Empfehlung, die uns bewog, sie in unsere Vorauswahl aufzunehmen, die am Schluss aus acht Kandidaten bestand: Bayerische Landesbank, Commerzbank, Deutsche Bank, DG Bank, Hypovereinsbank, M. M. Warburg, Sal. Oppenheim und Vontobel.

Bei Vontobel waren wir uns nicht ganz sicher, ob sie nicht möglicherweise bereits einen Wettbewerber der WWL unter Vertrag hatte. Dies war vorher nicht herauszubekommen, die Bank hüllte sich völlig korrekt in absolutes Stillschweigen. So mussten wir es darauf ankommen lassen und schickten ihnen unser Bankenexposé zu – die Reaktion von Vontobel würde schon zeigen, ob sie sich auf unsere Einladung zum *Beauty-Contest* einlassen würden. Uns war sehr wohl bewusst, dass wir mit dem Exposé jede Menge Details über uns preisgaben und Gefahr liefen, dem Wettbewerb wichtige Erkenntnisse zuzuspielen.

Noch bevor es zu der ersten telefonischen „Gegenüberstellung" mit dem Leiter der Emissionsabteilung von Vontobel kam, konnten wir in Erfahrung bringen, dass sie tatsächlich die Konsortialführung für die *I-D Media AG* übernommen hatten. Die Bank versicherte uns zwar, dass zwischen ihren Emissionsteams eine Art Chinesische Mauer installiert und somit der absolute Vertrauensschutz gewährleistet sei, trotzdem wollten wir der Argumentation nicht folgen. Es gab de facto zwei Konfliktpotenziale, die die Bank auch nicht entkräften konnte. Wie sollte es gelingen, zwei Wettbewerber im Internetumfeld, die zwar sehr unterschiedliche Ansätze für die Zukunft verfolgten, sich aber in ihrem aktuellen Kerngeschäft nur wenig voneinander unterschieden, so kurz hintereinander an die Börse zu führen und beide als die Nummer eins zu verkaufen? Vermutlich hätten wir nahezu die gleiche *Roadshow* absolviert wie *I-D Media* und wären auf dieselben Investoren getroffen. Niemand wagte wirklich vorherzusagen, ob uns daraus nicht vielleicht ein Nachteil erwachsen könnte.

Zweitens war uns bewusst, dass jedes Emissionshaus alles daran setzen würde, die Börsengänge ihrer betreuten Unternehmen so erfolgreich wie möglich zu gestalten. Was, wenn der Börsengang der *I-D Media* doch nicht wie geplant verlaufen sollte oder gar verschoben werden müsste?

Wäre auch in diesem Fall die Chinesische Mauer unüberwindbar oder würde man versucht sein, das Research-Material doch von der WWL zu „entleihen"?

Trotz des sehr hohen Sympathiegrades und des sicherlich überzeugenden, kompetenten Eindrucks, den wir von den Herren von Vontobel gewannen, entschieden wir uns mit unserem Emissionsberater, nicht weiter auf Vontobel zu setzen.

Wie sich später zeigen sollte, kam die *I-D Media AG* zwar wie geplant einen Monat vor uns an die Börse, die Meinungen über den Erfolg gingen aber auseinander. Die *I-D Media* gehörte zu den wenigen Unternehmen, die 1999 emittierten und keinen Zeichnungsgewinn verbuchen konnten. Es dauerte Wochen, ehe sie sich von den 23 Euro des oberen Endes ihrer *Bookbuilding*-Spanne wegbewegen konnte.

Bei uns herrschte einhellig die Meinung, dass dies die Folge davon war, dass der Gründer und Vorstandsvorsitzende *Bernd Kolb* einen sehr hohen Anteil seiner Aktien abgab, wofür er heftig kritisiert wurde. Eine ähnliche Situation erlebte damals aus dem gleichen Grund die *P&I Personal & Informatik AG*, bei der ebenfalls ein erheblicher Anteil des Emissionserlöses in die Taschen der Altgesellschafter floss und nicht dem Unternehmen zugute kam. Vier Minuten des fünfminütigen Interviews in der *Tele-Börse* auf dem Berliner Nachrichtensender *n-tv* gingen nur mit der Erörterung dieser Frage drauf. Das wollten sich die Altaktionäre der WWL ersparen und gaben damals, was ich an anderer Stelle in diesem Buch noch ausführlicher behandle, nur sehr moderat Aktien im Rahmen der Erstzuteilung ab.

Ein für Banken ungewöhnliches Chaos erlebten wir bei der Bayerischen Landesbank, die auf die eher rhetorische Nachfrage, ob denn unser Bankenexposé eingetroffen sei, geschlagene drei Tage benötigte, um das herauszufinden.

Sehr bald gewannen wir den Eindruck, dass die Bank sich zwar im Emissionsgeschäft engagieren wollte, aber weder von ihrer internen Organisation noch von dem Personal her, das sie damals an Bord hatte, überhaupt dazu in der Lage gewesen wäre.

Eine Absage erhielten wir bedauerlicherweise von der Deutschen Bank, die immerhin unsere Hausbank war. Ihnen sei das Emissionsvolumen zu klein. Mit anderen Worten, die Verdienstmöglichkeiten am Börsengang der WWL waren der Bank nicht attraktiv genug.

Die Commerzbank nahmen wir aufgrund der Lobeshymnen des *BinTec*-Vorstands in unsere Liste auf, der mit einer Begeisterung von der

Betreuung der Bank und ihres Emissionsteams schwärmte, der wir uns nicht entziehen konnten. Der *BinTec*-Vorstand stellte den Kontakt her und so rief mich der Leiter des hoch gepriesenen Commerzbank-Emissionsteams an.

Eine gute Stunde lang erzählte ich ihm die Geschichte der WWL und er warb für seine Bank als Emissionshaus. Das Gespräch verlief so, als würden wir uns schon seit Jahren kennen, sehr offen und Vertrauen erweckend, geprägt von einer gehörigen Portion gegenseitiger Sympathie, und als ich den Hörer aufgelegt hatte, stand für mich unser künftiger Konsortialführer so gut wie fest.

Ich verabredete mit dem Commerzbanker ein Treffen noch vor dem offiziellen, unmittelbar bevorstehenden *Beauty-Contest*. Wegen eines Staus auf der Autobahn kamen wir drei Vorstände zwei Stunden verspätet in Frankfurt an. Allerdings spielte das gar keine Rolle, die Commerzbanker hatten ausgeharrt und empfingen uns gespannt in der siebten Etage ihres 300 Millionen Euro teuren Business-Towers.

Wahrscheinlich muss ich etwas enttäuscht geschaut haben, denn sie begrüßten mich mit den Worten: „Ganz oben feiern wir erst, wenn wir Sie an die Börse gebracht haben." Fast bis Mitternacht saßen wir mit den beiden Commerzbankern – zeitweise kam noch ihr Analyst hinzu – und erzählten zum zweiten Mal glühend unsere Geschichte und unsere Vision. Es war längst dunkel und noch immer war nur eine Schreibtischlampe angeschaltet, die für ein atmosphärisches, gedämpftes Licht sorgte. Wahrscheinlich legte die Welle der gegenseitigen Begeisterung an diesem Abend den Grundstein für einen sehr erfolgreichen, gemeinsamen Weg an die Börse.

Auf dem Rückweg nach Nürnberg war uns klar, dass alle zwischenmenschlichen Faktoren mit den Commerzbankern stimmten, lediglich die Bewertung, die uns die Commerzbank errechnen würde, musste jetzt noch darüber entscheiden, ob wir zusammenkämen. – Gut drei Wochen später war nach einem Kopf-an-Kopf-Rennen während des *Beauty-Contests* mit der Hypovereinsbank die Entscheidung zugunsten der Commerzbank als Konsortialführer gefallen.

Die letzte Hürde beim Gang an die Börse bildete die Zulassungskommission der *Deutschen Börse AG*. Sie entscheidet zwischen dem Sesamöffne-dich zum Neuen Markt und der Vergeblichkeit aller Arbeit und Kosten. Die Zulassungsquote betrug damals rund 60 Prozent. Ein zweiter Versuch ist zwar theoretisch möglich, in Wirklichkeit aber nur nach einer grundlegenden Strategieänderung der Firma Erfolg versprechend.

Zulassungskriterien wie Innovation oder Wachstum erreicht man eben nicht glaubhaft dadurch, dass man einfach wenige Wochen später erneut bei der Zulassungskommission mit geänderten Planzahlen und einer aggressiveren Präsentation auftaucht.

So erschienen wir am 10. Mai nicht ohne eine gewisse Nervosität und innere Anspannung bei der Zulassungskommission. Die Präsentationsshow war auf eine Stunde begrenzt und für uns ging es um alles oder nichts. Es musste uns gelingen, unsere Zuhörer von unserem Wachstumspotenzial und von unserem Innovationscharakter zu überzeugen. Unsere Begleiter von der Commerzbank waren zu absolutem Stillschweigen verpflichtet und durften keinerlei Unterstützung gewähren.

So zogen wir unsere Präsentation durch, ohne dass wir aus dem Mienenspiel unserer Zuhörer ein Feedback zu unserem Vortrag herauslesen konnten. Erst ganz am Ende gab einer der Auditoren auf die Frage unseres Vorstandssprechers, welchen Eindruck man von dem Unternehmen gewonnen habe und ob man der Zulassung positiv gegenüberstehe, breit grinsend die viel versprechende Antwort: „Eine endgültige Aussage bekommen Sie nächste Woche, aber mein Lächeln dürfen Sie schon jetzt als Ausdruck des Gefallens an Ihrem Vortrag deuten." Nach Auffassung der Commerzbanker war dies der berühmte Wink mit dem Zaunpfahl, und wir alle verließen die Kommission in der festen Überzeugung, es geschafft zu haben.

Der Besuch bei der Zulassungskommission stellt auch bezüglich der Außendarstellung des Unternehmens einen wichtigen Meilenstein dar, bedeutet ihre Zusage doch gleichzeitig, dass man öffentlich seine Absicht, an die Börse zu gehen, kundtun darf. Es gibt zwar kein Gesetz, dass diese Meldung vor dem Besuch bei der *Deutschen Börse AG* verbietet, jedoch erfährt das Zulassungskomitee diese Nachricht ungern aus den Medien. Insofern mussten wir uns damals bis zum 17. Mai, bis der fieberhaft erwartete Anruf aus Frankfurt kam, eisern in Zurückhaltung üben, was uns angesichts der *Internet World*, die ab dem 18. Mai in Berlin stattfinden sollte, nicht leicht fiel. Wir wollten unbedingt die Plattform einer gut besuchten Messe dazu nutzen, maximale Aufmerksamkeit auf uns zu ziehen und möglichst viel kostenlose Publicity durch entsprechende Erwähnung in den Medien zu erhalten. Vorsorglich hatten wir Schautafeln und einige Tausend kleine Faltprospekte mit den ersten Kennzahlen zu unserem Börsengang drucken lassen, die wir nun hoch offiziell auf der Messe verteilen durften.

Von jetzt an waren es noch sieben Wochen harter Arbeit, ehe wir uns den Investoren auf der *Roadshow* präsentieren konnten. Der unvollständige Verkaufsprospekt musste geschrieben, die *Due Diligence* für das Plausibilitätsgutachten durchgeführt und die Marketingaktivitäten unserer *Public Relations*-Agentur begleitet werden. Wenn ich heute in meinen Kalender von 1999 schaue, dann hörten die dicht gedrängten Termine mit dem Beginn der *Roadshow* auf. Zusammen mit den anschließenden Ferien weist der Sommer 99 ein großes weißes Loch auf.

Roadshow gut – alles gut

Würde man Vorstände, die ihr Unternehmen an die Börse gebracht haben, fragen, welche Ereignisse in ihrem Leben sie mit Sicherheit niemals vergessen würden, dann dürfte dazu auch die *Roadshow* gehören. Nicht nur, dass sie den abschließenden Höhepunkt der Vorbereitungen für den Börsengang darstellt, sie ist mit kaum einer anderen Erfahrung, die man als Unternehmer machen darf, vergleichbar.

Die *Roadshow* entscheidet über Erfolg oder Nichterfolg der Platzierung von Aktien. Innerhalb weniger Tage präsentiert der Vorstand sein Unternehmen und dessen Marktumfeld sowie seine Visionen mehreren potenziellen Investoren. Nach wenigen Minuten muss der Investor von der Geschäftsidee begeistert sein. Nur dann wird er auch anschließend die Aktie zeichnen.

Neben der Überzeugungskunst der Vorstände ist es wichtig, dass die Story zur richtigen Zeit kommt, dass sie gewissermaßen zur Mode passt, die gerade angesagt ist. Tatsächlich kamen damals die meisten Internetwerte während der Phase der Interneteuphorie, obwohl sie mit den Vorbereitungen ihres Börsengangs begonnen hatten, lange bevor man ahnen konnte, von welchem Optimismus die Werte einmal getragen würden. Ähnlich war es mit den Biotech- und den Logistikwerten.

Es kam also darauf an, nichts, auf das man in irgendeiner Form Einfluss hatte, dem Zufall zu überlassen. Die Commerzbank als unser Konsortialführer erledigte ihren Teil nahezu perfekt. Dazu gehörte, uns zum einen auf die *Roadshow* vorzubereiten, mit uns die Investorentermine vorab zu proben, und zum anderen die *Roadshow* als Rundreise durch die Finanzmetropolen Europas zu organisieren. So mussten die Flüge gebucht, die Hotelzimmer reserviert, die Chauffeurdienste bestellt und die Termine bei den Investoren koordiniert werden. Die *Roadshow* wurde schließlich nicht von uns drei Vorständen allein wahrgenommen. Im

Hintergrund war ständig ein ganzes Team der Commerzbank damit beschäftigt, darauf aufzupassen, dass wir den engen Terminplan einhielten.
Selbst die Check-ins an den Flughäfen und in den Hotels hat uns das
Team abgenommen. Für alle eventuellen Pannen hätten sie sofort nach
Auswegen suchen müssen. Und als sei dies nicht genug, hielten sie uns
alle bei Laune und sorgten für eine gute und motivierende Stimmung
während der gesamten *Roadshow*.

Wir kamen uns wahrhaftig vor wie Könige. Der Commerzbank war
es wirklich gelungen, die gesamte Atmosphäre um die *Roadshow* herum
wie eine Märchenwelt zu gestalten, in der wir uns um rein gar nichts
kümmern mussten. Geradezu minutiös war unser Tagesablauf geplant.
Alle Leute in unserem Umfeld begegneten uns mit einer unbeschreibli-
chen Freundlichkeit und nahmen großen Anteil an unserem Unternehmen, an der Aktie und an unseren Erfolgserlebnissen. Ganz so, als würden sie alle ihre eigenen Aktien verkaufen.

Alle fieberten mit, wenn es mit der Wagenflotte von einem Investor
zum nächsten ging. Was immer ich sonst in meinem Leben schon für Be-
rührungspunkte mit der Commerzbank hatte, für mich ist sie seitdem zu
dem Unternehmen geworden, mit dem ich nicht nur den höchsten Büro-
turm in Frankfurt, sondern vor allem die wahrscheinlich beste *Roadshow*
der Welt verbinde.

Die Reiseroute unserer *Roadshow* führte uns während einer sehr heißen Juliwoche zu den wichtigsten Finanzplätzen Europas. Von Frankfurt
aus ging es für einen Tag nach Luxemburg, zwei Tage nach London, einen
Tag nach Genf und Zürich, um schließlich in Mailand ihren Abschluss zu
finden. Schottische und österreichische Anleger hatten wir mittels Video-
konferenz „besucht". Wer meint, das Bankenviertel in Frankfurt mit seinen hoch in den Himmel ragenden Wolkenkratzern, die sich beim Landeanflug auf Frankfurt zumeist durch die Fenster auf der rechten Seite des
Flugzeugs als imposante Skyline der deutschen Finanzmetropole ankün-
digen, sei als Sitz der Europäischen Zentralbank die Schaltzentrale europäischen Geldflusses, der irrt gewaltig! Verglichen mit London hat Frankfurt diesbezüglich eher dörflichen Charakter, und den einzigen Siegpunkt,
den man Frankfurt zusprechen mag, erhält die Stadt beim Höhenvergleich
der Paläste, in denen die Finanzinstitute untergebracht sind.

Ansonsten ist London mit rund 120 angesiedelten Banken und Bro-
kerhäusern, die insgesamt annähernd 4.000 Analysten beschäftigen, das
Mekka der europäischen Finanzwelt. Hier pulsieren die Geldströme
Europas, wenn täglich mehr als 900 Fondsmanager mehrere Milliarden

Euro in die Aktienmärkte zwischen Athen und Oslo investieren. Ganze Stadtviertel sind hier geprägt von den architektonisch stilvollen, klimatisierten Bauten, den Marmor- und Glaspalästen, in denen Tausende von Investmentbankern, Analysten und Fondsmanagern ihren Dienst tun. Teilweise sah ich Großraumbüros mit langen Reihen von Tischen, an denen vierzig und mehr Mitarbeiter auf jeweils mindestens zwei großen Flachbildschirmen irgendwelche Charts, Börsenkurse oder andere „Hot News" verfolgten. Das erweckte beileibe nicht den Eindruck von Hektik, die man so gerne in diese Welt hineininterpretiert. Vielmehr waren die Leute sehr besonnen bei der Arbeit, deren faszinierter Zeuge ich für wenige Minuten sein durfte.

Ganz anders präsentierte sich Luxemburg. Als ich diese Stadt erlebte, war ich sofort ergriffen von ihrer einzigartigen Sauberkeit und der Eleganz ihrer Bewohner. Zwei Fondsmanagern eines Investmenthauses gaben wir eine so genannte *Lunch Presentation*, die in allen anderen Städten so ablief, dass die Investoren während der Präsentation aßen, während wir die WWL vorstellten und nur wenige kurze Redepausen dazu nutzen konnten, möglichst schnell ein paar Happen hinunterzuwürgen. Aber nicht so in Luxemburg, in dem Land, das in seiner Esskultur den Franzosen in nichts nachsteht.

Sehr fein und mit viel Stil haben wir in einem exquisiten Landrestaurant über zweieinhalb Stunden mit den beiden Investoren diniert und dabei in sehr lockerer Atmosphäre über die WWL gesprochen. Ganz nebenbei erfuhren wir, dass in Luxemburg auf etwa 2.600 qkm rund 429.000 Einwohner leben, 280 Finanzinstitute angesiedelt sind und der größte Durchmesser des Landes der von Nord nach Süd mit 82 Kilometern ist. Ein halbes Jahr später hatte ich in Berlin das Vergnügen, Zeuge einer sehr spannenden Rede des luxemburgischen Premierministers *Jean-Claude Junckers* zu sein.

Darin bezog er Stellung zur Steueroase seines Landes, in die deutsche Anleger so gerne flüchten, und fand auch den bemerkenswerten Grund dafür, warum Luxemburg trotz seiner Winzigkeit auf dem Globus ein ernst genommener Partner in Europa ist: „Wissen Sie, ein Floh kann einen Löwen sehr ärgern. Er kann ihn zum Wahnsinn treiben. Der Löwe allerdings muss sich gewaltig anstrengen, um einen Floh zum Wahnsinn zu treiben."

Mailand dürfte als Finanzplatz für Italien ungefähr die gleiche Bedeutung haben wie Frankfurt für Deutschland. Mit der typisch italienischen Lässigkeit, aber auch mit dem typisch italienischen Nachdruck, der keinen Widerspruch duldet, machten die Mailänder Finanzgrößen sehr schnell deutlich, wo in Italien tatsächlich die Musik der „Noten" spielt. Es ist Milano und nicht (!) Roma.

Abgesehen von Luxemburg haben wir die einzelnen Stationen unserer *Roadshow* mit dem Flugzeug erreicht. Bei insgesamt sieben Flügen haben wir viele Landschaften von Europa einmal von oben erlebt. Der Rundflug nahm seinen Anfang in Frankfurt, wo wir am Vormittag die Pressekonferenz im Gebäude der Commerzbank zur Bekanntgabe unserer *Bookbuilding*-Spanne abgehalten hatten. Der erste Flug führte uns nach London. Es war ein unheimlich schwüler Tag, und wir zerflossen förmlich in unseren dunklen Anzügen, nachdem uns der Fahrdienst der Commerzbank am Freiluft-Check-in des Lufthansa-Schalters abgesetzt hatte. Die gute Fee der Commerzbank, verantwortlich für die gesamte Reiseplanung, machte noch schnell eine Umbuchung möglich und tauschte mit mir ihre Maschine nach London, damit ich mit meinen Kollegen zusammen reisen konnte. Allerdings saßen wir während des Fluges nur schweigend nebeneinander. Jeder suchte nach den Strapazen des ersten Tages in Frankfurt seine Form der Entspannung.

Die einzig schlechte Überraschung auf all den Flughäfen erlebten wir bei der Ankunft am Sonntagabend in Genf. Unser Vorstandssprecher machte die Erfahrung, wie es ist, wenn nach bangen Minuten des Wartens am Fließband zur Gepäckabholung dieses seinen Dienst einstellt und damit unmissverständlich klar wird, dass das erwartete Gepäckstück wohl nicht in Genf angekommen ist.

Die Recherche durch das hilfsbereite Flughafenpersonal ergab nach einer weiteren halben Stunde, dass sein Gepäck von Nürnberg lediglich bis zum Umsteigeflughafen in München eingecheckt worden war. Man könne aber veranlassen, dass es gleich am nächsten Tag mit der ersten Maschine nach Genf gebracht würde. Glücklicherweise hielt der Flughafen für solche Fälle ein Notpaket mit den wichtigsten Waschutensilien und einem hauchdünnen Nachthemd für meinen Kollegen bereit. Darin war allerdings nicht der Anzug enthalten, der während der Präsentationen die recht legere Kleidung ersetzen sollte, mit der wir in Genf angekommen waren. So nahmen mein Finanzkollege und ich die ersten beiden *One-on-ones* am nächsten Tag allein wahr.

Der letzte der Flüge – von Mailand nach Nürnberg – stellte auch gleichzeitig den Abschluss der *Roadshow* dar. Bei Gewitterstimmung hob die kleine Propellermaschine der *Eurowings* in Mailand ab und kämpfte sich durch schwere Wolken über die Alpen in Richtung Nürnberg. Es war vielleicht nicht schlecht, dass wir völlig erledigt nach den über vierzig Präsentationen der letzten Tage in unseren Sitzen hingen und fast gleichgültig das Flugwetter beobachteten.

Beim Landeanflug auf Nürnberg beugte sich unser Vorstandssprecher zu mir herüber und kontrollierte meinen Gurt mit den Worten: „Dass jetzt bloß nichts mehr schief geht, so kurz vor der Erstnotiz." Kurz darauf setzte der Pilot die Maschine sicher auf, unter einer dunklen Gewitterwolke, die den Tag zur Nacht machte.

Gewissermaßen eine Besonderheit jeder *Roadshow* stellen die Fahrer der angeheuerten Chauffeurdienste dar. Unvergesslich bleibt uns der Chauffeur unserer ersten Route von Frankfurt nach Luxemburg und zurück. Er hatte uns schon tagsüber in Frankfurt zu den verschiedenen Investoren gefahren.

Als überaus pflichtbewusster Mann der er war, ohne Fehl und Tadel, brachte er das Kunststück fertig, bei jedem Halt schneller selbst ausgestiegen zu sein und im Laufschritt um das Auto alle Türen geöffnet zu haben, als es uns auch nur gelingen mochte, uns abzuschnallen. Während wir ausstiegen, machte er sich schon am Kofferraum zu schaffen und stellte jedem von uns seine Tasche bereit, sortierte die *Give-Aways* für die Investoren und überprüfte noch einmal, ob in allen Tüten die richtigen Präsentationsunterlagen und *Emissionsprospekte* enthalten waren. Wenn kein Parkplatz zu finden war, während wir unseren Termin wahrnahmen – was in Frankfurt ja keine Seltenheit ist –, kurvte er nötigenfalls eine ganze Stunde um den Block, ohne sich zu weit zu entfernen, um nur ja den Moment abpassen zu können, wenn wir wieder auf die Straße zurückkommen würden. Im Auto hatte er Getränke und kleine Snacks für uns bereit, und hatte auch, rührend wie er war, schon diverse Zeitungen gekauft und selber nachgelesen, ob darin über uns berichtet wurde oder zumindest ein für uns verwertbarer Artikel enthalten war. Er verstand seine Aufgabe nicht nur als Fahrer, sondern auch als Coach.

Spät am Abend brachte er uns dann noch nach Luxemburg. Bei seinem Auto handelte es sich glücklicherweise um einen sehr komfortablen VW-Transporter, der so viel Platz bot, dass es sich jeder von uns dreien bequem machen und während der Fahrt vor sich hindösen konnte.

Irgendwann, kurz vor zwei Uhr morgens waren wir in unserem Hotel in Luxemburg angekommen. Wieder war es für ihn eine Ehrensache, sich um unser Gepäck zu kümmern, während wir halb tot in unsere Betten fielen.

Am nächsten Morgen um sechs Uhr war er wahrscheinlich erneut der

Frischeste von uns. Während wir noch frühstückten, studierte er schon den Stadtplan, um uns auch fehlerfrei an unsere Ziele bringen zu können. Zwar war das gar nicht nötig, denn die Düsseldorfer Kollegen der Commerzbank – zuständig für die Betreuung der Commerzbank-Kunden in Luxemburg – fuhren mit ihrem BMW vor uns her. Wir brauchten ihnen eigentlich nur zu folgen. Leider vergaß die Dame am Steuer des BMWs, dass ihr Wagen um einiges stärker war als unser Transporter. Mehrfach nahm der Abstand zwischen unseren Fahrzeugen gefährlich zu, und wir riskierten, den Anschluss zu verlieren. Allerdings erwachte in solchen Momenten der Ehrgeiz unseres Fahrers, der lauthals über unsere Lotsen schimpfend sein Bestes gab und immer wieder aufholte.

Die Niederlassung der Hypovereinsbank in Luxemburg war nicht leicht zu finden. Auch die Dame im Wagen vor uns war sich unsicher ob des richtigen Weges und kurvte suchend in dem Gewerbegebiet hin und her. Unser Fahrer kurvte fleißig hinterher. Erschwert wurden die Verfolgungsmanöver durch den heftigen Platzregen, der just in diesem Moment einsetzte.

Als das vermeintliche Gebäude gefunden schien, fuhren beide Wagen die Auffahrt vor das Portal des Hauses hinauf. Unsere Lotsin blieb mit ihrem Wagen so stehen, dass sie trocken unter dem großen Vordach des Eingangs aussteigen konnte. Obwohl wir Stoßstange an Stoßstange hinter ihr hielten, ragte nahezu die gesamte Länge unseres Transporters unter dem Vordach heraus und stand im strömenden Regen. Diesen kleinen Fauxpas bemerkte die Dame vor uns leider nicht; sie war bereits zum Pförtner enteilt.

Damit war der große Moment unseres Fahrers gekommen, der das Auto verließ und noch in der gleichen Sekunde bis auf die Haut durchnässt war. In Windeseile holte er die drei vorhandenen Regenschirme aus dem Kofferraum und half jedem von uns, möglichst trocken aus dem Auto zu steigen. Nachdem der Letzte gerade unter dem Schutz des triefenden Schirmes ausgestiegen war, kam unsere sympathische Führerin zurück und rief uns durch den Regen zu, als sei dies die nebensächlichste Sache der Welt, wir hätten uns im Gebäude getäuscht. Sprach`s, sprang ins Auto und fuhr los.

In London wurden uns zwei Jaguare gestellt. Herrliche klimatisierte Wagen – was in der erstickenden Londoner Sommerhitze in unseren Anzügen eine Frage des Überlebens war – mit einer enormen Beinfreiheit für die hinten Sitzenden. Leider haben wir auf unseren Touren durch London außer dem Buckingham-Palast nicht viele Sehenswürdigkeiten gesehen, obwohl sich die Fahrer bemühten, uns viele Bauwerke ihrer Stadt zu erklären. Die *Sales*-Leute der Commerzbank, die mit in den Autos saßen, hatten nach jedem Termin sehr schnell herausgefunden, ob und wie viel der gerade besuchte Investor gezeichnet hatte. Wir selber hingen meist am Handy und so sprachen alle vier Wageninsassen in Deutsch, Englisch und Schottisch durcheinander. Und trotzdem war es jedes Mal eine erholsame, kurze Pause.

In der Schweiz und in Italien fuhren wir mit zwei dunklen, riesigen S-Klasse-Daimlern durch die Städte. Wir kamen uns vor wie in einem Konvoi beim Besuch eines Staatspräsidenten. Es fehlten nur noch die Stander vorn auf den Kotflügeln und die vorausfahrende Polizeieskorte. In Italien waren die Autos mit Teleport-Sendern ausgestattet, die unseren Fahrern gestatteten, nahezu ungebremst durch die Mautstationen zu fahren.

All diese Eindrücke bauten eine faszinierende, geradezu süchtig machende Atmosphäre während dieser *Roadshow* auf. Aber es kam noch besser.

Die Hotels unserer Stationen waren die reinsten Luxustempel. Wahrscheinlich war es das jeweils beste Hotel am Platz. In London war es das *Savoy* und in Mailand das *Grand Hotel*. Zwischendurch hatte ich mich gewundert, wer denn das alles bezahlen würde? Da wir zuvor nie gefragt worden sind, ob wir in einem Drei- oder Fünfsternehotel untergebracht oder ob wir Economy- oder Business-Class fliegen wollten, war ich so naiv zu glauben, die Commerzbank würde das sicher alles von ihrer Emissionsprovision bezahlen. Der Schock der Wahrheit stand unserem lieben Finanzkollegen für die Wochen nach der *Roadshow* noch bevor. Ich hoffe bloß, dass wir nicht die Preise bezahlt haben, die in den Hotelzimmern ausgehängt waren.

Das Entsetzen ereilte mich in Mailand, als ich in meinem sicherlich tadellosen, fünfzig Quadratmeter großen Zimmer mit marmornem Badezimmer das Preisschild studierte: sechshundert Euro pro Nacht – ohne Frühstück! Ausgerechnet unseren Finanzvorstand hatte die Bank in einem Zimmer untergebracht, welches laut Preisaushang rund tausend Euro die Nacht kosten sollte. Wahrscheinlich war das der Grund für seine schlaflosen Nächte in Mailand.

Im Gegensatz zum Personal dieses italienischen Palastes waren die Bediensteten des *Savoy*-Hotels in London eher typisch englisch steif. Mir fiel auf, dass an jeder „wichtigen" Tür jemand dafür zuständig war, diese aufzuhalten, sobald ein Gast passieren wollte. Im Gegensatz zu den englischen Hotelgästen, die die Portiers keines Blickes würdigten, bedankte ich mich dafür oder warf ihnen zumindest ein freundliches Lächeln zu, was die Portiers aber eher irritierte denn freute. Am zweiten Tag kam ich zu dem Schluss, dass unser Vorstandssprecher, der von Beginn an das Verhalten der Engländer imitierte, wohl Recht haben müsste mit seiner These, die Engländer brauchten das nach außen sichtbare, arrogant wirkende Ausleben ihrer sozialen Unterschiede.

Der tägliche Ablauf während der *Roadshow* war extrem anstrengend, körperlich wie geistig. Von den Hotels ging es in die Autos, die uns im Konvoi zu den Investorenterminen brachten. Die verliefen fast immer nach dem gleichen Schema.

Eine halbstündige Präsentation der WWL und ihrer „Facts & Figures", eine weitere viertel bis halbe Stunde des Eingehens auf Fragen, schnelles Verabschieden, runter in die Autos, Fahrt zum Folgetermin mit Infos von der Commerzbank über den nächsten Investor, raus aus den Autos, hoch in das Besucherzimmer, Präsentation, Fragen, wieder runter in die Autos und so weiter. Und das bis zu siebenmal am Tag. Das Mittagessen während einer „Lunch Presentation" – die anderen essen, während man selber präsentiert – landete meist unzerkaut im Magen.

Klar, dass wir abends müde und erschöpft in den Seilen hingen und dem Lockruf solch großartiger Städte wie London, Mailand und Genf nur schwer folgen konnten.

Trotzdem hatte die *Roadshow* auch ihren Freizeitwert. Was immer wir auch abends noch unternahmen, die Leute von der Commerzbank zogen mit. Egal ob es in Mailand der abendliche Besuch einer *Gelateria* oder der Pilsbar im *Grand Hotel* war, egal ob wir in London noch ein *Guinness* in einer Bar tranken – in der wir die Tische nicht zusammenrücken durften – oder den Straßenakrobaten zuschauten, wir amüsierten uns prächtig. Wir waren eben einfach ein super Team.

Die Commerzbanker machten Unmögliches möglich. Nach unserer Ankunft am Sonntagabend in Genf fiel mir beim Bummel durch die Altstadt am Genfer See im Schaufenster eines der zahlreichen Uhrengeschäfte dieser Stadt eine Uhr auf, die ich sofort zur schönsten Armbanduhr der Welt kürte und deren stolzer Besitzer ich gerne geworden wäre. Allerdings war ihr Preis mit 24.000 Schweizer Franken auch sehr stolz.

Die Organisationsfee der Commerzbank wollte mich ermuntern, ich solle mir die Uhr doch zum Abschlussgeschenk einer gelungenen *Roadshow* machen. Während ich am nächsten Tag die Präsentationen wahrnahm, ging sie zu dem Uhrenhändler, der ihr von der Uhr einen

Fotoabzug im DIN-A4-Format mitgab, den sie mir als stolze Trophäe überreichte. Sie bot mir an, den Kaufpreis über die Kreditkarte der Commerzbank auszulegen. Schweren Herzens entschied ich mich damals gegen die Anschaffung, das Foto der Uhr besitze ich allerdings noch heute.

Bei all den Annehmlichkeiten und auch Kuriositäten des „Rahmenprogramms" darf nicht vergessen werden, dass die *Roadshow* in erster Linie eine harte Arbeit war, die schon lange vor den ersten Investorenterminen, den so genannten *One-on-ones*, begonnen hatte.

Es gab jede Menge an Vorbereitungen. Am wichtigsten war natürlich die Firmenpräsentation, die in ihrer Länge und Dramaturgie stimmen musste. Hinzu kamen Prospekte und Prospekthüllen, alle schön aufeinander abgestimmt von unseren Marketingstrategen. Und nicht zu vergessen die Geschenke für die Investoren, unsere *Give-Aways*. Wir hatten Armbanduhren anfertigen lassen mit dem Schriftzug und dem Logo der Firma als Aufdruck auf dem ansonsten völlig metallfarbenen Zifferblatt. Das sah ausgesprochen edel aus.

Die Präsentationsunterlagen mussten ins Englische übersetzt werden. Der überwiegende Teil der *Roadshow* fand immerhin bei englischsprachigen Investoren statt. Die Übersetzung übernahm ich.

Wir vermuteten, dass ich von uns drei Vorständen die besten Sprachkenntnisse hatte, und beschlossen, dass es überwiegend mein Part sein sollte, die englische Präsentation vorzutragen. Unser armer Vorstandssprecher litt Höllenqualen, mir das Zepter überlassen zu müssen. Es ist nun einmal in der Natur der Sache begründet, dass jeder Sprecher am liebsten sich selber reden hört.

Ich selbst wollte meinen Englischkenntnissen noch etwas nachhelfen und belegte einen Wochenend-Crashkurs in Business-English. Innerhalb des sechzehnstündigen Einzelunterrichts ging ich mit meinem irischstämmigen Lehrer an der Sprachenschule alle Formulierungen durch, die ich rund um die WWL bei einer Präsentation verwenden wollte. Das war zumindest gut für das Selbstbewusstsein. Bei dieser Gelegenheit zeigte ich ihm auch die von mir übersetzte Firmenpräsentation, und wir nahmen uns einige Stunden Zeit, diese zu korrigieren.

Die Schwierigkeit bestand darin, kurze, knappe und dennoch sinngemäße Übersetzungen zu finden. Ich erinnere mich gut an folgenden Passus in der Präsentation: „Die Kernkompetenzen der Firma ...", den ich lapidar übersetzt hatte mit „The core competencies of the company ...". Das löste bei meinem Lehrer eine echte Krise aus. Seiner Meinung nach gab es im Englischen kein Plural von „competency". Ich bestand darauf, dass es ihn geben müsse.

(Auch Engländern muss gestattet sein, mehrere Kompetenzen zu haben.) Nach und nach war die ganze Sprachenschule auf den Beinen und alle forschten fieberhaft nach dem Plural. Nach einer halben Stunde stand fest, dass es keinen gab. Man schlug mir vor, folgende Ersatzlösung zu verwenden: „The areas where the firm shows its true competence...", und freute sich über das perfekte Englisch. Nur leider sprengte das den zur Verfügung stehenden Platz in der Präsentation. Am Schluss beließen wir es bei meiner Übersetzung mit der Begründung, sie klinge amerikanisch und könne als solche entschuldigt werden. Während der *Roadshow* hatte nie jemand – auch die Engländer nicht – ein einziges Mal darüber gestutzt.

Weiterhin nahm ich an einem Medientraining in einem Filmstudio in München teil, bei dem ich die freie Rede übte, meine Körpersprache gezielt einzusetzen lernte (wohin mit den Armen?) und den bewussten Umgang mit meiner Stimme trainierte. Das war nicht nur sehr lehrreich, sondern auch höchst interessant und mit viel Spaß verbunden.

Das schwierigste aller Trainings fand bei der Commerzbank statt: Der Probelauf unserer Präsentation. Vor den kritischen Zuhörern aus den Reihen der *Sales*-Leute mussten wir den Ernstfall proben, die Präsentation innerhalb einer halben Stunde vortragen und uns mit Fragen bombardieren lassen.

Das erste Mal brauchten wir fast fünfzig Minuten. Viel zu lang! Das Ganze noch einmal und schneller. Beim dritten Mal klappte es. Die Übung war gut. Man merkte sofort, was man besser nicht ungefragt sagte, welche Stellen zu langatmig waren und wo die Wortwechsel zwischen uns Vorständen zu erfolgen hatten. (Am Ende der *Roadshow* wären wir in der Lage gewesen, unsere Präsentation innerhalb von 15 Minuten auswendig herunterzuspulen.)

Nach dieser Trockenübung erfolgte der sofortige Sprung ins kalte Wasser. Da wir nun schon in Frankfurt waren, sollten wir zwei Tage vor Bekanntgabe der *Bookbuilding*-Spanne und der offiziellen Eröffnung der *Roadshow* gleich unsere ersten zwei interessierten Investoren unweit der Commerzbank besuchen.

Während der erste Termin noch etwas wackelig und vor allem nicht straff genug lief – auch das Zusammenspiel von uns Vorständen war noch verbesserungsfähig –, ging es beim zweiten Termin um alles oder nichts. So fanden wir uns bei einer renommierten Fondsanlagegesellschaft in der

73

siebenundzwanzigsten Etage eines konvex geformten Gebäudes in Frankfurt ein und warteten gespannt auf die Begegnung mit dem Mann, der als Deutschlands erfolgreichster Fondsmanager gefeiert wurde und der wie kein anderer den Neuen Markt beherrschte. Eine Audienz beim Papst hätte uns keine ehrfürchtigere Haltung einnehmen lassen. Die Spannung knisterte förmlich in dem Besprechungszimmer und jeder von uns hatte sicherlich eine gehörige Portion Adrenalin im Blut.

Leichte Aufregung stand uns wohl ins Gesicht geschrieben, als wir nach seinen sehr kurzen Begrüßungsworten mit unserer Präsentation begannen. Im weiteren Verlauf gewannen wir die nötige Sicherheit und wuchsen über uns selbst hinaus. Alles lief hervorragend bis zum Ende der Präsentation. Auch das Zuspiel unter uns Vorständen passte jeweils gut in die Dramaturgie des Vortrags. Im Anschluss an unsere Darstellung folgte dann, was keiner von uns erwartet hatte. Unsere sechs Augen waren auf ihn, den Fondsmanager der Nation, gerichtet und wir warteten gebannt auf seine erste Frage. Aber er sagte nichts, zumindest nicht gleich.

Die Pause von wenigen Sekunden kam mir quälend lang vor. Endlich stellte er sie dann doch, seine erste Frage. Wir waren auf viele Fragen vorbereitet, wie wir glaubten, sogar auf alle Fragen. Mehrere Seiten mit allen möglichen und unmöglichen Fragen hatte uns die Commerzbank ausgearbeitet, und wir hatten sie gemeinsam beantwortet, die jeweils beste Antwort schon im Vorfeld ermittelt und quasi auswendig gelernt. Aber wie so oft im Leben kam es ganz anders. Die erste Frage dieses Fondsmanns stand nicht auf dem Fragebogen der Commerzbank. Wie groß die Gehälter seien, die wir uns als Vorstände auszahlen würden, wollte er wissen. Verblüfft schauten wir uns an. Spricht man denn über Gehälter? Und überhaupt, was war das für eine Frage? Die kann doch nicht über die Qualität der Firma entscheiden!

Oder doch? Ich antwortete ihm, dass wir uns alle zusammen etwas über eine viertel Million Euro pro Jahr auszahlen. „Das ist o. k.! Die Aktie kaufe ich", war seine spontane Reaktion. Er klärte uns darüber auf, dass vor kurzem drei Vorstände eines anderen Neuer Markt-Unternehmens bei ihm waren und ihm auf die gleiche Frage eröffneten, dass sie sich über zweieinhalb Millionen Euro pro Jahr genehmigten. Die Aktie hätte er dann nicht gezeichnet. Mit dieser sehr einfachen, aber wirkungsvollen Frage erforsche er die Charakterstärke des Managements. Sehen die Vorstände ihr Unternehmen als Selbstbedienungsladen oder steht ihr Gehalt in einem gesunden Verhältnis zur Ertragskraft der Firma? Unser Gastgeber hat gewusst, dass Selbstbereicherung des Managements – mit der später auch die WWL ihre schlimmste Erfahrung machen sollte – der schleichende Niedergang eines Unternehmens sein kann. Von da an war das Eis gebrochen. Statt höchstens eine Stunde waren wir über zweieinhalb Stunden bei dem wohl bekanntesten deutschen Fondsmanager. Einige seiner Kollegen gesellten sich dazu, so dass jeder von uns in Einzelgesprächen auf weitere Fragen eingehen konnte.

Er selbst ließ zwei Flaschen Sekt aus dem Kühlschrank holen und wir prosteten uns beim Anblick der Frankfurter Skyline zu. Ich fühlte mich unglaublich geschmeichelt, als er mich in sein Büro mitnahm und mir einen Einblick in seine tägliche Arbeit gab. Er erklärte mir, wie er an der Börse handelt, und nannte mir die Neuer Markt-Werte, die er für Spitzenwerte hielt.

Ob wir schon einen Termin bei *n-tv* in Berlin für ein Interview in der *Tele-Börse* hätten, wollte er von mir wissen. Wir hatten uns tatsächlich darum bemüht, aber noch keine definitive Zusage erhalten. Damals stellten nahezu alle Vorstände einer Neuemission ihr Unternehmen in einem Interview in der *Tele-Börse* vor. Sofort rief er auf der Handynummer von *Carola Ferstl* an, der bekannten Moderatorin der Sendung. Leider ertönte nur ihre Mailbox, die er mit einem Gruß an *Carola Ferstl* fütterte, er hätte heute ein sensationelles Unternehmen kennen gelernt, das sie unbedingt auf Sendung nehmen müsse. Er gab mir ihre Handynummer mit und ich setzte mich später mit ihr in Verbindung. Sie wollte uns durchaus den Gefallen eines Interviews machen, aber ihr Sender lehnte ab. Im Zuge der damals aufkommenden Emissionsflut musste er sein Konzept ändern und filterte alle Unternehmen heraus, deren Marktkapitalisierung unter einen bestimmten Grenzwert fiel.

Bevor wir uns trennten, nahm er mich noch zur Seite, um mir einen Tipp zu geben. Sollten wir zum Ende des Geschäftsjahres feststellen, dass wir unser Umsatzziel (von Ergebnis sprach damals keiner) nicht halten könnten, so müsse uns klar sein, dass dies äußerst negative Auswirkungen auf unseren Aktienkurs haben würde. Als Faustregel gab er mir mit, dass der Wertverfall der Aktie ungefähr der Relation entspräche, wie das Umsatzziel verfehlt würde.

Die Altgesellschafter sollten sich vor Ausgabe einer entsprechenden *Ad-hoc*-Mitteilung besinnen, dass es vermögensschonender sei, der Firma notfalls selber einen Auftrag in der Höhe des fehlenden Umsatzes zu geben, als den entsprechenden Verlust des Depotwertes in Kauf zu nehmen. Aha! So läuft das also. Was ich damals als gut gemeinten Rat mitgenommen hatte, war in Wirklichkeit nichts anderes als die Lebensversicherung für seine eigenen WWL-Aktien, die er noch in großer Stückzahl ordern sollte. Natürlich sind wir eineinhalb Jahre später nicht so verfahren, als wir erstmals unser Umsatzziel um 14 Prozent verfehlt hatten. Abgesehen davon, dass dies schon fast kriminell gewesen wäre, hätte es dem Kursverfall in dem schwachen Marktumfeld Anfang 2001 ohnehin nicht geholfen.

Die Krönung dieses Nachmittags in dem Büro, das eher an einen Börsenplatz erinnerte, sollten wir zum Abschied erleben. Um die Show perfekt zu machen, nahm Mister „Neuer Markt" dem Sales-Mann der Commerzbank den kleinen Faltprospekt über die WWL aus der Hand, schrieb darauf handschriftlich seine Order über eine Million Stückaktien und unterschrieb mit seinem Namen. Natürlich war dies keine rechtskräftige Order, aber dennoch führte sie dazu, dass wir vor Stolz fast platzten. Die eigentliche Sensation war ja, dass er diesen Auftrag schrieb, obwohl der Preis der Aktie noch gar nicht feststand.

Bei der Commerzbank jedenfalls führte dieser so positiv gelaufene erste Tag zu einer deutlichen Entspannung unseres Emissionsteams. Wenn der gerade besuchte Fondsmanager gezeichnet hatte und in die Aktie einstieg, würden viele andere Investoren fast blind hinterherziehen. Die Aktie war schon jetzt so gut wie überzeichnet.

Die Planung der *Roadshow* geschah damals unter dem Eindruck eines sinkenden *Nemax-All-Share-Index*, der sich von März bis kurz vor unserer *Roadshow* Mitte Juli von knapp 4.000 auf rund 3.000 Indexpunkte verschlechterte.

Die Börsengänge der kurz vor uns an den Neuen Markt gegangenen *Kabel New Media* und *I-D Media* konnten nicht uneingeschränkt als erfolgreich gewertet werden. Zumindest die *I-D Media* notierte mit Ach und Krach am oberen Ende ihrer *Bookbuilding*-Spanne von 23 Euro. Während dies für mich eine klare Reaktion des Marktes auf die Ankündigung des *I-D Media*-Gründers und -Vorstandschefs *Bernd Kolb* und weiterer Altgesellschafter war, sich von einem sehr großen Aktienpaket zu trennen und damit fast die Hälfte – rund 44,4 Millionen Euro – des Emissionserlöses selber einzustecken, sah die Commerzbank darin ein Indiz für ein möglicherweise nachlassendes Interesse der Anleger an Internettiteln.

Um auch ja genügend Anleger für die WWL begeistern zu können, fiel die *Roadshow* nach unserer Meinung sehr üppig aus. Immerhin hatten wir „nur" 2,2 Millionen Stückaktien zu verkaufen und sollten rund 40 Anleger in sieben europäischen Ländern von der WWL begeistern. Das erschien uns doch etwas überzogen. Von daher wehrten wir uns etwas gegen diese scheinbar überdimensioniert angesetzte *Roadshow*. Insbesondere über das Anlegerverhalten angelsächsischer Investoren hatten wir im Vorfeld der *Roadshow* von anderen Neuer Markt-Unternehmen und auch von unserem Emissionsberater den Eindruck gewonnen, sie seien keinesfalls langfristige Anleger und würden meist durch Mitnahme von Zeichnungsgewinnen eher andere Investoren davon abhalten, überhaupt einzusteigen. Das Gegenargument der Commerzbank war allerdings, dass wir auf diese Weise unser Unternehmen bei einer genügend großen Zahl von Investoren bekannt machen könnten und uns damit auch einen Sekundärmarkt schafften, Anleger also, die auch die an der Börse gehandelten Aktien nachkaufen.

Nach dem Besuch der ersten vier Investoren in Deutschland waren alle Aktien schon verkauft. Jede weitere Zeichnung würde unweigerlich zu einer Überzeichnung führen. Die zuteilbaren Portionen für die einzelnen Anleger würden immer kleiner, wollten wir alle berücksichtigen. Je mehr Investoren wir besucht hatten, desto mehr Zeichnungen trafen ein. Übliche Zeichnungsaufträge bewegten sich in der Größenordnung zwischen 50.000 und 150.000 Stück. Lediglich zwei Investoren hatten überhaupt nicht gezeichnet.

Was das prophezeite Anlegerverhalten der Angelsachsen betrifft, so behielten wir überwiegend Recht. Schon sehr bald waren viele umfangreich aus der Aktie ausgestiegen und hatten durchaus für Verstimmung bei den deutschen und luxemburgischen Anlegern gesorgt.

Die Verstimmung richtete sich aber eher gegen das Zuteilungsverfahren deutscher Konsortialbanken, die immer wieder nach diesem Muster verfahren. Möglicherweise hatte auch unsere erste *Ad-hoc*-Meldung nach dem Börsengang ihr Übriges getan, die wir irrtümlicherweise nur in Deutsch veröffentlichten.

Einen unbestrittenen Vorteil hatte diese groß angelegte *Roadshow* allerdings doch, und daher würde ich tendenziell immer wieder so verfahren. Sie hatte uns die versprochene große Zahl an Kontakten zu verschiedenen Analysten und Investoren gebracht, die sich künftig als sehr vorteilhaft für unsere *Investor-Relations*-Arbeit erwiesen.

Der offizielle Start unserer *Roadshow* wurde in Frankfurt im Gebäude der Commerzbank mit der Presse- und DVF-Analysten-Konferenz eingeläutet. Der Adrenalinstoß, den wir zu Beginn dieser Veranstaltung erhielten, wirkte wie ein Aufputschmittel während der gesamten anschließenden *Roadshow*, um erst nach der Rückkehr nach Nürnberg von uns loszulassen und drei völlig erledigte Vorstände bei ihren Familien abzuliefern. Von einer Sekunde auf die andere galt es, das Erlernte und mit der Commerzbank Erprobte umzusetzen und die Außenwirkung wahrzunehmen. Wir waren uns bewusst, dass wir in diesem Stadium des Börsengangs nur einen einzigen Schuss hatten. Unser Vorstandssprecher hatte während dieser Präsentation den größten Part.

Ihn, der sonst nie um eine schlagfertige Antwort verlegen war und sich stets souverän bei Präsentationen gegenüber Kunden oder bei Verhandlungen mit Lieferanten gezeigt hatte, erlebte ich an diesem Morgen in seinem Hotelzimmer vor dem Spiegel, wie er die Eröffnungsphase eintrainierte. Der Part, der die anfängliche Aufregung überbrücken sollte, musste auswendig sitzen.

Ein Vorstandsmitglied der Commerzbank hatte die Eröffnungsansprache gehalten. Durch seine recht reservierte Art, mit der er uns begegnete und den Vorstand des Unternehmens betrachtete, welches da von seinem Geldinstitut an die Börse geführt wurde, gewann ich den Eindruck, er würde uns und unser Geschäft so ein bisschen wie die Jungen Wilden einer neumodischen Erscheinung betrachten. Bei so mancher Aussage unseres Aufsichtsratsvorsitzenden – ebenfalls aus der *Old Economy* –, die in eine ähnliche Richtung zielte, musste ich auch später noch an diese Begegnung mit dem Commerzbank-Vorstand denken.

Mit dem Verlauf der Eröffnungsveranstaltung waren wir überaus zufrieden. Der Saal war sowohl bei der Pressekonferenz als auch bei der Analystenveranstaltung am Nachmittag bis auf den letzten Sitzplatz gefüllt. Wir spürten das riesengroße Interesse, das uns entgegenschlug. Wir selbst hatten dafür gesorgt, dass die Pressekonferenz über das Internet live übertragen wurde. Mindestens unsere Mitarbeiter und Familien hatten dieses Ereignis mit Spannung mitverfolgt. Die Pressekonferenz startete mit der Bekanntgabe der *Bookbuilding*-Spanne. Daraufhin verließen einige Presseleute kurzfristig den Saal und gaben mit gezückten Handys den Preis für die Aktie an die jeweilige Redaktion durch. Schon eine halbe Stunde später signalisierten uns die äußerst zufriedenen Gesichter unseres Emissionsteams, dass die *Bookbuilding*-Spanne am Markt akzeptiert wurde. Ein wichtiger Indikator dafür waren die Graumarktkurse bei *Schnigge*, die sofort bei etwa 35 Euro starteten und bis zur Erstnotiz immer im Bereich von 30 bis 40 Euro schwankten. Zumindest in unserem Fall sagten sie damit sehr gut den Kurs des ersten Handelstages voraus.

Genau eine Woche später, nach bewältigter *Roadshow* fanden wir uns wieder in Frankfurt ein. Dieses Mal in Begleitung unserer Ehefrauen und aller Gründungsgesellschafter der WWL. Gemeinsam mit unserem Aufsichtsrat und vielen Emissionsbeteiligten der Commerzbank wollten wir die Erstnotiz live auf dem Börsenparkett mitverfolgen. Zwei der Gründungsgesellschafter waren überzeugte Krawattenmuffel und lehnten es kategorisch ab, sich, zu welchem Anlass auch immer, einen Schlips zu binden. Wir anderen erlaubten uns einen kleinen Scherz mit ihnen und baten die Commerzbank um Schützenhilfe. Wir wollten einmal sehen, ob es uns wirklich nicht gelingen würde, die beiden zum Tragen einer Krawatte zu bringen. Ein Commerzbanker des Emissionsteams formulierte in einer E-Mail folgende Einladung für unseren Besuch an der Börse.

„Sehr geehrte WWLer!

Wir freuen uns sehr darauf, Sie am 15. Juli 1999 um 11.15 Uhr zur Erstnotiz der WWL-Aktie auf dem Börsenparkett der Frankfurter Wertpapierbörse begrüßen zu dürfen.

Zu dieser besonderen und einmaligen Gelegenheit bitten wir Sie, dem Anlass angemessen in entsprechender Kleidung zu erscheinen: ausnahmsweise Krawatte und dezenter Anzug. Wir bitten Sie, diese sicherlich unangenehme und ungewohnte Regel, die uns von der Börse auferlegt wurde, zu beherzigen.

Viel Erfolg wünscht die Commerzbank auf der Überholspur!!!

Mit freundlichem Gruß

[...]

Commerzbank AG"

Ich weiß nicht, ob unsere Kameraden die Mail durchschaut haben, jedenfalls zeigte sie die gewünschte Wirkung. Sogar unsere Mitarbeiter in Nürnberg brachen bei diesem so ungewohnten Anblick in entzücktes Johlen aus, als wir ihnen das selbst gedrehte Video aus Frankfurt bei der Feier am folgenden Tag präsentierten. Es war im Übrigen zumindest bei einem der beiden auch das letzte Mal, dass ich ihn mit Krawatte gesehen habe. Umso wichtiger ist das Video als Zeugnis der Zeitgeschichte.

Die Deutsche Börse hatte sich ungeachtet dessen für unseren Empfang wirklich große Mühe gegeben. Und sie hätte es wahrscheinlich ohne die Krawatten nicht anders gemacht. Ein Händler erklärte uns sehr ausführlich und geduldig das Zustandekommen des ersten Kurses, und man hatte zur Feier des Tages die Aktie der WWL auf einer der großen schwarzen Anzeigetafeln gelistet, die man sonst nur aus dem Fernsehen kennt. Den krönenden Abschluss fand das Ganze bei einem sehr guten Mittagessen in ausgelassener Stimmung in der 47. Etage der Commerzbank, in Schwindel erregender Höhe über Frankfurt. Dies war ein spezieller Wunsch von mir seit unserem ersten Treffen mehr als drei Monate zuvor, den mir die Commerzbank gerne erfüllte.

In Nürnberg feierten wir natürlich auch mit unseren Mitarbeitern. Wir berichteten ausführlich von der *Roadshow* und gaben unser Bestes, alle so gut wie möglich daran teilhaben zu lassen. Eine Woche später unternahmen wir alle gemeinsam eine Floßfahrt auf der Donau.

Als ich am Tag nach der Kräfte zehrenden *Roadshow* und der ausgelassenen Stimmung auf dem Frankfurter Parkett wieder an meinen Schreibtisch zurückkehrte, musste ich mich für kurze Zeit auf die Frage besinnen: „Und was mache ich jetzt?"

Von einem Tag auf den anderen war alles vorbei, keine Berater mehr im Haus, die Hektik war verschwunden, die Aktie wurde fleißig gehandelt und meine eigenen Aufgaben der letzten Monate zur Vorbereitung des Börsengangs waren plötzlich obsolet. Der Moment war gekommen, wieder in das operative Geschäft einzugreifen.

DIE ROLLE DER KONSORTIALBANKEN

Der Neue Markt ist von seinen Initiatoren als neues Marktsegment an der Deutschen Börse in Frankfurt geschaffen worden, um innovativen, kleinen oder mittelständischen Unternehmen die Möglichkeit zu geben, sich über die Börse Kapital für ihr weiteres Wachstum zu besorgen. Die genauen Zulassungsvoraussetzungen werden durch das so genannte Regelwerk der *Deutschen Börse AG* festgelegt. Im Gegensatz zum Amtlichen Handel oder zum Geregelten Markt, wo die Zulassungsvoraussetzungen auf öffentlich-rechtlichen Grundlagen beruhen, gilt für den Neuen Markt eine privatrechtliche Basis.

Von daher mussten alle Altaktionäre der WWL Internet AG zur Vorbereitung ihres Börsenganges die Anerkennung dieses Regelwerks mit ihrer Unterschrift dokumentieren.

Das Regelwerk der *Deutschen Börse AG* legt sich auf Mindestgrößen hinsichtlich der Aktien fest, die ein Unternehmen an den Markt bringen muss. So genügt es zum Beispiel, mindestens 100.000 Aktien in den Handel zu bringen und dafür zu sorgen, dass diese wenigstens 25 Prozent der gesamten Aktienmenge des Emittenten ausmachen. Der Kurswert der emittierten Aktien sollte mindestens fünf Millionen Euro betragen.

Das sind hervorragende Rahmenbedingungen für kleine Unternehmen, die den Schritt an die Börse wagen wollen. Insofern kann ich die Initiatoren dieses Regelwerks nur beglückwünschen. An und für sich stellen diese Zahlen keine nennenswerten Hürden für ein börsenwilliges, innovatives und wachstumsorientiertes Unternehmen dar, auch wenn es sich dabei um ein junges und kleines Unternehmen handelt. Nur leider sieht die Praxis ganz anders aus. Und hier haben vor allem die Banken Schuld. Nicht nur, aber sie können sich nicht restlos aus der Verantwortung stehlen.

Jedem bösen Erwachen geht ein schöner Traum voraus

Im Jahr 2000 sind 133 Unternehmen in den Handel am Neuen Markt aufgenommen worden. Damit gab es per Ende 2000 bereits 338 Unternehmen, die in diesem Börsensegment gelistet waren. Das Jahr 2000 war auch das Jahr der Negativrekorde: 85 Unternehmen gaben eine Gewinnwarnung aus, das heißt sie erwarteten weniger Umsatz und/oder ein schlechteres Ergebnis, als ursprünglich für das Jahr prognostiziert wurde. Erschreckend dabei ist allerdings der hohe Anteil der Neuemissionen. Von den 85 Unternehmen haben 27 erst im Jahr 2000 emittiert, und davon wiederum waren 15 Gesellschaften noch nicht einmal sechs Monate notiert, als sie die erste Gewinnwarnung lancieren mussten. Teilweise geht es dabei nicht nur um Umsatzverfehlungen im geringen Prozentbereich.

Beispiel *Blue C AG*: Am 24. August 2000 emittierte die *Blue C AG* am Neuen Markt, ein österreichisches Unternehmen, welches im E-Business-Sektor beheimatet ist. Am 19. Februar 2001, nicht einmal sechs Monate später, musste dieses Unternehmen in einer *Ad-hoc*-Meldung seine totale Umsatzverfehlung eingestehen: Statt der noch im Sommer verkündeten 5,7 Millionen Euro Umsatz für das vierte Quartal 2000, erwirtschaftete das Unternehmen lediglich 0,9 Millionen Euro, eine Verfehlung von fast 85 Prozent! Gleichzeitig wurde die Jahresprognose für 2001 von 36,2 Millionen Euro auf 10,6 Millionen Euro zurückgenommen. Zur Begründung hieß es lapidar, das Neukundengeschäft sei entfallen. Am Tag der Bekanntgabe dieser *Ad-hoc*-Meldung wurde die Aktie für über eine Stunde vom Handel ausgesetzt und stürzte danach um rund 50 Prozent ab. Die Aktionäre, die die Aktie auf Basis einer für 2001 durchgeführten Bewertung gekauft hatten, durften sich betrogen fühlen.

Beispiel *Allgeier AG*: Nur drei Monate nach seiner Erstnotiz am 11. Juni 200 revidierte der PC-Dienstleister in einer *Ad-hoc*-Meldung am 12. Oktober 2000 seine Umsatzprognose deutlich nach unten. Von den ursprünglich geplanten 19 Millionen Euro sollten im laufenden Geschäftsjahr gerade einmal 9 Millionen überbleiben. Die Folge der Meldung war ein Kurssturz von rund 60 Prozent und entsprechend groß der Schaden für die Anleger.

Beispiel *Ad Pepper Media N. V.*: Am 9. Oktober 2000 wurden die Aktien der Nürnberger Internetwerbeagentur erstmals am Neuen Markt gehandelt. Bereits sieben Wochen später erfolgte die erste Gewinnwarnung – der Umsatz würde im laufenden Geschäftsjahr von geplanten 22,5 auf 16 Millionen Euro zurückgehen und der Verlust vor Steuern von 4,5 auf 7,5 Millionen Euro steigen –, worauf der Kurs der Aktie um mehr als 70 Prozent einbüßte. Den Grund gab das Unternehmen mit der schlechten Planbarkeit von Werbevermarktungsverträgen an und erschütterte damit den Glauben der Anleger an sein Kerngeschäft.

Lassen solche und auch weniger drastische Vorkommnisse ausschließlich auf schlechte Managementqualität bei den betroffenen Unternehmen schließen? Oder war das Plausibilitätsgutachten des Wirtschaftsprüfers zu den Planzahlen des Unternehmens so untauglich, dass derartige Risiken nicht schon vorher auffallen konnten?

Die Emittenten vereinbaren mit den Konsortialbanken deren Honorar in der Regel als prozentualen Anteil am Emissionserlös. Dieser Wert liegt bei kleineren Volumina, zu denen ich auch die 29 Millionen Euro Nettoemissionserlös der WWL Internet AG zähle, etwa in der Höhe von fünf Prozent und kann bei größeren Volumina noch weiter nach unten verhandelt werden. Die Gegenleistung des Konsortialführers besteht in der Betreuung durch ein mehrköpfiges Emissionsteam über die Dauer von drei und mehr Monaten, der Begleitung durch seinen Analysten und der Haftung für den Verkaufsprospekt. Sicher, die Banken dürften einiges an den Börsengängen der Emittenten verdient haben, trotzdem darf man die Kosten, die eine Emissionsabteilung verursacht, nicht unterschätzen. Reihenweise haben sich die Banken die Emissionsteams abgejagt und dadurch eine Lohnspirale in Gang gesetzt, die die Gehälter von gefragten Analysten und Emissionsbegleitern rasch ansteigen ließ.

Vor diesen Zahlen leuchtet ein, dass Banken niemals ein Interesse daran haben können, ein Unternehmen an die Börse zu begleiten, das lediglich die Mindestvoraussetzung des Regelwerks der *Deutschen Börse AG* erfüllt. Bei einem Emissionserlös von „nur" fünf Millionen Euro wäre der Anteil der Bank eine gute viertel Million Euro. Weil die Kapazitäten der Banken während der Emissionswelle begrenzt waren, zogen sie bei der Schwemme von Unternehmen, die an die Börse drängten, natürlich solche vor, die einen höheren Emissionserlös versprachen. Ein Unternehmen mit einem erwarteten Emissionserlös von gerade einmal fünf Millionen Euro hat da keine wirkliche Chance.

Fairerweise muss man solchen Unternehmen aber auch ernsthaft die Frage stellen, ob sie für einen so geringen Erlös tatsächlich an den Neuen Markt gehen und damit die nicht unerheblichen Folgekosten eines börsennotierten Unternehmens auf sich nehmen wollen. Da sollte es dann schon wichtige andere Beweggründe für den Börsengang geben, der Emissionserlös allein kann es nicht sein. Summen in dieser Größenordnung kann sich heute jedes attraktive Unternehmen leicht auch außerhalb der Börse beschaffen.

Teilweise gibt es von Banken die Aussage, dass sie kein Mandat (mehr) annehmen, welches nicht mindestens ein Emissionsvolumen von 50 Millionen Euro verspricht. Unterstützt wird diese Haltung durch das offensichtliche Desinteresse von institutionellen Investoren. Für sie sind

Unternehmen mit einer kleinen Marktkapitalisierung uninteressant. Steigen sie nicht ein, wird der Kurs der Aktie nicht erwartungsgemäß verlaufen. Dieses Faktum erhöht den Druck auf die Unternehmen, ihre Umsatzplanung, auf die die Bewertung aufsetzt, nochmals zu „überdenken". Bei diesem Tuning übersehen die Unternehmen aber schnell, dass ihre bereits vorliegende Planung durchaus schon „sportlich" ist. Ein weiteres Anheben führt zwangsläufig zu eigenen Fehleinschätzungen und damit zu den Zahlen, die ich eingangs dieses Kapitels als Szenario für die Situation am Neuen Markt gegeben habe. Wie oft konnte man in den Gewinnwarnungen lesen, dass die Planung nach unten korrigiert werden muss, weil ein erwarteter Großauftrag nicht erteilt wurde oder ein anderer Auftrag, der in einer Absichtserklärung vorlag, wieder zurückgezogen wurde. Es ist ja auch kein Wunder, wenn man in seiner Planung quasi jeden Strohhalm, an den man eine Umsatzerwartung klammern kann, berücksichtigt. Das führt zwangsläufig zu Rückschlägen.

Ein anderer sehr eindrucksvoller Effekt – in den Fachkreisen mittlerweile als *Hockey-Stick*-Phänomen bezeichnet – lässt sich bei vielen Börsenaspiranten beobachten. Gemeint ist der Verlauf der Planumsatzkurve. Nachdem jahrelang lediglich ein normales, sehr lineares Umsatzwachstum realisiert wurde, plant der Emittent für den bewertungsrelevanten Zeitraum plötzlich einen nahezu exponentiellen Anstieg. Die Rechtfertigungen sind meist die gleichen und klingen höchst plausibel. So steht ein Produkt, welches die Gesellschaft in den letzten Jahren entwickelt hat, vor der Fertigstellung und kann in den Markt eingeführt werden oder die Gesellschaft expandiert in zusätzliche Märkte. Dabei übersieht man schnell, dass für beide Vorhaben viel zusätzliches Kapital benötigt wird. Die Eroberung eines Marktes für ein Produkt kostet Geld, ebenso wie die Expansion in neue Märkte.

In der Planung, die die börsenwillige Gesellschaft den Banken und später auch der Zulassungskommission der *Deutschen Börse AG* vorlegt, darf allerdings der Effekt aus dem angestrebten Börsengang nicht berücksichtigt sein. In der Realität ist er es meistens doch, zumindest teilweise. Die Planung soll klar das Potenzial aufzeigen, welches die Gesellschaft aus eigener Kraft bewerkstelligen kann. Ein Kreislauf mit fatalen Folgen. Die vorgelegte Planung impliziert zwangsläufig, dass der Emittent unter Berücksichtigung des Emissionserlöses aus dem Börsengang eine noch bessere Zukunft erwarten darf. Er sieht sich damit, sobald er einmal an der Börse ist, mit sehr hohen Erwartungen konfrontiert. Es hat sich oft gezeigt, dass das bloße Erfüllen des Planumsatzes nicht den Erwartungen der Anleger entsprach, die meistens noch ein Übertreffen der Planung erwartet hatten.

Ich habe im Januar 2001 eine Podiumsdiskussion der *Handelsblatt-Jahrestagung* in München besucht, bei der Vertreter der Banken mit Investoren, Emissionsberatern und Mitgliedern der *Deutschen Börse AG* über die Schuldfrage zur aktuellen Situation am Neuen Markt gesprochen haben. Dabei räumen Banken durchaus ein, Unternehmen an die Börse geführt zu haben, die noch nicht wirklich börsenreif waren. Sie erklären in großer Einigkeit, heute bei der Auswahl der Mandate, die sie an die Börse begleiten wollen, etwas anders vorzugehen, als dies noch zwei Jahre zuvor bei der WWL der Fall war. Demnach wollen die Banken erhöhte Anstrengungen unternehmen, künftig noch besser die Qualität des Managements und die internen Prozesse eines Unternehmens zu überprüfen.

An dieser Stelle muss ich die genaue Definition von „Börsenreife", so es die überhaupt gibt, schuldig bleiben. Es handelt sich dabei nicht um einen Begriff, der in wenigen Sätzen erklärt ist, sondern vielmehr um einen Themenkomplex, der problemlos ein zweitägiges Seminar füllen würde. Neben den objektiv messbaren Kriterien für die Börsenreife, wie zum Beispiel die Rechtsform der Aktiengesellschaft, gibt es jede Menge subjektiv messbarer Kriterien, die einen großen Gestaltungs- und auch Interpretationsspielraum zulassen. Hierzu gehören neben Managementqualifikation, transparentem Unternehmensaufbau, Markt- und Wettbewerbsposition vor allem aber die Effizienz der internen Prozesse. Letzteres kann ich aus eigener Erfahrung bestätigen. Ein öffentliches Unternehmen zu werden und es zu sein kostet immense Anstrengungen, wenn die internen Prozesse und Arbeitsabläufe nicht belastbar und flexibel genug sind.

Die Einstellung der Banken soll sich geändert haben gegenüber 1999, als die WWL an die Börse gegangen ist. Meine Gespräche mit Beratern lassen hieran allerdings große Zweifel aufkommen. Betroffene Unternehmen als mögliche Zeugen meiner Aussage werden es nicht zugeben – wer gesteht schon gerne ein, dass seine Prozesse nicht ausgereift sind?

Wer ist die Schönste im ganzen Land?

Im Februar und März 1999 hat die WWL ihre Unternehmenspräsentation – sie war rund 100 Seiten stark – an zunächst sieben verschiedene Banken geschickt. Es waren die Banken, die wir zum *Beauty-Contest* einladen wollten. Mit unserem Emissionsberater hatten wir diese sieben Banken wohl überlegt ausgewählt. Natürlich fand eine Reihe subjektiver Kriterien bei der Auswahl Beachtung.

Neben der „feinen Adresse", die die Bank darstellen sollte, kam es uns auch darauf an, welche Kapazität die Bank frei haben würde und wie erfahren der Analyst der Bank gerade in unserer Branche, dem IT-Umfeld, war. Hier zeichnete sich die Erfahrung unseres Emissionsberaters aus. Dadurch, dass er zu einer Vielzahl von Banken ständigen Kontakt hielt, kannte er relativ gut die Stärken und Schwächen der einzelnen Analysten. Die erste Runde der sieben Banken erweiterten wir kurze Zeit später noch um die achte Bank.

Erstaunlich war, wie unterschiedlich sich die Banken verhalten haben. Auf Anraten unseres Emissionsberaters haben wir versucht, alle Banken zunächst möglichst gleich zu behandeln und ihnen auch die gleichen Informationen zur Verfügung zu stellen. Etwa zwei Wochen nach Einreichen unserer Unternehmenspräsentation boten wir den Banken eine Telefonkonferenz an, bei der der Analyst die Möglichkeit hatte, beim Studium unseres Exposés sich eventuell ergebende Fragen mit dem Gesamtvorstand der WWL zu besprechen.

Es wäre natürlich kein Problem gewesen, auch außerhalb dieses Termins jederzeit bei uns anzurufen. Aber wir hatten den Analysten einen speziellen Tag eingeräumt, an dem uns ausschließlich für diese Gespräche zur Verfügung hielten. Diese Vorgehensweise hatte den Vorteil, dass alle drei Vorstände der WWL, jeder im Bereich seiner Kernkompetenz, ein möglichst umfassendes Bild während einer einzigen Telefonkonferenz abgeben konnten, ohne dass die Beantwortung irgendwelcher Fragen hätte aufgeschoben werden müssen.

Von den acht Banken hatte es vor dem eigentlichen *Beauty-Contest* mit zweien ein Treffen gegeben – von der einen kam der Leiter der Emissionsabteilung mit seinem Analysten extra zu uns geflogen und die andere hat uns vorab zu einem Besuch gebeten –, die dritte Bank nutzte das Angebot der Telefonkonferenz, die vierte Bank lehnte relativ schnell komplett ab – das Mandat sei ihr zu klein –, zwei Banken haben wir nachträglich abgesagt – eine war mit einem Konkurrenzmandat beauftragt und die andere schien uns zu unorganisiert – und die übrigen zwei Banken sahen wir am Tag des *Beauty-Contests* zum ersten Mal. Nicht eine einzige Bank machte sich wirklich die Mühe, das Unternehmen vorab zu beleuchten und ernsthaft nach der Qualität oder der Börsenreife der WWL zu forschen. Immerhin hatten die beiden Banken, mit denen es ein Treffen gab, einen ersten Eindruck des Managements gewonnen.

Während des *Beauty-Contests* stellt die Bank dem Unternehmen, meist über eine Dauer von zwei Stunden, ihre Leistungen im Rahmen eines Börsengangs vor. Darüber hinaus gibt die Bank auch eine erste Bewertung des Emittenten ab.

Auf Grundlage der eingereichten Unternehmenspräsentation erstellt die Bank eine – natürlich unverbindliche – Unternehmensbewertung. Diese Zahl ist für das börsenwillige Unternehmen sehr wichtig. Denn immerhin gibt sie das erste Mal während der teilweise sehr staubtrockenen Vorbereitung zum Börsengang einen Anhaltspunkt über den Preis pro Aktie, der nach Auffassung der Bank zu diesem Zeitpunkt erzielbar ist. Daraus wiederum lässt sich dann auch der zu erwartende Emissionserlös ableiten, also die Frage beantworten, wie viel Geld in die Kasse des Unternehmens kommt.

Zwar ist man geneigt, bei der Präsentation der dritten oder vierten Bank, die immer wieder nach dem gleichen Schema abläuft und zunächst mit einer gehörigen Portion Eigenwerbung beginnt, innerhalb der Präsentationsunterlagen schon einmal vorsichtig nach hinten zu blättern, um nachzuschauen, welchen Wert die gerade präsentierende Bank berechnet hat. Dabei darf nicht vergessen werden, dass dieser Wert sicherlich eine wichtige Größe darstellt, aber keinesfalls überbewertet werden darf. Noch viel wichtiger ist die Kompetenz des Analysten, der Sympathiefaktor des Emissionsteams, mit dem man zusammenarbeiten wird, und die Methode, nach der die Bank den Unternehmenswert ermittelt hat. Während des *Beauty-Contests* bekommt man schon ein sehr gutes Gefühl für die Stärken des Analysten. Wir waren mehr als einmal erstaunt über die guten Argumente, mit denen der eine oder andere Analyst die Alleinstellungsmerkmale der WWL und ihre Chancen und Risiken hervorgehoben hat.

Wahrscheinlich haben sehr viele Menschen, wie ich selbst auch, aus ihrer Lebenserfahrung ein gewisses Vorurteil gegenüber Banken. Als ganz normaler Privatkunde erlebt man die Bank hauptsächlich als ein kontoführendes Institut, welches möglichst wenig Habenzinsen auf Guthaben zahlt und möglichst viel Sollzinsen für das überzogene Konto berechnet. Manchmal macht man darüber hinaus noch die Erfahrung mit der Finanzierung von Immobilien, vielleicht mit der einen oder anderen Fonds-strategie des Kundenbetreuers – das war es in der Regel schon. Was lernt man dabei? Im Wesentlichen sind alle Banken gleich, und es kommt weniger auf den Namen der Bank an als vielmehr auf den Kunden-betreuer, der sich um einen kümmert. Während eines *Beauty-Contests* wird diese Lebenserfahrung allerdings völlig auf den Kopf gestellt. Nicht nur dass sich die Bank ernsthaft für Sie und Ihr Unternehmen inte-ressiert, sie ist zu umfangreichen Leistungszusagen bereit, wohlwissend, dass sie sich im Wettbewerb mit anderen Banken befindet, die das Man-dat ebenfalls gerne hätten. Scheinbar spielt der Ehrgeiz um das Mandat auch eine Rolle bei der Bewertungsfrage. Die Bank, die uns seinerzeit den höchsten Wert „bescheinigte", hatte das Vierfache der Bank mit dem nie-drigsten Wert angeboten. Alle anderen Banken lagen breit gefächert dazwischen. Das war schon höchsterstaunlich. Arbeiten doch nicht alle Banken gleich?

Des Rätsels Lösung liegt in den unterschiedlichen Bewertungsme-thoden. Man kann nicht sagen, welche dabei die richtige ist. Wahrschein-lich gibt es die richtige Methode gar nicht. Eines unserer Aufsichtsrats-mitglieder pflegte immer zu sagen, man könne ohnehin nur den Preis erzielen, den jemand anderes bereit ist zu bezahlen. Das ist zweifellos richtig, aber auch der Käufer wird sich bei seiner Preisermittlung an irgendein Bewertungsschema halten. Und es ist sicherlich völlig legitim, ihm gleich eine Bewertungsmethode mitzuliefern.

Es lohnt sich, einen Blick auf die Bewertung der Hypovereinsbank zu werfen, die Bank, die uns zunächst den höchsten Wert angeboten hat. Grundsätzlich standen alle Banken damals vor einem Problem, welches sich heute – zumindest im Internetbereich – so nicht mehr stellt. Es fehl-ten die Vergleichbarkeit mit bereits notierten Unternehmen aus dem Internetsektor und auch die Erfahrung mit der Internetbranche insge-samt, was die Prognostizierbarkeit der Zukunftsaussichten deutlich be-einträchtigte. Sehr einfach wäre es, ein möglichst vergleichbares Unter-nehmen an der Börse zu identifizieren und die Marktkapitalisierung auf das zu bewertende Unternehmen zu projizieren. Da es in der Regel nicht gelingen wird, ein völlig identisches Unternehmen ausfindig zu machen, nimmt man mehrere ähnliche oder vergleichbare Firmen her und bildet über die interessierenden Kenngrößen eine Art Mittelwert. Dieses Ver-fahren wurde damals von der Hypovereinsbank auch für die WWL an-gewendet, barg aber zunächst die Schwierigkeit, dass das Reservoir von vergleichbaren Unternehmen am Neuen Markt sehr schnell erschöpft war. Kurz vor der WWL gab es nur die *Kabel New Media AG* (als sehr vergleichbares Unternehmen) und die *I-D Media AG* (von der Strategie her eher weniger vergleichbar), die den Gang an die Börse vollzogen hatten. Beide Gesellschaften kamen etwa einen Monat vor der WWL und waren damit zum Zeitpunkt des *Beauty-Contests* noch nicht gelistet. Um wirklich aussagekräftige Größen heranzuziehen, hätten sie schon eine Zeit lang notiert sein müssen. Folglich blieb nichts anderes übrig, als an die *Nasdaq*, die amerikanische Computerbörse für Technologietitel zu schauen und sich dort ein paar vergleichbare Unternehmen herauszupicken. Die Vergleichbarkeit als solche wurde damit natürlich immer schwieriger, denn der amerikanische Markt ist nun einmal nicht mit dem deutschen zu vergleichen, und es war auch keineswegs sicher, ob die deutschen Anleger die gleichen Bewertungen akzeptieren würden, wie es in den USA der Fall war. Selbst innerhalb Europas sieht man auch heute noch drastische Unterschiede zwischen den einzelnen Neuen Märkten. In Schweden beispielsweise gibt es so ein Instrument wie den Neuen Markt überhaupt nicht, so dass die schwedischen „New Media AGs" im gleichen Marktsegment untergebracht sind wie die Unternehmen der so genannten *Old Economy*. Damit erlangten die schwedischen Internetunternehmen niemals die Bewertung, die am Neuen Markt in Deutschland erzielt wurde.

Die folgenden Tabellen zeigen nun die Vorgehensweise der Hypovereinsbank und beinhalten die Unternehmen, die im März 1999 für eine vergleichende Bewertung herangezogen wurden. Wichtig ist dabei das Verhältnis der Marktkapitalisierung (Kurs mal Aktienzahl) zum Umsatz (kurz MK / U oder das so genannte Umsatzmultiple), das in den beiden rechten Spalten angegeben ist. Dieser Faktor gibt an, um wie viel höher die Marktkapitalisierung eines Unternehmens gegenüber seinem Umsatz ist. Ein Multiple von fünf bedeutet, dass das Unternehmen mit dem fünffachen seines Umsatzes bewertet ist. Unser Aufsichtsratsvorsitzender konnte diese Bewertung gar nicht fassen, war er es doch gewohnt, Unternehmen allein auf Ertragsbasis zu bewerten. Aber mit den ungeschriebenen Spielregeln der *New Economy* ließ sich zu jener Zeit jedes noch so hohe Multiple rechtfertigen. Auch war in seiner Branche die Wachstumsfantasie sehr begrenzt, der Markt war gesättigt und durch viele Wettbewerber besetzt, während es im Internetbereich schon vielen Unternehmen – so auch der WWL – gelungen war, jährliche Umsatzwachstumsraten von über 100 Prozent zu erzielen. Wie dem auch sei, mittlerweile werden auch hier andere Bewertungsmaßstäbe angelegt.

Kennzahlen Vergleichsportfolio 1	*Einheit*	*Kurs*	*Umsatz 1999e*	*Umsatz 2000e*	*MK/U 1999e*	*MK/U 2000e*
1&1[3]	EUR	123,3	143,2	209,2	3,8	2,6
Modem Media.Poppe T.	USD	45,0	53,5	70,0	4,6	3,5
USWeb	USD	31,5	400,1	600,0	5,4	3,6
WWL (EUR 15)	EUR	15,0	7,5	18,4	14,0	5,7
WWL (EUR 18)	EUR	18,0	7,5	18,4	19,3	6,8

Bei der Gegenüberstellung in Portfolio 1 sind Unternehmen ausgewählt worden, bei denen sich nach Auffassung der Hypovereinsbank die größte Übereinstimmung hinsichtlich Tätigkeitsgebiet und Marktstellung ergab. Entsprechend mager ist daher auch die Anzahl der betrachteten Unternehmen. Zur Herleitung einer Bewertung für die WWL fließt diese Gruppe mit einer Gewichtung von 70 Prozent ein. Die hier aufgeführten Unternehmen weisen ein vergleichsweise moderates 2000er-Umsatzmultiple zwischen 2,6 und 3,6 auf.

Kennzahlen Vergleichsportfolio 2	*Einheit*	*Kurs*	*Umsatz 1999e*	*Umsatz 2000e*	*MK/U 1999e*	*MK/U 2000e*
Brokat	EUR	156,0	56,3	94,6	24,5	14,6
Endemann[4]	EUR	86,6	3,0	6,6	68,3	30,9
I:FAO	EUR	70,5	39,4	54,6	9,6	6,9
Intershop	EUR	170,0	43,1	84,4	21,3	10,9
WWL (EUR 15)	EUR	15,0	7,5	18,4	14,0	5,7

Die Unternehmen im Portfolio 2 geben die damals recht dünne Vergleichsbasis wieder, die der Blick auf den Neuen Markt liefern konnte. Hier mussten allerdings schon einige Abstriche bei der Branchenverwandtschaft in Kauf genommen werden. Immerhin gewichtete die Hypo diese Gruppe noch mit 20 Prozent. Deutlich erkennt man bereits die gegenüber Portfolio 1 wesentlich höheren Umsatzmultiples. Selbst bei einem Emissionspreis von 18 Euro hätte die WWL in dieser Gruppe noch eine vergleichsweise günstige Bewertung.

---

3 Die *1&1 AG* wurde am 22. Februar 2000 in *United Internet AG* umfirmiert.
4 Die *Endemann!! Internet AG* wurde Mitte August 2001 in *ABACHO AG* umfirmiert.

Kennzahlen Vergleichsportfolio 3	Einheit	Kurs	Umsatz 1999e	Umsatz 2000e	MK/U 1999e	MK/U 2000e
Amazon	USD	164,7	1309,0	1905,0	20,3	13,9
America Online	USD	144,5	3927,0	5194,0	37,2	28,1
Broadcom	USD	60,8	330,0	510,0	5,9	3,8
Cnet	USD	94,4	87,0	125,0	36,8	25,6
Doubleclick	USD	188,0	131,0	267,0	28,7	14,1
Exite Inc.	USD	139,1	240,0	308,0	31,3	24,3
Geocities	USD	111,0	48,0	92,0	72,4	37,8
Infoseek	USD	76,1	146,0	250,0	31,9	18,6
Lycos	USD	88,0	113,0	189,0	33,6	20,1
Mindspring	USD	88,1	132,0	191,0	18,6	12,8
Yahoo! Inc.	USD	172,3	355,0	491,0	97,3	70,4
WWL (EUR 15)	EUR	15,0	7,5	18,4	14,0	5,7

Portfolio 3 wurde mit 10 Prozent gewichtet und enthält ausschließlich Unternehmen der Nasdaq, allerdings auch hier schon eine große Vergleichsunschärfe.

Trotz eines gewissen Wohlwollens, mit dem man im Frühjahr 1999 bereit war, in Deutschland die Internettitel zu bewerten, wäre man noch nicht bereit gewesen, die hohen Umsatzmultiples der Nasdaq zu adoptieren. Erst später, zur Jahreswende 1999/2000 folgte der Markt auch in Deutschland exorbitant hohen Bewertungen. Im Februar 2000 sah die WWL ihren höchsten Aktienkurs, als dieser sein bis dahin gefundenes Plateau von rund 50 Euro verließ und für wenige Minuten auf 60 Euro hochschnellte. Auf Basis des 2000er-Umsatzes entsprach dies einem sagenhaften Multiple von rund 50,9.

Das aus den drei Tabellen mit der angegebenen Gewichtung resultierende durchschnittliche Umsatzmultiple ergab als Obergrenze 6,8. Bei einem geplanten Umsatz von rund 18,4 Millionen Euro immerhin ein Unternehmenswert von rund 125 Millionen Euro!

Bei etwa 2,2 Millionen Aktien, die wir aus einer Kapitalerhöhung an der Börse verkaufen wollten, ergab dies, bei dann dem Unternehmenswert insgesamt gegenüberstehenden 7,2 Millionen Aktien, einen Preis pro Aktie von rund 18 Euro. Für die Liquidität in der Kasse bedeutete das 36 Millionen Euro! Im Vergleich dazu hätte uns die niedrigste Bankenbewertung lediglich rund ein Viertel, nämlich 9 Millionen Euro eingebracht.

Wichtig ist auch, dass man sich bei der Bewertung wohl fühlt. Man sollte sie vertreten können und auch dem Aktionär, der die Aktie zeichnet, noch eine gute Portion Kursfantasie übrig lassen. Man erkennt sehr schnell: Die Hypovereinsbank hätte die einzelnen Gruppen auch anders gewichten können. Dies hätte zu einem noch größeren Faktor geführt, der nicht mehr vertretbar gewesen wäre und möglicherweise auch die Nachfrage nach unserer Aktie während der Zeichnungsphase deutlich gebremst hätte.

Die Altaktionäre der WWL Internet AG entschieden sich letztlich für die Commerzbank als Konsortialführer – sie hatte uns im *Beauty-Contest* mit etwas über 100 Millionen Euro bewertet – und nahmen die Hypovereinsbank als zweite Bank in das Konsortium auf. Wir sind also nicht einfach stur von der Bewertung ausgegangen, ausschlaggebend war vielmehr das Emissionsteam, welches uns die Commerzbank zur Seite stellen wollte. Letztlich also durchaus eine subjektive Entscheidung. Auch das Team der Hypovereinsbank hatte uns sehr zugesagt, und es ist schwer, qua Ratio zu begründen, was letztlich den Ausschlag für die Entscheidung zu Gunsten der Commerzbank gegeben hat.

Heute wissen wir, dass es eine gute Entscheidung war. Den Grund dafür lieferten uns die beiden Konsortialbanken allerdings erst zu Beginn der *Roadshow*, als die Zeichnungsspanne festgelegt wurde. Das ist der Moment, bei dem es zum Schwur kommt. Jetzt muss der Markt richtig eingeschätzt werden, und außerdem muss ein Unternehmenswert gefunden werden, der den neuen Aktionären noch Fantasie übrig lässt und damit zu einem möglichst mehrfach überzeichneten Buch am Ende der *Roadshow* führt. Nun musste sich zeigen, wie sehr die Banken noch bereit waren, den Unternehmenswert zu tragen, den sie zum *Beauty-Contest* ermittelt hatten. In unserer ansonsten erfolgreichen und sehr harmonischen Partnerschaft mit den Konsortialbanken führte die Frage der Bewertung kurz vor dem *IPO* zur ersten und einzigen Krisensitzung mit dem Emissionsteam. Beide Banken wollten aus unterschiedlichen Gründen an der ursprünglichen Bewertung nicht mehr festhalten.

Die wichtigsten Ereignisse, die zwischen *Beauty-Contest* und des drei Monate später festgesetzten Preises zur Erhärtung der ersten Bewertung stattfinden, sind die *Due Diligence* des Wirtschaftsprüfers und sein Plausibilitätsgutachten zur Umsatzplanung der Gesellschaft. Grundsätzlich ein prima Schachzug: Die Banken geben die Verantwortung an den Wirtschaftsprüfer ab, und der wiederum entledigt sich seiner Verantwortung, indem er lückenlos alle Chancen und Risiken der Gesellschaft zusammenfasst. Die Planung der WWL war ziemlich wasserdicht. Die Umsatzherleitung konnte durch Rückfragen des Wirtschaftsprüfers bei unseren wichtigsten Kunden bestätigt werden. Auch die Herleitung des Pro-Kopf-Umsatzes, der in den folgenden Jahren stetig zunehmen sollte, war nicht angreifbar. Lediglich unserer Einschätzung bei der Entwicklung unserer Personalkosten wollte uns der Wirtschaftsprüfer nicht folgen. Er sah die Verknappung qualifizierter Arbeitskräfte schneller akut werden als wir und unterstellte damit auch ein starkes Ansteigen der Personal- und Rekrutierungskosten. Schließlich empfahl er einen Sicherheitsabschlag von 10 Prozent auf unsere Planung, die ansonsten die üblichen unternehmerischen Risiken beinhaltete. Doch die Banken wollten noch darüber hinausgehen.

Die Commerzbank war sich eher unsicher ob der Marktsituation, obwohl die Pre-Marketingphase sehr erfreulich verlaufen war. Während dieser Phase wird die Bereitschaft einiger Investoren, in die Aktie des Emittenten zu investieren, von den Sales-Leuten der Bank ausgelotet. Dies liefert auch den ersten Anhaltspunkt für den wahrscheinlichen Wert pro Aktie, der zu der gewünschten Überzeichnung führen wird. Aber von März 1999 bis Juli 1999 schwächelte der Neue Markt dahin, um ab Juli kurzzeitig wieder leicht anzuziehen. Dies war beileibe nicht vergleichbar mit der seit März 2000 anhaltenden Schwächephase, die schon fast als Absturzphase oder gar Ausverkauf bezeichnet werden muss. Der Rückgang um rund tausend Indexpunkte war damals aber schon sehr dramatisch. Um diese Besorgnisse nachempfinden zu können, muss man sein Wissen um das Jahr 2000 ausblenden. Der Kursrückgang im zweiten Quartal 1999 war ein bis dahin nie gekannter und nicht erwarteter Rückschlag am Neuen Markt.

Die Commerzbank schien auch nicht richtig Mut fassen zu wollen, obwohl der Börsengang der *Kabel New Media* vier Wochen zuvor sehr erfolgreich verlaufen war. Die Aktie wurde souverän über dem Emissionspreis platziert mit einem Zeichnungsgewinn von 176 Prozent. Die *Kabel*-Aktie zog in der ersten Woche stark an und kam dann zunächst einmal deutlich zurück. Der Emissionskurs war aber zu keiner Zeit gefährdet. Anders bei der *I-D Media AG*. Diese Aktien sind ohne Zeichnungsgewinn am oberen Ende der *Bookbuilding*-Spanne erschienen und haben sich von dort erst ganz allmählich, aber sehr kontinuierlich nach oben entwickelt. Die Erstnotiz lediglich am oberen Ende der *Bookbuilding*-Spanne war ein Szenario, auf das die Commerzbank keine Lust hatte – wir allerdings auch nicht.

Erschwert wurden unsere Verhandlungen mit der Commerzbank durch die Hypovereinsbank. Ihr erschien der Wert, den uns die Commerzbank jetzt geben wollte – so in der Gegend von 90 Millionen Euro –, wesentlich zu hoch. Sie sah mittlerweile nur noch einen Wert von etwa 75 Millionen Euro. Jetzt rächte sich das Bewertungsverfahren, andere börsennotierte Unternehmen als Vergleichsbasis heranzuziehen. Das oben vorgestellte Verfahren der Mittelwertbildung über die drei Portfolios ergab nämlich im Juli 1999 mit genau den gleichen eingesetzten Unternehmen einen ganz anderen Wert. Die Vergleichswerte am Neuen Markt, aber vor allem auch die Werte der *Nasdaq* waren seit April spürbar dahingeschmolzen mit dramatischen Folgen für das Bewertungsverfahren.

Ich erinnere mich noch gut, wie wir eine Woche vor Notierungsaufnahme bei der Commerzbank in Frankfurt um einen großen Tisch versammelt saßen: der dreiköpfige Vorstand der WWL, unser Emissionsberater, am Anfang auch die beiden Wirtschaftsprüfer zur Erläuterung ihres Plausibilitätsgutachtens, die *Sales*-Mannschaft der Commerzbank aus Deutschland und London und natürlich das Emissionsteam der Commerzbank.

Es war nun sehr wichtig, eine Strategie zu wählen, die eine faire und sachliche Verhandlung erlaubte. Zu leicht wäre bei einer Eskalation die gute Zusammenarbeit der letzten Monate aufs Spiel gesetzt worden, zu leicht auch wäre die noch vor uns liegende und geradezu zum Erfolg verdammte *Roadshow* unter einen schlechten Stern gestellt worden. Trotzdem, jetzt ging es um den Erlös in unserer Kasse, mit dem wir die nächsten Jahre arbeiten wollten. Jede 10 Eurocent pro Aktie würden Mehr- oder Mindereinnahmen von rund 220.000 Euro bedeuten.

Noch heute bin ich davon überzeugt, dass sich unser Aktienkurs kein bisschen anders entwickelt hätte, selbst wenn wir statt mit 15,50 Euro mit 16 oder 16,50 Euro emittiert hätten. Dieser Preis gerät nach wenigen Monaten in Vergessenheit, und niemand macht dann noch seine Entscheidung, die Aktie zu kaufen, davon abhängig, wie einst der Emissionspreis war. Wichtig ist dann noch einzig und allein die Einhaltung der versprochenen Ziele. Kein Investor würde uns eine Negativmeldung verzeihen, nur weil wir damals die Aktie preiswert emittiert hatten.

In dieser Phase der Verhandlung mit der Commerzbank bewährte sich einmal mehr der Einsatz unseres Emissionsberaters. Wie so oft vorher auch, begegnete er den Argumenten der Bank mit großer Kompetenz. Er erinnerte mich immer an ein wandelndes Lexikon des Börsen-einmaleins. Die Frage, die er nicht prompt überzeugend beantworten konnte, habe ich nicht erlebt. Auch unser Vorstandssprecher zeigte in dieser Phase Nervenstärke und begegnete der Bank relativ hart und unnachgiebig. In einer der mehreren Verhandlungs- und Beratungspausen der beiden „Lager" hatten wir beide die Strategie des „good guy" und „bad guy" vereinbart.

Meine Position als „good guy" verschaffte mir die hervorragende Ausgangslage, quasi zwischen den beiden Lagern zu vermitteln und letztlich auch den Konsens herbeizuführen, weil sich beide Seiten kontinuierlich aufeinander zu bewegten. Das Ergebnis unserer Verhandlung hatte dann doch den kleinen Schönheitsfehler einer recht großen *Bookbuilding*-Spanne von 12,50 bis 15,50 Euro, die eine gewisse Unsicherheit hinsichtlich des richtigen Preises dokumentierte. Das untere Ende war eher ein Zugeständnis an die Hypovereinsbank, deren Bedenken damit auch berücksichtigt wurden.

Letztlich haben aber alle aufgeatmet, als nach der DVFA-Analystenpräsentation in Frankfurt am 6. Juli 1999 die Zeichnungsbücher geöffnet wurden und die riesengroße Nachfrage nach der WWL-Aktie innerhalb der ersten Stunde die Akzeptanz der festgelegten Preisspanne belegte.

Behandle alle Investoren gleich – aber manche gleicher!

Zwei Tage vor der Erstnotiz der WWL-Aktie hatten wir am Abend des 13. Juli 1999 unsere *Roadshow* beendet. Sie war überaus erfolgreich. Das hatten wir schon nach den ersten Gesprächen mit den Investoren gemerkt. Die *Sales*-Leute der Commerzbank wussten jedes Mal relativ schnell, wie viele Aktien ein Investor gezeichnet hatte, kaum dass wir ihn verlassen hatten, um uns auf den Weg zum nächsten *One-on-One* zu begeben.

Am Schluss war unsere Aktie mehrfach überzeichnet. Die Angaben schwankten zwischen dem Fünfzig- und dem Siebzigfachen des tatsächlich zur Verfügung stehenden Platzierungsvolumens von 2.470.512 Stückaktien, die sich wie folgt zusammensetzten:
- 2.000.000 Stückaktien stammten aus einer Kapitalerhöhung
- 270.512 Stückaktien aus den Beständen der Altaktionäre
- 200.000 Stückaktien aus genehmigtem Kapital für die Option des *Greenshoe*

Greenshoe bezeichnet eine unwiderrufliche Mehrzuteilungsoption für die konsortialführende Bank. Bei hoher Nachfrage nach der Aktie kann der Konsortialführer zusätzliche Aktien aus dieser Option platzieren. Auf Grund des äußerst regen Handels mit unserer Aktie nach Notierungsaufnahme, wurde der Greenshoe schon sehr bald nach Erstzuteilung ausgeübt.

Das erste Mal beschäftigten wir uns mit der Zuteilung der Aktie übrigens schon lange bevor die *Roadshow* zu Ende gegangen war. Auf dringendes Anraten unseres Emissionsberaters hatten wir bei der Ausgestaltung unseres Vertrags mit der Commerzbank auf zwei Dinge bestanden. Zum einen hatten wir uns ein Mitspracherecht bei der Zuteilung einräumen lassen, und zum anderen hatten wir darauf eingewirkt, in welchem Verhältnis die Aktien zwischen der Commerzbank als Konsortialführer und der Hypovereinsbank als weiterem Konsorten aufzuteilen seien. Üblicherweise verteilt der Konsortialführer die Mehrheit der Aktien, so dass die rund 70 Prozent des Emissionsvolumens, die über die Commerzbank abgewickelt wurden, dem Durchschnitt entsprochen haben dürften.

Zu Beginn unserer Vertragsverhandlung mit der Commerzbank mussten wir uns auch überlegen, ob wir möglicherweise noch eine dritte Bank in das Konsortium aufnehmen wollten. Bemerkenswerterweise haben sich hierfür auch Banken interessiert, die zunächst gar nicht am *Beauty-Contest* teilgenommen hatten. Was uns damals sehr schmeichelhaft vorkam, ist allerdings nichts weiter als kühles Kalkül der Banken.

Denn natürlich gibt es bei jedem *IPO* eine Menge zu verdienen. Wenn es einen Verlierer auf keinen Fall gibt, dann sind dies die Banken, die selbst dann nicht leer ausgehen, wenn die Emission verschoben werden muss. Die Verträge mit den Banken sehen auch bei Absage des Börsengangs eine Prämie für sie vor.

Ernsthaft geprüft haben wir damals, ob wir noch M. M. Warburg mit ins Konsortium aufnehmen. Interessanterweise hatte dieses Bankhaus uns während des *Beauty-Contests* eher eine Bewertung an der unteren Grenze des Bewertungsspektrums aller Banken gegeben. Als Nichtkonsortialführer hatte man nun aber signalisiert, auf jeden Fall jede Bewertung der Commerzbank mitgehen zu wollen. Eigenartig! Unser Emissionsberater mutmaßte damals, dass M. M. Warburg gewissermaßen unter Zugzwang stand, da sie in letzter Zeit nicht sehr erfolgreich bei der Gewinnung von Mandaten war, andererseits aber eine Emissionsabteilung aufgebaut hatte, die nun beschäftigt sein wollte. Trotzdem hatte sich der Vorstand der WWL durchaus dafür ausgesprochen, M. M. Warburg bei der Zusammenstellung des Konsortiums mit zu berücksichtigen. Haupttriebfeder war hier der Zugang zu ein paar feinen Adressen von Investoren, die zu dem Kundenkreis der M. M. Warburg zählen. Nachteil einer dritten Konsortialbank wäre allerdings gewesen – und dies war das Argument, mit dem die Commerzbank gegen die Aufnahme eines dritten Konsorten plädierte –, wir hätten die an und für sich relativ geringe Aktienzahl von rund zweieinhalb Millionen Stück auf drei Banken verteilen müssen, zum Beispiel im Verhältnis 50, 30 und 20 Prozent. Weniger als 20 Prozent machte bei der geringen Stückzahl kaum Sinn, wegen der vergleichsweise „geringen" Verdienstmöglichkeit für die betroffene Bank.

Allerdings muss man dem Konsortialführer bescheinigen, dass er den Löwenanteil der Arbeit bei der Vorbereitung eines Börsengangs trägt, unabhängig davon, wie die Aufteilung der Aktien auf die einzelnen Konsortialmitglieder ausfällt. Die Arbeit der Mitkonsorten bei einem so kleinen *IPO*, wie es die WWL darstellte, beschränkt sich im Wesentlichen auf das Ausarbeiten einer Marktstudie, eines so genannten *Research*-Berichts, der für die Kunden der Bank geschrieben wird.

Letztlich beschränkten wir uns also doch auf zwei Konsortialbanken. Als wir dann an der Börse notiert waren, haben wir manches Mal darüber nachgedacht, ob eine dritte Bank im Konsortium nicht doch vorteilhaft für uns gewesen wäre. Da die Erstellung von Studien sehr zeitaufwändig ist, waren bislang von Banken nicht allzu viele davon über die WWL erschienen. Als weitere Konsortialbank hätte man von der M. M. Warburg später erwarten dürfen, dass sie uns durch einen Analysten weiterhin betreut.

Am Tag vor der Aufnahme unserer Aktie in den Handel wurde es ernst. Die Zuteilung musste erfolgen und dabei galt es, keinen Investor zu verprellen, indem man ihn nicht genügend berücksichtigte. Schon allein das war praktisch nicht möglich, dafür gab es einfach zu wenig zu verteilende Aktien. Auf einen Verteilungsschlüssel hatten wir uns relativ schnell geeinigt: 70 Prozent sollten die institutionellen Anleger erhalten, 20 Prozent die Privatanleger und maximal 10 Prozent blieben dem *Friends-and-Family*-Programm vorbehalten.

Da standen wir nun also mit unserem Mitspracherecht. Nur rund vierzig der Investoren aus dem mehrseitigen Zeichnungsbuch hatten wir auch besucht. Immerhin war es eine goldene Regel, dass jeder, den wir besucht hatten und der eine Order platziert hatte, auch berücksichtigt werden sollte. Obwohl unser Finanzvorstand und ich uns viele Notizen auf die Rückseite der eingesammelten Visitenkarten gemacht hatten, war es nicht so einfach möglich, in der kurzen Zeit, die uns noch verblieb, den Zuteilungsvorschlag der Commerzbank mit unseren Vorstellungen abzugleichen.

Verblüffend fand ich die von der Commerzbank zugeteilten Stückzahlen, die von wenigen hundert bis zu einigen zehntausend Stück pro Anleger reichten. Was sollte ein Fondsmanager mit 500 WWL-Aktien in seinem Portfolio beginnen? Das war durchaus eine Größe, die auch viele Privatanleger gezeichnet hatten. Nachgefragt habe ich allerdings nicht, dazu ging es jetzt zu hektisch zu. Ein gutes Dutzend Werte haben unser Finanzvorstand und ich noch verändert. Zuteilungen, die uns zu niedrig vorkamen, haben wir angehoben, zu Lasten von Anlegern, die wir nicht kannten.

Die größte Zuteilung erhielt erwartungsgemäß der bekannte Fondsmanager, den wir in Frankfurt gleich zu Beginn der *Roadshow* besucht hatten. Diese große Zuteilung war durchaus in unserem Sinne. Die Commerzbank kannte ihn und wusste, dass er Wort halten würde: Er hatte versprochen, die gleiche Menge, die ihm zugeteilt würde, am Sekundärmarkt nachzukaufen. Das war für den Aktienkurs fantastisch.

Er hielt Wort. Er kaufte sogar mehr als das doppelte der Erstzuteilung im Laufe der nächsten Wochen nach und war am Schluss zeitweise einer unserer größten Aktionäre – von den Altgesellschaftern einmal abgesehen. Trotz dieser massiven Nachkäufe ging die Aktie damals aber von ihrer Erstnotiz, die bei 30 Euro lag, bis auf 20 Euro zurück, ehe sie im Zuge der Neuer Markt-Euphorie zu ihrem Höhenflug ansetzte. Was wir damals noch nicht wussten, ahnte *der* Anlagespezialist längst: Die Zuteilung der WWL-Aktie war nicht optimal gelaufen. Aber was war falsch?

Gut vier Monate nach dem *IPO* haben wir ihn wieder in Frankfurt besucht. Wie damals zu Beginn unserer *Roadshow* saßen wir in seinem Besprechungszimmer, hoch oben über der City, und wie damals warteten wir gespannt auf seine Reaktion, uns – wieder – zu sehen. Und erneut empfing er uns mit sehr freundlichen Worten, die seine Sorgen auf den Punkt brachten: Wir müssten jetzt halt zusehen, wie wir unsere Ziele erreichen und den Kurs wieder nach oben bringen. Wohlgemerkt, wir waren immer noch rund 5 Euro über Ausgabekurs, eigentlich noch kein Grund zur Besorgnis. Es sei denn, man hatte massiv zu Kursen deutlich über 20 Euro nachgekauft. Das machte selbst die Mischkalkulation negativ, in die noch die Aktien aus der Erstzuteilung zum Preis von 15,50

Euro einflossen. Von daher verständlich, dass er als einer unserer größten Aktionäre unseren Kurs mit Bauchschmerzen verfolgte.

Irgendwann während des ansonsten lockeren Gesprächs wollte unser Gastgeber nun gerne erfahren, wie denn zum Börsengang die Aktien zugeteilt wurden. Er vermutete, dass er der einzige Anleger war, der großzügig bedacht worden war und konnte wochenlang nicht verstehen, warum unsere Aktie trotz seiner massiven Nachkäufe keinen Kursanstieg erlebte. Jetzt war es ihm klar: Er war der Einzige, der die Aktie in großen Mengen nachkaufte. Allein konnte er gegen einen abwärts tendierenden Markt nichts ausrichten. Unterstützung von anderen institutionellen Anlegern gab es nicht. Gerade am Neuen Markt genügt es auf Grund der geringen, frei gehandelten Stückzahlen oft, wenn wenige Anleger zeitgleich nachkaufen, um eine Aktie deutlich nach oben zu treiben.

Uns fiel es wie Schuppen von den Augen: Ein institutioneller Anleger, der nur wenige tausend oder gar nur wenige hundert Aktien in seinem Depot hat, wird einem fallenden Kurs kaum durch Nachkäufe entgegenwirken. Wahrscheinlich hat er die Aktie nicht einmal mehr unter seiner Beobachtung. Der Aufwand lohnt sich nicht für geringe Stückzahlen, wenn man an die Informationsflut denkt, die tagtäglich auf die Investoren hereinbricht. Bestenfalls wird der Anleger die Aktie unbeachtet auf seinem Depot liegen lassen, wahrscheinlich wird er dieses aber schnellstens um die WWL-Aktie bereinigt haben. Wenn ich seitdem die Kurven der ersten Wochen von neu emittierten Unternehmen anschaute, die erst nach oben schnellen, um dann abzufallen, so wusste ich, dass dort immer noch genau der gleiche Zuteilungsmechanismus ablief, wie seinerzeit bei uns.

Nach dem Besuch erzählte ich unserem Emissionsberater von der scheinbar missglückten Zuteilung. Es sprach für ihn, dass er sofort eine Strategie parat hatte, mit der man weitere Investoren motivieren könne, ebenfalls umfangreich in die Aktie einzusteigen. Die Commerzbank solle kleine Lose von Aktien am Markt kaufen, zu großen Paketen zusammenstellen und en bloc an Anleger verkaufen. Der Investor hat so die Möglichkeit, zu einem Festpreis eine größere Menge an Aktien zu erwerben, ohne dadurch bereits den Kurs nach oben zu treiben. Dazu kam es allerdings nie. Zum einen würde sich die Commerzbank damit ins Risiko begeben und selbst als Investor auftreten, zum anderen setzte eine mehrere Wochen anhaltende Aufwärtsbewegung des Aktienkurses ein, die zunächst alle Sorgen zu heilen schien. Insbesondere auch die Sorgen unseres Frankfurter Großaktionärs.

Irgendwann würde er allerdings anfangen, sich von seinen Beständen der WWL-Aktie zu trennen. Die Frage war nur, wann? Bei welchem Kurs würde er seinen Depotbestand abbauen? Mir war etwas unwohl bei dem Gedanken, was passieren würde, wenn so hohe Stückzahlen in den Markt gedrückt würden.

Am 14. Februar 2000 war es soweit. Ein massiver Verkaufsdruck hoher Stückzahlen holte den Kurs der WWL-Aktie von 53,50 Euro innerhalb kurzer Zeit auf 47,00 Euro zurück. Dies war der Beginn einer gut einjährigen Talfahrt, die nur zweimal durch kurze Erholungsphasen unterbrochen wurde. Natürlich kann ich nicht mit letzter Sicherheit behaupten, ob wirklich besagter Fondsmanager hinter dem Verkauf am 14. Februar gesteckt hatte. Das konnten wir damals nicht erfahren. Zur Hauptversammlung Mitte Juli konnten wir aber den Aktionärslisten der Commerzbank entnehmen, dass sein Depot bereits auf die Hälfte abgebaut war. Damals stand die Aktie bei knapp 20 Euro. Von daher hatte er mindestens eine Hälfte seines Depots zu hervorragenden Konditionen liquidieren können.

Genau genommen habe ich diesem Faktum damals keine große Bedeutung beigemessen. Wenn jemand das Risiko eingeht, viele Aktien zu kaufen, dann sei ihm auch zugestanden, diese zu einem guten Kurs wieder zu verkaufen, wenn sich die Aktie entsprechend entwickelt hat.

Möglicherweise war die Aktie der WWL bei unserem Großanleger aber tatsächlich aus einem der Gründe in Ungnade gefallen, die der *Spiegel* mit seiner Titelstory „Der faule Zauber – Der Guru des Neuen Markts" in seiner Ausgabe vom 16. Oktober 2000 für die Börsenlieblinge dieses Investors ausgemacht hatte. Im März 2000 war ich mit unserem *Investor-Relations*-Manager das letzte Mal in dem Frankfurter Wolkenkratzer, um dort unsere Jahresbilanz von 1999 vorzustellen. Aus dieser geht hervor, dass wir praktisch noch fast 90 Prozent unseres Emissionserlöses besaßen. Dies war sowohl als Festgeld als auch in anderer Weise mündelsicher angelegt, jedenfalls nicht in Neuer Markt-Fonds mit hohem Chance-Risiko-Profil. Obwohl wir ein respektables Ergebnis im vierten Quartal 1999 ausweisen konnten und eher auf Zuspruch hofften, schlug man bei jener Kapitalgesellschaft die Hände über dem Kopf zusammen und schwärmte in hohen Tönen vor, wie man den Erlös durch eine Investition in einen Neuer Markt-Fonds von eben dieser Anlagegesellschaft im letzten halben Jahr fast hätte verdoppeln können. Du meine Güte, so eine Sache kann auch schief gehen, wie einige Beispiele am Neuen Markt eindrucksvoll zeigen. Und dann? Ich hätte mich nicht vor unsere Aktionäre stellen wollen, um einzugestehen, dass wir uns mit unserem Emissionserlös leider verspekuliert haben.

Aber diese Absage an das Einzahlen in den angebotenen Fonds durchbrach möglicherweise das Wechselspiel des Gebens und Nehmens, das wir zum *IPO* mit unserer umfangreichen Zuteilung an ihn eröffnet hatten.

Es hätte übrigens durchaus sichere Anlagen gegeben, die etwas mehr Zinsen gebracht hätten als ein Festgeld. Das Problem aber war, dass die WWL zu damaliger Zeit als Aktiengesellschaft noch keine zwei Jahre existierte und daher der Nachgründungsprüfungspflicht unterlag, die erst mit Wirkung vom 1. Januar 2001 deutlich entschärft wurde. Seitdem bedürfen nur noch diejenigen Verträge der Zustimmung der Hauptversammlung, die mit Gründern oder mit mehr als zehn Prozent am Grundkapital der Gesellschaft beteiligten Personen geschlossen werden. Wir jedoch mussten noch innerhalb der ersten zwei Jahre nach Gründung für alle Investitionen, die zehn Prozent unseres Grundkapitals überstiegen, die Zustimmung der Hauptversammlung einholen. Alles was nicht dem gleichen Sicherheitscharakter eines Festgeldes entsprach, galt als Investition. Somit war eine Geldanlage von mehr als 760.000 Euro nicht ohne weiteres möglich. Zwar kann ich mir nicht vorstellen, dass irgendein Aktionär etwas gegen eine sichere und dabei gut verzinste Anlage gehabt hätte, unser Jurist wies aber auf die Möglichkeit hin, dass räuberische Aktionäre dies ausnutzen könnten, um der Gesellschaft eine Klage anzuhängen.

UNENDLICH VIEL GELD! – UNENDLICH?

Der Nettoemissionserlös der WWL Internet AG betrug ziemlich genau 29 Millionen Euro. Unseren Aktionären und Investoren hatten wir während unserer *Roadshow* versprochen, damit das weitere, eigene Wachstum zu finanzieren, eventuell begleitet durch die eine oder andere Akquisition. Diese Aussage war so einfach und wurde von allen Investoren ohne weiteres Hinterfragen akzeptiert. Einfach so!

Dabei ist die Umsetzung dieses Versprechens eine echte Herausforderung. Sicherlich, das Wachstum über den Zukauf von Unternehmen zu organisieren scheint sinnvoll, und jedermann leuchtet ein, dass in dem so übergroßen Internetmarkt bei der Gewinnung von Marktanteilen jede Stunde wertvoll ist. Der Börsengang fand immerhin zu einer Zeit statt, da die Interneteuphorie schon in allen Marktstudien zu brodeln begann. Man brauchte nur zuzugreifen, um sich weitere Marktanteile zu sichern. Das Problem war weniger die Akquisition von Aufträgen, als vielmehr die Rekrutierung von qualifiziertem Personal.

Wie viel sind nun aber 29 Millionen Euro? Um die Menge dieses Geldes und die damit gewonnenen Möglichkeiten für das Unternehmen zu begreifen, muss man sich ein paar Zahlen aus der Unternehmensgeschichte anschauen.

Am Tag des Börsengangs, am 15. Juli 1999, war das Unternehmen gerade einmal vier Jahre alt. Bis zu diesem Zeitpunkt wurde seit Gründung ein Umsatz von knapp 6,8 Millionen Euro erwirtschaftet, akquirierte Unternehmen von dem Stichtag des Kaufs an mitgerechnet. Der Emissionserlös betrug demnach so viel wie die viereinhalbfache Summe der Umsätze aus den ersten vier Jahren! Zum Zeitpunkt der Erstnotiz waren knapp 100 Mitarbeiter bei der WWL beschäftigt. Welches Wachstum also könnte man aus dem Emissionserlös finanzieren?

Nehmen wir einmal an, dieses Geld würde nur für das organische Wachstum ausgegeben, und nehmen wir weiterhin an, jeder neu eingestellte Mitarbeiter kann erst ab dem vierten Monat gewinnbringend über Projekte abgerechnet werden, dann ließen sich bei durchschnittlichen monatlichen Personalkosten von 7.000 Euro für Infrastruktur und Arbeitsplatz sowie Einstellungskosten pro Mitarbeiter von rund 15.000 Euro etwa 830 Mitarbeiter zusätzlich einstellen.

Dass das in der Praxis allerdings nicht funktioniert, mag einleuchten, insbesondere wenn man die kleine vorhandene Basis von rund einhundert Personen im Unternehmen berücksichtigt, die dieses Wachstum schultern müsste. Die Strukturen und die interne Organisation mit all ihren noch jungen Arbeitsprozessen würden dieses Wachstum in einem Zeitraum von zwei oder drei Jahren keinesfalls zulassen. Hinzu kommt natürlich, dass auch für andere Dinge noch Geld ausgegeben werden will, die für eine wachsende Firma ganz wesentlich sind. Ich will hier etwa an das Marketing, die Werbung, Produktentwicklung usw. erinnern.

Die WWL Internet AG hat mit rund 80 Prozent des Emissionserlöses etwa 250 Mitarbeiter zusätzlich eingestellt oder durch Akquisition hinzugewonnen und fünf zusätzliche Standorte gegründet. Hätte man, gemessen an den theoretischen Überlegungen, nicht mehr aus dem Emissionserlös machen können?

Ja und nein!

Ja, man hätte ein größeres Unternehmen aufbauen können, wenn man sich ausschließlich auf sein Kerngeschäft konzentriert hätte. Ich habe es bei beiden meiner Unternehmen erlebt und bei einer Vielzahl anderer *Start-ups*: Das Gründerteam oder die Geschäftsführung ist sich über die Verwendung von Geld solange einig, wie keines da ist. Dies ändert sich schlagartig, wenn eines Tages durch einen Großauftrag oder eben durch den Börsengang besonders viel Geld in der Kasse ist. Bei etwas weniger Geld diskutiert man darüber, ob reinvestiert (in was?) oder (teil-)ausgeschüttet wird. Bei etwas mehr Geld sieht es dramatischer aus und führt, wie ich gleich erläutern werde, leicht zu einer gefährlichen Nachlässigkeit und Arroganz im Umgang mit dem Vermögen.

Nein, weil es die WWL während und nach dem Börsengang mit zwei Unbekannten zu tun hatte. Die eine Unbekannte war der Neue Markt, der auch von den so genannten Experten in seiner Entwicklung und der Unternehmensbewertung völlig falsch eingeschätzt wurde. Kein Mensch hat im März 1999 wirklich daran geglaubt, dass der *Nemax-All-Share* nur ein Jahr später bei über 8.500 Indexpunkten stehen würde. Und als er da oben stand, hat auch niemand daran geglaubt, dass er achtzehn Monate lang unaufhörlich sinken und am Ende gar die eintausend Punkte-Marke unterschreiten würde. Während dieser Phasen der Euphorie und der Ernüchterung haben sich auch die Meinungen und Anforderungen an die Unternehmen völlig gedreht.

Konnte der Verlust, den viele Neuer Markt-Unternehmen zur Jahreswende 1999/2000 eingeplant hatten, nicht groß genug sein und der erwartete Gewinn fern in der Zukunft liegen, so sah die Situation ein Jahr später ganz anders aus. Als Folge der ersten Insolvenzen und wenig Vertrauen erweckenden Machenschaften mancher Vorstände wurde der

Begriff der *cash-burn-rate* strapaziert. Dieser besagt, wie viel Euro man investieren muss, um ein Euro Umsatz zu generieren. Einige der Unternehmen am Neuen Markt gaben ein Mehrfaches ihres Umsatzes aus. Und als sich diese Entwicklung nicht entspannte, legten die Anleger die Bremse ein. Fast panikartig erfolgte der Ausstieg aus vielen Titeln. Plötzlich entdeckte man, wie fürchterlich hoch doch die Unternehmen am Neuen Markt bewertet waren.

Die andere Unbekannte, mit der sich die WWL anfreunden musste, war das Internet als solches. Das mag merkwürdig klingen, wo doch die WWL ein Internetunternehmen ist und diesen Markt besser kennen sollte als alle anderen. Tatsache ist aber, dass für bestimmte Bereiche nicht einmal die pessimistischsten Vorhersagen erreicht wurden. Hier seien insbesondere die Umsätze genannt, die mit Shopping-Plattformen gemacht wurden. So erreichte der über das Internet abgewickelte Anteil des Weihnachtsgeschäfts 2000 in Deutschland nicht einmal ein Prozent vom Einzelhandelsumsatz. Damit ist der Markt keinesfalls so schnell gewachsen wie vorhergesagt. Die Ursache ist nicht so sehr mangelnde Akzeptanz des Internets – nach wie vor steigen die Nutzerzahlen kräftig an –, vielmehr ist der Erfolg des Verkaufs über das Internet an die Marke des Händlers geknüpft. Deswegen mussten praktisch alle *Start-ups*, die Shopping-Plattformen etablieren wollten, gigantische Werbeausgaben verkraften, die ihnen letztlich die Luft zum Leben nahmen. Wegen viel zu früh eintretender Illiquidität musste ein Portal nach dem anderen schließen. Der Erfolg der Idee konnte nicht mehr abgewartet werden. Wie wichtig die Marke des Onlinehändlers ist, zeigt das Beispiel einiger sehr erfolgreicher Kunden der WWL, allen voran das wohl größte europäische Versandhaus: *Quelle*. *Quelle*-Kunden sind nun einmal seit eh und je die Bestellung über ein Medium wie den Katalog oder das Telefon gewohnt. Diesen Kunden kommt es, zumindest für bestimmte Einkäufe, nicht auf das Einkaufserlebnis an, das ein Kaufhaus vermitteln kann. Nach eigenen Angaben hat *Quelle* im Jahr 2000 einen Umsatz von mehr als 300 Millionen Euro über das Internet und damit immerhin neun Prozent des Konzernumsatzes erzielt. Dies ist ein Beweis dafür, wie der Verkauf über das Internet erfolgreich funktionieren kann.

Geprägt hat das Bild im vergangenen Jahr hingegen eine Reihe gescheiterter *Start-ups*. Den Anfang machte die spektakuläre Pleite des virtuellen Modehauses *boo.com*, die den Kursverfall der Internetwerte vollends ins Rollen brachte, gefolgt vom Haustierartikelvertreiber *pets.com* und dem virtuellen Spielwarenhändler *etoys.com*. Plötzlich erwachten alle

Anleger aus ihren Träumen und fragten sich verwundert, wie das passieren konnte. Dabei gab es durchaus schon vorher warnende Stimmen. Bereits im August 1997 titelte der *Spiegel* einen Artikel „Kommt die große Pleite?" und ging der Frage nach, warum die Produkte der virtuellen Kaufhallen wie Blei in den Regalen liegen blieben. In den USA ging damals fast unbemerkt die erste Konkurswelle um. Warum sollte ausgerechnet dieses Mal die Entwicklung in den USA nicht den üblicherweise um wenige Jahre verzögerten Trend für den europäischen Markt vorgeben?

Zwar hat die WWL aus den Reihen der *Start-ups* glücklicherweise keine Kunden, aber die Masse der erfolglosen Shoppingportale lässt zumindest Zweifel an den vorgelegten Wachstumsstudien zum Thema E-Commerce aufkommen. Hinzu kommt, dass noch zu wenige Unternehmen bis heute bewiesen haben, im Internetbereich dauerhaft gute Gewinne machen zu können. Dies nährt natürlich die Argumente der Zweifler und vermehrt den Kreis ihrer Anhänger.

Der Auftrag der Aktionäre an die WWL lautete aber nun einmal, den Emissionserlös für Wachstum, möglichst über Akquisitionen, zu verwenden. Selbst die pessimistischste Studie prophezeite dem Internetmarkt ein jährliches Wachstum von mindestens 80 Prozent. Das bloße Erreichen dieser ansonsten hervorragenden Wachstumsrate würde Analysten die WWL allerdings als Underperformer einstufen lassen. Wir mussten also um jeden Preis schneller wachsen, eine Umsatzverdopplung war das Mindeste, was man von uns erwartete. Organisch war dieser Umsatzzuwachs kaum zu meistern und so musste er über den Zukauf von anderen Unternehmen erreicht werden.

Aus heutiger Sicht kann die WWL, und damit auch ihre Aktionäre, froh sein, auf diesem Gebiet zumindest in puncto Anzahl der getätigten Akquisitionen nicht besonders erfolgreich gewesen zu sein. Um diese Aussage zu verstehen, müssen wir uns in die Situation der Jahreswende 1999/2000 zurückversetzen. Mitte Oktober setzte der Neue Markt zu seinem rund fünf Monate währenden Höhenflug an. Täglich wurden neue Rekorde bei den Bewertungen der gelisteten Unternehmen erzielt, ganz gleich zu welcher Branche sie gehörten. Die positive Stimmung wurde nicht durch irgendwelche negativen *Ad-hoc*-Meldungen getrübt (gab es sie nicht oder wollte sie nur keiner hören?). Beinahe jeder Börsentag kannte nur eine Richtung: aufwärts. Der Aktienkurs der WWL stieg vier Monate lang durchschnittlich um 1,3 Prozent je Börsentag und nahm damit keineswegs eine Spitzenposition ein.

Im Fahrwasser der börsennotierten Unternehmen hoben allerdings auch die potenziellen Übernahmekandidaten ihre Preise kräftig an. Es war denn auch schwierig vermittelbar, warum man selbst mit einem Vielfachen des Umsatzes bewertet wurde, aber beim Kauf von anderen Internetunternehmen die klassischen Bewertungsverfahren anlegen wollte. Noch dazu, da der Kaufpreis oftmals ganz oder teilweise nicht in bar bezahlt werden sollte, sondern in einer ganz anderen Währung, der Aktie. Mit den schier unaufhaltsam steigenden Kursen wurde die Aktie schnell als Fantasiewährung bezeichnet, mit der man wohl auch einen Fantasiepreis bezahlen könne. Auf den ersten Blick erscheint das richtig, auf den zweiten Blick allerdings entpuppt sich diese Ansicht als fürchterlicher Bumerang, und dies gleich in doppelter Hinsicht. Erstens kommt auf den Käufer eine sehr hohe Firmenwertabschreibung zu, die das EBIT (Gewinn vor Steuern und Zinsen) auf Jahre hinaus so stark belastet, dass dies vorerst nicht mehr positiv werden kann. Zweitens übersieht man schnell, dass jede Akquisition, auch wenn sie zunächst überwiegend mit Aktien bezahlt worden ist, erhebliche Folgekosten produziert, die dann allerdings in bar erbracht werden müssen. Dabei machen die externen Berater, wie Juristen und Wirtschaftsprüfer, noch den kleineren Anteil aus. Der Löwenanteil entfällt auf die Integrationskosten. Ist das gekaufte Unternehmen selber noch nicht profitabel, so darf obendrein auch sein Verlust finanziert werden.

Der WWL Internet AG ist glücklicherweise nur eine Akquisition nach dem Börsengang gelungen. Nach heutigen Maßstäben halte ich sie für erheblich überteuert. Zur Jahreswende 1999/2000 galt der Kaufpreis, ungefähr das Zweieinhalbfache des Jahresumsatzes von 2000, allerdings geradezu als Schnäppchen. Jedenfalls war das das Echo großer Investoren der WWL, die zu dem Zeitpunkt etwa mit dem 22fachen ihres Umsatzes bewertet wurde.

Man kann sich sicherlich lang überlegen, für welchen Mitarbeiteraufbau oder für wie viele Akquisitionen der Emissionserlös von 29 Millionen Euro gereicht hätte. Jede Theorie würde von der Praxis Lügen gestraft. Viel entscheidender ist die Frage nach den Menschen und damit nach den Charakteren, die mit diesem Geld verantwortungsbewusst umgehen sollen. Wenn bei ihnen die innere Einstellung zu Geld und seinem Wert nicht vorhanden ist, dann lassen sich auch mit dem schönsten Emissionserlös nur wenig effektive und nutzbringende Aktionen auf den Weg bringen.

Die WWL war schon ein gutes Dreivierteljahr an der Börse notiert und wir verfügten immer noch über einen sehr hohen Anteil des Emissionserlöses. So viel, dass wir uns die Frage von mehreren Investoren gefallen lassen mussten, ob wir den Emissionserlös etwa für eine Festgeldanlage bekommen hätten. Vor diesem Hintergrund trafen wir die Entscheidung, mit dem Geld in zusätzliche Geschäftsfelder zu investieren, um unser Kerngeschäft zu ergänzen. In den Folgemonaten haben wir somit Geld für Dinge ausgegeben, die teilweise zwar durchaus sinnvoll waren, die sich die WWL aber besser nicht hätte leisten sollen.

Sicherlich, hinterher ist man immer klüger, und die Entscheidungen für viele Maßnahmen, die wir auf den Weg gebracht haben, sind eben zu der oben beschriebenen Hype-Zeit entstanden und fanden mit vielen herbeigezauberten Argumenten ihre Berechtigung. Trotzdem, ich bleibe dabei. Die unternehmerischen Fehlentscheidungen bei der WWL waren sicher nicht kostspieliger oder häufiger als in jedem anderen Unternehmen auch. Schlimmer war die Einstellung zu dem Umgang mit Geld so mancher Inhaber von Schlüsselpositionen. Ich will Ihnen nachfolgend ein paar Beispiele geben, was ich damit meine.

In ihrer Geschichte als Aktiengesellschaft hatte die WWL zunächst den Vorstandssprecher, der die WWL mit an die Börse geführt hatte und im Januar 2000 durch ein relativ neues Vorstandsmitglied in seiner Funktion als Sprecher abgelöst wurde. Letzterer ist dann im April 2000 durch den Aufsichtsrat zum Vorstandsvorsitzenden ernannt worden. Bei sonst wenig Ähnlichkeiten waren sich die beiden in einem sehr ähnlich, nämlich im Aufbau von Kostenapparaten und im überwiegend wenig bewussten Umgang mit den Barmitteln des Unternehmens.

Die größer werdende WWL mit ihren mehreren Standorten, die auf Deutschland verteilt waren, brachte es mit sich, dass der Reiseaufwand innerhalb der Gruppe drastisch anstieg. Auch die Tätigkeiten der Abteilung *Mergers & Acquisitions* erforderten einen immensen Reiseaufwand, der die betroffenen Mitarbeiter und auch den Vorstandssprecher beziehungsweise später den Vorsitzenden des Öfteren zu Zielen außerhalb Deutschlands führte. Mehrfach wurde auf Flugreisen völlig überflüssig die Businessklasse gebucht, immer mit dem Argument, schnell umbuchen zu können, falls sich Termine verschieben. Als Folge des meist überflüssigen Verschiebens von Terminen waren dann wiederum die Sekretariate stundenlang damit beschäftigt, die Reiseroute umzuplanen.

Ich habe durchaus Verständnis dafür, dass sich Vorstandsmitglieder, die viel unterwegs und häufig von ihren Familien getrennt sind, unterwegs auch ein bisschen Luxus gönnen wollen, der das Leben in der Ferne angenehmer macht. Aber es sollte nicht so weit gehen, dass Vorstände, die gemeinsam mit ihren Mitarbeitern reisen, andere Verkehrsmittel oder anderen Komfort nutzen. Nicht nur, dass sie in diesem Moment die Chance verpassen, den Mitarbeitern zu zeigen, sie seien einer von ihnen, unmerklich versiegt allmählich der so wichtige Informationsfluss zu den Mitarbeitern: Die perfekte Lehmschicht zwischen Vorstand und Unternehmen entsteht.

Wir hatten beispielsweise ein Treffen unseres oberen Führungskreises in unserer Niederlassung in Hamburg. Als Mitglied des Vorstands war es für mich selbstverständlich, mich den Nürnberger Mitarbeitern anzuschließen, die ebenfalls nach Hamburg fahren mussten und dazu den ICE als Reisemittel gewählt hatten. Dank des ICE sind Nürnberg und Hamburg nur mehr rund vier Stunden voneinander entfernt. Diese vier Stunden ließen sich hervorragend nutzen: Der Austausch mit den Mitarbeitern, der so unersetzliche Informationskanal, um die Stimmung im Unternehmen aufnehmen zu können. Während der Fahrt saßen nun zwei Mitarbeiter an meinem Tisch, drei weitere an dem Tisch hinter mir.

Während einer Gesprächspause in meiner Gruppe vernahm ich aus der anderen Gruppe die Bemerkung eines Mitarbeiters: „Unsere anderen Vorstände reisen wohl mal wieder mit dem Flugzeug." Leider hatte er in Bezug auf unseren Vorsitzenden Recht, der für die Ersparnis einer Stunde etwa viermal soviel bezahlte. Das große Staunen ging weiter, als wir feststellten, dass unser Vorsitzender zudem noch in einem anderen – es erübrigt sich zu sagen, in einem „besseren" und damit teureren – Hotel untergebracht war.

Während einer Messe in Berlin, der *Internet World*, war für unseren ersten Vorstandssprecher für die Dauer seines geplanten Aufenthalts ein Hotel gebucht. Pünktlich zum ersten Messetag flog er morgens in Berlin ein, um dann festzustellen, dass er seinen Koffer nicht vollständig gepackt hatte. Das Kaufen der fehlenden Kleidungsstücke kann in Berlin eigentlich kein Problem darstellen, trotzdem flog er am Abend des ersten Messetages nach Nürnberg zurück, sammelte seine vergessenen Kleidungsstücke ein und kam am nächsten Morgen mit der ersten Maschine wieder in Berlin an. Das Hotelzimmer, zu Messepreisen gebucht, blieb in dieser Nacht ungenutzt.

Die *New Economy* rechtfertigte scheinbar völlig neue Gesetze, und mit einer gewissen Überheblichkeit und Arroganz genehmigten sich Vorstände, die sich eitel im Glamour der aufschauenden Öffentlichkeit sonnten, weitere Kostenfaktoren, die in der Sache an sich aber wenig begründbar waren: In ihrem Umfeld schossen Mitarbeiterstellen mit klanghaften, nichts sagenden Anglizismen als Positionsbezeichnungen wie Pilze aus dem Boden. Teilweise hat es mich gegraust, mit welchen Gehältern diese Stellen dotiert waren. Für alle anderen Bereiche der Firma gab es einen Gehaltsspiegel, der eine Spanne festlegte, nach der die Leute bezahlt wurden. Nicht immer ist es als Folge der Personalverknappung und des zunehmenden Selbstbewusstseins in der *New Economy*-Szene geglückt, diesen Spiegel auch einzuhalten, aber ich meine doch, dass es uns gelungen ist, überwiegend Gerechtigkeit gegenüber unseren bestehenden Mitarbeitern walten zu lassen. Ganz anders im Umfeld der Vorstände. Hier war offenbar jedes Gehalt recht und dies, weil sich die Leute Marketingleiter, Director *Mergers & Acquisitions*, Treasurer oder Assistent des Vorstands schimpfen durften. Wie überflüssig diese Leute vielfach waren, zeigte sich, als die WWL im Dezember 2000 auf zunehmenden Druck des Kapitalmarktes endlich ein Kostensparprogramm einläutete und diese Leute einfach gehen konnten, ohne dass sie ein echtes Loch hinterließen.

Ein weiteres Statussymbol, an dem man Eitelkeiten ablesen kann, ist das Fahrzeug. Hier ist die WWL vorbildlich geblieben, sieht man einmal von einer Ausnahme ab, die zwar die WWL kein Geld kostete, die betroffene Person allerdings immer wieder unglaubwürdig gemacht hat. Die Anschaffungskosten der Fahrzeuge für Vorstände durften 40.000 Euro nicht überschreiten. Auch wenn sämtliche Fahrzeuge durchweg geleast wurden, so war diese Obergrenze sinnvoll, da sich die Anschaffungskosten bei der Kalkulation der Leasingrate natürlich auf diese niederschlagen. Des Weiteren gab es auch die Vorgabe, möglichst unauffällige Autos zu fahren. Als wir Ende 1999 unseren Vorstand als Folge des geglückten Vertragsabschlusses unserer Akquisition in Bremen erweiterten, wollte sich das neu ernannte Vorstandsmitglied auch sein ihm zustehendes Firmenfahrzeug bestellen. Jeder, der sein Auto lediglich als komfortables Fortbewegungsmittel ansieht, kommt mit einem Preis von 40.000 Euro locker aus. Das ist jedoch anders, wenn man für Autos gewissermaßen ein Faible hat. So kostet ein Audi A8 in der entsprechenden Motorisierung und Ausstattung sehr viel mehr. Der Kollege bot an, die Differenz der Leasingraten selbst zu tragen, und wir waren der Meinung, damit seien die Vorgaben hinlänglich erfüllt. Tatsache war allerdings, dass es dem Auto niemand ansah, wer daran welche Kosten trug. Nur kamen eben auch bei der WWL eines Tages die Zeiten, in denen der Vorstand zu erhöhter Sparsamkeit aufrufen musste. Da macht es sich nun einmal verdammt schlecht, wenn der Vorstand durch solche unnötigen Statussymbole seine Glaubwürdigkeit aufs Spiel setzt. Letztlich trägt dies zur leidvollen Entfremdung des Vorstands von der Belegschaft bei.

Aber es waren nicht nur die Vorstände, die das Abenteuer Internet immer teurer machten. Bei den vielen Neueinstellungen, die in kurzer Zeit bewältigt werden mussten, blieben so manches Mal die Qualitätsanforderungen an die Mitarbeiter auf der Strecke, und oftmals identifizierten sich diese enttäuschend wenig mit der WWL. Häufig genügte das Prädikat, Nochmitarbeiter bei *Kabel New Media* oder *Pixelpark* zu sein, um mit einem Anstellungsvertrag von WWL in der Tasche nach Hause zu gehen. Die Lohnspirale drehte sich immer schneller, und nicht selten fielen neu eingestellte Mitarbeiter erst einmal dadurch auf, dass sie am ersten Arbeitstag zum Vertragsautohändler rannten, um sich ihr zugesagtes Firmenfahrzeug zu bestellen. Erst sehr viel später war wieder durchsetzbar, dass Fahrzeuge erst nach erfolgreicher Probezeit bestellt werden durften.

Mein Verhältnis zu beiden Vorstandsspitzen der WWL Internet AG war nicht besonders gut. Schon gar nicht zu unserem früheren Vorstandssprecher, etwas besser zu seinem Nachfolger, unserem späteren Vorstandsvorsitzenden. Eine Ursache dafür war sicherlich die sehr unterschiedliche Auffassung vom Umgang mit Geld. Gelang es mir noch einigermaßen, unseren Sprecher in seinem ungebremsten Drang, Geld mit vollen Händen auszugeben, zu kontrollieren, so entglitt mir dieser Einfluss ab dem Beschluss der Gesellschafter, an die Börse zu gehen, fast völlig. Bei unserem späteren Vorsitzenden hatte ich ebenfalls mehrere erfolglose Versuche unternommen, ihn in Gesprächen zu einer moderaten Geldpolitik zu bewegen. Allerdings war ich auch nicht der Finanzminister und so hätte jedes weitere Einschreiten zugleich auch noch die Einmischung in das Ressort unseres Finanzvorstands bedeutet. Dieser dagegen beglich lieber die Rechnungen, als für die Einsparung „einiger" Tausend Euro im Jahr Konflikte auf Vorstandsebene zu riskieren. Für die „Erziehung" von Vorständen sei schließlich der Aufsichtsrat zuständig. Der wiederum verwies den bewussten Umgang mit Geld in die Verantwortlichkeit der längst vergangenen Kinderstube. Und so wurden die unangenehmen Themen erfolgreich gemieden, alle fassten wir uns nach wie vor mit Samthandschuhen an, ohne wahrhaben zu wollen, dass die Scholle, auf der wir saßen, immer kleiner wurde.

Als unser ehemaliger Vorstandssprecher im April 2000 die WWL als Vorstand und Mitarbeiter verließ, lieferte er in den folgenden neun Monaten einen eindrucksvollen Beweis seines unternehmerischen Könnens.

Ein solches mag ich ihm tatsächlich zusprechen, wäre da nur nicht der immense Kostenblock, den er sich in seiner neuen Existenz praktisch über Nacht aufgebaut hatte und der somit seine Firma frühzeitig in echte Liquiditätsprobleme stürzte. Dabei war seine Geschäftsidee durchaus im Trend der damaligen Zeit: Er wollte eine professionelle Vermittlung von *Start-up*-Unternehmen als Kapitalsuchende einerseits und von *Venture-Capital*-Gesellschaften als Kapitalgebende andererseits anbieten. Die Idee wurde zu einer Zeit geboren, als tatsächlich für alles, was in irgendeiner Form „Internet" in seinem Namen trug, das Geld sprichwörtlich auf der Straße lag. Dass sich der Markt in dieser Sicht dann sehr schnell drehte, war Pech für meinen Exkollegen, stellte das Modell aber nicht unbedingt in Frage. Ich bin auch davon überzeugt, dass er die Idee zum Erfolg hätte bringen können, hätte ihm der finanzielle Atem nur noch etwas länger gereicht.

An dieser Neugründung, mit dem, wie sich im Zeichen des *Dotcom*-Sterbens sehr bald herausstellte, unglücklich gewählten Namen *trendfinder.com AG*, hielt auch die WWL zunächst eine Mehrheitsbeteiligung, die nach ungefähr drei Monaten planmäßig auf eine Minderheitsbeteiligung von 26 Prozent zurückgefahren wurde. Kurz danach ging der *trendfinder.com AG* auch schon das stattliche Startkapital von 800.000 Euro aus. Gegen meine Stimme im Vorstand wurde leider eine weitere Finanzspritze in Form von Sicherheiten durch die WWL bei der zuständigen Hausbank gewährt. Als diese Mittel Anfang Dezember, nicht einmal drei Monate später, erneut erschöpft waren, konnte ich mich endlich durchsetzen und bewirken, dass der Geldhahn durch die WWL als Minderheitsaktionärin, die sie ja mittlerweile war, zugedreht wurde. Ich fand es verantwortungslos, einerseits einen zunehmend härteren Sparkurs bei der WWL fahren und durchsetzen zu müssen, und andererseits weitere Gelder locker zu machen für ein Tochterunternehmen, welches diese mit vollen Händen unkontrolliert ausgab.

Mein Bruder und ich hatten unser erstes Unternehmen mit einem Startkapital von 30.000 Euro aufgebaut und uns neun Jahre nur solche Dinge erlaubt, die wir aus dem Umsatz finanzieren konnten. Dazu war es auch nötig, dass wir mehr als einmal auf unser Gehalt verzichteten. Ich weiß mit Sicherheit, wovon ich spreche, wenn es darum geht, ein *Start-up* zu gründen und aufzubauen, ohne eine Mark Fremdkapital einsetzen zu können.

Der Umgang mit Fremdkapital gestaltet sich da offenbar sorgloser. Nur so kann man sich viele kostspielige Maßnahmen erklären, die den

Aufbau der *trendfinder.com AG* sehr bald zum Scheitern verurteilten. Wenige Wochen nach Gründung wurden Räume angemietet, in denen die vierfache Belegschaft untergebracht werden konnte. Zwar waren diese Räume als Expansionsfläche deklariert und mit dem Vermieter wurde eine gewisse Staffel vereinbart. Doch die Mieterhöhungen traten unnachgiebig ein, unabhängig davon, ob das Unternehmen seine eigene Planung erfüllen konnte oder nicht (und es konnte dies nicht). Relativ schnell wurde ein Mitarbeiterstab von knapp zwanzig Personen aufgebaut. Natürlich auch hier recht teure Mitarbeiter für Marketing, Presse, Kommunikation und Consulting. Das Ganze bei drei Vorständen. Schon ab dem vierten Monat mussten monatlich sechsstellige Gehaltszahlungen aufgebracht werden. Und noch immer war kein einziger Euro verdient. Für mindestens vier Mitarbeiter wurden teure Mercedes-Limousinen angeschafft. Das musste schon deswegen sein, weil man ja repräsentativ sein wollte. Bitte nicht falsch zu verstehen, ich habe nichts gegen Mercedes-Fahrer und auch nichts gegen alle anderen Fahrer schöner und teurer Autos. Aber man muss es sich leisten können. Und ein Unternehmen, welches immer noch keinen einzigen Euro Umsatz gemacht hat, kann es sich mit Sicherheit nicht leisten! Hinzu kam eine gehörige Portion Reisetätigkeit, welche das Geschäftsmodell allerdings gewissermaßen auch implizierte. Sie ahnen wahrscheinlich schon, mit welchem Verkehrsmittel die Reisen angetreten wurden, sobald das Reiseziel nicht mehr innerhalb des Umkreises München–Frankfurt lag. Jedenfalls traf man ziemlich oft einen der Mitarbeiter der *trendfinder.com AG* am Flughafen. Und nicht zuletzt belasteten teure Marketingaufwendungen in Form von Pressearbeit – die allerdings auch sehr gut war – und Messeauftritte. Und eh man sich versah, waren binnen neun Monaten rund eineinhalb Millionen Euro verbrannt und knapp zwanzig Mitarbeiter auf der Straße.

Beim Schreiben dieses Buches bin ich von meinem Cousin auf das Buch „Unternehmer sein heißt frei sein" von *Theo Lieven* aufmerksam gemacht worden. *Lieven* beschreibt darin die Erfolgsgeschichte der Computerhandelskette *Vobis*, deren Gründer er ist. Ich habe sein Buch förmlich verschlungen. Jeder der sich mit praktisch nichts in der Tasche außer seiner Idee selbstständig gemacht hat, erkennt sich in diesem Buch wieder. Das schönste Kapitel in *Lievens* Buch ist für mich „Das Märchen vom fehlenden Kapital". Hier wird in wundersamer Weise beschrieben, wie weit doch der Irrtum verbreitet ist, man müsse ohne Kapital auf viele lebenswichtige Funktionen einer Firma verzichten. So beispielsweise auf die Sekretärin oder den Lagerhalter oder die teure Software für die Warenwirtschaft. Es gibt in der Tat nichts Überflüssigeres während der Phase der Existenzgründung. Dabei kommt es auf die ureigene, persönliche Einstellung an. Ich war mir in den ersten Jahren meiner Selbstständigkeit nicht zu schade, Päckchen, die zu versenden waren, selber zu packen, Briefmarken selber zu kaufen und zu kleben. Auch haben als erste Möbel die ausrangierten Küchentische unserer Studentenhaushalte vollkommen genügt. Und am Telefon war ich ohnehin immer selbst, das Abheben brauchte mir keine Sekretärin zu erledigen. Am Wochenende wurde schon einmal tapeziert und der Teppich selbst verlegt und im ersten Jahr war jeder der Herren Geschäftsführer einmal in der Woche mit Staubsaugen dran. Unsere ersten Firmenräume befanden sich in unmittelbarer Nähe zum Nürnberger Rotlichtviertel. Die Mieten waren sehr niedrig, als Folge dessen, dass sich keine Firma dort niederlassen wollte. Uns kam das gerade gelegen, und wir waren dankbar, für fünf Euro pro Quadratmeter keine nennenswerte Kostenposition aufbauen zu müssen.

In Wirklichkeit geht *Theo Lieven* in seinem Buch der Frage nach dem Unterschied zwischen einem Manager und einem Unternehmer nach. Das Ergebnis mündet in der Aussage, die er als Titel gewählt hat: „Unternehmer sein heißt frei sein". Dieser provokanten Aussage – kaum ein Unternehmer fühlt sich wirklich frei – ist man erst bereit zuzustimmen, nachdem man das Buch ganz gelesen hat. Zu Beginn räumt *Lieven* erst einmal ein, mit welchem Risiko unternehmerisches Dasein verbunden ist. Er vergleicht den Manager mit einem Seiltänzer, der mit Fangnetz oder -leine arbeitet. Bei dem Unternehmer fehlt dieses Fangnetz. Das macht deutlich, was der Unternehmer verliert, wenn er Fehlentscheidungen trifft, im Ernstfall nämlich seine Existenz, während der Manager infolge von Fehlentscheidungen höchstens seinen Job los wird. Im Erfolgsfalle kann der Unternehmer allerdings sehr viel gewinnen: Grenzenlose Freiheit und hohes Ansehen.

Diese Aussage sollte eigentlich gerade der Situation am Neuen Markt richtig Mut machen. Viele gründergeführte Unternehmen sind hier gelistet, die, mit wenigen Ausnahmen, echtes Unternehmertum bewiesen haben. Wenn die überwiegend Ehrlichen unter ihnen einen Fehler gemacht haben, dann den, dass sie sich in Planungen haben treiben lassen, die sich nicht verwirklichen lassen. Wie ich in einem anderen Kapitel in diesem Buch zu erklären versuche, kann man ihnen dafür wahrscheinlich noch nicht einmal einen Vorwurf machen.

Die vier Gründer der WWL, mich eingeschlossen, haben genau genommen nur einen Fehler gemacht: Mangelndes Selbstvertrauen in manchen Bereichen hatte uns dazu verleitet, so genannte Manager an Bord zu holen, die letztlich den hohen Erwartungen an sie nicht gerecht wurden, sondern im Gegenteil eher einen recht sorglosen Umgang mit dem Firmenvermögen pflegten. Ein Paradebeispiel dafür habe ich mit einem leitenden Vertriebsmitarbeiter erlebt, der mir unterstellt war. Nachdem ich das Unternehmen verlassen hatte, übernahm er die komplette Verantwortung für eines unserer Produkte. Da sich der von ihm prognostizierte Erfolg erneut nicht einstellte, sah sich der Vorstand gezwungen, den Produktbereich stillzulegen. Auch diese Ankündigung bewirkte bei ihm noch nicht die längst überfällige Überprüfung seiner Kostenpositionen. Erst als man ihm zur Rettung „seines" Produkts ein *Management-Buy-Out* anbot, konnte er sich auf wundersame Weise von Handy, Fahrzeug, Sekretärin und Mitarbeitern aus der Entwicklung trennen, ohne dass dies Einfluss auf seine künftige Umsatzerwartung gehabt hätte. Offenbar scheinen viele Manager die Notwendigkeit gewisser „Luxusgüter" erst dann kritisch überprüfen zu können, wenn sie zu ihrer Finanzierung ihr eigenes Vermögen ins Kalkül ziehen müssen.

In gewisser Weise machen Erfolg und hohe Liquidität blind für die Renditeanforderung an viele Investitionen, und solange sich nur irgendjemand findet, der die Kosten übernimmt, verschwimmt die Wahrnehmungsschärfe für Sinn und Unsinn einer Investition. So haben wir im Zuge der Begeisterung für Wachstum durch Akquisition bereitwillig ignoriert, dass sich der Kaufpreis für Internetunternehmen auf dem Hoch unserer Marktkapitalisierung niemals rentieren würde.

Der hohe Emissionserlös stellt eine gefährliche Verlockung für das Management dar. Zu leichtfertig werden verlustbringende Investitionen, Projekte oder Geschäftsfelder viel zu lange bedenkenlos hingenommen. Die Kritikfähigkeit und der Wille zu objektiver Begutachtung aller Engagements sinken. Selbst unser Finanzvorstand war der Freund aller Mitarbeiter – es gab nicht einen Investitionsantrag, den er nicht genehmigt hatte. Das Vernachlässigen eines strikten Kostencontrollings führte bald im gesamten Unternehmen zu einem wenig verantwortungsvollen Umgang mit den Firmenfinanzen.

Zunächst bezahlt man diesen Fehler auch nicht mit der Existenz des Unternehmens. Es ist genügend Geld da, und dieser Umstand verzeiht so manchen Fehler. Das häufige Verzeihen von Fehlern nimmt den Druck, Investitionen richtig zu kalkulieren.

Die Probieren-geht-über-Studieren-Methode schleicht sich ins Unternehmen ein. Der anfängliche, monatliche Liquiditätsschwund, die *cash-*

burn-rate, lässt sich mindestens 18 oder gar 24 Monate fortführen. Kein Grund zur Unruhe also, bis dahin ließe sich die Ernte der Investitionen zweifellos einfahren, und auch dem Aktionär hatte man schließlich frühestens für das folgende Geschäftsjahr das Erreichen der Gewinnschwelle versprochen. Mit Sicherheit seien die neuen Geschäftsfelder, die maroden Akquisitionen und neu gegründete Tochterunternehmen bis dahin längst profitabel.

Aber wenn die Monate vergehen und sich die Profitabilität nicht einstellt, muss irgendwann die Notbremse gezogen werden. Die große Frage aber ist, wer zieht wann die Notbremse für welche Bereiche? Sicherlich ist dies eine Kollektivverantwortung des Vorstands, entscheidend ist aber, dass der Vorstandsvorsitzende und sein Finanzkollege als oberster Controller des Unternehmens das Gebot der Stunde erkennen und mit unnachgiebiger Härte und Akribie die erforderlichen Maßnahmen einleiten und auch ihre eigenen Bereiche nicht aussparen.

Die Jahreswende 1999/2000 war geprägt von einer kollektiven Fehleinschätzung des Ausblicks in der Internetbranche. Frei nach der Erkenntnis, es könne nicht falsch sein, was alle machen, waren wir ebenfalls der Meinung, unsere Expansionspläne nicht nur auf Deutschland beschränken zu dürfen. So war denn auch den Investoren kommuniziert worden, dass wir eine Europa-Strategie fahren würden. Mit unserem Emissionserlös hätten wir es zwar nicht mit ganz Europa aufnehmen können, aber den ersten Schritt in die Richtung wollte man schon sehen, bevor man bereit war, dem Unternehmen über großzügige Kapitalerhöhungen weitere Gelder zur Verfügung zu stellen. Die Krux an der Geschichte war gerade, dass man nicht ernsthaft angenommen hatte, für eine große Expansionsstrategie irgendwann kein Geld mehr bekommen zu können. Insofern verankerte sich in unseren Köpfen auch die Erwartung, der Emissionserlös müsse nur für das Einleiten der Europaerweiterung dienen – solange genügend Fantasie und Entwicklungspotenzial vorhanden seien, sei die Börse bereit, über die fehlende Profitabilität hinwegzuschauen. Ehe wir anfingen, im Zuge der sich ändernden Markterwartung unsere Strategie zu ändern, hatten wir uns bereits Verpflichtungen auferlegt, die aus heutiger Sicht nur als Altlasten bezeichnet werden können. Und deren Beseitigung ist fast ebenso teuer – denken Sie nur an fällige Abfindungen für betroffene Mitarbeiter – wie deren Aufbau. Obendrein ist diese Aufgabe wesentlich undankbarer.

Ich kann heute nur schwer akzeptieren, wenn mir jemand sagt, er hätte die Entwicklung im Internetsektor und die damit einhergehenden, veränderten Markterwartungen schon damals vorhersehen können. Tatsache ist doch, dass es kaum jemand wirklich vorausgesagt hat. Was war denn die Triebfeder für die kollektive Expansionspolitik, wie wild im In- und Ausland zu akquirieren, neue Geschäftsfelder zu gründen und Beteiligungen einzugehen? Letztlich war es auch die Börse, die so unsinnige Ankündigungen wie die Büroeröffnung in den USA, das Eingehen von Beteiligungen an *Start-ups* oder simple Goldpartnerverträge mit *Intershop* oder *Cisco*, ja selbst die bloße Absicht eines Aktiensplits mit einem Kurssprung von einigen Euros belohnt hatte. Wir taten genau das, was damals im Interesse eines steigenden Aktienkurses jeder erwartet hatte. Nicht umsonst ist der Begriff „New Economy" geprägt worden, hinter dem sich letztlich eine verdrehte Welt verbirgt. Verdreht, weil hier mit anderen Bewertungsmaßstäben gemessen wurde, als man dies aus der *Old Economy* gewohnt war. Wer sich als Vertreter der *New Economy* auswies, war über alle Kritik erhaben, schwebte irgendwo weit jenseits der Realität, und alle haben staunend und anerkennend zu ihm aufgeschaut, als wäre er der Messias einer neuen Weisheit, die der *Old Economy* verschlossen blieb. Erst als man deren Maßstäbe auch an die *New Economy* anlegte, haben plötzlich alle schlau dahergeredet, es gäbe nur eine *Economy*, die *True Economy*, und wollten darunter die Annäherung der beiden *Economy*-Arten verstanden wissen. Die einzige Annäherung, die wirklich eingesetzt hat – und das ist gut und richtig so –, ist die der *New* zur *Old Economy*.

FLUCH UND SEGEN DER BÖRSENNOTIERUNG

„Was hat die WWL eigentlich davon, an der Börse notiert zu sein?" So oder ähnlich lauteten die Fragen, mit denen wir uns immer wieder seit dem *IPO* auseinander setzen mussten. Oftmals wurde diese Frage auch von den eigenen Mitarbeitern gestellt. Und sie ist berechtigt, denn neben einigen Vorteilen muss man der Börsennotierung leider auch eine Reihe von Nachteilen einräumen. Um dieser Frage im Detail nachzugehen, möchte ich unterscheiden zwischen dem Einmaleffekt aus dem Börsengang und den permanenten Effekten im Unternehmensalltag.

Der große Segen, Aktien an den Neuen Markt gebracht zu haben, lag natürlich in dem Vorteil der daraus erlösten Summe. Auch wenn die Stimmung an den Märkten in der Pre-*IPO*-Phase von März bis Juni 1999 kritisch war, waren Internetwerte insgesamt so gefragt, dass man das Geld sehr günstig bekam – von den Gebühren an die an der Emission beteiligten Berater einmal abgesehen.

Das Eigenkapitalrisiko verteilte sich über Nacht auf viele Schultern. Innerhalb kurzer Zeit waren die Aktien verkauft und der entsprechende Betrag dem Konto gutgeschrieben. Damit verfügte das Unternehmen über eine sehr gute Liquiditätssituation. Und auch die Altgesellschafter waren zumindest auf dem Papier „reich".

In der Folge ist das Unternehmen aber nun einmal ein öffentliches Unternehmen, und dies bringt eine Menge Pflichten mit sich. Auch solche, die wenig Spaß machen und die wirklich sehr viel Geld kosten. Ich kann es nicht oft genug sagen: Man hat jetzt neben den Produkten seines Kerngeschäfts, egal ob das Dienstleistungen, Software oder Hardware sind, plötzlich ein neues Produkt in seinem Portfolio, welches ungleich pflegeintensiver ist: die Aktie!

Man kann die Aktie nicht einfach lieblos behandeln und sich selbst überlassen. Schließlich möchte jedes Unternehmen den Erfolg im Kerngeschäft im Verlauf des Aktienkurses widergespiegelt sehen. Von allein passiert das nicht. Hierfür sind zeit- und kostenaufwändige Maßnahmen nötig.

Zunächst einmal verkauft sich eine Aktie ganz anders als alle anderen bekannten Produkte. Die Vertriebsleute, die die Produkte im Kernkompetenzbereich eines Unternehmens erfolgreich verkaufen, müssen nicht zwangsläufig auch erfolgreich beim „Verkauf" der Aktie sein. Das will gelernt sein. Oftmals sind die *Investor-Relations*-Manager eines Unternehmens selbst lange Zeit als Analyst tätig gewesen und verfügen über einige Jahre Berufserfahrung in den Kapitalmärkten. Anders die Vorstände der Neuer Markt-Unternehmen. Hier besteht die Erfahrung zumeist höchstens darin, den Börsengang recht erfolgreich gemeistert zu haben.

Dies aber unter dem schützenden Mantel der Emissionsbank und eventuell auch noch des Emissionsberaters. Und dann? Am Tag eins nach *IPO*? Plötzlich sind die Banken und Berater nicht mehr da, von einer Minute auf die andere. Dafür ist die Aktie jetzt im Handel. Und sie will ununterbrochen gepflegt werden, wie ein Säugling, der immerzu schreiend die Aufmerksamkeit der Eltern auf sich zieht und damit gleichzeitig von allem anderen ablenkt.

Bei der WWL haben wir uns zu spät um den Aufbau einer *Investor-Relations*-Abteilung gekümmert und erst nach dem Börsengang damit begonnen. Wir hatten einigermaßen Glück im Unglück und konnten relativ schnell einen kompetenten Analysten für die IR-Arbeit unseres Hauses gewinnen. Aber trotzdem dauerte es rund vier Monate, bis dieser Mann an Bord war, sich in sein neues Umfeld eingearbeitet hatte und den Kontakt zu Analysten und Investoren pflegen konnte. Da verstreicht viel wertvolle Zeit. Ein gelernter *Investor-Relations*-Manager ist auch eine hervorragende Unterstützung für die im Umgang mit der Aktie noch unerfahrenen Vorstände.

Ich kann heute nur sehr empfehlen, sich schon frühzeitig einen *Investor-Relations*-Manager an Bord zu holen, oder zumindest als externen Dienstleister zu verpflichten. Am besten schon zu Beginn der Vorbereitung zum Börsengang, mindestens sechs Monate vor dem *IPO*. Nicht nur, dass der IR-Mann hervorragend eingearbeitet ist, wenn es am Tag eins nach *IPO* ernst wird, er kann den Vorstand auch schon von vielen Tätigkeiten vor *IPO* entlasten.

Unsere Planung der Gewinn- und Verlustrechnung, die wir im Januar 1999 für die nächsten vier Jahre aufgestellt hatten, zeigt aus heutiger Sicht einige Mängel bei der Berücksichtigung der Kosten, die allein die Tatsache, ein am Neuen Markt notiertes Unternehmen zu sein, mit sich bringt. Ich gebe Ihnen nachfolgend einen Überblick über die einzelnen, jährlich anfallenden Kostenarten:

- Mindestens zwei *Designated Sponsors* (betreuende Banken)
- *Investor-Relations*-Manager, evtl. mit Assistent
- Drei (ungeprüfte) Quartalsberichte in Deutsch und Englisch
- Ein Jahresabschlussbericht, vom Wirtschaftsprüfer testiert. Der testierte Jahresabschlussbericht ist zwar auch für eine nicht bör-

sennotierte Gesellschaft zwingend, jedoch wird dieser weniger streng eingefordert und nicht so akribisch verfolgt.
- Eine Bilanzpresse- und Analystenkonferenz
- Eine ordentliche Hauptversammlung. Da die Aktionäre zumeist unbekannt und weit „gestreut" sind, sind die Vorbereitung und die Einladung zur Hauptversammlung deutlich aufwändiger.
- Eventuell auch eine außerordentliche Hauptversammlung
- Mehrere *Roadshows*
- Umsetzung eines Risikomanagements

Ich habe an anderer Stelle in diesem Buch die an und für sich sehr moderaten Zulassungskriterien des Regelwerks Neuer Markt gelobt. Moderat im Hinblick darauf, dass es damit auch kleinen Unternehmen grundsätzlich möglich ist, den Gang an die Börse zu wagen – zumindest theoretisch. Der gerade aufgeführte Kostenblock fällt nach einem Börsengang erbarmungslos an. Und er hat einfach eine untere Grenze, unter die sich die Kosten beim besten Willen nicht drücken lassen. Die Aussage, für kleinere Unternehmen fallen an dieser Stelle nur geringe Kosten an, stimmt nicht. Sicherlich nimmt der Aufwand mit der Größe der Unternehmen zu, aber selbst für kleine Unternehmen setzt dieser Kostenblock auf einem empfindlich hohen Niveau ein.

Den oben aufgeführten Positionen sieht man zunächst gar nicht an, wie viel internes und externes Personal mit ihrer Durchführung beschäftigt ist. Allein mit der Erstellung des Jahresabschlusses sind mehrere Leute wochenlang beschäftigt. Der Steuerberater, der die Gesellschaft bei der Erstellung des Abschlusses unterstützt, die Wirtschaftsprüfer, die den Abschluss prüfen, und zeitweise auch Juristen, die eventuelle Vertragsfragen klären. Die WWL bilanziert nach IAS-Rechnungslegung. Gegenüber einer HGB-Bilanz erfordert IAS die Einhaltung einer Reihe zusätzlicher Vorschriften und Vorkehrungen, die das Unternehmen das ganze Jahr über belasten. So müssen beispielsweise für die konsolidierte Konzernbilanz auch eventuelle Tochterunternehmen nach IAS bilanziert werden. Kostet die Arbeit eines Wirtschaftsprüfers normalerweise etwa hundert- bis hundertfünfzigtausend Euro, so wächst die Summe bei zusätzlichen Tochtergesellschaften schnell an.

Auch die Einführung des Kontroll- und Transparenzgesetzes (KonTraG) im April 1998, das vom Vorstand geeignete Maßnahmen zur Risikofrüherkennung und Überwachung fordert, treibt den Aufwand bei der Abschlusserstellung und -prüfung nach oben. Sinnvoll und nötig ist das KonTraG allemal. Der Aktionär einer Publikumsgesellschaft darf erwarten, dass bei „seinem" Unternehmen ein vernünftiges Risikomanagement und Qualitätssicherung durchgeführt werden, um drohende Unternehmenskrisen und Zusammenbrüche so rechtzeitig zu erkennen, dass der Unternehmensleitung noch Zeit zur Krisenbewältigung bleibt.

Die gesamten obigen Maßnahmen kosten die WWL pro Jahr zwischen etwa fünfhundert- und siebenhundertfünfzigtausend Euro. Dies muss man in Relation zu dem Umsatz sehen.

Im Jahr 2000 hatte die WWL Erlöse von rund 17,2 Millionen Euro erzielt. Folglich mussten wir rund vier Prozent des Umsatzes ausgeben quasi als Preis dafür, am Neuen Markt gelistet zu sein. Die WWL ist von ihrer Tätigkeit her ein Dienstleistungsunternehmen. Bedenkt man, dass das obere Ende der Margen in diesem Bereich unter optimalen Verhältnissen bei rund fünfzehn Prozent liegt, so muss ein nicht unerheblicher Teil der Marge hierfür aufgewendet werden.

So etwas muss sich rechtfertigen. Einerseits profitiert das Unternehmen natürlich von Anregungen und Fragen der Analysten und Anleger, und letztlich auch von einem guten Risikomanagement und einer Qualitätssicherung. Letzteres wirkt sich zwangsläufig positiv auf die internen Prozesse aus. Andererseits, und das ist der wesentlich gewichtigere Effekt, ist es durchaus berechtigt, die oben genannten Maßnahmen als Teil der Marketingaktivitäten zu betrachten. Durch die Börsennotierung erzielt man eine höhere Aufmerksamkeit, die auch zur Steigerung des Bekanntheitsgrades beiträgt. Die WWL ist jetzt wesentlich bekannter als vor dem *IPO*. Insofern ist es durchaus gerechtfertigt, die Kosten für Berichte, Hauptversammlung und Pressekonferenz von dem Marketingbudget, zumindest teilweise, abzuzweigen.

Es gibt allerdings auch eine emotionale Seite, die bei börsennotierten Aktiengesellschaften des Neuen Marktes eine Rolle spielt und die zu positiven, aber auch zu negativen Stimmungen und Erfahrungen im Unternehmen führt.

Viele Unternehmen haben sich sehr ähnlich entwickelt: Ein Gründerteam hat innerhalb weniger Jahre mit einer tüchtigen Kernmannschaft ein ansehnliches Unternehmen aufgebaut – fünfzig bis hundert Mitarbeiter beschäftigen die Entrepreneure mittlerweile. Die Atmosphäre ist sehr familiär geprägt; es gibt eine hohe Identifikation mit dem Unternehmen und seinen Zielen. Hierarchien sind, wenn überhaupt, kaum wahrnehmbar entstanden. Alle setzen sich weit über das normale Arbeitsmaß hinaus für die gemeinsame Sache ein. Der Unterschied, der zwischen den Gründern und den Mitarbeitern in Form der Gesellschaftsanteile existiert, schlummert irgendwo fast vergessen als Satzung der Gesellschaft und wird meist nur einmal im Jahr präsent, wenn die obligatorische Gesellschafterversammlung ansteht.

Und dann plötzlich bahnt sich ein Ereignis an, das diese heile Welt auf eine starke Belastungsprobe stellt: die Vorbereitung zum Börsengang. Schnell ist nichts mehr, wie es vorher war. Die Vorbereitungen werden von einem unsichtbaren Motor angetrieben, von dem einige Kollegen erfasst werden, andere nicht. Unmerklich wird ein Keil in die Firma getrieben und spaltet sie in den Teil der Mitarbeiter, die mit dem Börsengang zu tun haben, und in den Teil der Mitarbeiter, die ihrer Arbeit wie gewohnt nachgehen. Auf einmal reden alle nur noch von der Aktie, die einen enthusiastisch, die anderen eher genervt. Jeder befasst sich auf seine Weise damit. Den einen interessiert es, den anderen nicht. Nicht jeder kann die Begeisterung der Altgesellschafter teilen, bald ein börsennotiertes Unternehmen zu besitzen.

Und irgendwann fällt die Bemerkung zum ersten Mal, erst hinter vorgehaltener Hand und dann auch schon einmal im vertraulichen Gespräch, ganz direkt: „Der ist nachher Millionär – und ich?" Ich habe dies als eine völlig natürliche und sehr menschliche Frage empfunden. Es ist doch auch verständlich! Alle haben gemeinsam die letzten Jahre geschuftet. Jeder Einzelne hat beim Aufbau der Firma einen wichtigen Part übernommen. Aber bei einem Börsengang stehen doch nicht alle gleich da. Natürlich wissen auch die meisten Mitarbeiter, dass der oder die Gründer gewissermaßen ein hohes unternehmerisches Risiko getragen haben. Sie hätten auch alles verlieren können und stünden möglicherweise mit einem hohen Schuldenberg da. Das versteht auch jeder.

Und trotzdem. Die neue Situation verändert die Firma und die Menschen, die in ihr arbeiten. Das geforderte Wachstum bringt in kurzer Zeit viele neue Mitarbeiter ins Unternehmen, manchmal zu schnell. Der familiäre Charakter löst sich auf. Zu neuen Mitarbeitern ist die intensive Beziehung wie früher fast nicht mehr aufbaubar. Teilweise bin ich neuen Kollegen das erste Mal auf dem Flur begegnet, da haben sie schon einige Wochen bei uns gearbeitet. Ich wusste nicht immer, ob es sich um einen Kunden handelt oder einen neuen Mitarbeiter aus dem Ressort eines Vorstandskollegen.

Ob man wegen seines neuen Depotwertes oder baren Vermögens beneidet wird oder nicht, hängt auch von dem eigenen Charakter ab. Wie war das doch gleich, als wir Gründer der WWL unser erstes externes Mitglied der Geschäftsführung, verantwortlich für Marketing und Vertrieb, nach knapp zweijähriger Firmenzugehörigkeit zum Gesellschafter gemacht hatten? Für einen Anteil von einigen Prozent an der Gesellschaft wollten wir ihn an das Unternehmen binden und nachhaltig motivieren, sich für die Interessen der Gesellschaft einzusetzen. Außerdem planten wir unseren Börsengang, bei dem er mit der Ausarbeitung der Gesamtstrategie des Unternehmens wertvolle Dienste leisten konnte. Als Verkäufer, der er war, sollte es auch sein Part werden, Investoren und Anleger in der Position des Vorstandssprechers von dem Unternehmen zu überzeugen.

Dieser Schritt war unter uns Gründungsgesellschaftern nicht ganz unumstritten. Zum einen war dieser Mann bei den Mitarbeitern des Unternehmens alles andere als beliebt. Er wurde als Geschäftsführer – und später auch als Vorstand – niemals als ein Mann des Unternehmens empfunden, als einer der ihren. Er sprach ihre Sprache nicht und war in gewisser Weise relativ unberechenbar. Zu oft ersann er neue Strategien, die die gerade erst eingeleitete letzte Strategie wieder verwarfen. Teilweise legten die Mitarbeiter „zivilen" Ungehorsam an den Tag.

Andererseits hatte er durchaus Anteil am Erfolg beim Aufbau der Firma, weil er eine recht gute Abschlussquote bei den Auftragseingängen vorweisen konnte. Das machte ihn auch wieder wertvoll, wenn auch nicht beliebt. Insgesamt versuchten wir, uns mit der Situation so zu arrangieren, dass wir seinen personellen Verantwortungsbereich innerhalb der Firma so klein wie möglich hielten.

Das ging auch so lange ganz gut, wie wir eben noch nicht an der Börse waren. Danach konnten einige Mitarbeiter nicht mehr akzeptieren, dass er nun einen recht ordentlichen Depotwert aufweisen konnte. Die Missgunst, die ihm aus dem Unternehmen entgegenschlug, ob berechtigt oder nicht, war auf Dauer eine ernst zu nehmende Gefahr für den inneren Frieden.

Irgendwann kam auch für uns der Moment, in dem der stete Kursverfall der WWL-Aktie begann, an den Nerven unserer Mitarbeiter zu zerren. Als der Kurs von seinem Höchststand von über 50 Euro nach fast fünf-zehn Monaten Talfahrt auf knapp unter 1 Euro fiel und darin seinen vorläufigen Tiefpunkt fand, gab es niemanden mehr im Unternehmen, der nicht in irgendeiner Weise die Folgen des Kursverlustes zu spüren bekam. Auch diejenigen Mitarbeiter waren betroffen, die gar keine Aktie der WWL besaßen. Überall wurde man mit dem Kurs konfrontiert, tagaus, tagein.

In den Medien las man plötzlich Sätze wie „der einstige Shootingstar",

„die stark gebeutelten Nürnberger", „der krisengeschüttelte E-Commerce-Dienstleister" usw. Das waren alles andere als aufmunternde Bezeichnungen für den Arbeitgeber, bei dem man zumindest für die nächsten Jahre seine Zukunft aufbauen wollte.

Selbst Kunden änderten ihr Verhalten gegenüber der WWL. Ich persönlich fand es auch in den Zeiten eines hohen Kurses wenig berauschend, wenn ich beim Kunden mit der „Neuigkeit" unseres aktuellen Aktienkurses empfangen wurde. Natürlich wusste ich fast zu jeder Zeit unseren Kurs. Mein Kenntnisstand war selten älter als ein Tag. Aber es gab Kunden, die mir schon über den Flur unseren Aktienkurs für alle wahrnehmbar zuriefen. Überall war unser Kurs ein permanentes Thema. Viele Mitarbeiter von Kunden haben irgendeine Erfahrung am Neuen Markt gemacht und drängten geradezu danach, dem Vorstand eines Neuer Markt-Unternehmens ihre Erkenntnisse weiterzugeben. Dieses Spiel habe ich natürlich mit einem Lächeln im Gesicht mitgespielt, um möglichst schnell vom Thema abzulenken. Heute, bei einem Kurs von ein bis zwei Euro, ist es kein Spiel mehr. Den Kunden ist es ernst. Dabei verwechseln viele, dass ein niedriger Aktienkurs nicht notwendigerweise bedeutet, dass es dem zugehörigen Unternehmen schlecht geht. Wenn allerdings einige negative Schlagzeilen das Gesamtbild des Kunden abrunden und er sich in seiner Meinung bestätigt fühlt, kann das der Beginn einer fürchterlichen Spirale sein, die es schnell zu durchbrechen gilt.

Kurz vor Weihnachten 2000 habe ich bei einigen Kunden, die in mein Betreuungsfeld fielen, meine übliche Weihnachtstour unternommen. Das ist jedes Jahr eine gute Gelegenheit, sich in entspannter Atmosphäre mit den Kunden über Geschäftsaussichten und andere Themen zu unterhalten, die auch einen gewissen persönlichen Charakter haben. Dieses Mal aber war die Atmosphäre nicht so entspannt. Ich bin teilweise sehr besorgt auf die Zukunft des Unternehmens angesprochen worden. Dabei war die Sorge sicher ernst gemeint, ließ aber unterschwellig erkennen, dass man den weiteren Ausbau der Geschäftsbeziehung überdenken müsse. Man könne schlecht auf einen Partner bauen, bei dem es möglicherweise krisele.

Das ist der Beginn der Spirale. Allein der Verdacht einer Krise führt zu einem Überdenken der Auftragsvergabe seitens des Kunden und ruft damit tatsächlich eine Krise hervor. Stiege der Kurs wieder, ließen auch solche Fragen der Kunden nach. Einem steigenden Aktienkurs unterstellt man einfach positive Gründe, die für das Unternehmen sprechen. Diese Gründe müssen dabei gar nicht bekannt sein, entscheidend ist, dass sie offenbar vorhanden sind. Zu Zeiten des steigenden Aktienkurses hatte die WWL auch nicht unbedingt mehr positive Nachrichten erzeugt als heute. Aber der steigende Kurs musste ja von irgendjemandem gemacht sein – nach Auffassung unserer Kunden wahrscheinlich von Profis, die schon wüssten, was sie tun, und damit der WWL automatisch ein Qualitätssiegel verpassten.

Auch die Mitarbeiter der WWL im Vertriebsbereich machen zunehmend ähnliche Erfahrungen bei ihren Kunden. Diese Erfahrungen färben in gewisser Weise das Unternehmen, prägen die Motivation der Mitarbeiter und erzeugen in der Folge zwangsläufig eine erdrückende und belastende Stimmung im Unternehmen. Dieser Stimmung muss der Vorstand entgegentreten. Nicht ein Mal, sondern permanent. Auf diese Weise beschäftigt sich das Unternehmen aber hauptsächlich mit sich selbst, anstatt alle Kräfte im Sinne des Kunden und zur Stärkung des operativen Geschäfts der WWL aufzuwenden. Angesichts eines permanent schwachen Aktienkurses ist es eine große Herausforderung und sicher ungleich schwieriger, den Mitarbeitern die Stärken des Unternehmens aufzuzeigen.

Eingangs dieses Kapitels habe ich erklärt, welchen Preis ein Unternehmen bezahlen muss, um ein öffentliches Unternehmen zu sein. Diesen Preis kann man schwerlich beeinflussen. In einer Mindesthöhe wird er zwangsläufig und unbarmherzig fällig. Da es sich um öffentlichkeitswirksame Ausgaben handelt, ist es gerechtfertigt, diese Kosten dem Marketingbudget, zumindest im Geiste, zuzurechnen. Bei einem schlechten Aktienkurs findet diese Empfehlung allerdings wenig Freunde. Ein niedriger Aktienkurs bewirkt in der Flut der teilweise sehr negativ gehaltenen Medienberichte einen nicht zu unterschätzenden Imageschaden für das Unternehmen. Das ist per se kontraproduktiv zu dem gewollten Zweck eines Marketingbudgets.

AKTIE, AKTIE ÜBER ALLES!

Anfang 2001 las ich in der Zeitung, dass *Jürgen Schrempp* als Vorstandsvorsitzender der *DaimlerChrysler AG* verschiedene Maßnahmen zur Stabilisierung seines Aktienkurses beschlossen hatte, der seit April 1999 von rund 95 Euro relativ kontinuierlich auf ein Tief von 43 Euro im Dezember 2000 abgesackt war.

Es ging darum, einem weiteren Verfall des Kurses massiv entgegenzutreten, um, so mutmaßte man, mögliche feindliche Übernahmen abzuwehren. Diese Meldung empfand ich sehr beruhigend. Nicht, weil ich selber ein *DaimlerChrysler*-Aktionär bin, sondern weil es vielmehr der Beweis dafür war, dass der Aktienkurs auch in anderen Unternehmen die Entscheidungen des Vorstands beeinflusst und somit einen Großteil seiner Aufmerksamkeit auf sich zieht.

Dieser allgegenwärtige Aktienkurs, der manchmal wie ein Damoklesschwert über uns hing! Wie oft gab es die Aussage in unseren Vorstandssitzungen, wir dürften uns jetzt nicht beirren lassen von einer Marktstimmung, die in einem fallenden Aktienkurs zum Ausdruck kam. Wir müssten eisern unseren Weg gehen, am Ende würden wir die Substanz aufgebaut haben, unsere Anleger zu überzeugen und ihr Vertrauen zu festigen. Und wie oft mussten wir diesen Vorsatz doch wieder (unter-)brechen. Der viel zitierte *Shareholder-Value*, ein Magnet, dem man sich nur bedingt entziehen darf?

Von der Ungeduld der Investoren

Wir haben sicherlich keine schwachen Nerven. Nach einigen Monaten am Neuen Markt gewöhnt man sich daran, dass die Aktie auch einmal mehrere Tage hintereinander nachgibt. Dem begegnet man nach spätestens einem Jahr wesentlich gelassener. Aber es gibt diesen Druck von außen, von Investoren und Kunden, und auch von innen, zunehmend mehr von den eigenen Mitarbeitern, zu dem Kursrückgang der Aktie, der über ein Jahr – von März 2000 bis April 2001 – angehalten hat, Stellung zu nehmen. Der Ruf nach „irgendwelchen" Maßnahmen wird laut – die Gefahr eines blinden Aktionismus.

Die Ungeduld auch sehr professioneller Anleger am Neuen Markt hat mich besonders überrascht. Die Zockergemeinde, die auf schnell realisierbare Tagesgewinne aus ist, beschränkt sich nicht nur auf die Privatanleger. Während unserer *Roadshow* zum *IPO* haben wir gut vierzig verschiedene Investoren besucht. Teilweise gefragt, meistens aber ungefragt, erklärte man uns unisono, dass man ausschließlich eine langfristige Anlagestrategie verfolgen würde. Einige Male wurde uns versichert, man hielte auch in schwierigen Zeiten zu uns, hätte man sich einmal für ein Investment in die WWL entschieden. Das war natürlich genau die Botschaft, die wir hören wollten. Auf keinen Fall waren wir an Anlegern interessiert, die nach kurzer Zeit Zeichnungsgewinne realisierten und durch den Verkauf ihrer Aktien Druck auf unseren Kurs ausübten.

Nun war ich gut vier Wochen nach unserer Erstnotiz mit meiner Familie in die wohlverdienten Sommerferien gestartet. Das erste Mal seit knapp zehn Jahren Selbstständigkeit wollte ich mich drei Wochen am Stück ausklinken. Mit den Urlaubsplänen meiner Vorstandskollegen ließ sich dies zudem optimal vereinbaren. Zu Beginn der dritten Woche rief mich unser Vorstandssprecher aus Berlin an, wo wir im Rahmen der Funkausstellung mit einem sehr kleinen Stand vertreten waren. Das Handy klingelte im Urlaub natürlich mehrfach, aber dieses Mal beschlich mich sofort die dunkle Ahnung, der Anruf könne nichts Gutes bedeuten. Die Nervosität unseres Sprechers entging mir nicht. Sie war sehr ungewöhnlich für ihn, der normalerweise jede Situation sehr schlagfertig parieren konnte. Mein Kollege teilte mir mit, für den Nachmittag hätten sich einige unserer Investoren an unserem Stand angemeldet, um mit ihm über den wenig zufrieden stellenden Verlauf unserer Aktie seit dem *IPO* zu sprechen. Die Reaktion der Investoren war mir unerklärlich. Der Börsengang war doch gerade einmal sechs Wochen her. Woher jetzt plötzlich diese Unruhe?

In der Tat gab unser Kursverlauf den ersten Anlass zu etwas Besorgnis. Mit 30 Euro glatt startete die Aktie der WWL am 15. Juli 1999 in den Handel. Bei einem Emissionspreis von 15,50 Euro war dies immerhin ein ordentlicher Zeichnungsgewinn von rund 93,5 Prozent. In den ersten zwei Stunden nach Handelsbeginn sackte die Aktie bis auf 28 Euro ab, um dann zu einem Steilflug anzusetzen, der sie am Ende des ersten Tages mit rund 40 Euro aus dem Handel gehen ließ. Auf diesem Niveau hielt sie sich drei Tage lang, ehe sie dann kontinuierlich nachgab. Als der Anruf aus Berlin kam, war die Aktie bereits bei rund 24 Euro angelangt. Insgesamt war der Markt im August 1999 allerdings auch schwach, ein richtiger Bärenmarkt, so dass die allgemeine Tendenz durchaus abwärts zeigte. Die WWL bildete da also keine Ausnahme.

Die Investoren kritisierten allerdings, man höre nichts mehr von uns, es sei so still geworden um die WWL. Man wollte zwischen den Zeilen etwas über Zeitpunkt und Inhalt der unterstellten *Ad-hoc*-Meldung wissen, die wir sicher in Kürze planten.

Moment mal! Wir waren doch erst seit sechs Wochen notiert und das Geld des Emissionserlöses noch nicht einmal drei Wochen auf unserem Konto! Während unserer *Roadshow* hatten wir zwar eine Reihe von Dingen als unsere Ziele aufgezeigt, aber die waren auf die nächsten Jahre angelegt. Es war nie die Rede davon, dass wir unsere Hausaufgaben schon nach sechs Wochen gemacht haben wollten.

Damit hatten die Investoren, wie sie uns versicherten, auch kein Problem. Zum einen bestätigten sie uns, dass wir eine überaus erfolgreiche und überzeugende *Roadshow* abgeliefert hätten. Nur hatten wir bereits unser ganzes Pulver an guten Nachrichten während dieser *Roadshow* verschossen und versäumt, einige Positivmeldungen für die Trockenzeit danach aufzubewahren. Dies führte unweigerlich zu einer immensen Erwartungshaltung bei Anlegern. Man war sich geradezu sicher, wir hätten uns die eine oder andere Perle für die Zeit kurz nach dem *IPO* aufgehoben, um uns nachhaltig mit diversen *Ad-hoc*-Meldungen als wirklich herausragendes Unternehmen ins Zentrum der öffentlichen Aufmerksamkeit zu katapultieren. Der Sekundärmarkt musste nun einmal im Anschluss an den Börsengang belebt werden, damit das Interesse an der Aktie nicht abreißen würde. Stattdessen hörte man gar nichts von uns. Keine neuen Großaufträge, keine Firmenübernahme, keine Beteiligung, rein gar nichts.

Gleichzeitig wurde uns spätestens jetzt klar, dass wir dringend einen *Investor-Relations*-Manager benötigten, der die Investoren mit Informationen aus dem Unternehmen versorgen würde. Wir hatten in der Tat versäumt, rechtzeitig eine solche IR-Abteilung aufzubauen. Trotz aller Berater, die uns begleitet hatten – dies war einfach durchgerutscht.

Allein durch das Vorhandensein einer IR-Abteilung, und wenn sie nur von einem Mitarbeiter ausgefüllt wird, bekennt sich das Unternehmen zu einer Politik der Aktienpflege. Der Auftrag an den IR-Manager ist einfach formuliert: Er soll Nachrichten aus dem Unternehmen in eine für die Anleger verständliche Sprache übersetzen und den Investoren kommunizieren. Damit sind nicht nur die guten Nachrichten gemeint, auch wenn diese sich viel leichter kommunizieren lassen. Der ehrliche Umgang mit schlechten Nachrichten kann durchaus eine vertrauensbildende Maßnahme sein, wenngleich dies am Neuen Markt nicht so richtig gelingen will, wollte man hier doch über lange Zeit ausschließlich erfreuliche Nachrichten hören. Als hätten die Unternehmen die angefallenen Negativmeldungen nur vor sich hergeschoben, wie einen nicht getilgten Kredit, der doch irgendwann fällig wird, so hagelte es diese ab Spätsommer 2000 umso mehr. Die seltener gewordenen, aber nach wie vor vorhandenen guten Meldungen schienen hingegen kaum noch Gehör zu finden oder man traute ihnen nicht mehr.

In einer der Vorstandssitzungen der WWL hatte unser Vorsitzender die Devise ausgegeben, ab sofort die Presse wöchentlich mit mindestens einer guten Nachricht zu füttern. Unabhängig von ihrem Sensationswert und sicherlich nur selten dem Charakter einer *Ad-hoc*-Meldung entsprechend, sollte die WWL fortan nach allen positiven Meldungen durchforstet werden. Wir waren überzeugt, dass es sie zuhauf gab. So trivial es klingt, diese Meldungen mussten den Projektleitern und Kollegen aus dem Vertrieb erst einmal entrissen und als solche identifiziert werden.

Dieser Vorstandsbeschluss kam maßgeblich auf Druck von außen zustande. Investoren der WWL bedauerten, dass sparsam publizierte Meldungen nicht weitere Investoren anlocken würden, um den Aktienkurs anzuheben. Marktforschungen ergaben, dass Artikel über die WWL in den Tages- und Fachzeitschriften bei weitem nicht in dem Umfang und der Frequenz erschienen, wie dies über *Pixelpark* oder *Kabel New Media* der Fall war. Der Analyst unserer Betreuerbank gab zu bedenken, die WWL habe schon lange keinen hochkarätigen Neukunden mehr vermeldet. Und auch die Mitarbeiter fanden es oftmals weniger sexy, für ein von der Öffentlichkeit kaum wahrgenommenes Unternehmen zu arbeiten. Diese Eindrücke prasselten einem Hagelsturm gleich permanent auf uns ein. Und sie machten uns taub für die ebenfalls vorhandenen, ermunternden Signale, die uns erreichten. So hätten wir es durchaus als Kompliment auffassen dürfen, dass man uns nicht selten als den souveränen Klassiker unter den Internetfirmen einstufte, der sich lieber auf sein Geschäft konzentrierte, als die Sensationsgier der Öffentlichkeit zu befriedigen. Der Unterschied zwischen diesen beiden Ansätzen ist allerdings, dass Letzterer höchstens langfristig zu einem positiven Aktienkurs führt. Ein ständiges Trommelfeuer toller Unternehmensnachrichten zeigt da schneller Wirkung am Kapitalmarkt.

In Ungnade gefallen

Die Banken wussten damals sehr wohl um die Wirkung der von ihren Analysten herausgegebenen Studien. Die begehrten „Kauf"-Empfehlungen waren wichtig für die Kurspflege oder zumindest dringend nötig, um sich gegen den weiteren Verfall des Aktienkurses zu stemmen. Der Analyst der Commerzbank verzögerte beharrlich eine neue Analyse über die WWL. Er fürchtete, diese würde das begehrte Siegel nicht mehr rechtfertigen und er wollte der WWL nicht schaden.

Es ging der WWL nicht schlechter oder besser als den anderen, nur sollte der Kapitalmarkt mit „Halten"- oder „Verkaufen"-Empfehlungen noch verschont bleiben.

Kurz nach dem Höchststand der WWL-Aktie im Februar 2000, als der Aktienkurs für etwa eine halbe Stunde von 50 auf 60 Euro sprang, ist der Vorstand der WWL Internet AG von Merrill Lynch, einer renommierten und weltbekannten Investmentbank angesprochen worden. Im März 2000 hatte die Talfahrt der Aktienkurse bereits schmerzliche Ausmaße angenommen. Niemand mochte wahrhaben, dass auf dieser Talfahrt erst ein kleines Stück zurückgelegt war. Natürlich wollten auch wir alles Mögliche dazu beitragen, den Aktienkurs wieder zu stabilisieren. Weil die Commerzbank sich zurückhielt, kam der Besuch von zwei Kundenbetreuern von Merrill Lynch gerade recht. Schließlich ist Merrill Lynch ein Bankhaus mit internationaler Reputation, alle Studien und Empfehlungen aus diesem Haus waren weithin anerkannt und zeigten fast immer Wirkung. Zu schön wäre es also gewesen, wenn auch ein Analyst dieses Hauses eine begleitende Studie über die WWL erarbeiten würde. Wenn die Studie darüber hinaus auch noch positiv ausfiele, wäre der Kursverfall möglicherweise gestoppt worden. Merrill Lynch stellte allerdings recht schnell klar, dass man für eine umfassende Betreuung auf die Verlegung der WWL-Aktien aller Altgesellschafter in Depots bei ihnen bestehen müsse. Dass die Depots kostenlos geführt werden sollten, war angenehm, trug aber praktisch nicht zur Entscheidung bei, schließlich ihrem Wunsch zu entsprechen. Denn erst nach erfolgter Übertragung könne man über ein „Coverage", die ersehnte Studie, sprechen. Nicht alle Altgesellschafter haben sich an der Aktion beteiligt, doch wurden genügend Aktien übertragen und damit die Forderung von Merrill Lynch erfüllt.

Unterdessen ging die Kapitalvernichtung am Neuen Markt ungebremst weiter. Die ehemalige Marktkapitalisierung der WWL, in der Spitze von rund 450 Millionen Euro, schmolz dahin wie Butter in der

Sonne. Um es kurz zu machen: Bis heute hat durch Merrill Lynch de facto keine nennenswerte Betreuung der WWL stattgefunden. Ich weiß nicht, wie oft ich mir von dem Kundenbetreuer die arrogante Feststellung habe anhören müssen, dass die „Market Cap" der WWL (er meint damit die Marktkapitalisierung) mittlerweile unter dem Niveau sei, auf dem sich Merrill Lynch normalerweise engagieren würde. Natürlich habe ich als Aktionär nichts dagegen, wenn der Kurs der WWL-Aktie 50 Euro übersteigt.

Realistisch gesehen muss man doch aber zugeben, dass dieser Kurs damals völlig übertrieben war. Dies hatte eine fast absurde Bewertung von mehr als zweieinhalb Millionen Euro pro Mitarbeiter bedeutet – und das für ein reines Dienstleistungsunternehmen. Wie konnte Merrill Lynch meinen, dass wir uns auf der Schwelle zu einer für das Bankhaus interessanten Marktkapitalisierung befanden, und nicht erkennen, dass wir eigentlich den Gipfel der Kursbewegung erreicht hatten?

Im Sommer 2000 legte Merrill Lynch ein „Neuer Markt-Zertifikat" auf [5]. Das Zertifikat beinhaltet die Aktien von zwanzig Neuer Markt-Unternehmen in unterschiedlicher Gewichtung. Die entsprechenden Aktien wurden entweder den Altgesellschaftern abgekauft oder am Markt nachgekauft. Wer in das Zertifikat investiert, streut so sein Risiko auf eine gut ausgesuchte Mischung verschiedener Branchen am Neuen Markt, beispielsweise auch in die mittlerweile insolvente *Kabel New Media*. Mir war damals wie heute völlig unklar, wie Merrill Lynch ausgerechnet jenen Zeitpunkt für die Auflage eines solchen Zertifikats wählen konnte, als der Bereinigungsprozess die Kurse dramatisch fallen ließ. Ein solches Zertifikat würde ich dann auflegen, wenn die Kurse auf einem niedrigen Niveau sind. Aber wahrscheinlich sah man die Bodenbildung damals erreicht. Bis zum Boden war es in Wirklichkeit noch ein weiter Weg: Wer damals für einhundert Euro Anteile an diesem Zertifikat erworben hatte, besaß mehr als ein Jahr später nur mehr rund sechzehn Euro. Bezüglich der mehrfach prophezeiten und immer wieder erhofften Bodenbildung zu jener Zeit lagen die meisten Analysten völlig daneben. Wie kann man heute einem Kleinanleger, der sich verspekuliert hat, wirklich einen Vorwurf machen, wenn selbst die Profis die Situation am Neuen Markt falsch eingeschätzt haben?

Sehr bald gab es dann doch die erste „strong sell"-Empfehlung eines Bankhauses, dieses vernichtende Urteil, welches binnen eines Börsenta-

---

5 Das Zertifikat wird unter der Wertpapierkennnummer 614588 gehandelt

ges fast 40 Millionen Euro der Marktkapitalisierung der WWL zunichte machte. Dabei war dies völlig vermeidbar. Nachdem unser Finanzvorstand die Analysten von ABN Amro, die sich auf intensives Bemühen unseres IR-Managers der WWL „annehmen" wollten, drei Mal infolge versetzt hatte, quittierten sie den aus ihrer Sicht chaotischen Zuständen in unserem Hause die schlechteste denkbare Note.

Schmelzende Aktiendepots zeigen Wirkung

Ein weiterer Punkt, mit dem sich das Unternehmen zu einer aktiven Aktienpflege bekennt, ist die Ausgabe von Aktienoptionen. Damit diese ihren Zweck der erfolgreichen Mitarbeiterbindung und auch der Gewinnung von neuen Mitarbeitern im Umfeld großer Personalknappheit bei einer gleichzeitig moderaten Gehaltspolitik erfüllen, müssen sie attraktiv sein. Attraktiv sind sie nur, wenn sie „im Geld" stehen, die Folge eines überproportional steigenden Aktienkurses. Allerdings spürt der Inhaber von Aktienoptionen die Folgen eines sinkenden Aktienkurses nicht so sehr. Noch sind diese Aktien nicht auf seinem Depot eingebucht. Somit verliert er höchstens virtuelles Vermögen, aber niemals eines, was er wirklich besessen hat.

Anders sieht es da schon bei den Inhabern von Depots aus, die über große Aktienpakete verfügen. Bei der WWL und auch bei einer sehr großen Mehrheit der am Neuen Markt notierten Unternehmen besitzen Mitglieder des Vorstands und des Aufsichtsrats nicht unerhebliche Aktienpakete. Kursschwankungen von einem Euro bedeuten da schnell einmal einen Depotwert von einer Million rauf oder runter. Schon im Herbst 2000 gab es die ersten Fälle am Neuen Markt, in denen der Vorstand nicht der Versuchung widerstehen konnte, durch gezielte, falsche oder missverständliche *Ad-hoc*-Meldungen die Kurse hochzutreiben. Die beiden ehemaligen Vorstände der Software-Firma *Infomatec AG* saßen über fünf Monate in Untersuchungshaft. Ihnen wurde vorgeworfen, den Aktienkurs ihres Unternehmens durch unzutreffende *Ad-hoc*-Mitteilungen nach oben getrieben zu haben, um dann das gestiegene Preisniveau dazu zu nutzen, einen Teil ihrer Aktien zu versilbern. Insgesamt rund 28 Millionen Euro sollen sie laut Recherchen der Ermittler erlöst haben. Das andere Unternehmen, das ab Herbst 2000 für Negativschlagzeilen sorgte, war die *Metabox AG*. Die Gesellschaft aus Hildesheim entwickelt so genannte Set-Top-Boxen im Hi-Fi-Gehäuse, mit denen über die Funktionen von DVD-Spielern hinaus mittels Fernseher im Internet gesurft werden kann. Vorstand und Aufsichtsrat der *Metabox* waren in das Interesse der Staatsanwaltschaft gerückt. Man vermutete Insiderhandel, Kursmanipulation und Anlegerbetrug. Mehrfach wurden angeblich über *Ad-hoc*-Meldungen Aufträge über einige hunderttausend Set-Top-Boxen angekündigt, die noch Monate später nicht ausgeliefert waren. Der prognostizierte Jahresumsatz für 2000 wurde mehrfach auf bis zum Schluss 100 Millionen Euro angehoben. Letztlich erreicht wurden gerade einmal 25 Millionen bei einem Verlust von 10 Millionen. Das Brisante daran: Jeweils kurz vor den *Ad-hoc*-Meldungen hatten sich Vorstände von *Metabox* über den Weg der Kapitalerhöhung unter Ausschluss des Bezugsrechts der freien Aktionäre zu Preisen weit unter Marktwert mit hohen Stückzahlen an Aktien eingedeckt.

Beide Beispiele haben gemeinsam, dass der Drang zur persönlichen Bereicherung der Motor für Unternehmensnachrichten war, die die Anleger zu gezielten Aktienkäufen verleiten sollten. Die Beschlüsse in den Unternehmen wurden gesteuert von der unersättlichen Habgier ihrer Entscheidungsträger. Egal was die weiteren Ermittlungen in den oben geschilderten Fällen noch ans Tageslicht fördern, übrig bleiben geschädigte Anleger und weitere, negative Referenzbeispiele über den Neuen Markt. Auch innerhalb der WWL mussten wir die Erfahrung machen, welchen Schaden persönliche Bereicherung anrichten kann. Im Falle unserer Bremer Akquisition, die ich im Detail an anderer Stelle in diesem Buch beschreibe, haben wir erlebt, wie langsam man dieser „Tugend" auf die Spur kommt, wie groß der angerichtete Schaden sein kann und wie schwer es ist, mit dem Filz im Umfeld solcher Leute aufzuräumen.

Es gibt aber auch die andere Art, die zeigt, dass IR-Arbeit, Aktienoptionen und dicke Depots von Vorständen sehr wohl positiven Einfluss auf die Geschehnisse im Unternehmen ausüben können. Der oben beschriebene interne und externe Druck, der durch die Maximierung des *Shareholder-Value* omnipräsent ist, hat bei der WWL nach der Phase der Expansion, als die Sackgasse erkannt wurde, in die man sich begeben hatte, zu einem rigorosen und harten Kostenmanagement geführt. Dass dabei einzelne Mitarbeiter das Unternehmen verlassen mussten als Folge der Aufgabe verschiedener, nichtprofitabler Geschäftsbereiche, war für den Einzelnen sicher ein bedauerliches Schicksal, letztlich aber unabwendbar.

Es ist schon erstaunlich, wie es insbesondere auch Unternehmen der *Old Economy* gelingt, den *Shareholder-Value* durch Maßnahmen gerade im Personalbereich zu steigern. Offenbar können einige hundert oder gar tausend Mitarbeiter freigesetzt werden, ohne dass die Firma nennenswert an Ertragskraft verliert. Kaum eine Branche macht uns das Kunststück der höheren Leistung mit immer weniger Personal imposanter vor als die Banken. Obwohl immer mehr Filialen geschlossen und durch ihre virtuelle Konkurrenz ersetzt werden, gelingt den Banken eine jährliche Steigerung ihrer Messkriterien, wie Einlagen, Handelsergebnis, Ausleihungen und Jahresüberschuss.

Der Verschlankungsprozess wurde bei der WWL im ersten Quartal 2001 begonnen und hat sich quer durch alle Abteilungen und Standorte gezogen. Die WWL zählte damals rund 350 Mitarbeiter. Dabei mussten wir die Erfahrung machen, dass nicht nur der Aufbau, sondern auch der Abbau von Strukturen Geld kostet. Das Herausschälen der profitablen Geschäftsfelder war nach einigen Ausflügen in weniger erfolgreiche Gewässer unsere Antwort auf den fallenden Aktienkurs. Aber nicht ausschließlich! Es war auch die Antwort auf den Liquiditätsverzehr der Vergangenheit und den Anspruch unserer Mitarbeiter und Kunden, in der WWL einen zuverlässigen und starken Arbeitgeber und Partner zu finden.

MITARBEITER SIND DIE SPROSSEN ZUM ERFOLG ...

... muss man darum auf ihnen herumtrampeln? In diesem Sprichwort steckt die einfache, aber keineswegs triviale Frage nach dem korrekten Umgang mit Mitarbeitern. Immer wieder ist mir die Aussage begegnet, Mitarbeiter seien das Kapital einer Firma. Das ist unbestritten richtig. Sie gilt für jedes Dienstleistungsunternehmen. Insgeheim unterstellt man dabei allerdings motivierte Mitarbeiter. Die Frage ist nur, wie motiviert man seine Mitarbeiter?

Bei dieser Frage scheiden sich sehr schnell die Geister. Und auch hier bin ich der festen Überzeugung, die Fähigkeit, Mitarbeiter zu motivieren, ist eine Gabe. Zu diesem Thema kann man viele lehrreiche Seminare besuchen, die einem den eigenen Spiegel vorhalten, Seminare die dazu dienen, den eigenen Führungsstil zu erkennen und zu verbessern. Ich behaupte, dass man es nicht wirklich erlernen kann. Die innere Lebensart und der persönliche Charakter entscheiden über Erfolg oder Misserfolg bei der Motivation von Mitarbeitern.

Dabei ist dies eine so wichtige Tugend des Unternehmers und der Führungskraft. Wirklich motivierte Mitarbeiter sind zu geradezu Außergewöhnlichem im Stande. Immer wieder war ich in den elf Jahren meiner Selbstständigkeit verblüfft und auch gerührt von der Kraft und der Leistung so mancher Mitarbeiter.

Ein gutes Jahr nach Gründung meiner ersten Firma im Bereich der Software-Entwicklung und -Beratung hatten wir die einmalige Chance, uns für die Vergabe eines großen Auftrags zu empfehlen. Dieser Auftrag hatte das Potenzial von knapp eineinhalb Millionen Euro. Für mein Unternehmen, welches gerade das erste Geschäftsjahr mit einem Umsatz von rund 200.000 Euro beendet hatte, war die Aussicht auf einen Auftrag dieser Größenordnung von großer Tragweite. Er bedeutete für uns Wachstum, Anerkennung bei Banken, persönliche Sicherheit und nicht zuletzt die Steigerung unseres Bekanntheitsgrads.

Nachdem ich die Ausschreibung zu diesem Auftrag studiert hatte, wurde mir sofort klar, dass meine Firma nicht die Kapazitäten hatte, diese Aufgabe durchzuführen. Trotzdem, mich packte der Ehrgeiz, diesen Auftrag in jedem Fall gewinnen zu wollen. In solchen Situationen darf man nicht lange nachdenken und umständlich jedes Pro und Kontra abwägen. Ich war von der Sache überzeugt, also musste ich sie durchziehen. Als Unternehmer muss man sich die Freiheit nehmen dürfen, Dinge einfach zu machen. Machen! Das war die Devise.

Das ist übrigens bis heute meine Devise geblieben. Allerdings ist ihre Einhaltung immer schwieriger geworden, je mehr ich mit wachsender Unternehmensgröße Verantwortung abgegeben habe. So wichtig die Delegation von Zuständigkeiten für die Überlebensfähigkeit der Firma auch war, danach war es schwieriger, mich mit meinen Zielen und Visionen durchzusetzen. Es redeten einfach immer mehr Personen mit. Entscheidungen fielen später teilweise auch persönlichen Eitelkeiten zum Opfer, leider!

Doch zurück zu dem lukrativen Großauftrag, für den ich kein Personal hatte. Glücklicherweise kam mir der Zufall zu Hilfe. Meine Frau arbeitete damals bei einer Berufsgenossenschaft und war mit einer Kollegin befreundet. Bei einem Restaurantbesuch zu viert entdeckten der Lebensgefährte der Freundin, ein Student der Elektrotechnik, und ich rasch unsere gemeinsame Vorliebe für Computer. Während ich eher im Bereich der Software-Entwicklung zu Hause war, war er von der Technik, dem Innenleben eines Computers begeistert. Er verstand es hervorragend, aus vielen Einzelteilen Computer für individuelle Leistungsklassen zusammenzubauen und allerlei Softwarepakete darauf zu installieren. Das war genau die Fähigkeit, auf die es bei diesem Auftrag ankam. Es musste mir gelingen, ihn für dieses Projekt zu gewinnen, wohlwissend, dass ich mindestens fünf von seiner Sorte benötigte, um den Auftrag ausführen zu können.

Zuerst aber musste der Auftrag erobert werden. Es gelang mir, den Elektrotechnikstudenten für die Ausarbeitung des Angebots zu gewinnen. Seine Fachkompetenz war für den technischen Teil des vierzehnseitigen Angebots äußerst wichtig. Ich bot ihm für seine Unterstützung beim Angebot einen etwas höheren Stundenlohn an, als er für Werkstudenten üblich war. Das war für mich viel und auch für ihn. In wenigen Tagen stellten wir ein Angebot zusammen, auf das wir wirklich stolz waren. Wie im Fieber hatten wir dieses Angebot entwickelt und waren auf jedes technische Detail und jede eventuelle technische Abweichung bei der Abwicklung des Auftrags eingegangen. So erzielte es erwartungsgemäß den gewünschten Effekt beim Kunden. Der Hauptabteilungsleiter persönlich rief mich an und wollte mich kennen lernen. Unser Angebot war so überzeugend, dass die Begeisterung, die wir beim Niederschreiben entwickelt hatten, auf den Kunden übergesprungen ist.

Bis zur Auftragsvergabe mussten noch einige Hürden genommen werden. Denn natürlich gab es beim Kunden auch einige Zögerer und Zweifler, die mahnend den Finger hoben, man könne doch einen so wichtigen Auftrag nicht an einen Nobody in der Branche vergeben, der zudem keine Referenzen habe. So beschloss man beim Kunden, uns zu einer Demonstration einzuladen, bei der wir unsere Fähigkeiten unter Beweis stellen sollten. Da es bei dem Auftrag darum ging, Hardware-Aufrüstungen vorzunehmen, die die Leistungsfähigkeit der PCs steigern sollten, präparierte man zwei PCs, bei denen wir die Festplatte austauschen und selbstverständlich die Daten der alten Festplatte auf der neuen verfügbar machen mussten, die Prozessorkarte ersetzen sollten und vieles mehr. Jetzt kam es darauf an. Ich wusste, dass ich diese Feuerprobe gar nicht erst mit meinem neuen Werkstudenten zu machen brauchte, wenn ich ihn nicht auch für die mögliche Auftragsausführung gewinnen konnte. Der Kunde hätte es nicht verstanden, wenn ich für diese Tests nicht mit den gleichen Mitarbeitern erschienen wäre, mit denen ich auch später den Auftrag abwickeln wollte. Ich stand also vor der Schwierigkeit, den E-Technikstudenten erstens zum vorzeitigen Ende seines Studiums zu überreden und zweitens mit ihm noch mindestens vier weitere Mitarbeiter von seiner Qualifikation zu finden.

Natürlich bot ich ihm ein adäquates Gehalt an. Aber das allein machte es nicht aus. Vielmehr hatte ihn die gute und erfolgreiche Zusammenarbeit der ersten Stunden überzeugt, und er bot mir an, ein Pausensemester einzulegen. Außerdem brachte er auch gleichzeitig noch einen Studienkollegen mit, der soeben mit dem Studium fertig geworden war. Ich stellte ihn ebenfalls von der Uni weg ein. Der Aufbau der weiteren Mannschaft war meine Sache, die mir auch sehr schnell gelang. Ich organisierte außerdem noch einen PC, wie er beim Kunden eingesetzt wurde, und wir erprobten alle Tücken, die uns bei der Umrüstung widerfahren konnten. Wir bestanden die Feuertaufe beim Kunden und wenige Tage später setzte ich meine Unterschrift unter den ersten Millionenauftrag der Firmengeschichte. Ein Auftrag dieser Größenordnung ist übrigens bis heute noch immer etwas Besonderes geblieben.

Der ehemalige Werkstudent, mit dem alles begonnen hatte und mit dem mich längst ein freundschaftliches Verhältnis verbindet, arbeitet noch immer für uns – seinem ersten Pausensemester sind noch viele weitere gefolgt. Wir haben viele erfolgreiche Projekte bei diesem Kunden abgewickelt und auch heute zählt dieser Kunde zu unseren umsatzstärksten. An dem Aufbau war mein Freund maßgeblich beteiligt. Auch wenn er formal nie mein Partner wurde, ich habe ihn partnerschaftlich in alle Belange bezüglich dieses Kunden einbezogen.

Wer andere lehrt, der selber lernt

Als Schüler mit 17 und 18 Jahren habe ich mein Taschengeld aufgebessert, indem ich Nachhilfeunterricht in Mathematik und Physik gegeben habe. Dabei habe ich eine Reihe von Erfahrungen gemacht, die mich bis heute geprägt haben.

Wenn jemand in Mathematik oder Physik schwach ist, hat das zwei Gründe: Entweder er/sie kann es wirklich nicht, oder er/sie will nicht. Im ersten Fall kriegt man den Schüler von einer Fünf mit viel Mühe auf eine Vier, bestenfalls eine wenig souveräne Drei. Dazu muss man geschickt die Möglichkeiten des Kurzzeitgedächtnisses ausnutzen. Im zweiten Fall ist das anders. Da ist es wichtig, den Schüler zu motivieren – was leichter gesagt als getan ist. Alle möglichen Tricks ließ ich mir einfallen und verbesserte im Laufe der Zeit meine Techniken. Wie motiviert man einen Schüler, der überzeugt ist, Mathe bräuchte er nie wieder im Leben? Ich brauchte doch nur mich anzuschauen, das beste Beispiel lieferte ich selbst. Meine Faulheit in der Schule gipfelte in der achten Klasse, die ich dann auch wiederholen durfte. Zwar freiwillig, aber die Fünf in Mathematik legte mir diesen Schritt nahe. Sie hätten das Gesicht meines Vaters sehen sollen, als ich im Wiederholungsjahr wieder den blauen Brief bekam, dass meine Versetzung erneut gefährdet sei. Mich hat das nicht so sehr erschrocken. Eigentlich verstand ich ja alles, ich war nur zu faul.

Die Faulheit verkehrte sich bald darauf schlagartig ins Gegenteil. Das ewig knappe Taschengeld brachte mich auf die Idee, Nachhilfeunterricht zu geben. Dazu musste ich natürlich selber erst einmal das entsprechende Fach beherrschen. Ich stellte also den Faktor Faulheit zumindest im Bereich der Mathematik ab und erlangte dort innerhalb kurzer Zeit auch ordentliche Noten. Wahrscheinlich werden Sie es mir kaum glauben, aber ich beendete das Abitur 1983 mit einer Eins plus im Leistungsfach Mathematik und habe anschließend auch noch Mathematik studiert.

Die erfolgreichste Methode, meine Schüler zu motivieren, war immer noch, mit ihnen auch außerhalb der Nachhilfestunden etwas zu unternehmen. In Maßen, nicht zu oft. Dinge, die ihnen Spaß machten. Teile des verdienten Geldes reinvestierte ich also in den Schüler oder die Schülerin. Ich ging mit ihnen ins Kino, in die Eisdiele, in Konzerte, was immer sie wollten. Ich lebte ihnen vor, dass man Vergnügen sehr wohl mit dem Ernst des Lebens verbinden kann und dass beides untrennbar zusammengehört. Das Vergnügen ist abhängig von den Pflichten, denen jeder von uns nachgehen muss. Ich wurde so etwas wie ein Vorbild –

eine sehr verantwortungsvolle Aufgabe. Aber wirkungsvoll. Wenn die Schüler schon nicht einsahen, warum sie für sich selbst lernen sollten, dann wenigstens für mich. Für den Effekt, nämlich die Note, war es einerlei, warum sie lernten. Die Einsicht, dass sie im Grunde für sich selbst lernten, würde früher oder später kommen. Wichtig war jetzt, dass sie lernten!

Den größten Erfolg erzielte ich mit einer Schülerin der achten Klasse Realschule, die ich zweimal wöchentlich in Mathematik unterstützte. Als ich sie kennen lernte, war sie auf dem Niveau einer Fünf und sollte unbedingt wenigstens auf eine Vier verbessert werden. Bei ihr war wirkliche Geduld gefragt, da sie nicht mal die Grundlagen beherrschte. Ich trainierte sie zunächst in Kopfrechnen. Mühsam holten wir die Grundrechenarten nach, die bei einer Schülerin der achten Klasse eigentlich zum Basiswissen gehören sollten.

Diese Taktik zeigte allmählich Früchte, nur brachte sie das im Verständnis des eigentlichen Stoffes, den sie lernen musste, nicht merklich weiter. Auch hier kam mir der Zufall etwas zu Hilfe. Eines Tages hatte sie eine wirklich schwere Hausaufgabe auf, die nach meiner Einschätzung nicht nur sie, sondern auch die restliche Klasse kaum lösen konnte. Die Lehrerin war sich dessen bewusst und hatte den Schülern das Ergebnis vorab verraten, damit sie ihre Lösung überprüfen konnten. Beim mühsamen Lösen dieser Aufgabe spürte ich das erste Mal, dass meine Schülerin motiviert war, nachdem ich ihr die Schwierigkeit der Aufgabe bewusst gemacht hatte und sie bereit war, die Herausforderung anzunehmen, die Aufgabe zu lösen. Sie sei wahrscheinlich die Einzige, die sich dann in der Schule mit dem Ergebnis melden könne und es an der Tafel vortragen dürfe. Leichter konnte sie sich nicht einen positiven Eindruck bei der Lehrerin verschaffen.

Der Effekt beim Vortragen der Aufgabe, die sie als Einzige gelöst hatte, war auf ihrer Seite, und von da an war das Eis zwischen uns gebrochen. Es war mir gelungen, ihr zu einem Erfolg zu verhelfen. Wir sind ein Team geworden, ein Team, mit großem Respekt voreinander. Wir haben gemeinsam gelernt und gemeinsam Blödsinn gemacht. Aber das Ziel nie aus den Augen verloren. Jetzt war sie sehr schnell auf dem Niveau einer Drei und hatte tatsächlich auch ein einziges Mal eine Eins geschrieben. Erfolg kann süchtig machen, und von da an war sie da, die Moti-vation.

Diese Erfahrungen lehrten mich sehr bald, um Mitarbeiter motivieren zu können, musste ich sie verstehen, mich für sie interessieren und auch einmal außerhalb der Firma für sie da sein. Das ist natürlich recht leicht gesagt und auch noch relativ einfach umgesetzt, wenn die Firma klein ist. 20, 25, maximal 30 Mitarbeiter vielleicht. Danach wird es immer schwieriger. Die Zeit, die man jedem Einzelnen widmen kann, wird immer weniger. Um dann noch erfolgreich motivieren zu können, muss man die Sprache der Mitarbeiter sprechen. Sie müssen verstehen können, wovon ich als Geschäftsführer oder Vorstand eigentlich spreche. Und ich muss regelmäßig mit ihnen sprechen. Eine Lehmschicht zwischen Vorstand und Mitarbeitern darf gar nicht erst entstehen.

Motive für die Motivation

Eine faszinierende Methode, den Kontakt zu Mitarbeitern zu halten, habe ich eine Zeit lang von unserem Aufsichtsratsvorsitzenden kopiert. Vor seiner Pensionierung war er Vorstandsvorsitzender einer Tochter im *ThyssenKrupp*-Konzern und dort verantwortlich für einige tausend Mitarbeiter. Auch ihm war die Kommunikation zu seinen Mitarbeitern immer wichtig. Und er tat drei bewundernswerte Dinge, die ich aus Großkonzernen so überhaupt nicht kannte. Seine Tür stand jeden Morgen von sieben bis acht Uhr für jeden im Konzern offen. Und die Leute kamen zu ihm, egal ob sie mit ihrem obersten Chef über Probleme am Arbeitsplatz oder über die missglückte Eigenheimfinanzierung sprechen wollten.

In großen Firmen ist es oftmals üblich, dass der Vorstand ein eigenes Kasino hat – anstatt gemeinsam mit Mitarbeitern geht er hier abgeschirmt von ihnen zum Essen. Völliger Blödsinn! Unser Aufsichtsratsvorsitzender hat dieses Kasino oft gemieden und ist wie jeder andere Mitarbeiter auch in die Kantine gegangen, um sich dort beim Essen mit seinen Mitarbeitern auszutauschen. Er hat dies als Chance begriffen, die Stimmung im Unternehmen aufzunehmen und die Situation der Mitarbeiter zu erfühlen. Zweifellos hat ihm das viele Sympathien eingebracht.

Das Dritte, was er für sich geändert hat, war die ansonsten wenig übliche gemeinsame Nutzung des Fahrstuhls mit Mitarbeitern. Sehr lobenswert! Nur Vorstände, die begreifen, dass sie mit den Mitarbeitern in einem Boot sitzen, dass sie mit ihnen ein Team bilden, haben es verdient, Vorstand zu sein.

Möglicherweise ist das einer der Unterschiede zwischen Managern und Unternehmern. Der Unternehmer weiß um die Bedeutung der Mitarbeiter für die Firma, die er selber aufgebaut hat. Ein Manager dagegen wird meist für ein bestimmtes Ziel eingestellt, das da heißen mag, Umsatzsteigerung, Ertragssteigerung, Aufbau Standort-Ost usw. Haben Sie schon einmal in einem Arbeitsvertrag eines Managers die Zielvereinbarung „Verbesserung des Arbeitsklimas" oder „Erhöhung der Mitarbeitermotivation" entdeckt?

Mit großem Bedauern habe ich bei einigen meiner Kollegen in Führungspositionen, auch innerhalb des Vorstands, eine grobe Missachtung der Kunst erlebt, richtig mit Mitarbeitern umzugehen.

Die WWL war im Herbst 2000 auf über 350 Mitarbeiter angewachsen, die zudem noch auf sieben Standorte verteilt in Deutschland und Prag untergebracht waren. Da erforderte es schon einiges Fingerspitzengefühl, das optimale Wie der Kommunikation mit Mitarbeitern zu treffen.

Die Vorstandssitzungen zu dieser Zeit waren geprägt durch die Verabschiedung von Maßnahmen, die den Weg zur Profitabilität der WWL gegenüber dem ursprünglichen Zeitplan beschleunigen sollten. Die Erwartungen des Marktes und der Anleger haben sich im Jahr 2000 drastisch geändert. Zu Recht fordert man auch von den Unternehmen, die der *New Economy* zugeordnet werden, endlich den Beweis, dass sie profitabel arbeiten können. Um dieses Ziel bei der WWL im Trend der Zeit möglichst schnell zu erreichen, haben wir ein Paket mit über 30 Maßnahmen geschnürt. Teilweise waren sie unpopulär und durchaus auch sehr kontrovers in den Vorstandssitzungen diskutiert worden. Gerade unpopuläre Maßnahmen müssen mit einem gewissen situativen Einfühlungsvermögen an die Belegschaft vermittelt werden. Ein Beschluss, der in der Tat nicht der wichtigste und in seiner Wirkung nicht der weitreichendste war, sah die schärfere Kontrolle der Ausgaben im Unternehmen vor. Dazu haben wir eine Taskforce ins Leben gerufen, die für einen begrenzten Zeitraum alle Ausgaben im Unternehmen größer als einhundert Euro genehmigen sollte. Wir versprachen uns davon die Erkenntnis, wofür und wie leichtfertig im Unternehmen Geld ausgegeben wird. Dazu muss man verstehen, dass in diesem schnell gewachsenen Unternehmen – innerhalb von zwei Jahren von 27 auf 350 Mitarbeiter – die Kostenstellenverantwortung von vielen Mitarbeitern das erste Mal in ihrem Berufsleben wahrgenommen wurde. Mit dieser Taskforce wurde im Hintergrund ein zusätzliches Entscheidungsgremium installiert, welches die Kostenstellenverantwortlichen unterstützen sollte.

Der Zeitraum musste begrenzt sein, denn natürlich hat diese Maßnahme auch eine Reihe von Nachteilen, die mittel- bis langfristig die Vorteile überwiegen. Die Hauptnachteile bestehen in dem gestiegenen administrativen Aufwand der zusätzlichen Kontrolle und in der teilweisen Entmündigung der Kostenstellenverantwortlichen.

Die richtige Kommunikation dieser Maßnahme missglückte meinem verantwortlichen Vorstandskollegen gründlich. Er kündigte diese in einer Rundmail an alle Mitarbeiter an. Das ist sicherlich die bequemste und schnellste Methode, alle Mitarbeiter zu erreichen. Die Methode hat aber erhebliche Nachteile. Erstens trifft es die Mitarbeiter völlig ohne Vorwarnung. Viele sind ja davon gar nicht betroffen oder können mit der Nachricht nichts anfangen. Vielmehr verunsichert eine solche Nachricht die Mitarbeiter.

Was ist los? Ist irgendetwas passiert? Wieso müssen wir sparen? Und das zu einer Zeit, in der am Markt die ersten Unternehmen unserer Branche Pleite gingen oder insolvent wurden. Zweitens lässt eine Rundmail keinen Dialog zu. Viele Fragen, die mit Sicherheit auftauchen, werden nicht gestellt und können daher vom Vorstand auch nicht beantwortet werden. Drittens fördert eine Rundmail oft die Gerüchteküche. An wen wendet sich ein Mitarbeiter meist zuerst? An seinen Sitznachbarn oder an einen Kollegen im unmittelbaren Umfeld. Selten an den Vorgesetzten oder gar den Vorstand. Genau hier hätten die Fragen aber landen müssen.

Mein Vorstandskollege hatte es schlichtweg versäumt, aus der Not eine Tugend zu machen: Die unpopuläre Maßnahme als Chance zu begreifen, auf *Roadshow* innerhalb der Mitarbeiter zu gehen, sich an jedem der sieben Standorte anzukündigen und dort im Rahmen einer Mitarbeiterversammlung die Maßnahmen zu erläutern und gleichzeitig auf Fragen einzugehen. Es wäre eine sehr gute Gelegenheit gewesen, die Nähe der Mitarbeiter zu suchen und sie hinter sich zu bringen – „Management by walking around". Die Rundmail hatte nur das Gegenteil erreicht.

Heute bin ich davon überzeugt, dass nur, wer ein Unternehmen aufgebaut hat, und zwar von der Stunde null an, überhaupt den Wert seiner Mitarbeitern einschätzen kann und diese Wertschätzung in seinem eigenen Handeln verankern wird.

In den Monaten, in denen wir Vorstände mit der Vorbereitung zum Börsengang beschäftigt waren, wurde in der Firma zunächst weitgehend unbemerkt und viel weniger spektakulär ein neuer Internetauftritt für *Quelle* entwickelt. Zwar war der Auftrag von großer Bedeutung für die WWL, aber dennoch zog der bevorstehende Börsengang alle Aufmerksamkeit auf sich. Erst nach dem Börsengang, gute sechs Wochen vor der geplanten Onlinestellung der neuen Shopping-Plattform wurde die Arbeit unseres *Quelle*-Teams innerhalb der Belegschaft mehr und mehr wahrgenommen. Zum einen weil die Anforderung an das Projekt in jeder Hinsicht auch eine technische Herausforderung darstellte, zum anderen weil absehbar wurde, dass der Termin nicht mehr gehalten werden konnte. Es hat sich als beinahe unmöglich erwiesen, die sehr hoch gesteckte Ziele hinsichtlich Funktionsumfang und Bedienerführung für die gängigen Browserversionen so zu entwickeln, dass ein stabiler Betrieb möglich gewesen wäre. Im Einvernehmen mit dem Kunden blieb nur der Rückzug auf eine etwas abgespeckte Version, die an und für sich viel weniger Probleme bereitete, wäre da nicht die bereits sehr weit fortgeschrittene Zeit gewesen.

Verlorene Zeit wieder aufzuholen lässt sich nur über zusätzlichen Zeiteinsatz aller Projektbeteiligten bewerkstelligen. Der Einsatz weiterer Mitarbeiter ist zunächst einmal kontraproduktiv. Sie müssen in das recht komplexe Projekt eingewiesen werden und halten dadurch die bereits involvierten Kollegen anfangs mehr auf, als sie ihnen nutzen.

Jetzt geschah das eigentlich Bewundernswerte. Nachdem nach mehreren Monaten intensiver Projektarbeit mit zunehmendem Zeiteinsatz und anwachsendem Stress erkannt werden musste, dass ein Teil der Arbeit umsonst war, erwartete man von allen Projektbeteiligten eine weitere Steigerung ihrer Leistungsbereitschaft, um die Alternativlösung termingerecht fertig zu stellen. Meinem Bruder, der in dieser Phase die Leitung des Projekts an sich genommen hatte, ist das Kunststück gelungen, die Leute hinter sich zu bringen und mit ihnen im unermüdlichen Tag-, Nacht- und Wochenendeinsatz das Projekt voranzutreiben. Trotz mehrfacher Rückschläge, die es auch bei der Alternativlösung gab, und obwohl alle urlaubsreif waren und dringend nach Erholung japsten, ließen sie ihn nicht im Stich.

Als Unbeteiligter an dem Projekt kam ich mir ziemlich hilflos vor, zum Gelingen beizutragen. Vielleicht ist es mir gelungen, die Stimmung dadurch ein bisschen anzuheben, dass ich mich ein paar Mal des Nachts habe blicken lassen, um die Mannschaft mit Pizza und Getränken zu versorgen. Auch die von der Firma in Aussicht gestellte Belohnung in Form eines Wochenendes in London nach Abschluss des Projekts mag in dieser Phase höchstens einen kleinen Effekt beigetragen haben. Entscheidend war, dass sich die Leute während dieser Belastungsprobe nicht allein gelassen gefühlt hatten. Aufgrund des nimmermüden Einsatzes meines Bruders, der als Gründer der Gesellschaft und natürlich wegen seiner Position als Verantwortlicher für das operative Geschäft der engeren Firmenleitung zuzuordnen war, hatten sie immer jemanden an ihrer Seite, den sie partout nicht im Stich lassen wollten. Er schaffte es, sie so mitzureißen, dass sie sich beinahe in einer Weise mit der Firma identifizierten, als wäre es ihre eigene. Die damalige Ausnahmesituation hat die Kollegen geprägt und zusammengeschweißt. Meines Wissens sind waren bis vor kurzem noch alle an Bord.

Kaum eine andere Maßnahme erzeugt eine so gute Stimmung im Unternehmen wie ein gemeinsamer Ausflug. Ich hatte während einer Mitarbeiterversammlung die Frage an die Kollegen gerichtet, wie viel sie aus der Privattasche für einen Ausflug in ein gemeinsames Wochenende hinzuzahlen würden.

Mir schwebte damals vor, ein Wochenendtrip in eine der europäischen Metropolen zu organisieren und die Anreise per Flugzeug zu gestalten. Dies hätte das Budget der Firma bei weitem gesprengt, und so wäre dies nur möglich gewesen, wenn die Bereitschaft der privaten Kostenübernahme vorhanden war. Zu meinem Erstaunen hatte ich auf meine Frage, ob ein Zuzahlen von 150 bis 200 Euro für ein Wochenende im Bereich des Erträglichen wäre, eine enorme Zustimmung bekommen. Schätzungsweise 80 Prozent der Mitarbeiter hatten mir per Handzeichen signalisiert, dass ihnen der Spaß diese Summe wert wäre. Im Sommer letzten Jahres haben wir eine relativ kurzfristig angekündigte Kajakfahrt in den belgischen Ardennen unternommen, an der sich rund ein Viertel der Belegschaft aus fünf Standorten beteiligt hatte. Immerhin musste auch hier jeder Teilnehmer rund 100 Euro selbst beisteuern. Das gesamte Programm wurde begeistert aufgenommen, angefangen von der Bustour und der vierstündigen Kajakfahrt bis hin zum Ausflug an die Nordseeküste und den Stadtbummel in Brügge.

Ich bin schon mehrfach mit der Aussage konfrontiert worden, dass ein Führungsstil, wie ich ihn in diesem Kapitel beschrieben habe, zu „weich" sei und das Risiko berge, von Mitarbeitern ausgenutzt zu werden. Ich denke, Mitarbeiter wissen sehr wohl, wer das letzte Wort hat und die Entscheidungen trifft, und es mag sein, dass ein toleranter oder „weicher" Führungsstil von einigen Mitarbeitern ausgenutzt wird. Der große Vorteil besteht andererseits darin, dass ein sehr hoher Anteil der Mitarbeiter einem natürlich motiviert folgen und den Nachteil, der durch die wenigen schwarzen Schafe entsteht, weit überkompensieren.

Dabei fällt mir auch die alte Streitfrage ein, wie man es als Vorgesetzter mit dem Duzen hält. Ich habe mich hauptsächlich mit den Mitarbeitern aus der Gründerzeit geduzt. Als das Unternehmen später größer

und größer geworden ist, hat es sich einfach nicht mehr so häufig ergeben. Ich bin kein Freund des pauschalen Duzens. Sobald sich zu Mitarbeitern ein Vertrauensverhältnis aufgebaut hat, hat es sich beim
gemeinsamen Joggen oder bei einem Kinobesuch ohnehin ergeben. Gegner des Duzens führen oft das Argument an, dass das Siezen den Respekt
bewahrt. Es gibt wahrlich andere Methoden, sich den Respekt der Mitarbeiter zu sichern, als über diese konservative Form der Mitarbeiterfüh-
rung. Der entgegengebrachte Respekt ist wesentlich wertvoller, wenn er
der Anerkennung der Leistung oder der Kompetenz des Vorgesetzten ent-
springt. Von einer Ausnahme abgesehen, habe ich ansonsten mit der
Duzform nie schlechte Erfahrung gemacht.

Eine Finca auf Mallorca

Uns war sehr frühzeitig bewusst, dass wir einiges unternehmen mussten, um die WWL als Arbeitgeber so attraktiv wie möglich zu gestalten.
Hierin lag der Schlüssel zu einer geringen Fluktuation und zu dem rasanten Personalaufbau, mit dem wir unser Umsatzwachstum erreichen mussten. Als Dienstleistungsunternehmen ist für uns nicht zuletzt die Zahl
der Mitarbeiter ein begrenzender Faktor, unseren Umsatz steigern zu
können. In seinem Plausibilitätsgutachten zu unserer Dreijahresplanung
hatte der Wirtschaftsprüfer kurz vor *IPO* die Rekrutierung von Personal
als ein Risiko unserer Planung ausgewiesen. Und so stand denn auch in
unserem Verkaufsprospekt:
„Risiken, die die WWL Internet AG betreffen
Wachstum
Die Entwicklung der WWL Internet AG mit den bisherigen und den
geplanten Wachstumsraten stellt hohe Anforderungen an die Rekrutierung von
neuen, qualifizierten Mitarbeitern und erfordert entsprechende, dem
Wachstum angepasste, organisatorische Strukturen. Erforderliche Maßnah-
men, um in allen Bereichen der Gesellschaft die notwendigen personellen und
technischen Strukturen zu schaffen, die eine Verbesserung der Organisations-
und Informationsstruktur bewirken und somit dem Wachstum und der neuen
Rechtsform gerecht werden sollen, befinden sich derzeit in der Umsetzung.
Darüber hinaus kann das Wachstum nur erfolgreich bewältigt werden, wenn
eine genügende Anzahl hoch qualifizierter Mitarbeiter eingestellt werden kann.
Da der Wettbewerb um Fachpersonal sehr intensiv ist, ist nicht gewährleistet,
dass es gelingt, qualifizierte Fachkräfte zu gewinnen. Bedingt durch die aktuel-

le Arbeitsmarktsituation besteht zudem das latente Risiko der Personalab-werbung durch Konkurrenzunternehmen. Sollte es nicht gelingen, im geplanten Umfang qualifizierte Mitarbeiter für das weitere Wachstum zu rekrutieren sowie die entsprechenden organisatorischen Strukturen zu schaffen, könnte dies entsprechende Auswirkungen auf die organisatorische Lage der Gesellschaft haben. Insgesamt wird die Erreichung der Wachstumsziele von der Fähigkeit der Gesellschaft abhängen, ihre Managementbasis und ihren Personalbestand zu erweitern."

Diesen Passus haben wir nicht als einen Risikohinweis für den Fall der Fälle aufgenommen, mit dem wir lediglich unser Gewissen entlasten wollten. Das hierin beschriebene Risiko war latent. Dem galt es, nachhaltig entgegenzutreten.

Im Herbst 1999 reifte bei uns die Idee, eine Finca auf Mallorca für die Firma zu erwerben, sie in eine Hightech-Finca umzubauen und anschließend als Projektschmiede zu nutzen. Wir versprachen uns davon eine Menge Vorteile.

Erstens würden wir die Finca als Treffpunkt nutzen, an dem wir die monatlichen Meetings des Führungskreises abhalten könnten. Die wachsende WWL mit mehreren Standorten in Deutschland verursachte zunehmende Reisekosten. Innerdeutsche Flüge, mit Rückflug am gleichen Tag, kosten meist um die 450 Euro. Oftmals ist das Angebot an Flügen begrenzt oder schon lange vorher ausgebucht. Ewig ausgebuchte Maschinen sind beispielsweise die Frühflüge von Nürnberg nach Köln oder Düsseldorf.

Die Strecke Nürnberg-Bremen wird nur jeweils zweimal am Tag in beide Richtungen bedient. Die Flughäfen Hamburg und München sind relativ weit außerhalb der Städte, was hohe Folgekosten zur endgültigen Zielerreichung, meist per Taxi, verursacht. Die alternative Anreise per Bahn von Norden nach Süden oder umgekehrt ist recht zeitintensiv und somit auch wieder teuer. Mallorca als beliebteste Insel der Deutschen bringt es nun einmal mit sich, dass die Insel praktisch im S-Bahn-Takt von allen großen deutschen Cityflughäfen angeflogen wird. Und das meist schon zu sagenhaft günstigen Preisen ab 150 Euro.

Zweitens wollten wir mit der Finca eine Möglichkeit schaffen, dass sich Mitarbeiter für eine Zeit von bis zu einigen Wochen mit ihren Projekten dorthin zurückziehen könnten, um in einer anderen Atmosphäre, durchaus gewürzt mit einer Portion Freizeit, zu erstklassigen Ergebnissen zu kommen. Das Konzept der verteilten Standorte in Deutschland erfordert Maßnahmen, Mitarbeiter in die gesamte WWL-Gruppe zu integrieren. Ein neu eingestellter Mitarbeiter, der in Hamburg beginnt, soll seine Stuttgarter und Nürnberger Kollegen kennen lernen und umgekehrt. Auch kommt es immer wieder vor, dass ein Kundenprojekt nicht nur von einem Standort allein bearbeitet wird. Vielmehr werden des Öfteren bestimmte Know-how-Träger von anderen Standorten eingebunden. Die Finca auf Mallorca sollte dem Anspruch gerecht werden, beliebige Projektteams aus mehreren WWL-Standorten effizient zusammenstellen zu können. Die Aussicht darauf, den Feierabend, Mittagspausen oder Wochenenden auf Mallorca eben auch mit einem hohen Freizeitwert ergänzen zu dürfen, von sportlichen Aktivitäten wie Radfahren bis hin zum Entspannen am Strand, sollte unsere Mitarbeiter zusätzlich motivieren.

Drittens ist es wissenschaftlich erwiesen, dass der Einfluss von Sonnenlicht auf den Gemütszustand des Menschen sehr positiv wirkt. Bereits Ende Februar entspricht das Klima auf Mallorca den Wetterbedingungen, die wir in unseren Breitengraden erst im Mai erleben. Damit dürfte unsere Absicht, verbesserte Rahmenbedingungen am Arbeitsplatz zu schaffen, auch durch die äußeren Umstände auf Mallorca unterstützt werden.

Natürlich wussten wir nicht, ob die Idee mit der Finca bei den Mitarbeitern im Sinne des Erfinders aufgenommen würde. Nicht für jeden kam sie gleichermaßen in Frage. Mitarbeiter, die privat noch ungebunden sind, nehmen ein solches Angebot leichter an als Mitarbeiter, die Familien haben und für die es möglicherweise nicht so erstrebenswert ist, für zwei Wochen von diesen getrennt zu werden (oder gerade doch?). Jedenfalls fand diese Idee im Vorstand und auch im Aufsichtsrat große Zustimmung. Die Tatsache, dass die Investition in die Finca dem Charakter nach einer Wertanlage entsprach und damit keine Geldausgabe im eigentlichen Sinne darstellte, gab dem Votum für das Projekt den Ausschlag. Da sich die WWL noch immer in der Nachgründungsprüfungspflicht befand, war auch der Kaufpreis für die Finca auf zehn Prozent des Stammkapitals begrenzt, damals genau 720.000 Euro. Mein Bruder nahm die Sache federführend in die Hand und ich unterstützte ihn bei der Auswahl des Objekts. Es zeigte sich durchaus als Vorteil, dass wir eine Preisobergrenze hatten, die wir auf keinen Fall, ob wir wollten oder nicht, überschreiten durften. So kamen uns die diversen Verkaufsinteressenten mit den Preisen nicht selten entgegen, um noch in den grünen Bereich zu fallen. Zwei Tage verbrachten wir damit, die Insel in einem Radius von maximal 25 Minuten Fahrzeitentfernung vom Flughafen auf geeignete Objekte abzusuchen. Tatsächlich bot uns der stolze Besitzer einer riesigen Finca-Anlage an, ihm den Kaufpreis von zweieinhalb Millionen Euro zu einem Drittel in Aktien der WWL bezahlen zu können. Da der Baranteil damit immer noch zu hoch war, kam dieses Objekt aber nicht in Frage.

Im Landesinneren, nahe bei Santa Maria, wurden wir schließlich im April 2000 fündig. Lage, Erreichbarkeit, Preis und auch die Anzahl der Unterbringungsmöglichkeiten entsprachen genau unseren Vorstellungen. Sieben Schlaf- und fünf Badezimmer mit einem großen Wohnzimmer, welches wir zum Arbeitsraum umbauen wollten, schienen das passende Ambiente zu sein. Vierzehn Kollegen könnten so gleichzeitig in der Finca wohnen und arbeiten.

Dem Kaufpreis von 550.000 Euro mussten wir nochmals rund 150.000 Euro an Umbaumaßnahmen hinzurechnen. Die Umbauten, die wir durch ein Bauunternehmen vor Ort ausführen ließen, dauerten den ganzen Sommer über an. Erst im Spätherbst war die Finca so weit, dass wir sie möblieren konnten.

Als recht amüsant zeigte sich im Nachhinein der eigentliche Kaufvorgang der Finca, bei dem wir so völlig andere Erfahrungen machten, als wir dies aus unserer deutschen Kinderstube gewohnt sind. Mein Bruder fand sich mit den entsprechenden Vollmachten zu dem vereinbarten Termin bei dem spanischen Notar nebst spanischen Juristen ein, um den Kauf der Finca zu besiegeln. Auch die Vorbesitzerin war anwesend. Zunächst lief alles reibungslos, bis es zur Gretchenfrage nach der Geldübergabe kam. Offenbar ging man davon aus, dass wir es gleich in bar in einem Koffer dabeihätten, wie dies in Spanien anscheinend üblich ist. Natürlich hatten wir angenommen, dies ließe sich mit einer einfachen Überweisung erledigen, die nach dem Notartermin zu veranlassen sei. Das Fehlen des Geldes rief große Verwirrung hervor, und alle Anwesenden – mit Ausnahme meines Bruders, der der spanischen Sprache nicht mächtig war – diskutierten heftig eine halbe Stunde lang ausschließlich auf Spanisch. Schließlich wurde eine Lösung gefunden, die mindestens die Rechtsanwälte und den Notar zufrieden stimmte. Demnach sollte der Kaufvertrag unwirksam werden, wenn des Geld nicht binnen einer Woche auf dem Konto der Vorbesitzerin eingehen würde. Sie selbst blieb aber doch so enttäuscht, dass sie die eigens kalt gestellte Flasche Sekt wieder in den Kühlschrank zurückstellte.

Ende Januar 2001, also gut neun Monate nach Kauf der Finca, war es dann so weit: Das erste Team weihte die Finca in einer vier Tage währenden Projektarbeit ein. Diese erste Erfahrung und vor allem die Begeisterung dieses Teams schienen der ursprünglichen Idee Recht zu geben. Es war ein voller Erfolg! Auch das zweite Team, welches kurz darauf Mitte Februar folgte, kam ähnlich begeistert zurück. Abgesehen von der guten Zusammenarbeit war auch das Klima zwischen den Kollegen hervorragend. Gemeinsame Aktivitäten außerhalb der eigentlichen Arbeit schweißen offensichtlich zusammen, ob es nun der Einkauf im Supermarkt, das gemeinsame Frühstücken oder die Stunden abends am Kamin bei einem Glas Wein sind.

Auch die Erfahrungen der nächsten Projektteams stimmten optimistisch, dass wir die angestrebten Ziele hinsichtlich Effizienz- und Motivationsförderung mit dem Finca-Projekt hätten erreichen können. Die anhaltende, eher bedrückende Gesamtsituation, die sich in dem niedrigen Aktienkurs niederschlug und der wiederum eher demotivierend auf die Mitarbeiter ausstrahlte, verhinderte jedoch vorerst, dass das Mallorca-Projekt zum i-Tüpfelchen einer Gesamtstrategie werden konnte.

Im Rahmen der Sanierungsmaßnahmen wurde die Finca im Juli 2001 wieder verkauft.

AKTIEN FÜR MITARBEITER

Mindestens drei Viertel unserer Mitarbeiter hatten keinerlei Erfahrung im Umgang mit Aktien, als unser Börsengang in die Schlussphase kam. Einige Kollegen hatten mit dem Neuen Markt erste Erfahrungen gemacht, andere schon einmal mit DAX-Werten. Sehr wohl aber machten die ersten Erfolgsstorys am Neuen Markt die Runde. Geradezu fantastische Geschichten waren da zu hören; man erinnere sich an den bis dahin ungebremsten Höhenflug der *EM.TV*, in dessen Fahrwasser auch Mitarbeiter der *EM.TV* stattliche Vermögen mit Aktien aufgebaut haben. Ebenso faszinierend waren die Geschichten um den Firmengründer der Firma *Mobilcom, Gerhard Schmid*. Sein Unternehmen hatte nicht nur ihn selbst zum Milliardär gemacht, sondern auch manche seiner Mitarbeiter zu Millionären. Kurz nach dem Börsengang der Firma *DataDesign* im November 1998 konnte man im *Focus* über den 27-jährigen Firmengründer und Vorstandschef *Stefan Pfender* lesen: „Ab heute Millionär – Deutschlands jüngster Vorstandsvorsitzender notiert mit seinem Unternehmen an der Börse." Der Aktienkurs vollzog die ersten drei Monate eine faszinierende Entwicklung. *DataDesign* gehörte allerdings leider zu den ersten schwarzen Schafen am Neuen Markt. Das Unternehmen verfehlte für das Jahr 1998, das Jahr seines Börsengangs, deutlich die eigenen Planumsätze.

Dies war deswegen besonders brisant, weil noch zum Börsengang im November an der Planung festgehalten wurde und es kaum glaubhaft schien, dass nicht bereits erste Warnsignale im Unternehmen auf die drohende Umsatzverfehlung hingewiesen hatten. Dass *DataDesign* nur der Vorbote einer ganzen Kette von Gewinnwarnungen im Jahr 2000 sein könnte, wollte damals niemand annehmen. Eine positive Stimmung und Einstellung gegenüber dem Neuen Markt machte sich unaufhaltsam breit.

Und auch unsere Mitarbeiter ließen sich anstecken. Regelmäßig informierten wir sie über den Stand unseres eigenen Börsengangs. Ich habe damals viele Rundmails formuliert, um unser eigenes Fieber so gut wie irgend möglich auf die Mitarbeiter zu übertragen. Natürlich wussten wir Vorstandsmitglieder um den Anreiz, den Aktienoptionen darstellten. Schwierig war allerdings, ein geeignetes Modell zu finden, welches sowohl leicht verständlich ist als auch als Motivationsinstrument dienen kann. Wir fühlten uns überfordert und mussten um Rat fragen. Die Commerzbank schlug damals ein sehr schönes Modell vor, welches wir als Basis für das Aktienoptionsmodell der WWL nehmen wollten. Wir formulierten unsere Änderungs- und Ergänzungswünsche und übergaben das so gestrickte Rohmodell den Juristen. Und wie so oft im Leben, wenn man etwas mit Juristen zu tun hat, wird aus einer zunächst einfachen und verständlichen Sache etwas Kompliziertes und schwer Verständliches. Inhaltlich sagten beide das Gleiche aus, nur die Arbeit des Juristen versteht der Normalbürger nicht mehr. Unser Optionsmodell hatten wir auf zwei DIN-A4-Seiten skizziert. Nachdem es durch den Juristen ausgearbeitet worden war, waren es fünfzehn Seiten, die kaum noch jemand verstand, der nicht in den Herleitungsprozess involviert war.

Friends & Family

Noch vor der Ausgabe unseres Optionsprogramms, welche erst nach dem Börsengang erfolgen sollte, gab es eine andere, wunderschöne Möglichkeit, die Mitarbeiter in den bevorzugten Genuss von Aktien kommen zu lassen: das *Friends-and-Family*-Programm. Es lässt sich nur ein einziges Mal anwenden, nämlich zum *IPO*. Später nicht mehr. Von daher war es nur für Mitarbeiter geeignet, die auch tatsächlich zum Zeitpunkt des *IPO* schon an Bord waren, später hinzugekommene Mitarbeiter sind im Rahmen dieses Programms leer ausgegangen.

Das *Friends-and-Family*-Programm erlaubt der Gesellschaft, eine bestimmte Anzahl von Aktien gezielt Anleger zum offiziellen Emissionspreis zuzuteilen. Wem ist die Situation aus dem Jahr 1999 nicht in Erinnerung geblieben? Beinahe blind konnte man jede Neuemission zeichnen. Gehörte man zu den wenigen Glücklichen, die bei der Zuteilung durch das Losverfahren bedacht wurden, konnte man sich über schöne Zeichnungsgewinne freuen. Meistens aber ist man leer ausgegangen. Wenn allerdings der eigene Arbeitgeber an die Börse geht, sollte es zumindest einen Weg geben, der die Zuteilung gegenüber den zeichnungswilligen Mitarbeitern nicht dem Zufall überlässt.

Wir hatten mit der Commerzbank vereinbart, dass maximal zehn Prozent des Emissionsvolumens, also rund 220.000 Aktien für das *Friends-and-Family*-Programm bereitgestellt werden, wovon wir letztlich nur 200.000 Stück ausschöpften. Die Altgesellschafter der WWL einigten sich darauf, aus diesem Topf vorrangig die Mitarbeiter der WWL zu bedienen, anschließend Kunden und Geschäftsfreunde und den Rest in dem Sinne, wie es der Name des Programms suggeriert: für Freunde und

Bekannte. Letztere wurden unter den Altgesellschaftern nach dem Schlüssel ihrer Beteiligung verteilt. Wir waren uns alle einig, die Aktien keinen Zockern anzubieten, die lediglich auf die Zeichnungsgewinne aus waren. Wir alle wollten nach Möglichkeit verhindern, dass durch massive Verkäufe am ersten Tag unser Kurs gedrückt würde.

Wir haben uns damals lange überlegt, ob wir die Zeichnungen der Mitarbeiter durch eine Obergrenze limitieren sollten. Wir folgten dem Vorschlag, eine solche Obergrenze zunächst nicht vorzuschreiben, in den Zeichnungsunterlagen dafür aber den Satz mit aufzunehmen, dass wir uns das Recht vorbehalten, von der gewünschten Aktienzahl nach unten abzuweichen.

Diese Variante hatte den Vorteil, dass wir erst einmal abwarten konnten, mit welcher Resonanz und in welcher Höhe die Mitarbeiter überhaupt zeichnen würden. Immerhin kostete eine Aktie 15,50 Euro. Das Ergebnis war erstaunlich: 77 Mitarbeiter (von rund 100) zeichneten insgesamt 46.075 Aktien zu einem Gesamtbezugspreis von 714.163 Euro. Das ergibt durchschnittlich immerhin knapp 600 Aktien pro Mitarbeiter zu einem Preis von 9.300 Euro. Dabei schwankte die Anzahl der gezeichneten Aktien von 16 bis 2.645 Stück.

In unserem Begleitschreiben an die Mitarbeiter machten wir auch auf das Risiko aufmerksam, welches mit dem Kauf der Aktien verbunden war. Ein echtes Risiko sah man damals nicht wirklich, aber wir wollten zumindest unser Gewissen entlasten, für den Fall der Fälle. Auch baten wir die Mitarbeiter, keinen Kredit für den Kauf der Aktien aufzunehmen. Umso mehr waren wir sehr positiv über den Rücklauf der Zeichnungsscheine überrascht. In unseren Augen dokumentierten die Mitarbeiter mit diesen Summen ein riesiges Vertrauen in die Firma.

Genau genommen wussten die Mitarbeiter zum Zeitpunkt ihrer Zeichnung noch nicht, wie viel eine Aktie kosten würde. Noch nicht einmal die *Bookbuilding*-Spanne war bekannt. Zwar konnten wir in etwa einen Korridor angeben, in dem sich der Preis bewegen würde. Dieser wurde aber erst einen Tag vor der Erstnotiz von der Commerzbank auf 15,50 Euro festgelegt. So gab jeder Mitarbeiter auf seinem Zeichnungsschein einen Betrag in Euro als Obergrenze an. Dies dürfte im Übrigen eine der ersten Begegnungen mit dem Euro gewesen sein.

Wir haben uns damals entschieden, allen Mitarbeitern die von ihnen georderten Stückzahlen zuzuteilen. Eine beträchtliche Zahl von Mitarbeitern musste dazu überhaupt erst ein Depot einrichten. Dies taten sie überwiegend bei der Commerzbank, die eine hervorragende Informationsveranstaltung in unseren Firmenräumen abhielt und jedem Depot-inhaber zusagte, das Depot mindestens ein Jahr kostenlos zu führen. Der Vorteil, das Depot bei dem Konsortialführer zu eröffnen, war natürlich noch ein anderer: Nur hier war sichergestellt, dass die zugeteilten Aktien auch am Tag der Erstnotiz auf dem Depot eingebucht waren.

Mir ist nicht bekannt, wie lange die Mitarbeiter ihre Aktien gehalten haben. Von einigen weiß ich, dass sie relativ schnell verkauft haben, viele haben aber sehr lange durchgehalten und teilweise auch noch zugekauft. Von dem Mitarbeiter mit den 2.645 Stück weiß ich, dass er alle Aktien auch heute noch hält. Damit hat er auch den Tiefstand von 0,90 Euro durchlitten, immerhin ein Verlust von fast 39.000 Euro. Bislang trägt er es jedenfalls mit Fassung.

Nachdem die Mitarbeiter aus dem *Friends-and-Family*-Programm bedient worden waren, blieben noch über 150.000 Aktien für die weiteren Verwendungszwecke übrig. In unserer Prioritätenliste folgten dann die Geschäftskunden und -freunde, denen wir weitere 66.000 Stückaktien zuteilten. Hier haben wir allerdings teilweise deutliche Abschläge vorgenommen, wenn die eingesetzten Summen zu hoch waren und wir die Absicht vermuteten, hier sollte die schnelle Mark gemacht werden. In keinem Fall haben wir Nachorders akzeptiert, die des Öfteren eingetroffen sind, nachdem die Zeichnungsbücher geöffnet waren und die hervorragende Nachfrage nach unserer Aktie bekannt wurde.

Schon lange bevor wir die *Friends-and-Family*-Aktion bei uns gestartet haben, hatte ich mich mit einem der Gründer der *BinTec Communications AG, Gregor Krawczuk*, zum Mittagessen getroffen. *BinTec* hat ihren Firmensitz ebenfalls in Nürnberg, damals in unmittelbarer Nachbarschaft zu uns, und ist gut vier Monate vor uns an den Neuen Markt gegangen. Herr *Krawczuk* machte mich schmunzelnd darauf aufmerksam, dass man gar nicht wüsste, wie viele Freunde man eigentlich hat. Wenn das *Friends-and-Family*-Programm gestartet ist, würde ich es sehr schnell erfahren.

Leute, die ich kaum kannte, bewarben sich tatsächlich um die Teilnahme, die wir allerdings rigoros ablehnten. Ein Fall von Dreistigkeit wäre mir allerdings um ein Haar durchgerutscht. Ich hatte damals die letzte Kontrolle über die Zeichnungsscheine. Dabei fiel mir ein Aspirant auf, der mir zwar namentlich entfernt bekannt vorkam, jedoch in keiner Geschäftsbeziehung zu uns stand. Handschriftlich hatte er auf seinem Zeichnungsschein vermerkt, dass seine Teilnahme an dem Programm mit unserem Vorstandssprecher abgesprochen sei. Allerdings fehlte der Freigabevermerk meines Vorstandskollegen auf dem Blatt, so dass ich vorsichtshalber nachfragte. Als meinem Kollegen der Zeichner ebenfalls völlig unbekannt war, haben wir ihn kurzerhand aus der Liste entfernt.

Während unserer *Roadshow* erreichte mich über mein Handy auf dem Weg zum Londoner Flughafen ein Anruf von einem Mitarbeiter einer Nürnberger Behörde. Unser Sekretariat hatte mir den Anruf durchgestellt. Ich kannte den Anrufer namentlich gar nicht. Sehr schnell wurde mir aber klar, dass dieser Mitarbeiter in die Bearbeitung vielerlei Anträge der WWL involviert war und dies auch künftig sein würde. Tatsächlich fragte er mich, ob er am *Friends-and-Family*-Programm teilnehmen könnte. Zwar handelte es sich um eine sehr geringe Summe, aber dennoch war mir sofort klar, dass dieser Mann seine Objektivität gegenüber der WWL künftig nicht mehr gewährleisten könne, egal ob ich seinem Anliegen stattgeben würde oder nicht.

Allerdings war zu diesem Zeitpunkt das *Friends-and-Family*-Programm bereits abgeschlossen, so dass ich ihm einerseits mein Bemühen versicherte, andererseits aber einen höheren Grund anführte, warum ich letztlich doch nichts mehr für ihn tun könne.

Stock Options – Erfolge mit Mitarbeitern teilen

Die Effekte aus dem *Friends-and-Family*-Programm waren bald verpufft. Jedenfalls hatten diese bevorzugt zugeteilten Aktien weder für eine lang anhaltende Bindung noch für eine dauerhafte Motivation der Mitarbeiter gesorgt. Zum einen waren die Aktien ja unwiderruflich auf den Depots der Kollegen eingebucht, zum anderen war der Kurs der WWL relativ schnell für rund drei Monate unter den Kurs der Erstnotiz gefallen.

Zwar lag der Kurs der Erstnotiz fast doppelt so hoch wie der Emissionspreis, den die Mitarbeiter für die Aktie zahlen mussten, aber dennoch beschlich sie das Gefühl, die Aktie befände sich auf Verlustkurs.

Mindestens die beiden genannten Aspekte – Bindung der Mitarbeiter ans Unternehmen und ihre dauerhafte Motivation – will man mit dem Instrument der Aktienoptionen erreichen. Grundsätzlich haben alle Modelle von Aktienoptionen eines gemeinsam: Der einzelne Mitarbeiter wird berechtigt, die Option nach einer bestimmten Haltefrist und beim Erreichen eines vorher festgelegten Zieles gegen Aktien einzulösen. Zwar bekommt er die Aktien nicht umsonst, aber doch durchaus erheblich günstiger, als sie zum Zeitpunkt des Erwerbs am Markt gehandelt werden.

Ich habe selber mehrfach das Aktienoptionsmodell der WWL in verschiedenen Vortragsveranstaltungen vorgestellt und bin dabei immer auch in den Genuss gekommen, mir die Optionsmodelle anderer Unternehmen anzuhören. Bei all dem Gehörten bin ich auf ein Modell gestoßen, welches in der Tat durch seine Einfachheit besticht. Sein großer Vorteil ist, dass es sich in einem Satz ausdrücken lässt.

„Der Mitarbeiter erhält eine Option auf 500 Stückaktien, die er in frühestens zwei Jahren zu einem Stückpreis von 11,50 Euro einlösen kann."

Dabei nehmen wir an, dass die Aktie zum Zeitpunkt der Zusage dieser Option zu 10 Euro gehandelt wird. Den gesamten Mechanismus der Zuteilung regelt die Aussage völlig automatisch. Der Mitarbeiter wird nämlich nur dann von seinem Recht auf Ausübung der Option Gebrauch machen, wenn die Aktie in zwei Jahren an der Börse höher notiert als 11,50 Euro. Hat die Wertsteigerung des Unternehmens das Etappenziel von 11,50 Euro nicht erreicht, so verfällt die Option schon allein dadurch, dass der Mitarbeiter sie gar nicht einlösen will. Er wird sich kaum eine Aktie für 11,50 Euro kaufen, wenn ihr Marktwert darunter liegt.

Aus dem Gesagten lassen sich sofort drei kleine Nachteile ableiten. Wer die Börse erlebt hat und hier insbesondere den Neuen Markt, der weiß, dass Kursausschläge nach oben oder unten von 20 Prozent oder mehr pro Tag keine Seltenheit sind.

Wenn also der Ausgabetag der Optionen und der Bewertungsstichtag für das Erfüllen des Kriteriums nach zwei Jahren gerade sehr ungünstig von gegenläufigen Kursausschlägen geprägt sind, geht der Mitarbeiter leer aus. Obwohl möglicherweise die Option aufgrund des Kursverlaufs während der zwei Jahre überwiegend „im Geld" war, d. h. mindestens so werthaltig, dass es für den Mitarbeiter attraktiv gewesen wäre, die Option auszuüben.

Der zweite Nachteil besteht darin, dass man durchaus der Auffassung sein darf, auch ein sinkender Aktienkurs könne noch als Erfolg gewertet werden. Voraussetzung ist allerdings, dass der Kurs immer noch besser verläuft als beispielsweise der des Marktdurchschnitts. Während der aktuellen Baisse am Aktienmarkt kann man es besonders gut nachvollziehen. Neuer Markt-Unternehmen, die gegenüber ihrem Höchststand nur 50 Prozent eingebüßt haben, gelten eher noch als Gewinner, weil sie längst nicht die Rückschläge erfahren, die der Durchschnitt des Neuen

Marktes – abzulesen am *Nemax-All-Share*-Index – mit über 90 Prozent gegenüber seinem Höchststand eingebüßt hat.

Der dritte Nachteil ist eher der Umkehrschluss hierzu. Es bleibt fraglich, ob die freien Aktionäre gegen dieses Modell nichts einzuwenden haben. Nur unter bestimmten Voraussetzungen werden sie den Verwässerungseffekt in Kauf nehmen, der durch die Ausgabe neuer Aktien an die Mitarbeiter zu 11,50 Euro entsteht. Zwar könnte man einerseits annehmen, dass sich der Einsatz der Mitarbeiter in diesen zwei Jahren für die Aktionäre gelohnt hat – die Aktie ist immerhin um mindestens 15 Prozent gestiegen –, andererseits kann eine Steigerung von 15 Prozent auch sehr unbefriedigend sein. Dann nämlich, wenn die Wettbewerber, zusammengefasst im Branchendurchschnitt, eine weit höhere Performance erzielt haben.

Infolgedessen werden die freien Aktionäre wenig begeistert sein, jetzt auch noch einen Verwässerungseffekt hinnehmen zu müssen. Die Gefahr durch Einsprüche von Aktionärsschutzvereinigungen gegen dieses Modell auf Hauptversammlungen ist nicht zu unterschätzen.

Der ersten Kritik könnte man dadurch begegnen, dass man bei Ausgabe der Option über einen Referenzzeitraum von beispielsweise vier Wochen die Xetra-Schlusskurse notiert und darüber den Mittelwert bildet. Nach dem gleichen Prozedere verfährt man auch am Ende der zweijährigen Haltefrist. Durch dieses Verfahren kann man optimal Tagesschwankungen am Aktienmarkt begegnen.

Der zweiten und dritten Kritik begegnet man dadurch, dass man die geforderte Wertsteigerung von 15 Prozent durch die Forderung nach einer Outperformance gegenüber einem festgelegten Index ersetzt. Für ein Internetunternehmen am Neuen Markt könnte dies heißen, der Aktienkurs muss sich nach zwei Jahren besser entwickelt haben (= Outperformance) als der Internetindex, der den Durchschnitt aller Unternehmen der Internetbranche widerspiegelt. Oder kurz ausgedrückt: Man muss besser sein als ein vergleichbarer Durchschnitt. Fallen beide Werte, sowohl der Aktienkurs als auch der Internetindex, so ist das Kriterium schon erfüllt, wenn der Aktienkurs nicht ganz so weit fällt wie der Internetindex, sich also besser entwickelt als der Branchendurchschnitt.

Dieses indexgebundene Modell findet gegenwärtig immer mehr Anhänger. Rund 80 Prozent der Unternehmen am Neuen Markt bieten Aktienoptionsmodelle an, davon bereits mehr als die Hälfte das indexgebundene, mit stark steigender Tendenz. Gegner dieses Modells kritisieren, dass es zwar gegenüber den Mitarbeitern des Unternehmens ein sehr faires Verfahren ist, die freien Aktionäre aber eventuell bei schon gesunkenem Aktienwert eine zusätzliche Verwässerung ihrer Anteile in Kauf nehmen müssen. Die Erfahrung zeigt aber, zumindest auf den Hauptversammlungen der WWL, dass kein nennenswerter Einwand der Aktionäre gegen das indexgebundene Modell hervorgebracht wurde.

Insgesamt erhalten wir jetzt folgendes erweitertes Modell:

„Der Mitarbeiter erhält eine Option auf 500 Stückaktien, die er in frühestens zwei Jahren zu einem Stückpreis von ?? Euro einlösen kann. Voraussetzung hierfür ist, dass sich die Aktie von der Ausgabe der Option bis zu ihrem frühestmöglichen Ausübungszeitpunkt nach zwei Jahren besser entwickelt (Outperformance) als der Branchendurchschnitt, zusammengefasst in dem Internetindex (WKN: 967 760). Für die Feststellung der Kursentwicklung wird der Mittelwert der Xetra-Schlusskurse über einen Referenzzeitraum von vier Wochen jeweils zu Beginn und zum Ende der zweijährigen Haltefrist ermittelt.“

Bei dem so optimierten Modell haben wir uns aber an anderer Stelle ein Problem eingehandelt, oben durch die beiden Fragezeichen sichtbar gemacht. Zu welchem Bezugspreis darf der Mitarbeiter denn die Aktie erwerben? Die weise Festlegung dieser Größe ist entscheidend für den Erfolg oder Nichterfolg des Modells.

Im Wesentlichen stellt das vorgestellte Modell das der WWL Internet AG dar. Um einen Bezugspreis herauszufinden, hatten wir seinerzeit unseren Juristen eingeschaltet, besagten Anwalt, der aus der obigen Vorgabe die mehrseitigen Optionsbedingungen formuliert hatte. Da die Optionen den Mitarbeitern zeitnah nach dem Börsengang ausgehändigt werden sollten, empfahl er uns folgende Festsetzung des Bezugspreises:

„Der Bezugspreis ermittelt sich aus dem Durchschnitt der Xetra-Schlusskurse innerhalb der ersten vier Wochen nach Notierungsaufnahme, vermindert um die dreifache Outperformance. Er beträgt mindestens 1 Euro.“

Dieser Vorschlag erschien uns damals plausibel, insbesondere vor dem Hintergrund, die Hürden zur Ausübung der Option dürften nicht zu weich gestaltet sein, andernfalls würden wir die freien Aktionäre verstimmen. In unserem Fall betrug das Vierwochenmittel nach Notierungsaufnahme 30,27 Euro. Eine angenommene Outperformance von 10 Prozent – die WWL-Aktie hätte sich also 10 Prozent besser entwickelt als der Internetindex – hätte einen Abschlag von 30 Prozent auf 30,27 Euro bewirkt, was 21,19 Euro ergibt.

Heute, knapp zwei Jahre nach Börsengang, hat sich die Empfehlung des Juristen allerdings als Makel unseres Optionsmodells entpuppt. Erstens lässt sich kaum noch erklären, warum wir ausgerechnet 30,27 Euro als Basis des Bezugspreises gewählt haben, und zweitens müssten wir schon eine gigantische Outperformance haben, um den Abschlag auf 30,27 Euro so hoch festlegen zu dürfen, dass für den Mitarbeiter ein realer Bezugspreis entsteht, der ihn die Aktie unter dem aktuell gehandelten Kurs beziehen ließe. Viel einfacher wäre es gewesen, dem Mitarbeiter die Aktie zu dem zum Ende der zweijährigen Haltefrist gehandelten Kurs abzüglich der doppelten oder dreifachen Outperformance zu gewähren.

Eine grundsätzlich andere Problematik bei Aktienoptionen besteht in der Pflicht des Mitarbeiters, den geldwerten Vorteil seiner Aktien nach Ausübung der Option versteuern zu müssen. Das Finanzamt sieht in der Differenz aus gehandeltem Aktienkurs und tatsächlich bezahltem Preis für die Aktie einen Gewinn, der zu versteuern ist. Dabei spielt es keine Rolle, dass der Gewinn im Moment der Ausübung noch gar nicht realisiert ist. Dazu müsste der Mitarbeiter die Aktie erst verkaufen. Bleibt die Frage, woraus er denn aller Voraussicht nach die fälligen Steuern bezahlen wird? Er wird einen Teil seiner gerade erhaltenen Aktien verkaufen, um die Steuerschuld zu tilgen. Das ist natürlich nicht gerade im Sinne des Erfinders, wenn einige hundert Mitarbeiter nach Ausübung ihrer Optionen gleich mehrere tausend Aktien veräußern und damit den Kurs drücken. (Bei der Formulierung dieses Gedankens wird einem so richtig der Unterschied zwischen einer wenig fungiblen Aktie, wie in der Regel am Neuen Markt üblich, und einer Aktie bewusst, von der eine hohe Zahl im Umlauf ist, wie beispielsweise bei den DAX-Werten. Wahrscheinlich macht sich der Vorstand eines DAX-Unternehmens nicht die geringsten Gedanken darüber, was passieren könnte, wenn dreißigtausend Aktien an einem Tag zum Verkauf gebracht werden.) Eine Lösung für dieses Problem kann die Bündelung der Aktien zu einem großen Paket sein, für welches ein Investor gefunden wird, der es en bloc und nicht über den Markt abkauft.

Dafür werden zwar ein paar Gebühren für die transferierende Bank und auch ein Kursabschlag für den Käufer fällig, aber letztlich profitieren alle davon, da es eine sehr kursschonende Maßnahme ist. Im Gegenteil, möglicherweise hat der neue Aktienbesitzer sogar Interesse, am Sekundärmarkt weitere Aktien zu kaufen, und beeinflusst damit den Kurs der Aktie günstig.

Mit der Ausgabe von Aktienoptionen verfolgt das Unternehmen eine Reihe von Zielen, die im Gegensatz zum *Friends-and-Family*-Programm langfristig angelegt sind. Ich gebe Ihnen nachfolgend einen Überblick über die Ziele, die wir mit unserem Modell verfolgten. Erfüllt haben sich diese Ziele eher nicht. Die Optionen wurden schon wenige Monate nach Ausgabe wertlos und bewirkten teilweise eher den gegenteiligen Effekt des Gewünschten.

- Mitarbeiterbindung
Die Haltefrist der Option beträgt vom Zeitpunkt der Zusage, bis sie tatsächlich ausgeübt werden kann, mindestens zwei Jahre. Kündigt ein Mitarbeiter während dieser Zeit, so sind seine Optionen wertlos. Auf andere Kollegen sind sie nicht übertragbar.

Die Absicht der Mitarbeiterbindung ist höchstnahe liegend, gleichzeitig aber schwer realisierbar. Wenn überhaupt wird ein Bindungseffekt erst in den letzten Monaten der Haltefrist erreicht. Frühestens dann wird sich der Mitarbeiter sehr wohl überlegen, ob er das Unternehmen verlassen will und damit seine Optionen aufs Spiel setzt. Ein Effekt, der zumindest gegen aktive Abwerbung, beispielsweise durch Headhunter, einen gewissen Schutzschild bietet. Andererseits wird ein Mitarbeiter, der selbst aktiv wechselwillig ist, sich nicht durch Optionen aufhalten lassen. Wir haben die Erfahrung gemacht, dass sich ein Mitarbeiter, der nicht zufrieden mit seinem Arbeitsplatz ist, auch nicht durch ein höheres Gehaltsangebot halten lässt. Es ist auch fraglich, inwiefern es im Interesse des Unternehmens ist, unzufriedene und damit unmotivierte Mitarbeiter künstlich zu binden. Zudem haben die hohen Kursschwankungen am Neuen Markt gezeigt, dass binnen weniger Tage eine Option, die bis dato noch im Geld war, plötzlich wertlos werden kann. Selbst wenn der Mitarbeiter schon 18 der 24 Monate einen für die Optionsausübung vorteilhaften Kursverlauf mitverfolgen konnte, so ist dies keinesfalls eine Garantie dafür, dass sich der positive Verlauf in den verbleibenden sechs Monaten fortsetzt.

- Erfolgsbeteiligung für Mitarbeiter
Erfolge sollte man teilen, zumal ein Unternehmen ein Team darstellt und man niemals allein erfolgreich ist. Jeder hat seinen Anteil am Erfolg. Erfolgreiche Unternehmen werden immer noch – Börsenschwankungen hin oder her – mit einem positiven Aktienkurs honoriert. Daran kann man Mitarbeiter über Aktienoptionen optimal partizipieren lassen. Die WWL war allerdings deutlich hinter ihren Erwartungen zurückgeblieben und damit auch wenig erfolgreich. Es gab keinen Erfolg, der geteilt werden konnte.

- Unterstützung bei der Personalakquisition
Bei Einstellungsgesprächen fragten Bewerber sehr häufig nach Aktienoptionsmodellen. Da sie mittlerweile von vielen Unternehmen am Neuen Markt angeboten wurden, wäre es für die WWL nachteilig gewesen, keine Optionen anzubieten. Erstaunlicherweise fragten Bewerber aber selten nach der Funktionsweise unseres Optionsmodells und so gut wie gar nicht, was sie bei unserem Modell gewinnen konnten. Die bloße Existenz eines Modells schien ihnen zu genügen.
- Moderate Steigerung von Lohnkosten
Dieser Wunsch ist sicher noch Zukunftsmusik. Oft hört man aus den USA, welchen teilweise signifikanten Anteil die Entlohnung durch Aktien bei Mitarbeitern einnimmt, die umso höher ausfällt, je höher die Position des Mitarbeiters ist. Davon sind wir in Deutschland noch weit entfernt, diesbezüglich hinkt die Aktienkultur hierzulande noch Meilen hinterher.

Optionen sind eine schöne Zugabe auf das Gehalt, die gerne angenommen wird. Die harte Währung ist aber immer noch das entscheidende Einstellungskriterium. Ich kann mir vorstellen, dass dies anders wäre, wenn Mitarbeiter wirklich schon in den Genuss der Vorteile von Optionen gekommen wären und wenn die WWL nachhaltig auf erfolgreich ausgegebene Optionen zurückblicken könnte. Leider ist das bislang nicht der Fall, und die gegenwärtige Entwicklung des Aktienkurses macht es wenig wahrscheinlich, dass das vor rund zwei Jahren aufgelegte Modell erfolgreich in unsere Referenzliste für Aktienoptionsmodelle eingehen kann.

- Steigerung der Leistungsbereitschaft der Mitarbeiter
Um das Ziel einer hohen Leistungsbereitschaft der Mitarbeiter zu erreichen, kann ein Optionsmodell nur einen kleinen Beitrag leisten. Für die Bereitschaft, Überstunden oder Wochenendarbeit zu erbringen, ist das Klima im Unternehmen von wesentlich größerer Bedeutung, ebenso wie die Atmosphäre an den Arbeitsplätzen und ihr Umfeld. Auch dafür lohnt es sich zu investieren.
- Steigerung der Motivation
Der Motivation von Mitarbeitern habe ich in diesem Buch ein eigenes Kapitel gewidmet. Der größte Beitrag, den man für motivierte Mitarbeiter leisten kann, ist neben einer ansprechenden Führungskultur das Zeichnen einer gemeinsamen Vision und deren konsequente Umsetzung, die sich in Teilschritten für alle sichtbar messen und ablesen lässt. Schlagen sich diese Maßnahmen positiv auf den

Kapitalmarkt nieder und geht damit eine entsprechende Entwicklung des Aktienkurses einher, so können die Aktienoptionen ein zusätzliches Plus für die Motivation bringen. Allerdings werden sie schwerlich die Grundlage eines unternehmensweiten hohen Motivationspegels sein.

• Stärkung der Eigenkapitalbasis
    Werden die Optionen eingelöst, so erhält der Optionsinhaber Aktien aus einer bedingten Kapitalerhöhung. Dadurch wird das Eigenkapital des Unternehmens erhöht. Gleichzeitig fließt dem Unternehmen durch den Verkauf der Aktien an den Mitarbeiter zusätzliche Liquidität zu.

• Einfache Handhabung der Optionen
    Die Ausgabe und Verwaltung der Optionen müssen so einfach wie möglich sein. Sie sollten von der Personalabteilung praktisch nebenher abgewickelt werden können, ohne dass es der Einstellung von zusätzlichem Personal bedarf. Diesem Ziel kommt man einen bedeutenden Schritt näher, wenn man nur einmal im Jahr, beispielsweise zur Hauptversammlung, die Optionen ausgibt und auch für die Ausübung der Optionen einige wenige Zeitfenster pro Jahr definiert. Bei der WWL sind wir hiervon bei unserem ersten Modell bewusst leicht abgewichen, wodurch wir einen etwas höheren Verwaltungsaufwand in Kauf genommen haben. Es war uns wichtig, jeden neu eintretenden Mitarbeiter an seinem ersten Tag mit einem Willkommenspaket zu begrüßen, in dem auch seine persönlichen Aktienoptionen enthalten sind.

Mir liegen leider keine statistischen Auswertungen vor, die darüber Auskunft geben könnten, wie viele der von Unternehmen am Neuen Markt ausgegebenen Aktienoptionen zurzeit im Geld und wie viele schon wertlos verfallen sind.

Gerade der Anteil Letzterer dürfte nicht unerheblich sein, da viele Optionen der letzten zwei Jahre auf ganz anderen Kursniveaus ausgegeben worden sind. Andererseits kann man gerade der Baisse auch etwas Positives abgewinnen: Wer der Meinung ist, man bewegt sich nahe seinem Kurstief, der wäre gut beraten, jetzt Optionen an die Mitarbeiter auszugeben, da sie mit großer Wahrscheinlichkeit nach der Haltefrist ausgeübt werden können. Ist man darüber hinaus sicher, dass sich die Aktie künftig besser entwickelt als der Branchendurchschnitt, so kann man auf das oben beschriebene outperformance- oder indexgebundene Modell setzen, bei dem der Mitarbeiter sehr viel gewinnen kann. Allerdings bei etwas höherem Risiko als bei dem beschriebenen relativen Modell, bei dem der Kurs am Ende der Haltefrist nur eine bestimmte vorgegebene Marke überschreiten muss.

WACHSTUM UM JEDEN PREIS?

Nach der Fusion von *Daimler* und *Chrysler* – oder war es eher ein Kauf von *Chrysler* durch *Daimler*? – hat sich der Vorstand von *DaimlerChrysler* genau ein Jahr Zeit gegeben, die anstehenden Integrationsmaßnahmen abzuschließen. Der Vorstandsvorsitzende *Jürgen Schrempp* sagte damals, dass nicht mehr zusammenwächst, was nach einem Jahr nicht zusammengewachsen ist. Und gerade zu Beginn des Jahres 2001 wurde durch unzufriedene Aktionäre auf beiden Seiten besonders deutlich, dass die Naht zwischen *Daimler* und *Chrysler* noch nicht vollends verschweißt war. Obwohl der Deal schon viel älter als ein Jahr alt war, dachten weder alle Mitarbeiter noch alle Aktionäre im Sinne eines neuen Gesamtkonzerns. Unter dem Eindruck des sinkenden Kurses der *DaimlerChrysler*-Aktie als Folge der schlechten Ergebnisse von *Chrysler* wurden zunehmend mehr Stimmen laut, die den Konzern wieder zerschlagen wollten.

Der Anspruch, den Erfolg einer Akquisition oder einer Fusion nach einem Jahr bewerten zu wollen, ist wahrscheinlich gerechtfertigt. Auch die Erfahrungen, die wir bei der WWL gemacht haben – wenngleich auch in viel kleinerem Maßstab –, scheinen diese Regel zu belegen.

Insgesamt hat die WWL vier Akquisitionen getätigt, wobei ich nur zwei davon als wirkliche Akquisitionsleistung bezeichnen möchte. Die beiden anderen Unternehmen hatten sich ohnehin bereits im Umfeld der WWL bewegt, und es lag nahe, diese Unternehmen zu kaufen und in einem Fall auch auf die WWL zu verschmelzen. Es handelt sich dabei um unsere Dépendance in Prag und um das von mir 1990 mitbegründete Software-Unternehmen *B&L Impuls Software GmbH*. Letzteres war ohnehin schon in den gleichen Firmenräumen untergebracht wie die WWL. Die Mitarbeiter kannten sich und auch bei einigen Projekten gab es bereits vor der Übernahme Schnittstellen. Diese Voraussetzung stellte den Erfolg der Integration nach dem Unternehmenskauf nicht wirklich in Frage.

Mit den beiden „echten" Akquisitionen legten wir die Grundsteine für unsere Standorte in Stuttgart und in Bremen-Lilienthal. Auf diese beiden gehe ich näher ein und werde die Frage erörtern, warum die eine als erfolgreich bezeichnet werden kann und die andere leider nicht.

Unmittelbar nach dem Börsengang hat unser damaliger Vorstandssprecher mit dem Aufbau einer *Mergers & Acquisitions*-Abteilung begonnen. Dies ist ihm auch sehr schnell gelungen. Der Druck vom Kapitalmarkt, alsbald die ersten Akquisitionen vorweisen zu können, erforderte zügiges Handeln. Fortan waren die beiden Mitarbeiter der *M&A*-Abteilung damit beschäftigt, die Unternehmen in Deutschland, die zu der WWL nach vorgegebenen Kriterien passen könnten, zu sondieren. Externe Berater, auf *M&A* spezialisierte Juristen, sollten erst involviert werden, wenn wir vorab in Gesprächen mit dem Management des potenziellen Verkäufers die visionären, operativen, finanziellen und strategischen Ziele und Aspekte besprochen hatten und die Basis für eine Einigung sahen. Nicht zu unterschätzen war auch der Sympathiegrad zu dem Management, auf den wir viel Wert legten. Immerhin muss man nach einem Kauf auch erfolgreich miteinander arbeiten können.

Sehr bald lief unsere Vorgehensweise immer nach dem gleichen Muster ab. Erschien ein Unternehmen auf Grund der recherchierten Daten, die wir zumeist aus dem Internet oder teilweise auch von Wirtschaftsauskunfteien erhielten, interessant genug, erfolgte die Kontaktaufnahme direkt bei seinem Geschäftsführer. Meistens war dieser gleichzeitig auch noch Gesellschafter, nicht selten sogar der alleinige Gründer. Bei dem Anliegen, mit dem wir anriefen, gab es keine Alternative, als direkt mit der Tür ins Haus zu fallen. Unser Vorstandssprecher nahm das erste Gespräch wahr, und wenn er eine weitere Verfolgung als sinnvoll erachtete, folgte das zweite Gespräch, dieses Mal bereits in größerer Runde. Wir waren des Öfteren verblüfft, wie geradezu geschult man uns in Fragen des Unternehmensverkaufs entgegengetreten war. Eigentlich wenig verwunderlich, schließlich war nicht nur die WWL auf Einkaufstour, sondern auch unsere deutschen Wettbewerber und darüber hinaus noch Amerikaner und Schweden, die allesamt den Einstieg in den großen deutschen, bei weitem nicht gesättigten Markt suchten. Wir haben mit Unternehmen gesprochen, bei denen die WWL einer von fünf konkurrierenden Kaufinteressenten war.

Unser Ziel waren Unternehmen in der Größenordnung bis zu 30 Mitarbeiter, ein attraktiver und gesunder Kundenstamm, die Schwelle zur Profitabilität musste erreicht oder zumindest absehbar sein und die abgebenden Gesellschafter mussten bereit sein, uns die Mehrheit an der Gesellschaft zu überlassen. Die bangen Fragen auf der Verkäuferseite waren immer wieder die gleichen: Was sei mit der Position des Geschäftsführers und wie hieße das Unternehmen anschließend. Des Weiteren waren Kriterien wie die Buchhaltungs- oder Controllingsoftware genauso wichtig wie die mögliche gemeinsame Internetpräsenz und das Zusammenführen beider Intranets.

Wenn Gespräche bereits in einem sehr frühen Stadium endeten, so waren sie meist an der Kaufpreisvorstellung des Verkäufers gescheitert. Wir waren damals nicht bereit, ein Unternehmen, das gerade einmal ein ausgeglichenes Ergebnis auswies, mit dem Sieben- oder Zehnfachen seines Umsatzes zu bezahlen. Zwar war das Gegenargument der Verkäufer immer, wir seien doch auch in dieser Größenordnung bewertet. Dabei vergaßen sie aber, dass unsere Bewertung eben ein gewisser Vorschuss in Form einer Zukunftsfantasie war, deren Anspruch die Verkäufer höchstens mit uns, niemals aber allein erfüllen konnten. Wir hätten diese Unternehmen ja nicht davon abgehalten, selber einen Börsengang anzustreben, doch dazu taugte ihre Unternehmensstory oftmals nicht.

Der externe Druck auf uns wurde von Woche zu Woche größer. Unsere Wettbewerber, allen voran die *Kabel New Media AG* und später auch die *Pixelpark AG*, verkündeten eine Akquisition nach der anderen und schienen uns von der Größe, die sie mittlerweile erreicht hatten, uneinholbar entkommen zu sein. Bis *Kabel* zwei Jahre nach seinem Börsengang insolvent wurde, hatte er mehr als ein Dutzend Unternehmen gekauft. Die Anzahl seiner Mitarbeiter stieg zwischenzeitlich auf fast elfhundert an. In puncto konsolidierbarer Umsatz, Anzahl der Standorte und Personalkapazität entstanden aus dieser Übernahmeschlacht mit *Pixelpark* und *Kabel* zwei Unternehmen einer Größe, bei der uns bald klar wurde, mit den Mitteln der WWL könnten wir durch organisches Wachstum allein nicht mehr in der oberen Liga mitspielen. Das bemerkten natürlich auch unsere Aktionäre und Investoren. Beinahe wöchentlich riefen sie uns an, um nach dem Fortschritt unserer Akquisitionskampagne zu fragen. Auch unsere Betreuer-Banken (*Designated Sponsors*) wurden unruhig. Ich kann mich gut an ein Telefonat erinnern, welches mit den Worten begann, man müsse jetzt endlich auch einmal etwas von der WWL hören. In der Tat ließ denn auch unsere Aktienperformance zu wünschen übrig. Zwar entwickelte sich unsere Aktie positiv, aber die Aktien der anderen entwickelten sich eben besser.

Wer den Preis kennt, kennt nicht den Wert

Es war Ende September, Anfang Oktober 1999, da schien das passende Unternehmen gefunden: die *OptiNet Intelligente Netzwerklösungen GmbH* aus Lilienthal bei Bremen. Sie war in der Hand von drei Gesellschaftern, zwei von ihnen hielten je 45 Prozent, der dritte die restlichen zehn Prozent. Die beiden Hauptgesellschafter waren auch die Gründer des Unternehmens und hatten besagtem dritten Mann – einer ihrer Mitarbeiter, der sich im technischen Bereich sehr verdient gemacht hatte – mit einer zehnprozentigen Beteiligung an ihr Unternehmen gebunden. Des Weiteren machten sie ihn zum Geschäftsführer und gaben die operativen Prozesse in seine Verantwortung.

Die *OptiNet* war ähnlich alt wie die WWL, hatte halb so viele Mitarbeiter und erwirtschaftete rund 70 Prozent des Umsatzes der WWL. Außerdem schien das Unternehmen bereits profitabel zu sein. Es erzielte höhere Pro-Kopf-Umsätze als die WWL und war dem ersten Eindruck nach intern besser organisiert. Besonderen Eindruck machte auf uns die Software, die sie in ihrer Buchhaltung einsetzten, und ein selbst entwickeltes Werkzeug für das interne Zeitmanagement bei der *OptiNet*.

Die Verlockung auf unserer Seite war natürlich groß. Durch den Kauf der *OptiNet* würde sich die WWL umsatzmäßig fast verdoppeln. Dieses Mal mussten unsere Akquisitionsanstrengungen zum Erfolg führen. Der Oktober 1999 wurde in einer Hinsicht besonders hart: Wir mussten einerseits diese Akquisition einfädeln, andererseits durften wir nicht die leiseste Andeutung darüber verlauten lassen, obwohl der Markt ständig neue Informationen von uns forderte.

Alles lief ziemlich glatt. Nachdem sich unser damaliger Vorstandssprecher und unser gerade neu an Bord geholtes Vorstandsmitglied, unser späterer Vorsitzender, auf der *Internet World* in New York mit den Altgesellschaftern der *OptiNet* getroffen hatten, war das Eis gebrochen. Der Sympathiegrad stimmte und auch sonst gab es praktisch keine nennenswerten Komplikationen. Es kristallisierten sich lediglich zwei kleinere „Probleme" heraus, die sich aber relativ schnell entschärfen ließen, bevor sie sich zu einer Gefährdung des Deals entwickeln konnten.

Das erste Problem war, wie sollte es auch anders sein, der Kaufpreis. Auf Basis des geplanten 2000er-Umsatzes der Gesellschaft sollte dieser etwas mehr als das Zweifache betragen, nämlich rund 14 Millionen Euro. Er war zu zahlen zu einem Drittel in bar und zu zwei Dritteln mit Aktien aus unserer genehmigten Kapitalerhöhung. Dieser Kaufpreis ist von unserem damaligen Vorstandssprecher unter dem Erfolgsdruck des Marktes kaum verhandelt worden. Um sich halbwegs abzusichern und die zu erwartende Reaktion des Kapitalmarktes zu erfahren, rief er den vertrauten Fondsmanager aus Frankfurt an, den Kenner des Neuen Marktes, der mittlerweile zu den sechs größten Aktionären der WWL zählte. Dieser befand den Kaufpreis für völlig akzeptabel. Natürlich kannte er die *OptiNet* nicht – das einzige Entscheidungskriterium, das er heranziehen konnte, war das Verhältnis des Kaufpreises zum geplanten Umsatz. Entsprechend der vorherrschenden Meinung gegenüber der Werthaltigkeit von Internetaktivitäten gab er nur das wieder, was uns wahrscheinlich jeder Investor geraten hätte: kaufen!

Der Kaufpreis sollte sich später im Jahresabschluss als eine erdrückende Altlast erweisen. Gemessen an den Preisen, die seinerzeit für Akquisitionen gezahlt wurden, war das Zweifache des Umsatzes auf den ersten Blick auch gar nicht schlecht. Im Internetbereich kaufte man keinesfalls auf Basis von Ertragswertmethoden ein. Allerdings sollte ein Drittel des Kaufpreises in harter Währung gezahlt werden, was es wiederum teuer machte. Es musste nun ein Wirtschaftsprüfer gefunden werden, der den Kaufpreis „deckeln" würde, das heißt eine Unternehmensbewertung musste den Kaufpreis rechtfertigen. Wir beauftragten damit den Wirtschaftsprüfer aus Düsseldorf, der seinerzeit auch das Plausibilitätsgutachten für die WWL zum Börsengang angefertigt hatte. Der Vorteil war, dass er die WWL gut kannte und auf diese Weise beurteilen konnte, ob die *OptiNet* die WWL gut ergänzen könnte. Das Gutachten kam denn auch zu dem gewünschten Ergebnis, zwar knapp, aber immerhin.

Das zweite Problem war der Anspruch der Verkäufer, in der Topmanagementebene der WWL gebührend berücksichtigt zu werden. Dass wir diesen Anspruch ernst nahmen, lag lediglich daran, dass die *OptiNet* ja nicht so sehr viel kleiner war als die WWL. Der einzige in Frage kommende Vorstandsposten war der, den ich selbst innehatte: die Zuständigkeit für Technik und operative Prozesse. Damit befand ich mich in einem ernsthaften Gewissenskonflikt zwischen meiner Sichtweise als Vorstand und meiner Rolle als Aktionär, die den Deal nicht an Eitelkeiten scheitern sehen wollte. Natürlich gibt man seinen Vorstandsposten nicht einfach so mir nichts dir nichts gerne auf, insbesondere wenn man annehmen darf, bis dato gute Arbeit geleistet zu haben. Die Erwartungshaltung einiger meiner Kollegen in Vorstand und Aufsichtsrat war eindeutig. Unser stellvertretender Aufsichtsratsvorsitzender rief mich damals an und erklärte mir, dass auch er sein Mandat als Aufsichtsrat zur Verfügung stellen würde, wenn dies eines Tages die strategischen Erfordernisse der Firma verlangten. Das war deutlich! Unser Aufsichtsratsvorsitzender war allerdings strikt dagegen, dass ich meinen Posten für die Akquisition opfern sollte. Die Lösung kam letztlich von unserem Vorstandssprecher, der mich für die Aufgabe vorschlug, die Integration dieser und künftiger Akquisitionen umzusetzen. An dieser Aufgabenstellung fand ich durchaus auch selber Gefallen. Und so wurde ich auf der außerordentlichen Hauptversammlung kurz vor Weihnachten 1999 als Vorstandsmitglied, künftig zuständig für Organisation, Personal und Integration vorgestellt und einer der ehemaligen *OptiNet*-Geschäftsführer als Vorstand Technik.

Wie schon gesagt, lief ansonsten alles ziemlich glatt. Zu glatt! Insgesamt gewannen wir von dem Unternehmen den Eindruck, dass es sehr gut geführt war. Dies machte uns vielleicht auch etwas blind und unvorsichtig beim Blick hinter die Kulissen. Wir stießen nicht wirklich auf ein Problem bei der Begutachtung. Während mein Finanzkollege für die Überprüfung der Buchhaltung und der angeforderten Zwischenbilanz zuständig war, kümmerte ich mich um die Werthaltigkeit der internetbasierten Produkte des Unternehmens und deren Einsatzmöglichkeiten bei uns im Unternehmen und ihre Vermarktbarkeit insgesamt.

Kein negativer Befund. Wäre man auf ein Problem gestoßen, hätte dies der Anlass sein können, weiter zu suchen. Dabei hätte man vielleicht doch manche Dinge aufdecken können, die uns in der Folge das Leben mit dieser Akquisition schwer gemacht haben.

Tatsächlich war die Welt der WWL nach der außerordentlichen Hauptversammlung, die dem Kauf der *OptiNet* zugestimmt hatte, völlig in Ordnung. Zur Jahreswende 1999/2000 waren wir einen großen Schritt bei dem Bau des Unternehmens, welches wir uns für die Zukunft ausgemalt hatten, vorangekommen. Es gab keine wirklichen Probleme innerhalb der WWL und es war in der Tat ein fantastischer, geradezu traumhafter Start ins neue Millennium. Wie sehr sollten wir im neuen Jahr nach und nach eines Besseren belehrt werden!

Es war am Freitag, den 5. November 1999 als sich in Nürnberg die drei Altgesellschafter der *OptiNet* in unseren Firmenräumen einfanden, um den bis dahin praktisch schon fertig ausgehandelten Vertrag abzuschließen und zu unterzeichnen. Die Verhandlungen auf unserer Seite wurden im Wesentlichen von unserem Finanzvorstand und mir geführt. Natürlich waren beide Parteien durch ihren Juristen vertreten. Bei dem Kaufpreis, der im Raum stand, galt es jetzt, bloß keinen Fehler zu machen. Die Anwälte schenkten sich in der Tat nichts. Obwohl sich die

Verkäufer und wir in vielen Dingen völlig einig waren, gab es immer wieder Schwierigkeiten, das Gewollte juristisch einwandfrei abzufassen. Für den Rechtslaien waren die Diskussionen der Rechtsanwälte teilweise nicht nachvollziehbar. Oftmals hörten sich beide Formulierungsvorschläge sinngemäß völlig gleich an. Erst die Detailerläuterung der Anwälte machte uns den bisweilen signifikanten Unterschied deutlich.

Zu diesem Zeitpunkt hatten wir nicht mehr mit einem so zähen Vorankommen beim Abschluss des Vertrages gerechnet. Am Nachmittag sollte der Notar zu uns kommen und für den Abend hatten wir unseren Mitarbeitern die Bekanntgabe einer wichtigen Information angekündigt. Wir wollten ihnen den Deal als Erste mitteilen, hatten dabei aber sehr wohl aufgepasst, eine Uhrzeit zu wählen, bei der die neuen Informationen nicht mehr zum Insiderhandel an der Börse genutzt werden konnten. (Damals konnte man noch nicht bis 20 Uhr mit Aktien handeln.) Sehr schnell war absehbar, dass wir den erfolgreichen Abschluss der Akquisition nicht pünktlich verkünden konnten. Zweimal mussten wir den Notar auf später vertrösten. Auch der Aufsichtsrat wollte regelmäßig über den aktuellen Zwischenstand informiert werden.

Endlich! Am Abend stellte der Notar schließlich die anwesenden Personen fest und begann mit der Verlesung des Vertragswerks. Normalerweise hätten wir nach gut zwei Stunden fertig sein müssen. Jedoch musste das Verlesen des Textes immer wieder unterbrochen werden, um doch noch Änderungen oder Ergänzungen anzufügen. Bei der Verlesung der Garantien, die uns die Verkäufer geben mussten, kamen wir praktisch nur mehr im Schneckentempo voran. Einige Garantien wurden von den Altgesellschaftern plötzlich wieder zur Diskussion gestellt. Wir blieben allerdings hart und kamen ihnen in keinem Punkt entgegen. Dieser gigantische Kaufpreis von 14 Millionen Euro schwebte meinem Kollegen und mir im Kopf und er machte uns stark. Wir wollten niemals in die Situation kommen, den Aktionären erklären zu müssen, warum wir auf die eine oder andere Garantie verzichtet hatten.

Bei der Eigenkapitalgarantie drohte der Deal in letzter Minute zu scheitern. Unser Finanzvorstand hatte zu Recht darauf bestanden, dass die Verkäufer in den kommenden Tagen eine Zwischenbilanz zum Übergangsstichtag anfertigen müssen. Sollte das in der Zwischenbilanz ausgewiesene Eigenkapital kleiner sein als das Eigenkapital in dem letzten, festgestellten Jahresabschluss, würde die Differenz vom Kaufpreis abgezogen werden. Eine Forderung, mit der sich die Verkäufer schon vorher bei den Verhandlungen sehr schwer taten. Wir hatten allerdings angenommen, das Thema sei nun vom Tisch, und waren umso mehr erstaunt, mit welcher Vehemenz sich die Altgesellschafter der *OptiNet* nun erneut dagegen wehrten. Auf dringendes Anraten unseres Juristen zeigten wir uns bei dieser Garantie unerbittlich. Wir rechneten bereits damit, dass die Verkäufer von dem Vertrag zurücktreten würden. Immer wieder zogen sie sich zu Beratungsgesprächen zurück.

Über eine Stunde war die Verlesung wegen dieses Punktes bereits unterbrochen. Der Notar war sehr geduldig und schien selbst durchaus amüsiert abzuwarten, wie das Kräftemessen ausgehen würde.

Zeitweise war mir das Gebaren der Verkäufer unverständlich. Und wenn schon das Eigenkapital um zehn- oder zwanzigtausend Euro schlechter ausfiele, dachte ich bei mir, was macht das bei diesem Kaufpreis aus? Die Argumente der Verkäufer waren schwer nachvollziehbar. Ständig malten sie das Szenario an die Wand, das Eigenkapital sei Auslegungssache, weil es durch eine Reihe von Parametern gesteuert werden könne. Somit ließe es sehr schnell einen Gestaltungsspielraum von einigen Hunderttausend Euro zu. Das schien uns mehr als übertrieben. Wir konterten mit der Aussage, dass wohl keiner besser als die Gesellschafter selbst, die in Personalunion auch noch die Geschäftsführer des Unternehmens waren, mögliche Risiken einschätzen könnte, die das Eigenkapital beeinflussen würden. Nach einer anfänglichen Unsicherheit auf unserer Seite, wie wir mit unserer Forderung umgehen sollten, gewannen wir dank unseres Juristen sehr schnell an Selbstvertrauen. Irgendwann war uns klar, die Verkäufer würden die Klausel früher oder später akzeptieren. Das angebotene Geld würden sie sich nicht entgehen lassen. Einen solchen Deal bekommt man nur einmal im Leben angeboten.

Nachdem wir unsere Mitarbeiter längst aus ihrer Wartehaltung erlöst hatten, konnten wir kurz nach 23 Uhr endlich mit dem Unterzeichnen beginnen. Der Notar machte Druck. Er musste den Vorgang noch vor 24 Uhr abgeschlossen haben. Die letzte Stunde war Stress pur. Weit über einhundert Unterschriften musste jeder der Anwesenden unter die Verträge mit allen möglichen Anlagen setzen. Um Punkt drei Minuten vor Mitternacht knallte der Korken und wir stießen gemeinsam an. Vergessen waren die Mühen der letzten Stunden und die in der Sache harten Verhandlungen. Jetzt schauten wir alle erleichtert nach vorn.

Allerdings: Solange die Hauptversammlung der WWL dem Kauf noch nicht zugestimmt hatte und der Eintrag in das Handelsregister beim Amtsgericht Nürnberg ausstand, solange war der frisch geschlossene Vertrag schwebend unwirksam. Die Eintragung zog sich bis März 2000 hin und erfolgte damit über vier Monate nach dem Notartermin. Bis dahin, so hatten wir mit den Altgesellschaftern der *OptiNet* vereinbart, würde sich die WWL nicht in das operative Tagesgeschäft in Bremen einmischen. Dies war die beste Voraussetzung dafür, den Deal jederzeit wieder rückabwickeln zu können. Wenn die Integrationsmaßnahmen erst einmal angelaufen waren, würde sich eine Rückabwicklung mit jedem weiteren Tag schwieriger gestalten. Relativ schnell würden die Verkäufer ihre Firma nicht mehr so zurückerhalten, wie sie sie einst verkauft hatten.

Natürlich nutzten wir die Zeit bis zur Eintragung ins Handelsregister so sinnvoll wie möglich und stimmten verschiedene Strategien und den Ablauf des Integrationsprozesses miteinander ab. Einer der offenen Punkte war die künftige Rolle der Altgesellschafter in der größer gewordenen WWL-Gruppe. Die Berufung eines Gesellschafters in den Vorstand der WWL war mittlerweile beschlossene Sache. Die beiden anderen sollten für die WWL das tun, was sie schon für die *OptiNet* getan hatten: Neue Großkunden an die WWL heranführen und die Betreuung dieser Kunden übernehmen.

Wir nannten das *Premium Key Accounting*. Für diese Funktion mussten sie Mitarbeiterverträge von der WWL bekommen, in der auch eine erfolgsabhängige Vergütung geregelt war. Bei der Verhandlung der Gehaltskomponenten sagte unser damaliger Vorstandssprecher wiederum unverhandelt viel zu hohe Gehälter zu. Noch dazu „vergaß" er, seine Vorstandskollegen von seiner Vereinbarung zu informieren. Als mein Finanzkollege nämlich dann tatsächlich die Gehälter aushandeln wollte, wurde er staunend empfangen. Er hinterließ unwillkürlich den Eindruck, nachverhandeln zu wollen, und wir alle hinterließen den Eindruck, schlecht intern zu kommunizieren. Schlimmer aber waren die hohen Jahresgehälter von rund 150.000 Euro für jeden der beiden. Nicht nur, dass zu deren Deckung ein beträchtlicher, für eine Person fast nicht erzielbarer Umsatz akquiriert und gestemmt werden musste, er sprengte auch ansonsten deutlich unser Gehaltsgefüge. Ein solches Gehalt auf Basis von Erfolgsprovisionen ginge in Ordnung, aber es war garantiert. Egal, wie erfolgreich sie sein würden. Die von unserem Vorstandssprecher so fantastisch angepriesenen Wunderwaffen in Form dieser beiden erfolglosen Helden sollten sich alsbald als teurer Ballast entpuppen.

Einer von ihnen bat bereits im Mai darum, die WWL vorzeitig verlassen zu dürfen. Wir einigten uns zwar mit ihm darauf, dass er den Bereich Vertrieb und darin insbesondere die Aktualisierung der Planzahlen für die einzelnen Standorte noch bis Oktober fortführen sollte – genauso gut hätten wir ihn aber auch gleich ziehen lassen können. Für die Kollegen, die mit ihm arbeiten mussten, war er keine wirkliche Hilfe mehr, zu offensichtlich ging er zunehmend demotiviert an seine Arbeit. Bei gut einem Euro-Milliönchen – nach Abzug der Steuern – auf der hohen Kante aus dem Unternehmensverkauf war der Lockruf der Arbeit schnell verklungen.

Ganz anders zunächst der zweite im Bunde der Altgesellschafter. Mehrfach verkündete er, seinen maximalen Einsatz für die WWL bringen zu wollen, da dies schließlich das Unternehmen sei, in dem er mit rund 200.000 Aktien – so viel machte der in Aktien zu zahlende Kaufpreis aus – investiert sei. Seine Aufgabe war der strategische Vertrieb. (Wieder so ein Zauberwort, bei dem keiner richtig weiß, was das im Detail sein soll.) Er sollte gezielt unsere Wunschkunden angehen und diese an die Verantwortlichen der einzelnen Niederlassungen heranführen. Bereits im Sommer kam das böse Erwachen, als wir erfahren mussten, dass unsere Niederlassungsleiter ihn zwar vom Namen kannten – natürlich! wir hatten ihn ja in dieser Funktion präsentiert –, ihn aber bis dahin höchstens einmal gesehen hatten.

Im Herbst begannen die Leute, angesprochen auf den Auftragseingang in der jeweiligen Niederlassung, bereits zu frotzeln, man bräuchte einmal eine Verschnaufpause vom Abarbeiten der vielen Aufträge, die dieser Vertriebsjoker bis dato abgeliefert hätte. Die traurige Bilanz bis zum Jahresende: Er holte zwei Aufträge mittleren Umfangs, die allerdings beide ein Kompensationsgeschäft darstellten. Nicht völlig wertlos, aber sie brachten der WWL keine Rendite.

Ende des Jahres ist glücklicherweise endlich auch sein letzter Mentor in den Reihen von Aufsichtsrat und Vorstand gefallen, sodass der Weg frei war, mit ihm in die Verhandlung eines Aufhebungsvertrags zu treten.

Der Schaden, den die beiden der WWL zugefügt hatten, bestand nicht nur in der Höhe ihres Gehalts. Vielmehr hatten sie leitende Vertriebsposten fast ein Jahr blockiert, wodurch die WWL nicht die Chance nutzen konnte, diese Posten mit wirklich kompetenten Vertriebsprofis zu besetzen.

Einen Schaden ganz anderer Dimension brachten sie der WWL allerdings mit dem Unternehmen bei, das sie ihr verkauft hatten. Tatsächlich mussten wir ein gutes Jahr nach der notariellen Zeremonie annehmen, ein konkursreifes Unternehmen gekauft zu haben. Ohne die ab sofort nötigen Finanzspritzen der WWL wäre die *OptiNet* nicht einmal sechs Monate später insolvent gewesen.

Unser Finanzvorstand bestand zwar beharrlich auf das Erstellen einer

Zwischenbilanz zum Übergangsstichtag, dass diese aber möglicherweise geschönt war, fiel ihm nicht auf. Die Jahresbilanz der *OptiNet*, die lediglich zwei zusätzliche Monate berücksichtigte, von den Altgesellschaftern der *OptiNet* aber erfolgreich so lange verzögert wurde, dass ein Rücktritt vom Kauf nicht mehr möglich war, wies plötzlich ein katastrophales Ergebnis aus – bereinigt man sie um einen Großauftrag, der in diesen zwei Monaten auf Vermittlung von WWL zustande kam. Immerhin legte unser Finanzvorstand fristgerecht Einspruch ein, sodass wir später den fünfprozentigen Rückbehalt des Baranteils vom Kaufpreis nicht auszahlen mussten. Man mag ihm zugute halten, dass er unter hohem zeitlichen Druck stand, den seinerzeit unsere Investoren auf uns ausübten, doch endlich eine Akquisition zu vermelden. Auch unser Großaktionär aus Gründerzeiten wollte schnell einen Deal am Markt verkündet sehen – die WWL sollte einstimmen in das Konzert erfolgreich getätigter Akquisitionen, welches unsere Wettbewerber längst gaben und die dafür mit steil steigenden Aktienkursen belohnt wurden.

Wir sollten bloß nicht den Fehler machen, die Übernahme zum Scheitern zu bringen, indem wir von den Verkäufern wochenlang irgendwelche Papiere anforderten und ihnen damit die Lust nahmen, uns ihr Unternehmen zu verkaufen. Schließlich seien schon Deals ganz anderer Größenordnung in kürzerer Zeit abgewickelt worden.

Zwar behaupten die ehemaligen Gesellschafter der *OptiNet* noch heute, ihre Firma sei damals absolut gesund gewesen, aber selbst ihr damaliger Unternehmensberater hat uns im Nachhinein gestanden, die *OptiNet* wäre kurze Zeit später „an die Wand gefahren".

In der Tat fiel zunächst einmal auf, dass der Ergebnisbeitrag der Bremer Niederlassung hochgradig negativ war, kaum dass wir sie gekauft hatten, und ohne, dass wir bereits in das Geschäft eingegriffen hätten. Bei den Auswertungen über die einzelnen Standorte der WWL bildete die *OptiNet* hartnäckig das Schlusslicht. Und das, wo noch in den Monaten vor der Akquisition die ersten positiven Zahlen geschrieben worden waren! Immer öfter mussten wir Konzerndarlehen ausreichen, um die Liquidität in Bremen zu sichern. Wo kam nur dieser immense Kapitalbedarf plötzlich her?

Der neue Geschäftsführer in Bremen war ihr alter Controller. Wenn es um die Zahlen der Bremer Dépendance ging, wusste er Bescheid wie kein anderer. Er durfte nun nach und nach einzelne in der Bilanz des Vorjahres aktivierte Aufträge wieder ausbuchen. Was dort an Aufträgen gebucht war, war teilweise nichts anderes als bloße Absichtserklärungen.

Ein Beispiel: Die *OptiNet* hatte ein Produkt entwickelt, *NewTimer*, welches den Remarketing-Prozess von fast neuwertigen Autos, die ihr erstes halbes Lebensjahr im Dienste eines Autovermieters verbracht hatten, unterstützen sollte.

Die Problematik dieser Autos ist, dass sie fast neuwertig sind, aber zu günstigen Konditionen massenweise in den Markt drängen. Durch den Preisdruck leidet das für die Automobilkonzerne wesentlich interessantere Neuwagengeschäft. Mit der Firma *Opel* existierte bereits ein *Letter of Intend* (*LOI*). Den Entwicklungsaufwand, den die *OptiNet* bis zum Zeitpunkt des Übergangs an die WWL in *NewTimer* investiert hatte, gaben die Altgesellschafter mit rund 400.000 Euro an. Es spielt keine Rolle, ob er wirklich so hoch war; das ließ sich auch nicht mehr so ohne weiteres überprüfen. Tatsache ist aber, dass ihnen in etwa dieser Betrag fehlte, um in ihrer Bilanz ein ausgeglichenes Ergebnis darstellen zu können. Flugs wurde dieser Posten aktiviert. Steuerberater und Abschlussersteller machen so etwas ja durchaus noch mit, wenn der Geschäftsführer sie entlastet und dafür gerade steht. Spätestens der Wirtschaftsprüfer streikt allerdings. So auch unser Prüfer, der das Vorgehen keinesfalls akzeptieren wollte. Das Unheil nahte für die Altgesellschafter, denn die Eigenkapitalgarantie war latent, und wir hätten den Fehlbetrag sofort vom Kaufpreis abgezogen.

Wenn es um ihr eigenes Geld ging, waren die beiden ungemein erfinderisch. Fieberhaft forschten sie nach einer Möglichkeit, mit der sich der Wirtschaftsprüfer zufrieden geben würde. Die Fertigstellung des Jahresberichts 1999 der WWL kam ins Stocken und wurde gefährlich lang aufgehalten. Gemäß den Anforderungen am Neuen Markt musste unser testierter Abschluss bis Ende März vorliegen. Andernfalls drohte uns ein Delisting. Die Nervosität im Unternehmen wuchs täglich und schließlich mussten wir sogar um eine zweiwöchige Fristverlängerung bei der *Deutschen Börse AG* anhalten.

Dem Wirtschaftsprüfer war das LOI von *Opel* nicht genug, um wirklich annehmen zu können, dass *Opel* eines Tages dieses in einen Auftrag wandeln würde. Es musste also etwas her, was Auftragscharakter hatte. Nun besaßen die beiden eine Gesellschaft bürgerlichen Rechts (GbR), in deren Namen sie den Auftrag ausstellten und an die *OptiNet* richteten. Darüber konnte der Wirtschaftsprüfer allerdings nur müde lächeln. Eine solche gesellschaftsrechtliche Verstrickung zwischen Auftraggeber und -nehmer ließ Zweifel an der Ernsthaftigkeit des Auftrags zu. Diese ließ sich nur durch Garantien untermauern. Für die rechtzeitige Fertigstellung unseres Geschäftsberichts war es fünf vor zwölf, als die beiden sich endlich bereit erklärten, ihren Auftrag auch noch durch eine persönliche, nicht unterlegte Bürgschaft zu besichern.

Der *Opel*-Deal ist übrigens nicht zustande gekommen. *Opel* hat im Frühjahr 2000 das LOI gekündigt, was ein herber Rückschlag für uns alle war. Denn allein mit *Opel*-Fahrzeugen hätte man mit *NewTimer* einen zweistelligen Millionenumsatz einfahren können.

Der Umsatz in Bremen blieb unter dem des Vorjahres. Ab Sommer 2000 wurde das immer deutlicher erkennbar. Woran das nun wieder lag? Ursache war jedenfalls nicht eine fürchterlich schlechte Auftragsqualität. Wir kamen der Sache auf die Spur, als sich der neue Geschäftsführer in Bremen über sein Gehalt „beschwerte". Dies sah nämlich eine erfolgsabhängige Komponente vor, in die auch die Umsatzsteigerung gegenüber dem Vorjahr einfloss. Eine Steigerung des Umsatzes war aber partout nicht hinzubekommen. Nach Auffassung des Geschäftsführers lag das einfach daran, dass im Vorjahr teilweise Umsätze künstlich generiert wurden, einer großen Blase vergleichbar, in die immer mehr heiße Luft gepumpt wurde. Beispielsweise in Form einer Hardware-Lieferung mit *Cisco*-Routern, die mal eben für eine Nacht auf dem Hof abgestellt wurde, um sie am nächsten Tag quasi zum Einkaufspreis wieder weiterzureichen. Nur um Umsatz zu generieren! Wir erfuhren, dass er seinerzeit von seinen damaligen Chefs angewiesen wurde, derartige Vorgänge zu buchen.

So allmählich dämmerte uns, warum wir mit der Bremer Akquisition keinen Erfolg haben konnten. Das Problem war nicht etwa ein schlechtes Marktumfeld in Bremen. Es lag auch nicht an den Mitarbeitern, die durchaus sehr gute und kompetente Leistung erbrachten. Das Problem war dieser Selbstbereicherungstrieb der beiden Exhauptgesellschafter der *OptiNet*. Die Liste der Beispiele mit Glanzstücken ihrer Bereicherungskunst ist lang, und wahrscheinlich ist uns bisher nur die Spitze des Eisbergs bekannt. Im Folgenden seien drei Paradebeispiele genannt, über die ich durchaus schmunzeln könnte, wenn sie nicht uns geschädigt hätten.

1. Beide Herren fuhren einen Mittelklasse-*BMW*, in den zudem das ein oder andere Extra eingebaut war. Die Autos stammten aus der Zeit, da sie noch die Hausherren der *OptiNet* waren. Als der Erste von ihnen aus der WWL ausschied, gab er der Firma vereinbarungsgemäß sein Dienstfahrzeug zurück. Es war nicht sehr schwer, für das schöne Auto einen anderen Mitarbeiter zu finden, der es übernehmen wollte. Als der Interessent allerdings die Höhe der Leasingrate erfuhr, die auf ihn zukommen würde, winkte er ab. In der Tat, die Leasingrate war erstaunlich hoch. Die Nachfrage bei dem *BMW*-Händler er-

gab – und dies ließ er uns zu seiner eigenen Entlastung gleich per Anwalt mitteilen –, dass damals die fragwürdige Leasingrate zu Gunsten der Rate eines anderen Fahrzeugs heraufgesetzt wurde. In der Summe kam beim Leasinggeber das gleiche Geld an. Auf der Suche nach dem Verbleib des jeweils zweiten Fahrzeugs wurden wir alsbald bei den Ehefrauen der beiden Scharlatane fündig. Entlastung der privaten Tasche zu Lasten der Firma also.

2. Genau genommen bestand die Akquisition aus zwei Unternehmen. Ein kleiner Teil des Kaufpreises entfiel auf die *OptiNet Datentechnik GmbH*, eine Firma, die Dienstleistungen wie beispielsweise das Verlegen von Netzwerkkabeln in Büros erbringt und so eine sinnvolle Ergänzung für das Hauptgeschäft der anderen Gesellschaft bot. Die *Datentechnik* bekam ihre Aufträge überwiegend über die Hauptgesellschaft. Auch hier fanden die beiden einen Weg, ihren dritten Kollegen zu übervorteilen. Sie waren die alleinigen Besitzer der *OptiNet Datentechnik*, der Dritte im Bunde hatte hieran keine Anteile. Sie wollten ihn nun im Glauben lassen, alle drei würden sich das gleiche Gehalt auszahlen. Dem war aber nicht so! Um sich unbemerkt mehr Gehalt auszahlen zu können, gaben sie ihrer zweiten Gesellschaft regelmäßig Aufträge aus der Hauptgesellschaft und entnahmen sich von dort ein zweites Gehalt. Als der Schwindel nach der Akquisition aufflog, war der dritte Mann doch recht enttäuscht von der „Ehrlichkeit" seiner Kollegen,.

3. Einer der beiden Hauptveräußerer lebt mit seiner Familie auf Mallorca. Während der Woche arbeitete er bei WWL in Deutschland und flog praktisch jedes Wochenende auf die Insel. Dagegen ist überhaupt nichts einzuwenden und an und für sich ist das seine ureigene Privatsache. Solange die Arbeitsleistung dadurch nicht beeinträchtigt wird, kann ein Mitarbeiter meinetwegen auch jedes Wochenende in die Staaten fliegen. Nur zahlen muss er es selbst. Und damit wären wir schon wieder beim heiklen Punkt. Wieso selbst zahlen? Die WWL würde doch viel Geld sparen, wenn er seine Flüge nach Deutschland jeden Montagmorgen so legt, dass er zielgenau dort landet, wo er beim Kunden gebraucht wird. Wäre zudem viel billiger, als diese Reise von Deutschland aus zu starten. Das mag im Einzelfall durchaus stimmen, nur übersah er dabei, dass er montags meist bei uns in Nürnberg im Hauptquartier der WWL, seinem Dienstsitz, aufschlagen sollte. Und diese Anfahrt zahlt mit Sicherheit nicht die WWL, wenn sie aus dem Ausland erfolgt.

Wahrscheinlich quält Sie beim Lesen der letzten Seiten die Frage, warum wir nicht längst etwas unternommen hatten und wie viel wir denn nun über die Eigenkapitalgarantie zurückbehalten haben? Leider ist es gar nicht so einfach, den Verdacht des Betrugs nachzuweisen. Mögliche Zeugen zieren sich auszusagen. Bei manchen Dingen ist ein gewisser Interpretationsspielraum vorhanden, und auch der Gegenvorwurf, das Unternehmen sei erst unter unserer Regie zu einem Patienten geworden, ist nicht ohne weiteres zu entkräften. Einsprüche gegen den erstellten Jahres- und Zwischenabschluss mussten wir innerhalb von vier Wochen nach Vorlage anmelden. Die meisten Erkenntnisse lagen uns in diesem Zeitraum aber gar nicht vor. Über die Eigenkapitalgarantie haben wir übrigens rund 450.000 Euro[6] vom Kaufpreis einbehalten! Natürlich liegt heute wieder der Ruf nahe, man hätte damals Teilzahlungen vereinbaren müssen, verteilt auf die nächsten ein oder zwei Jahre. Ihre Auszahlung hätte ausschließlich in Abhängigkeit vom Erreichen vordefinierter Umsatzziele erfolgen dürfen. Das ist durchaus ein Punkt, der in dem allerersten Entwurf des Vertrags enthalten war. Kaum eine Käuferforderung lässt sich aber auch so schwer durchsetzen wie diese. Das Argument der Verkäufer ist stets, dass sie nach Abgabe der unternehmerischen Kontrolle nicht mehr für die Einhaltung von Zielen verantwortlich gemacht werden können.

Ende März 2001, ein Jahr nach Eintragung des Unternehmenskaufs ins Handelsregister, stellte sich der Standort Bremen als das sprichwörtliche Fass ohne Boden dar. Nicht nur, dass er noch immer hochdefizitär war, er war auch der Hauptverzehrer unserer Liquidität. Aus wirtschaftlichen Gesichtspunkten wäre es besser gewesen, den Standort sofort zu schließen und gegenüber dem Kapitalmarkt den Fehlkauf einzugestehen. Die Sofortabschreibung der akquirierten Firmenwerte hätten wir gegen die Kapitalrücklage auf der Passivseite der Bilanz buchen können. Eine Buchung gegen das Grundkapital der Firma von rund 7,6 Millionen Euro hätte dieses völlig aufgezehrt. Ein paar Stunden sah es so aus, als müssten wir aber genau dies tun und damit die WWL in den Konkurs treiben. Ich konnte und wollte nicht glauben, dass wir auf Gedeih und Verderb mit der Bremer Niederlassung untergehen müssten, nur weil wir sie nicht abschütteln konnten. Unsere Kapitalrücklage von rund 41 Millionen Euro ließ glücklicherweise die Wertberichtigung zu, ohne dass das Eigenkapital bedrohlich geschmälert wurde.

---

6 Mir stehen keine Unterlagen mehr zur Verfügung, um diesen Betrag überprüfen zu können. Er stammt rein aus meiner Erinnerung.

Vorstand und Aufsichtsrat der WWL Internet AG hatten sich am 28. Februar 2001 darauf verständigt, den noch verbliebenen ehemaligen Gesellschaftern der *OptiNet* als Mitarbeiter fristlos zu kündigen und keine Aufhebungsverträge anzubieten. Des Weiteren sollte alles unternommen werden, die verlustreiche Tochter in Bremen abzustoßen, und sei es auch nur für die symbolische Mark.

Das Eingeständnis des Fehlkaufs schmerzt, aber die beschlossenen Maßnahmen waren die einzig richtige Entscheidung. Bremen hatte sich zu einer existenzbedrohenden Altlast für die ganze WWL entwickelt. Der Verkauf musste zeitnah gelingen. Erst dann wäre die Chance zu einer Gesundung überhaupt gegeben, nicht zuletzt weil das Sorgenkind Bremen auch keine Managementkapazität mehr binden würde.

Dass eine Akquisition auch ganz anders verlaufen kann, zeigt unser Unternehmenskauf in Stuttgart.

Nicht Sieg ist der Nutzen, sondern Gewinn

Anfang 1999, zu einer Zeit als bei uns bereits die Vorbereitungen für den Börsengang auf Hochtouren liefen, hatte sich der damalige Geschäftsführer und Gesellschafter der *ISS Internet Services GmbH* in Pliezhausen bei Stuttgart auf die Suche nach einem neuen, starken Partner gemacht. Einer seiner Gesellschafter war ein baden-württembergischer Energiekonzern, der sich durch die Beteiligung den Zugang zur Internetbranche erkaufen und sein Stromnetz auch für die Übertragung von Datenpaketen nutzen wollte. Was zunächst wie ein starker Partner aus der *Old Economy* aussah, üppig mit Kapital für viele Investitionen ausgestattet, entpuppte sich alsbald als lähmender Gesellschafter in allen Investitionsfragen. Innerhalb des Energiekonzerns wurde die Führungsspitze ausgetauscht, die Strategie geändert und plötzlich war die Beteiligung an der *ISS* ein lästiges Anhängsel. Innerhalb der *ISS* hatte man bereits viele Vorkehrungen getroffen, um der neuen Herausforderung gewachsen zu sein. So war rechtzeitig ein ganzes Heer von IT-Spezialisten eingestellt worden, die nun hohe Personalkosten erzeugten, ohne ihrer Beschäftigung nachgehen zu können. Zwar wurde die Beteiligung durch den Stromkonzern wieder rückabgewickelt und ein Großteil des Schadens ersetzt, dennoch drohte die *ISS* an den Spätfolgen der Tatsache, dass sie das ursprüngliche Kerngeschäft verlassen hatte, zugrunde zu gehen, so dass ihr Geschäftsführer mit der Suche nach einem neuen Gesellschafter das einzig Richtige tat, um die Firma und die Arbeitsplätze zu retten. Ein Unterfangen, das nicht sehr einfach war, denn die *ISS* drohte bereits in die Überschuldung abzurutschen. Über einen Artikel in einer Stuttgarter Zeitung auf die WWL – deren Pressearbeit damals unsere Absicht nach regionaler Expansion verbreitete – aufmerksam geworden, sprach er uns direkt an.

In der nun begonnenen Annäherung der beiden Unternehmen wurden wir in einem Punkt extrem positiv überrascht. Unsere Juristen hatten uns eine Liste von Unterlagen angefertigt, die uns von der *ISS* zur Durchführung einer *Due Diligence* zur Verfügung zu stellen waren. Wer schon einmal das Prozedere einer *Due Diligence* hat über sich ergehen lassen müssen, der weiß, dass es einen normalerweise Tage, wenn nicht Wochen, beschäftigt, alle erforderlichen Unterlagen und Auskünfte zu beschaffen. Das ganze Unternehmen wird auf den Kopf gestellt, bis auch die letzte, noch so überflüssig erscheinende Information herbeigeschafft ist. Gerade solche Unterlagen wie frühere Planzahlen und Auskunft über die Fluktuation liegen nicht per Knopfdruck vor. Aber die *ISS* hatte das Wunder vollbracht, alle angeforderten Daten lückenlos und fein säuberlich aufbereitet binnen einer Woche bereitzustellen.

Begleitend zur *Due Diligence* besuchten sich Projektgruppen beider Unternehmen, um die Arbeitsabläufe des künftigen Partners kennen zu lernen. Wir waren dabei zugegebenermaßen nicht immer optimal vorbereitet. Zum einen belasteten uns rein zeitlich bereits die zunehmenden Tätigkeiten für den bevorstehenden Börsengang, zum anderen litt bei uns, ebenfalls durch den Börsengang bedingt, etwas die Kommunikation im Unternehmen.

Insgesamt waren wir beim Angehen der Akquisition in Stuttgart aber wesentlich entspannter als bei der Bremer Akquisition, obwohl sie zeitlich zuerst erfolgte und wir noch nicht die Erfahrung hatten. Dies mag auch daran gelegen haben, dass der Kaufpreis in einer ganz anderen Dimension lag. Wir zahlten in etwa den Nominalwert von viertausend Euro pro Geschäftsanteil. Auf diesen schlugen wir noch ein kleines Agio auf, um es den Altgesellschaftern schmackhaft zu machen, uns die Satzungsmehrheit von 75 Prozent der Geschäftsanteile abzutreten.

Am 6. März 1999 unterschrieb ich als alleinvertretungsberechtigter Geschäftsführer der *WWL Connect Online Services GmbH* den Kaufvertrag in den Geschäftsräumen der *ISS* in Pliezhausen. Die *WWL Connect Online Services GmbH* war der Rechtsvorgänger der WWL Internet AG. Durch den Kauf von mehr als 50 Prozent der Geschäftsanteile der *ISS* konnten wir ihren Umsatz dem der *WWL GmbH* zuschlagen und dadurch den Firmenwert der *WWL GmbH* beachtlich steigern. Folglich ließ sich bei der Einbringung in die WWL Internet AG ein höheres Grundkapital darstellen.

Die Übernahme der *ISS* war für die WWL allerdings mit einem Risiko verbunden. De facto handelte es sich ja um ein Unternehmen, welches auf den Konkurs wegen Zahlungsunfähigkeit zusteuerte. Eine Situation, die natürlich auch den Mitarbeitern der *ISS* nicht verborgen blieb. Insofern mussten wir unbedingt ermitteln, ob und wie viele Mitarbeiter sich bereits auf dem Absprung befanden. Hierbei muss man sich auf seinen Eindruck verlassen; es handelt sich nicht um ein hart belegbares Faktum. Der Geschäftsführer und sein kaufmännischer Leiter versicherten uns sehr glaubwürdig, dass sich mit zwei Ausnahmen keine Mitarbeiter und schon gar nicht irgendwelche Leistungsträger mit Kündigungsabsichten tragen würden. Wie sich im Nachhinein herausstellte, hatten sie damit Recht.

Allerdings hatten die beiden Führungskräfte die WWL als neuen Mutterkonzern in ihrem Unternehmen mit sehr vielen Vorschusslorbeeren bedacht. Sie müssen geradezu mit Begeisterung von uns erzählt - haben, sodass bei ihren Mitarbeitern eine hohe Erwartungshaltung aufgebaut wurde. In den folgenden Wochen und Monaten passierte dann auch, was unausweichlich war. Die WWL als neuer Hauptgesellschafter konnte die hohen Erwartungen nicht in der Schnelligkeit erfüllen, in der die Mitarbeiter in Stuttgart dies erwartet hatten. Immer wieder überbrachte uns der Geschäftsführer neue Hiobsbotschaften von wichtigen Mitarbeitern, die sich mit dem Gedanken tragen würden, zu gehen.

In gewisser Weise hatte das Management in Stuttgart nach der Übernahme die Hände in den Schoß gelegt und die Kontrolle mental nach Nürnberg abgegeben. So, als würden wir ihnen aus Nürnberg in Zukunft alles vormachen und auch die Kunden lediglich zur weiteren Bearbeitung an der Haustür abliefern. Sehr bald kamen wir darauf, dass die schlechte Stimmung in Stuttgart zwar nicht unbedingt geschürt, ihr aber auch nicht entschlossen genug entgegengetreten wurde. Als Konsequenz daraus haben wir dem Geschäftsführer und Nochgesellschafter der Stuttgarter Tochter die restlichen Anteile abgekauft und ihn mit sofortiger Wirkung abberufen und freigestellt. Sein kaufmännischer Leiter wurde sein Nachfolger. Ihn hatten wir sehr bald als die eigentliche Integrationsfigur ausgemacht, die in vielen Dingen schon damals wesentlich vorbildlicher agierte als der eigentliche Chef. Der Erfolg dieser Maßnahme ließ nicht lange auf sich warten. Der neue Geschäftsführer hatte sofort begriffen, dass die Stuttgarter Niederlassung trotz neuer Mutter ihr eigenes Schicksal selbst in die Hand nehmen musste. Es war ein besonderer Ehrgeiz für ihn, die Niederlassung in Stuttgart zum Erfolg zu führen, was er bis heute mit Bravour macht. Ein gesunder Wettbewerb zu Nürnberg war durchaus wünschenswert und brachte bald den Erfolg.

Auch hier muss ich wieder an die *Schrempp*-Regel denken. Obwohl die *ISS* ein Unternehmen war, welches wir im Vorfeld als sehr gut zu uns passend empfunden hatten, dauerte es ein gutes Jahr, bis wir an den Umsätzen messen konnten, dass wir eins geworden waren. Bedingt durch Anlaufschwierigkeiten nach der Akquisition, schleppend vorankommende Integrationsmaßnahmen und Bereinigung um defizitäre Geschäftsfelder, sank die Produktivität der Stuttgarter erst einmal, um gut sechs Monate nach Übernahme die Talsohle zu durchschreiten. Ein Jahr später waren sie etwa auf dem Umsatz- und Personalniveau, auf dem wir sie gekauft hatten, allerdings mit steigender Tendenz. Auch waren ihre Ergebnisse jetzt besser. Heute, gut zwei Jahre nach der Übernahme, gibt es zwischen einem Nürnberger und einem Stuttgarter Mitarbeiter keinen Unterschied mehr in seinem subjektiven Zugehörigkeitsempfinden zur WWL. Auch in der Kommunikation, nicht nur auf Leitungsebene, sondern quer durch die gesamte Belegschaft, sind die beiden Unternehmen jetzt so zusammengewachsen, als wären sie schon immer eins gewesen. Das ist nicht zuletzt das Verdienst des heutigen Geschäftsführers in Stuttgart. Durch seine Loyalität hat er stets Wege gefunden, mit uns zu arbeiten und nicht gegen uns. Es ist wichtig, dass man in der Ferne eine Vertrauensperson hat, auf die man sich unbedingt verlassen kann und die die WWL-Fahne hochhält. Gerade zu einer Zeit, in der schon einmal ablehnende Stimmen auch aus den eigenen Reihen laut werden, kann die Integration nur funktionieren, wenn die Leitung vor Ort mit Kritik umzugehen versteht. Die Geschäftsführer in Bremen hatten sich der Stimmung bei Mitarbeitern nicht konstruktiv gestellt, sondern so manche Missgunst gegenüber Entscheidungen aus Nürnberg leider eher noch forciert.

Die Erfahrungen aus beiden Standorten zeigen, dass eine Integration niemals abgeschlossen ist. Der Eindruck, dass für immer hält, was einmal zusammengewachsen ist, ist trügerisch. Die Anstrengungen für einen weiteren, gemeinsamen Geschäftserfolg dürfen niemals erlahmen.

Europa im Fusionsfieber

Seit dem Börsengang im Juli 1999 war die WWL auch mehrfach selbst in der Rolle des zu übernehmenden Kandidaten. Die Anfragen kamen allesamt aus dem Ausland: Schweden, Frankreich und USA. Das Motiv aller Gesellschaften war immer das gleiche: Der Eintritt in den deutschen Markt. Dafür schien die WWL besonders attraktiv, da sie mehrere Standorte in Deutschland unterhielt und eine geringe Marktkapitalisierung hatte, zumindest gemessen an unseren Wettbewerbern. Die ausländischen Gesellschaften gewannen so den Eindruck, eine möglichst breite Basis in Deutschland zu erwerben. Nachteil dieser Standorte war allerdings die jeweils hohe Anschubfinanzierung, die wiederum unser Ergebnis belastete. Letzteres machte uns dann eher wenig attraktiv. Während in Deutschland noch fleißig Verluste argumentiert wurden, traten die Schweden schon extrem selbstbewusst auf. Sie galten als die *New Economy*-Nation, die als Erste den Break-Even im Internetbereich geschafft hatte. Wie man allerdings heute weiß, auch nicht sehr nachhaltig.

Ab der Jahreswende 1999/2000 bis weit in den Frühsommer hinein wurden wir beinahe wöchentlich angesprochen. Vier Kontakte aus den genannten Ländern verfolgten wir ernsthaft. Für die Übernahmeeuphorie zu jener Zeit kann es nur zwei Erklärungen geben: Zum einen war die Einkaufswährung der Unternehmen, nämlich die Aktie, sehr hoch bewertet, und zum anderen waren die Kassen noch sehr gut gefüllt. Zwar war auch die WWL-Aktie auf einem hohen Kursniveau, aber letztlich erreichten wir in der Spitze „nur" den Faktor vier gegenüber unserem Emissionspreis. *Pixelpark* und *Kabel New Media* erreichten zeitweise mehr als das Zehnfache. Ähnlich ging es auch manchen ausländischen Wettbewerbern. So gesehen war die WWL geradezu ein Schnäppchen und ist es heute immer noch, mit dem Unterschied allerdings, dass die Kassen potenzieller Übernehmer mittlerweile leer sind.

Im Spätsommer 2000 hatten Vorstand und Aufsichtsrat der WWL beschlossen, keine weiteren Übernahmegespräche mehr zu suchen, und schon gar nicht zu vertiefen. Nach vier gescheiterten Verhandlungen in unterschiedlichen Stadien hatte die WWL viel Geld an die Berater und, schlimmer noch, viel operative Schlagkraft verloren. Der Aufbau unserer internen Prozesse hat fürchterlich darunter gelitten. Mit einem französischen Unternehmen waren wir so weit mit den Verhandlungen vorangeschritten, dass wir bereits eine Woche vor Ankündigung des Deals waren, als das Aus aus Frankreich kam. Die Franzosen wollten zeitgleich mit uns und mit einem schwedischen Unternehmen Hochzeit feiern. Das Ergebnis wäre ein wahrhaft europäisches Unternehmen gewesen, vertreten in allen wichtigen Märkten der EU und sowohl nach Umsatz als auch Mitarbeiterzahl führend. Weil wir allerdings noch auf der Klärung einiger wichtiger börsenrelevanter Fragen beharrten, zog sich die Verhandlung mit uns etwas hin, während die Gespräche mit den Schweden abgeschlossen waren. Ihr ursprüngliches Vorhaben, beide Deals zeitgleich an den Markt zu kommunizieren, gaben die Franzosen auf und wollten den Kauf der WWL erst eine Woche später vermelden.

So verkündeten sie die Übernahme der Schweden und erlebten bei ihren Investoren und vielen Analysten ein Fiasko. Kein Mensch verstand, warum ein französisches Unternehmen ausgerechnet in Schweden akquirierte, in einem Markt, der völlig verteilt und gesättigt war und keinerlei weitere Wachstumsmöglichkeiten bot. Die Folge war, dass der Kurs der Franzosen, allerdings auch der der Schweden, schmerzhaft einbrach. Schon allein wegen ihrer schwach gewordenen Währung konnten die Franzosen uns nicht mehr kaufen. Hinzu kam, dass es uns allen sehr ungünstig schien, in die schlechte Stimmung rund um die Franzosen auch noch den Deal mit uns bekannt zu geben. Noch heute bin ich sicher, dass die Ankündigung des Kaufs der WWL anstelle der Schweden einen wesentlich positiveren Ausgang genommen hätte. Der Einstieg in den deutschen Markt wäre begründbar gewesen.

Mit der Absage hatte die WWL nicht nur viel Geld verloren, sondern auch besagte operative Einbußen hinnehmen müssen. Zwar wäre es übertrieben, zu sagen, die Vorbereitung zu dieser Übernahme durch die Franzosen hätte die WWL ähnlich stark belastet wie die Vorbereitung zum Börsengang, allerdings darf man auch hier den Aufwand und die Belastung, die gerade auf die kaufmännische Abteilung zugerollt waren, nicht unterschätzen. Unsere Ressourcen jedenfalls wurden bis an ihre Grenzen belastet. Die Folgen spürten wir noch Wochen später, weil verschiedene andere Aktivitäten, beispielsweise zur Anfertigung des Quartalsberichts, auf der Strecke geblieben waren. Erneut mussten hohe Anstrengungen unternommen werden, um der Publizitätspflicht rechtzeitig nachzukommen. Trotz aller Berater, die von den Banken und Juristen involviert waren, blieb ein gehöriger Aufwand bei der WWL hängen. Von daher traue ich nie mehr einem Berater, der am Anfang verspricht, er nehme einem die ganze Akquisitionsarbeit ab und das Unternehmen könne weiterhin business as usual betreiben. Das ist hanebüchener Unsinn.

Gleich zu Beginn der Fusionsgespräche wollten wir im Übrigen

Merrill Lynch mit der Durchführung der Transaktion beauftragen. Die Franzosen waren ihr bestens bekannt, weil sie unlängst erst eine Studie über sie herausgebracht hatte. Auch die französischen Freunde waren bereit, sich auf *Merrill Lynch* als die die Transaktion durchführende Bank zu einigen. Obwohl mittlerweile ein Großteil der Aktien von Altaktionären der WWL bei *Merrill Lynch* deponiert waren, bekamen wir erneut zu hören, dass die Transaktion unter der Marktkapitalisierung lag, bei der sich *Merrill Lynch* normalerweise engagieren würde. Immerhin betrug bei den Kursständen vom Sommer 2000 die gemeinsame Marktkapitalisierung der WWL und der Franzosen fast eine Milliarde Euro. (Ich begann mich allmählich zu fragen, warum um Himmels Willen wir unsere Aktien zu *Merrill Lynch* transferiert hatten – dieses Bankhaus konnte oder wollte einfach nicht für uns tätig werden.)

Mit den Amerikanern und Schweden hatten wir nicht dieses Stadium erreicht. Bei den Schweden handelte es sich um *cell network*. Nach einem Besuch zweier charmanter Damen aus der *M&A*-Abteilung von *cell network* machte ich mit unserem Vorstandssprecher einen Gegenbesuch nach Stockholm zum CEO von *cell*, *Marcus Bäcklund*. Dieses Treffen hatte zunächst den Sinn, die gemeinsame Strategie und die Vision abzustimmen. Weitgehende Einigkeit in vielen Punkte reichte aus, um den Vorvertrag vorzubereiten. Wir waren bereits in die Verschwiegenheitsphase eingestiegen, als die Verhandlungen stockten. Das Verhalten der Schweden war zunächst unerklärlich, das anfängliche Interesse war scheinbar grundlos großer Zurückhaltung gewichen. Nach rund drei Wochen Vertröstens ohne nachvollziehbaren Grund machte sich bei uns leichte Verstimmung breit, als plötzlich die alles erklärende Nachricht an den Markt kam, die ganz Europa Kopf stehen ließ: Die *Pixelpark AG* kündigte in ihrer *Ad-hoc*-Meldung am 22. März 2000 die Übernahme von *cell network* an. Was die *Pixelparker* in der Folge erlebten, hätte unseren französischen Freunden vorab eine Lehre sein können. Schon hier gelang die Argumentation für den Einstieg in den schwedischen Markt nicht. Das Ende vom Lied ist bekannt. Bereits zwei Wochen später wurde am 6. April der Deal zwischen *Pixelpark* und *cell network* annulliert. Möglicherweise als Folge der sehr kurzen Abstimmung vor der Ankündigung, während der einige wichtige Details nicht abgeklärt werden konnten. Angeblich hatte das erste Treffen zwischen *Marcus Bäcklund* und *Paulus Neef* nur zwei Wochen vor der *Ad-hoc*-Meldung stattgefunden.

Wenig wahrgenommen von der Öffentlichkeit war WWL der dritte Verlierer im Bunde: Wegen der Absorption des Interesses der Schweden durch *Pixelpark* ist die angestrebte Übernahme der WWL durch *cell network* auf der Strecke geblieben. Als die Verhandlungen wieder aufgenommen werden konnten, befanden sich die Börsen längst auf Talfahrt und führten dazu, dass sich jeder vorrangig mit sich selbst beschäftigen musste.

Die schlechtesten Karten hatten bei ihren Verhandlungen mit uns die Amerikaner. Das lag weniger an der Qualität der anfragenden Unternehmen als vielmehr an der Steuerproblematik für die Aktionäre der WWL. Nehmen diese ein Umtauschangebot aus den Vereinigten Staaten an, werden sie von dem deutschen Fiskus so behandelt, als hätten sie ihre Aktien verkauft, und müssen eventuelle Gewinne versteuern. Allein dadurch, dass sie statt der WWL-Aktie jetzt eine andere Aktie in den Händen halten, ist ihnen aber noch kein Kapital zugeflossen, aus dem sie die Steuer hätten bezahlen können. Letztlich wären sie gezwungen worden, einen Teil der Aktien wieder zu veräußern, um ihre Steuerschuld zu tilgen, was wohl kaum im Interesse der WWL-Aktionäre und auch nicht im Interesse der amerikanischen Firmen sein konnte. Die einzige Möglichkeit, die Steuerproblematik zu umgehen, wäre die Neugründung einer Dachgesellschaft in Deutschland gewesen, in die sowohl die Aktionäre der WWL als auch die der Amerikaner ihre Aktien eingebracht hätten, um neue Aktien an der Dachgesellschaft zu erhalten. Darauf hatten die Amerikaner allerdings allesamt wenig Lust. Ich habe immer auf den ersten Präzedenzfall am Neuen Markt gewartet, bei dem dies so abgewickelt wird, aber bislang ist mir keiner bekannt geworden.

Ungeklärt wäre auch die Frage nach dem Fortbestehen unseres Listings am Neuen Markt geblieben, wenn obige Konstellation umgesetzt worden wäre. So weit waren die Gespräche allerdings selten gediehen. Nur bei den Verhandlungen mit dem französischen Fusionsanwärter war diese Frage durchaus hinreichend untersucht worden.

Zunächst einmal muss man ein wenig die französische Mentalität verstehen. In der öffentlichen Wahrnehmung haben französische Manager den Ruf, den deutschen bei Verhandlungen haushoch überlegen zu sein. Dies liegt auch an ihrer Ausbildung. In Frankreich wird bereits an den Universitäten geschickte Verhandlungsführung viel besser geschult als in Deutschland. Erstaunlich war, wie perfekt die Franzosen, mit denen wir verhandelt hatten, auch der englischen Sprache mächtig waren. Dies passte so gar nicht in die vorherrschende Meinung, man müsse schon selber Französisch sprechen können, um mit Franzosen verhandeln zu dürfen. Zwar beherrschten auch auf unserer Seite mindestens vier Personen sehr gut das Französische – eine Kollegin ist immerhin gebürtige Französin und auch unser Vorstandsvorsitzender hat seine Wurzeln in Frankreich, mein Bruder und ich haben ebenfalls überdurchschnittliche Französischkenntnisse –, aber wir zogen es trotzdem vor, in Englisch miteinander zu verhandeln.

So gut wir auch Französisch konnten, die Franzosen konnten es eben besser und wären uns in den Verhandlungen immer überlegen gewesen. Da war es schon vorteilhafter, sich in einer Sprache zu unterhalten, die für beide eine Fremdsprache war.

Zwei Wochen bevor der Deal verkündet werden sollte, trafen wir noch einmal mit dem Vorstand von der Franzosen in Nürnberg zusammen, jeweils mit den Beratern. Es war schon ein erhebendes Gefühl, wenn ich in die Runde schaute, die da zusammengekommen war. Alle miteinander verdienten in Summe locker einige Millionen an Jahresgehalt. Und die verhandelten nun über den Kauf einer Firma, die ich selber einmal mitgegründet hatte. Das Gefühl war vergleichbar mit dem beim Börsengang, wo sich auch viele Investoren für „mein" Unternehmen interessiert hatten.

Die Berater fassten noch einmal alle wichtigen Details des Deals zusammen und trugen die noch offenen Punkte vor. Zwei davon waren das Listing am Neuen Markt und die *Lock-up*-Periode der Altgesellschafter der WWL. Grundsätzlich ist es so, dass mindestens 20 Prozent der Aktien eines Unternehmens frei gehandelt werden müssen. Fiele der Streubesitz unter diese Schwelle, würde die WWL aus dem Segment Neuer Markt herausgenommen. Beispiele dafür sind *Ricardo* und *Entrium Direct Bankers*. Ein Fortführen des Listings am Neuen Markt war wegen der hohen Aufmerksamkeit, die dieses Segment genießt, in unserem unbedingten Interesse und wohl auch in dem der Franzosen. Zunächst einmal! Um als das neue gemeinsame Unternehmen wieder an den Neuen Markt zu gelangen, gab es nur eine Möglichkeit: Der Börsengang müsste nach dem unabwendbaren Delisting der WWL wie seinerzeit wiederholt werden, mit den gleichen Chancen und Risiken, mit dem gleichen Aufwand und mit dem gleichen Enthusiasmus. Die Vorbereitungsphase würde mindestens die gleiche Kraft kosten und ebenso stark vom Operativgeschäft ablenken wie beim ersten Mal. Die Rechnungslegung der Franzosen entsprach weder *US-GAAP* noch *IAS*, zwei sehr strenge Bilanzierungsvorschriften zur Erstellung des Jahresabschlusses. Die Berater haben die Rechnungslegung der Franzosen zwar als ein „French-GAAP" bezeichnet, doch soll die Namensverwandtschaft nicht darüber hinwegtäuschen, dass es für die Franzosen trotzdem noch einen weiten

Weg bedeutete, die wesentlich schärferen Anforderungen von *US-GAAP* zu erfüllen.

Unser Berater von der Commerzbank machte mehrfach darauf aufmerksam, dass die Franzosen nach erfolgter Übernahme und dadurch bedingtes Delisting der WWL am Neuen Markt unbedingt wieder den Gang an den Neuen Markt anstreben müssten, sonst ließe das Interesse der deutschen Anleger an der Aktie spürbar nach. Der damit verbundene Druck auf ihre eigene Aktie konnte den Franzosen nicht willkommen sein. Trotzdem beschlich uns nach und nach der Verdacht, die Franzosen meinten es zunehmend weniger ernst, den erneuten Gang an den Neuen Markt auch wirklich anzustreben. Theoretisch hätten wir uns diese Absicht im Übernahmevertrag garantieren lassen können, da die Entscheidung für einen Gang an die Börse allein vom Vorstand getroffen wird. Aktionäre hätten allerdings die Möglichkeit, über eine eiligst einberufene, außerordentliche Hauptversammlung den Vorstand zu stoppen. Aufgrund des für uns wenig durchsichtigen Geflechts zwischen Vorstand und Hauptaktionären waren wir ob der Ernsthaftigkeit der Franzosen in diesem Punkt nicht wirklich überzeugt.

Des Weiteren konnte uns natürlich auch niemand garantieren, ob die Zulassungskommission der *Deutsche Börse AG* das französische Unternehmen überhaupt zulassen würde. Aus heutiger Sicht muss man das Gelingen dieses Börsengangs allerdings ernsthaft in Frage stellen. Die Situation für Neuemissionen, insbesondere aus dem Internetbereich, hat sich sehr ungünstig entwickelt.

Es war offensichtlich, dass die Altaktionäre der franzosen, die erst kürzlich der *Lock-up*-Periode entkommen waren, keine Lust hatten, sich über das Listing am Neuen Markt erneut einer mindestens halbjährigen Haltefrist ihrer Aktien unterwerfen zu müssen. Für die Altaktionäre der WWL wäre die Ablehnung der Franzosen kaum hinnehmbar gewesen, da sie sich selbst noch immer in der freiwillig auferlegten, zweijährigen *Lock-up*-Frist befanden.

Dieser Punkt wurde zwar nicht direkt zum Deal-Breaker, aber dennoch führte er zu der Woche Zeitverzug, die letztlich den Deal scheitern ließ, nachdem die Übernahme der Schweden erfolglos verlaufen war. Die Aktien der Franzosen, mit denen die Altaktionäre der WWL beim Umtausch bedient worden wären, wären ja aus einer Kapitalerhöhung gekommen.

Bei der Zulassung dieser Aktien zum Handel wären alle Großaktionäre einer neuerlichen *Lock-up*-Frist unterlegen. Die Franzosen waren wenig angetan von unserem Vorschlag, sich selbst freiwillig auch wieder einer solchen Frist zu unterwerfen. Für die Deutschen war es schlichtweg schwer vorstellbar, die Aktien selber nicht handeln zu dürfen, während es den Franzosen gleichzeitig erlaubt war.

Diese Differenz brauchte dann allerdings nicht mehr zu Ende diskutiert zu werden. Die Franzosen zeigten sich wenig verständig, dass wir so akribisch auf diesen Punkt bestanden, und schoben dies der deutschen Mentalität zu, möglichst viele Details in bürokratischer Gründlichkeit vorher festlegen zu wollen. Bei der Größenordnung dieser Übernahme konnten wir uns aber nicht wirklich für das Plädoyer des CEOs der Franzosen begeistern, doch bereits den Deal zu verkünden – anschließend würde man sich über all diese Punkte schon einig werden. Dabei übersah er allzu leicht, dass die Verhandlungsposition der WWL nach der Verkündigung des Deals entschieden geschwächt worden wäre und es in Frage gestanden hätte, ob wir dann überhaupt noch eine unserer Forderungen hätten durchsetzen können.

Ungeachtet dessen hatten wir alle ein sehr großes Interesse an dem Zustandekommen der Übernahme durch die Franzosen, und ich bin mir sicher, dass auch für das Problem der *Lock-up*-Frist noch eine akzeptable Lösung gefunden worden wäre. Immerhin boten die Franzosen ein Premium (= Aufschlag) von bis zu 30 Prozent auf die Aktie der WWL, wenn diese sich innerhalb eines bestimmten vorher festgelegten Korridors bewegen sollte. Diesen Korridor hatte die WWL-Aktie bis zum Abbruch der Verhandlungen nicht verlassen. Die Preisfindung sollte auf Basis eines volumengewichteten Durchschnittskurses vor einem festzulegenden Stichtag erfolgen. Dabei hätte ein niedriger Aktienkurs, zu dem eine hohe Stückzahl gehandelt wird, das Endergebnis mehr beeinflusst als ein hoher Aktienkurs, auf dessen Basis fast kein Handel zu Stande gekommen wäre.

Kann denn Wellness Sünde sein?

Während der Phase einer weltweit getragenen Euphorie gegenüber nahezu allen Aktivitäten im Internetbereich war das Angebot an kostenintensiven Betätigungsfeldern schlichtweg unüberschaubar. Vor dem Hintergrund fantastischer Wachstumszahlen, die die namhaften Wirtschaftsforschungsinstitute dem E-Commerce vorhersagten, war man viel zu leicht bereit, jedem Businessplan einer Internet-basierten Geschäftsidee, die auf dem Papier ein jährliches Umsatzwachstum von hundert oder zweihundert Prozent versprach, Glauben zu schenken. Anleger und professionelle Investoren hatten es vorgemacht: Es reichte ihnen völlig, wenn Gewinne erst nach zwei, drei oder gar vier Jahren geplant waren, solange nur die Umsatzentwicklung stimmte.

Der Frühling 2000 war auch die Zeit, die noch mehr auf dem Internet basierende Geschäftsideen hervorbrachte, als dies seit Monaten ohnehin der Fall war. Nirgendwo sonst war es so leicht und vergleichsweise risikolos möglich, seine Geschäftsidee einfach einmal auszuprobieren, wie im Internet. Es spielte keine Rolle, ob es sich dabei um digitale Fotoalben, Heimwerkerbedarf oder so genannte *Communities* handelte, die gezielt eine zahlende Zielgruppe, beispielsweise junge Eltern, Homosexuelle oder Partysüchtige, mit allen von ihr gewünschten Artikeln und Informationen beliefern konnten.

Viele Väter solcher Ideen hatten sich sehr schnell einfache, aber funktionelle Internetauftritte gebastelt und gingen mit den ersten Erfolgen, die diese verzeichnen konnten, auf Investorensuche. Fast immer lautete die verheißungsvolle Formel, mit einer gehörigen Anschubfinanzierung sei der ansonsten in weiter Ferne liegende, aber sicher eintretende Erfolg in greifbare Nähe zu rücken.

Unsere Wettbewerber schienen uns auch in diesem Punkt davonzueilen: Sei es über die neu gegründete Tochter der *Pixelpark*, die Risikokapitalgesellschaft *Venturepark Incubator AG* oder wie im Falle von *Kabel New Media*, die eine äußerst aggressive Akquisitionsstrategie verfolgte – ihnen allen schien es zu gelingen, gezielt die als interessant eingeschätzten Märkte zu adressieren und an die Firmengruppe heranzuführen. Boomende Veranstaltungen, wie *First Tuesday* beispielsweise, auf denen sich jeweils am ersten Dienstag eines Monats unter der Ausrichtung verschiedener Sponsoren die Gründer- und Investorenszene traf, schienen das Rezept gefunden zu haben, wachstumswillige Unternehmen an innovative Geschäftsideen heranzuführen. Da galt es, sich die Rosinen herauszupicken. Unweigerlich machte sich bei uns, die wir noch immer dem Wachstum um (fast) jeden Preis verhaftet waren, gegenüber Beteiligungen und Beteiligungsanfragen, die die WWL zuhauf erreichten, eine gefährliche Kritikmüdigkeit breit. Schließlich liegen oftmals die Gefahren für den Erfolg so manch tüchtiger Geschäftsidee bisweilen an unvermuteter Stelle – in ihrem anfänglichen Erfolg! Wehe dem, der sich davon blenden lässt.

Ein Paradebeispiel dafür ist die vierprozentige Minderheitsbeteiligung der WWL an dem Wellness-Portal der *Beautynet AG*, die sowohl unser Vorsitzender als auch unser Finanzvorstand im Frühsommer 2000 befürworteten. Die übrige Aktionärsstruktur dieses Kosmetikportals sollte aus der Crème de la Crème des deutschen Versandhandels bestehen. Dies legte unweigerlich den Schluss nahe, wir könnten durch die Beteiligung Teil einer ganz großen Geschichte werden. Letztlich sind viele der anderen geplanten Anteilseigner abgesprungen, von der Crème ist fast nur die WWL übrig geblieben.

Die Befürworter aus unseren Reihen blieben eine sachliche Rechtfertigung für das Eingehen der Beteiligung, beispielsweise in Form einer Rentabilitätsrechnung, schuldig – möglicherweise aus Zeitgründen. Es blieb schlichtweg ungeklärt, wie wir jemals unsere Einlage von über 700.000 Euro für vier Prozent der Anteile re-erwirtschaften könnten. Man überlege sich, damit gestanden sie der *Beautynet AG* einen Wert von völlig überzogenen 17,5 Millionen Euro zu, kaum dass es gegründet war. Einige spezialisierte Shoppingportale, beispielsweise für Kleidung, Spielzeug oder Heimtierbedarf, kämpften schon damals um ihre Existenz. Zwar gestand man der Kosmetikindustrie grundsätzlich bessere Chancen zu, letztlich blieb es aber doch ein Spiel mit dem Feuer, welches sich die WWL keinesfalls leisten konnte. Außerdem konnte man seinerzeit durchaus erahnen, dass die WWL diese Liquidität in nicht allzu ferner Zukunft selber ganz gut gebrauchen könnte.

Ich erinnere mich gut an eine Vorstandssitzung, bei der ich vor nahezu vollendete Tatsachen gestellt wurde – offenbar war die Beteiligung bereits beschlossene Sache und meine Vorstandskollegen hatten sich schon die Zustimmung des Aufsichtsrats eingeholt. Andererseits wusste ich, dass mindestens einer meiner Mitbegründer der WWL – und damit auch ein Großaktionär – diese Beteiligung ebenfalls ablehnte. Als ich mir innerhalb der Vorstandssitzung über meinen Ärger Luft machte und zur Unterstützung meiner Position auch die Ablehnung meines Gründerkollegen zitierte, wies mich der Vorsitzende zurecht, indem er mir schroff erklärte, dies sei eine souveräne Entscheidung des Vorstands, man könne nicht für jede Entscheidung die Meinung irgendwelcher Großaktionäre einholen.

Als überzeugter Gegner dieser Beteiligung versuchte ich in den folgenden Wochen, die noch nicht eingegangene Beteiligung zu stoppen. Zwar wurden auch die Befürworter mit der rasch zunehmenden Abkühlung des Internetmarktes unsicher ob der Richtigkeit einer solchen Beteiligung, jedoch stand unser Finanzvorstand bei dem Kosmetikversender im Wort und fürchtete nach einem Rückzug seinen Gesichtsverlust. Noch war und ist aber nicht alles verloren. Es besteht die vage Hoffnung, dass sich diese Beteiligung noch gewinnbringend entwickeln kann. Denn allen Unkenrufen zum Trotz startete das Portal der *Beautynet AG* zunächst recht erfolgreich. So erfolgreich, dass ihm dies fast zum Verhängnis wurde:

Die Goliaths der Szene wurden auf den David aufmerksam und versuchten, ihm fortan das Leben schwer zu machen. Zeitungen lehnten die Schaltung von Werbeanzeigen ab, da sie von ihrer übrigen Kosmetikklientel unter Druck gesetzt wurden und um deren Werbeetats fürchten mussten. Hersteller von Duftwässerchen zogen ihre Lieferzusage zurück, da sie sonst von anderen Kosmetikhandelsketten boykottiert würden. Zwar entspannte sich die Lage im Frühjahr 2001, und man war auf dem Weg gegenseitiger Annäherung, dennoch hatte der Finanzvorstand der WWL entschieden, die Beteiligung im Jahresbericht 2000 bis auf den Nominalwert des Grundkapitals abzuschreiben.

Immerhin sollte die WWL einen Auftrag in Höhe der Beteiligung für die Erstellung des Portals erhalten. *Intershop* meldete hohes Interesse an, diesen Auftrag nach besten Kräften zu unterstützen, schließlich sollte das Portal auf Basis ihrer neuen Software *Enfinity* gebaut werden und die Jenaer benötigten dringend die Referenz eines darauf basierenden, funktionierenden Shopsystems.

Allerdings war ihre Software noch derart fehlerhaft, dass wir bei der Erstellung des Portals stark ausgebremst wurden und unsere schöne Marge wie Eis in der Sonne dahinschmolz. Die Motivation von *Intershop*, ihr Versprechen einer umfangreichen Unterstützung einzulösen, ließ denn auch bald nach, als das Unterfangen für sie zu einem Verlustprojekt zu werden drohte. Mit erheblichem Mehraufwand, den überwiegend die WWL abfedern musste, konnte der Auftritt schließlich online gestellt werden.

In der Wachstumsfalle

Als eine der größten Erfahrungen aus meinem Unternehmerdasein nehme ich die Lehre aus der Wachstumsstrategie durch *Mergers & Acquisitions* auf meinen weiteren Weg mit. Aufgrund der Schwierigkeiten, die in diesen Gewässern lauern und die immer wieder die Aufmerksamkeit vom eigenen Kerngeschäft ablenken, wäre eine zentrale oder höchstens regionale Wachstumsstrategie besser gewesen, da sie sich als besser kontrollierbar und weniger kostenintensiv darstellt. Unser Aufsichtsratsvorsitzender sagte einmal zutreffend, jeder Standort und jeder Betrieb erzeuge hohe Grundkosten und man müsse immer wieder überprüfen, ob sie durch Zusammenlegung von Standorten eingedämmt werden könnten.

Am 5. März 2001 hat eines der bekanntesten Unternehmen am Neuen Markt die Folgen seiner rasanten Wachstumspolitik zu spüren bekommen. Der einstige Börsenliebling und ehemalige Nemax-50-Kandidat, die *Micrologica AG*, Softwarehersteller aus Bargteheide, musste den Insolvenzantrag stellen. 1998 mit einem Emissionserlös von rund 15 Millionen Euro an den Neuen Markt gegangen und einem zwischenzeitlichen Höchststand der Aktie bei 130 Euro gegenüber dem Emissionskurs von 8,35 Euro (bereinigt um den Aktiensplit), drohte dem Unternehmen das Aus infolge von Liquiditätsschwierigkeiten. Nach einer Analyse der DG Bank, die das Unternehmen als Konsortialführer an die Börse gebracht hatte, hätten die Folgen des Börsengangs dem Unternehmen die wirtschaftlichen Schwierigkeiten beigebracht. Aus dem Emissionserlös hatte *Micrologica* eine Reihe von anderen Firmen übernommen und zahlreiche Kooperationen begründet, um das Wachstum zu beschleunigen.

„Aus der Rückschau ist zu erkennen, dass die Gesellschaft dabei ihre Schlüsselmärkte aus den Augen verlor und sich von ihrer Kernkompetenz entfernte", konstatierte die Bank. Zudem war *Micrologica* in einen Wettbewerb mit großen Systemhäusern eingetreten, auf den das Unternehmen weder organisatorisch noch personell oder finanziell vorbereitet gewesen sei.

Treffender kann man das Umfeld rasanten Wachstums mit all seinen Gefahren und Risiken nicht beschreiben. Was die WWL betrifft, so hat einerseits der immense Druck von außen, ein aggressives Wachstum bewältigen zu müssen, und andererseits unser Nichteingestehenwollen, mit den Wachstumsprognosen des Internetmarktes nicht Schritt halten zu können, zu unserer verunglückten und von uns längst nicht mehr beherrschbaren Wachstumspolitik geführt.

Eine Fusion, die Fantasie blieb

Als wir im Zuge der abkühlenden Markthysterie und der überall aufkommenden und bereits sichtbar gewordenen Probleme bei den großen deutschen Internetagenturen die Zeit für gereift hielten, den wirklichen Versuch zu unternehmen, einen deutsch-deutschen Zusammenschluss zu suchen, führten wir im Spätherbst 2000 vorsichtige Sondierungsgespräche, um potenzielle Kandidaten auszumachen. „Nicht gegeneinander, sondern miteinander wachsen" lautete die Devise – der Schulterschluss mit dem Wettbewerber. Während einige sich unumwunden zu ihren Problemen bekannten und abwinkten, sie müssten erst einmal ihre eigenen Schwierigkeiten in den Griff kriegen, schienen andere nichts von dem längst angelaufenen und immer noch bevorstehenden Bereinigungsprozess wissen zu wollen.

Nach einem knapp zweistündigen Besuch bei dem Vorstand der *Popnet Internet AG* gingen wir auseinander und wussten beide, ohne es ausgesprochen zu haben, dass es keine Folgegespräche geben würde. Während wir für die WWL noch einiges Verbesserungspotenzial eingestanden, schien bei *Popnet* die Welt völlig in Ordnung und man träumte noch immer von der Idee, als europäisch aufgestelltes Unternehmen auf Brautschau zu gehen und sich den ganz großen Technologieunternehmen dieser Welt als ausgelagerte Internetabteilung zu empfehlen.

Trotz kritischer Nachfrage unsererseits, ob denn alle Prozesse bei *Popnet* ausgereift seien und die Profitabilität in greifbarer Nähe wäre – wobei wir dem *Popnet*-Vorstand die Hintertür für eine ehrliche Antwort dadurch öffneten, dass wir Schwächen in den eigenen Prozessen einräumten – versicherte man uns, diese Hausaufgaben längst erledigt zu haben. Der kurze Zeit darauf erschienene, katastrophale Bericht ihres dritten Quartals sprach allerdings eine andere, sehr deutliche Sprache.

Am 26. September 2001 beantragte *Popnet* als 13. Unternehmen am Neuen Markt die Eröffnung des Insolvenzverfahrens. Die Commerzbank, die auch bei *Popnet* der Konsortialführer war, hatte zuvor die Kreditlinie von knapp neun Millionen Euro gekündigt, nachdem die innerhalb eines wenige Monate zuvor beschlossenen Restrukturierungskonzeptes geplanten Maßnahmen nur teilweise umgesetzt wurden. Zwar erfolgte offenbar die Verkleinerung des Vorstands, die Straffung des Managements, der Personalabbau und die Fokussierung auf Kernbereiche. Andere Teile des Konzeptes erwiesen sich aber im Vorstand und Aufsichtsrat als nicht konsensfähig.[7]

---

7 Quelle: Ausgabe Handelsblatt vom 26. 9. 2001

DIE RESTRUKTURIERUNG DER NEUSTRUKTURIERUNG

Das Jahr 2001 war kaum angebrochen, da ging es durch die Nachrichten: Die *Deutsche Telekom* will *Kabel Deutschland* verkaufen, um mit dem Verkaufserlös einen Teil ihrer Schulden zu tilgen. Auch wolle man sich wieder auf sein Kerngeschäft konzentrieren. Na also! Als hätte die Telekom bei uns abgeschrieben (ohnehin schreiben alle von allen ab). Genau diese Aussage hatten wir unlängst selbst gemacht und damit in Wirklichkeit eingestanden, uns von gewissen Altlasten trennen zu wollen. Mit dieser Absicht waren wir wahrlich in guter Gesellschaft.

Beispiel *Intershop Communications AG*: In einem Interview Anfang Februar 2001 mit der *Berliner Zeitung* erklärt *Stephan Schambach*, Gründer und Chef des Herstellers von Shopping-Plattformen für das Internet, er wolle das Unternehmen profitabel machen, indem er die Marketingorganisationen zusammenlegen und eine neue Produktstrategie fahren werde. Gerade Ersteres ist ein Hinweis auf unnötigen Ballast, den das Unternehmen mit sich herumgeschleppt hat. Bereits vorher teilte das Unternehmen mit, die USA-Strategie zu überprüfen, nachdem dort enttäuschende Quartalszahlen das Jahr 2000 ausklingen ließen.

Beispiel *Gedys Internet Products*: Am 1. Dezember 2000 gibt der Software-Hersteller und Vermarkter in einer *Ad-hoc*-Meldung bekannt, dass durch Konzentration der Unternehmensstandorte, bei gleichzeitiger Reduktion der Belegschaft um ein Viertel und Ausnutzung von Synergieeffekten, künftig bis zu vier Millionen Euro jährlich an Kosten gespart werden können. Im Klartext: Eine kritische Überprüfung des Kostenapparats hat Einsparpotenziale aufgezeigt. Mit der Rückbesinnung auf das Kerngeschäft gibt man gleichzeitig zu, sich auf zusätzliche, wenig profitable Geschäftsfelder eingelassen zu haben.

Beispiel *Popnet Internet AG*: Am 20. Oktober 2000 beendet der Internetdienstleister sein Engagement bei der *Crossmedia AG* und bezeichnet dies sowohl als eine wirtschaftliche als auch eine strategische Entscheidung im Hinblick auf die künftige Ausrichtung der *Popnet*. Letzteres wird nicht näher erklärt, ist aber nichts anderes als das Eingeständnis, sich künftig wieder auf seine Kernkompetenzen zu konzentrieren. Der wirtschaftliche Charakter der Entscheidung liegt auf der Hand: Immerhin wird das Engagement bei der *Crossmedia AG* den Konzernabschluss mit rund 5,4 Millionen Euro belasten.

Eines schwingt in allen Meldungen mit: Das Zauberwort „Restrukturierung" als Allheilmittel für die Fehler der Vergangenheit, für ehemals als sinnvoll angepriesene Neustrukturierungen. Die Rückbesinnung auf die Kernkompetenzen und das Abstoßen von teilweise verlustbringenden Geschäftsfeldern. Auch bei der WWL haben wir in diesem Bereich schmerzliche Erfahrungen gemacht.

Im ersten Quartal 2000 sahen wir uns des Öfteren dem „Vorwurf" von Investoren ausgesetzt, wir hätten mit dem Emissionserlös ein gutes Dreivierteljahr nach Börsengang noch zu wenig an Wachstumsmaßnahmen eingeleitet. Bis dahin war uns – glücklicherweise, muss man heute sagen – erst eine Akquisition nach *IPO* gelungen, ansonsten haben wir, bedingt durch ein noch nicht profitables Kerngeschäft, mit dem Emissionserlös einen Teil unseres Verlustes finanziert. Unser Auftrag lautete aber Wachstum, und zwar schnelles Wachstum, das Erreichen einer der Top-Fünf-Positionen mindestens innerhalb Deutschlands, wenn nach den Kriterien Umsatz oder Mitarbeiterzahl bewertet wird.

Dem Wachstum des Kerngeschäfts waren allerdings Grenzen gesetzt. Sehr schwierig war Anfang 2000 die Rekrutierung von zusätzlichem qualifizierten Personal. Wir benötigten unbedingt Mitarbeiter, die Erfahrung in der Programmiersprache *Java* und möglichst gleichzeitig in der Implementierung von *Intershop*-Software vorweisen konnten. Das waren Anforderungen, die zu der Zeit von allen Internetdienstleistern an neue Mitarbeiter gestellt wurden. Der Markt war nahezu leer gefegt. Bewerber mit anderen Profilen gab es durchaus genügend. Deren Einstellung war aber nur in Kombination mit den vorgenannten „high potentials" sinnvoll. Im Umfeld von Mitarbeitern mit qualifizierten Programmierkenntnissen mussten darüber hinaus mehrere Mitarbeiter mit anderen Qualifikationen (Design, Maskenprogrammierung) eingesetzt werden.

Die WWL hätte sich damals besser eingestanden, lieber nicht so schnell zu wachsen, wie man dies auf Anlegerseite von ihr gefordert hatte. Sinnvoller wäre es gewesen, das Kerngeschäft zu stärken, eben in der Geschwindigkeit, wie es die Personalsituation zuließ, und sich nicht in neuen, zusätzlichen Geschäftsfeldern zu versuchen, die anfangs allesamt sehr kapitalintensiv sind. In der Konsequenz hätten wir schon damals eine Umsatzverfehlung an den Markt kommunizieren müssen, was allerdings nicht so tragisch gewesen wäre, hätte man gleichzeitig damit begonnen, auf ein möglichst gutes Ergebnis hinzuwirken, beispielsweise durch verschiedene Sparmaßnahmen und einen Einstellungsstopp in administrativen Bereichen. Die Kunst hätte damals darin bestanden, gegen den Strom zu schwimmen und auf das Ergebnis anstatt auf den Umsatz zu achten.

Stattdessen versuchten wir über die Neustrukturierung der Firma, den kommunizierten Umsatz einzuhalten. Die Defizite im Kerngeschäft sollten durch vermeintlich schnell erzielbare Erlöse aus neuen Geschäftsfeldern mehr als wettgemacht werden. Dem Anleger suggeriert eine Neustrukturierung und Ausweitung der Geschäftsfelder zunächst einmal mindestens die Chance auf zusätzlichen Umsatz. Wir weckten also fatalerweise die Erwartung, die WWL würde im Laufe des Jahres eher noch ihre ursprüngliche Planung anheben.

Allerdings: Das Umsatzwachstum konnte zumindest für 2000 durch die Ausweitung der Geschäftsfelder nicht spürbar beschleunigt werden, die Vorlaufzeiten der zusätzlichen Aktivitäten waren einfach zu lang. Am Ende des Jahres hatten wir „nur" den Umsatz unseres Kerngeschäfts zu vermelden, ansonsten aber alle Kosten, auch die der neuen Geschäftsfelder. Als Folge mussten wir am 23. Januar 2001 eine *Ad-hoc*-Meldung herausgeben, die nicht nur eine Umsatzverfehlung von rund 14 Prozent eingestand, sondern – viel schlimmer noch – einen fürchterlich hohen, operativen Verlust (EBITDA) in Höhe von 11,6 Millionen Euro und damit mehr als die Hälfte unseres Umsatzes. Es war definitiv falsch, auf ein noch nicht stabiles und auch noch nicht Gewinn abwerfendes Kerngeschäft zusätzliche Geschäftsfelder aufbauen zu wollen.

Im März 2000 hatten wir der WWL eine neue Struktur verpasst. Der Aufbruch ins neue Jahrtausend sollte es werden, gewappnet für alles, was da im Internetbereich noch kommen mochte. Wir versprachen uns davon eine saubere Trennung der Organisationseinheiten, um das Kerngeschäft nicht mit den neuen Geschäftsfeldern zu vermischen. Die Transparenz in der Kommunikation gegenüber dem Markt und auch gegenüber den eigenen Mitarbeitern sollte auf diese Weise optimal gewährleistet sein.

Hier zeigte sich relativ schnell, dass Gesetze und Abläufe, die in großen Konzernen funktionieren mögen, auf so ein kleines Unternehmen, wie es die WWL ist, nicht ungestraft übertragen werden können. In Aufsichtsrat und Vorstand hatten wir zwei konzerngeprägte Kollegen, und so bekam die WWL ein neues Korsett in Form einer sehr nachteiligen Holdingstruktur verpasst. Ich erinnere mich gut, dass ich damals alles andere als glücklich über die neue Organisationsstruktur war, ohne es jedoch richtig begründen zu können. Unser Aufsichtsratsvorsitzender, ein exzellenter Menschenkenner, sah mir mein Unglück an, und so traf ich mich mit ihm und den Vorstandskollegen außerhalb der Firma in einem Konferenzraum des Nürnberger *Maritim*-Hotels. Weniger die Gegenargumente als vielmehr die Euphorie der anderen über die neue Struktur machten mich an diesem Abend weich und ich glaubte am Schluss tatsächlich von der Schlagkraft der neuen Strategie überzeugt zu sein. Ich wollte nicht der Spielverderber sein und stimmte zu.

Nachdem wir die neue Struktur verabschiedet hatten, präsentierten wir sie den Mitarbeitern. Deren Reaktion war keineswegs einstimmig euphorisch. Viele trauten sich nicht unbedingt, Kritik zu äußern. Ein paar wenige taten es bei dem anschließenden Imbiss in Einzelgesprächen aber doch. Der damals geäußerte Hauptkritikpunkt traf in der Tat den Nagel auf den Kopf:

Die neue Struktur war keine Verschlankung der Topmanagementebene, sondern die Geburtsstätte vieler neuer Posten. Sie wurde mindestens allen Eitelkeiten auf Vorstandsebene gerecht: Unser Vorstandssprecher wurde zum Vorstandsvorsitzenden umbenannt und hatte in der Holding nur noch unseren Finanzminister unter sich. Ich sage bewusst nicht „neben sich", dazu sah unsere Satzung für den Vorsitzenden bei einer Pattsituation zwei Stimmen vor. Wir anderen beiden Vorstände wurden zu Bereichsvorständen. Mein Kollege war verantwortlich für das Kerngeschäft, und ich für das Geschäftsfeld der Produkte, welches gegenüber der ursprünglichen Definition allerdings mit neuen Aufgaben versehen wurde. Geplant war, die Geschäftsfelder des Kerngeschäfts – wir nannten es *vision2market* – und der Produkte – *vision2product* – innerhalb der nächsten Monate in eigenständige Töchter auszugründen.

Wenn ich vorhin sagte, das so beschlossene neue Modell wurde auch gewissen Eitelkeiten auf Vorstandsebene gerecht, so verlangt dies sicher eine Erklärung. Zunächst einmal war für die Ausgründung der *vision2market*, also unseres Kerngeschäfts, ein Bereichsvorstand zu wenig. Es war schlichtweg unmöglich, alle Anforderungen in einer Person kompetent abzudecken. Folglich beschlossen wir, aus dem einen Bereichsvorstand drei zu machen: Hinzu kamen mein Bruder und einer der beiden ehemaligen Geschäftsführer unserer Akquisition aus Bremen, der *OptiNet*. Damit konnten gleich zwei Begehrlichkeiten befriedigt werden. Zum einen wurde dem Führungsanspruch des Exgeschäftsführers aus Bremen entsprochen. Zum anderen wurde der Kompetenzbereich der Bereichsvorstände eingeschränkt – nämlich auf den ihnen zugewiesenen Sektor –, und damit ging ein geradezu ungesunder Machtausbau unseres Vorstandsvorsitzenden einher.

Die Stärkung einer Machtposition ist nicht unbedingt etwas Nachteiliges, je nachdem, woraus sich dieser Machtanspruch begründet. Ist dieser Anspruch das Ergebnis einer uneingeschränkten, qualitativen Kompetenz, die dazu führt, dass ihm die gesamte Mannschaft quasi blind folgt und bereit ist, seine Visionen als die eigenen Ziele zu verstehen, dann ist er gerechtfertigt und ein Segen für das Unternehmen. Aber dem war keineswegs so. Vielmehr taktierte unser Vorsitzender „politisch" sehr geschickt und verteidigte seine Macht durch hartes Abgrenzen und schroffes Aufbrausen gegen jegliche kritische Einmischung. Schon damals war die Kluft zwischen ihm und den Mitarbeitern sehr groß, und sie ist danach nur noch größer geworden.

Einer weiteren Eitelkeit wurde mit diesem Modell ganz unbemerkt Genüge getan. Unser Vorstandssprecher zu Zeiten des Börsengangs wurde nun zum Vorstandsvorsitzenden der neu gegründeten Tochter der WWL, der *trendfinder.com AG*, ernannt – zunächst ganz allein. Keiner war mehr da, der von ihm lästige Abstimmungen einforderte, und auch keiner war mehr da, der neben ihm als dem permanenten Vollgasgeber auf die Bremse trat! Im Kapitel „Unendlich viel Geld! – Unendlich?" habe ich bereits das unglückselige Ende der *trendfinder.com AG* beschrieben.

Geboren war eine Konzernstruktur, die für die WWL völlig überdimensioniert war. Allein das Verwalten dieser Struktur kostete verschlang ungeheure Mengen an Geld. Die flache Hierarchie von einst war einer typischen Pyramide gewichen, die Zahl der verrechenbaren Leistungsträger sank weiter – und damit auch der Pro-Kopf-Umsatz.

Wenn man der neuen Struktur überhaupt etwas positives abgewinnen wollte, dann ihre Skalierbarkeit. Sie erfüllte augenscheinlich den Anspruch, sich sehr schnell an die sich wandelnden Tendenzen im Internetbereich anpassen zu können. Sie hätte uns erlaubt, interessante Neuentwicklungen im Umfeld unseres Kerngeschäfts an die WWL heranzuführen und für uns nutzbar zu machen. Das Konzept sah vor, uns mittels Kapitalbeteiligungen und aktiven Wissensaustausches zusätzliche Technologien zugänglich zu machen und dabei den Löwenanteil der Entwicklungen und Vermarktungen in den „Satelliten" zu belassen.

Diese Idee kam allerdings zu früh. Das Kerngeschäft hätte dastehen müssen wie ein Fels in der Brandung – stattdessen war es selber noch kapitalintensiv.

Zum neuen Geschäftsjahr 2001 haben wir mit der Struktur aufgeräumt, die Altlasten, die sich hier angesammelt haben, über Bord geworfen – die Neustrukturierung des letzten Jahres restrukturiert. Die Holding-Struktur wurde wieder eingestampft, das Management verschlankt. Die WWL besaß ab sofort nur mehr drei Vorstände, den Vorstandsvorsitzenden (CEO), den Finanzvorstand (CFO) und meinen Bruder als Vorstand Operations (COO).

Am 1. Februar 2001 wurde die neue, nahezu ursprüngliche Struktur den Mitarbeitern durch unseren CEO erklärt. Leider konnte er sich nicht durchringen, vor den Mitarbeitern zu bekennen, dass die Struktur des Jahres 2000 einzig ein Fehler des Vorstands (und Aufsichtsrats) war. Stattdessen sprach er von Fehlern, die alle gemacht hatten. Das war nicht fair. Der einzelne Mitarbeiter hatte seine Arbeit gemacht. Die strategische Entscheidung des Jahres 2000 war der Fehler – und den hat nicht der Mitarbeiter zu verantworten. Die Schlussfolie seines Vortrags war ein Appell an die Mitarbeiter, die Ärmel hochzukrempeln, um die bevorstehenden Aufgaben des Jahres 2001 zu bewältigen. Wieder falsch! Die Ärmel der Mitarbeiter waren am Anschlag, die konnten nicht weiter hochgekrempelt werden. Nur die Richtung musste jetzt stimmen und die Verantwortung dafür lag und liegt bei Vorstand und Aufsichtsrat. Die darf nicht schon vorab präventiv auf den Mitarbeiter abgewälzt werden – nicht dass nachher der Mitarbeiter Schuld hat, wenn es nicht klappt, nur weil er seine Ärmel nicht hochgekrempelt hat.

AB IOVE PRINCIPIUM[8]

Einer der Großen der deutschen Wirtschaft und bis zu seiner Ermordung 1989 Vorstandssprecher der Deutschen Bank, Alfred Herrhausen, sagte einmal: „Die meisten Fehler machen Unternehmen, wenn es ihnen gut geht, und nicht, wenn es ihnen schlecht geht".

Wie Recht er damit hat! In gewisser Weise war der Emissionserlös und die damit einhergehende hohe Liquidität Gift für das Unternehmen, täuschte sie doch vor, es ginge uns gut und das Unternehmen könne jede Fehlentscheidung komfortabel abfedern. Die Liquidität wurde mit der Ertragskraft der Firma verwechselt. Auf die warnenden Stimmen, die von mir und bald auch von unserem stellvertretenden Aufsichtsratsvorsitzenden, unserem Investor aus dem Gründungsjahr, kamen, wurde viel zu langsam reagiert.

Die Warnungen kamen ja auch von falscher Stelle. Dem Finanzvorstand hätte man das Gebot der Stunde eher geglaubt. Er aber weigerte sich, den Geldhahn endlich zuzudrehen und die Ausgaben im gesamten Unternehmen kritisch zu hinterfragen. Die Verwendung des Geldes sei nicht seine Entscheidung, er habe lediglich die Zahlströme zu überwachen, die auf Basis abgesegneter Entscheidungen oder bestehender Verträge zu erfolgen hätten.

Frostiges Wiedersehen mit dem Konsortialführer

Spätestens ab Herbst 2000 nahm der Druck auf den Vorstand und Aufsichtsrat der WWL spürbar zu, auf den immer noch hohen monatlichen Liquiditätsschwund im Unternehmen zu reagieren. Längst waren wir in das kritische Blickfeld von institutionellen Anlegern und Analysten geraten. Während die meisten von ihnen uns wortlos von einem Tag auf den anderen den Rücken zukehrten, machte sich die Commerzbank ernsthaft Sorgen um uns und suchte das Gespräch mit dem Aufsichtsratsvorsitzenden. Die Commerzbank, wie auch viele andere Emissionshäuser, fürchtete um die Qualität der von ihr an der Börse platzierten Unternehmen. Zu viele notierten mittlerweile deutlich unter Emissionspreis und zu viele hatten eine Gewinnwarnung herausgeben müssen. Unter solch unerwarteten, schlechten Unternehmensnachrichten leidet auch der Ruf der Bank.

---

8 Lat.; sinngemäß: Man möge noch einmal von vorn beginnen

Das Thema war nicht einfach für die Commerzbank, bedeutete es doch gewissermaßen eine Einmischung in die Personalpolitik der WWL. Aus ihrer Sicht musste dringend der Finanzvorstand ausgetauscht werden. Die Zahlen, die WWL veröffentlichte, seien ein Hinweis auf ein desolates Controlling im Unternehmen und ein Beleg dafür, dass der Finanzvorstand längst nicht mehr Herr der Lage sei. Wenn der Aufsichtsrat der WWL dennoch an dem Finanzvorstand festhielt, so musste es dafür Gründe geben, die unserem Konsortialführer nicht ersichtlich waren.

Einen ersten Versuch, mit unserem Aufsichtsratsvorsitzenden unter vier Augen zu sprechen, unternahmen im November 2000 zwei Commerzbanker aus dem Emissionsteam. Unser Vorstandsvorsitzender bekam allerdings Wind von diesem Gespräch und empörte sich über das Vorgehen der Commerzbank. Wenn es Dinge zu besprechen gäbe, die das Unternehmen beträfen, so seien diese direkt mit ihm auszumachen. Er konnte nicht wissen, wenngleich sicherlich erahnen, dass es um die Zusammensetzung des Vorstands ging – möglicherweise auch um seine Position.

Kurzerhand klinkte er sich in das Gespräch ein und erschien ebenfalls in Frankfurt, gemeinsam mit unserem Aufsichtsratsvorsitzenden. Statt eines offenen und kritischen Dialogs mit der Commerzbank versandete das Gespräch in den üblichen Beteuerungen eines Vorstands, der immer noch nicht das Gebot der Stunde wahrhaben wollte und fleißig die goldene Zukunft der WWL predigte. Der Gesprächsverlauf hinterließ zwei enttäuschte und resignierende Commerzbanker, die ihren Glauben an die WWL endgültig verloren hatten.

Im Februar 2001 unternahm ich einen Versuch, unseren Aufsichtsratsvorsitzenden doch noch mit den Commerzbankern zusammenzubringen. Denn erwartungsgemäß hatte sich die Lage bei der WWL eher verschlechtert denn entspannt. Mittlerweile waren auch meine drei Mitbegründer der WWL auf den Plan gerufen und wir alle wollten ebenfalls nach Frankfurt zur Commerzbank fahren. Erneut hat unser Vorstandsvorsitzender vorab von dem Gespräch erfahren. Zwar fand es letztlich ohne ihn statt, doch äußerten sich die Commerzbanker nur sehr zurückhaltend. Dass es in unseren Kreisen offenbar eine undichte Stelle gab, beunruhigte sie und war nicht gerade förderlich, ein so vertrauliches Gespräch zu führen. Letztlich wurde unserem Aufsichtsratsvorsitzenden aber deutlich, dass der Vorstand in seiner aktuellen Besetzung nicht mehr das Vertrauen der Gründungsgesellschafter genoss. Wir einigten uns mit ihm auf einen Zeitplan und eine Vorgehensweise zur Lösung der Vorstandsfrage. Zwar wurde Letzteres von den Commerzbankern nur stillschweigend zur Kenntnis genommen, ich bin mir aber sicher, dass sie es mit einer gewissen Erleichterung vernommen haben.

Das Treffen mit dem Leiter unseres Emissionsteams erinnerte mich an das frostige Wiedersehen zweier ehemaliger Freunde, die sich nicht mehr viel zu sagen haben. Mit seiner Kollegin hatte ich in den zwei Jahren häufiger Kontakt. Sie hat sich auf nahezu allen Messen, auf denen die WWL vertreten war, gerne an unseren Stand begeben, um sich mit uns über die Zusammenarbeit mit der Commerzbank als unserem *Designated Sponsor* und unsere Strategie im Internetumfeld zu unterhalten. Ihren Vorgesetzten habe ich seit dem *IPO* nicht mehr gesehen. Trotz des wenig erfreulichen Themas, welches uns nun in Frankfurt zusammenführte, freute ich mich auf dieses Wiedersehen. Immerhin verbanden uns drei Monate intensiver Zusammenarbeit und eine höchsterfolgreiche *Roadshow*, auf der wir auch viel Spaß miteinander hatten. Jetzt aber waren die Ziele und Visionen von einst, die wir lachend ausgetauscht hatten, dem rauen Börsenalltag gewichen und die beiden Commerzbanker empfingen uns mit einer gewissen Distanziertheit.

Wer am Ruder ist, reißt selten das Steuer herum

Es war keineswegs so, dass wir ab Herbst 2000 nichts unternahmen, um der im Sommer 2001 drohenden Insolvenz entgegenzuwirken. Nur ließ die Hartnäckigkeit, verschiedene Maßnahmen im eigenen Verantwortungsbereich zu verfolgen, zu wünschen übrig. Eines wurde in der sich anbahnenden Notlage, um an die Aussage von *Herrhausen* zu erinnern, auf jeden Fall richtig gemacht: Wir ließen uns auf keine neuen Abenteuer mehr ein. Uns blieb keine andere Wahl. Wollten wir dem Unternehmen noch eine Chance geben, mussten alle bestehenden Geschäftsaktivitäten durchforstet und auf ihren Ergebnisbeitrag hin untersucht werden. Dabei drängten sich sehr schnell zwei Fragen auf. Erstens, wie radikal sind welche Maßnahmen durchzuführen, und zweitens, will man dem gleichen Vorstand, der diese unglückliche Lage herbeigeführt hat, das Vertrauen für einen Turnaround schenken. In unserem Falle legte die Antwort auf die erste Frage auch die Antwort auf die zweite nahe. Die Einsicht, Entscheidungen der Vergangenheit als Fehler einzugestehen – beispielsweise die Gründung der *trendfinder.com AG* oder die Beteiligung am Wellness-Portal *Beautynet AG* –, und die Bereitschaft zur gebotenen Radikalität waren das Maß, an dem sich die Vorstände jetzt messen lassen mussten.

Zum Jahresende 2000 bestand der Vorstand aus fünf Mitgliedern: dem Vorsitzenden, dem Finanzvorstand, einem der ehemaligen Gesellschafter der *OptiNet,* meinem Bruder und mir. Es war vorgesehen, den Vorstand ab dem neuen Jahr auf drei Mitglieder zu verschlanken. Der *OptiNet*-Mann und ich sollten abberufen werden.

In den Monaten davor machte ich eine ganz neue, in Bezug auf mich selbst völlig unbekannte Erfahrung. Immer öfter ging ich hochgradig demotiviert zur Arbeit. Obwohl es meine eigene Firma war, machte es mir keinen Spaß mehr, dort zu arbeiten – ein Gefühl, das ich all die Jahre zuvor nicht kennen gelernt hatte. Sicher, es gibt immer Tage, an denen man weniger Lust verspürt. Das hat aber meistens Gründe, die nicht mit dem Arbeitsplatz zu tun haben und die auch nicht in eine Demotivation münden. Die Zeit ab Sommer war anders. Immer häufiger empfand ich heftige Montagsdepressionen, die regelmäßig bereits am Sonntagnachmittag einsetzten. Anfangs ignorierte ich sie noch – es konnte nicht sein, was nicht sein durfte. Immerhin war ich als Mitglied des Vorstands in einer Ausnahmestellung. Man durfte von mir erwarten, dass ich andere motiviere und mich nicht damit aufhalte, mich selbst zu motivieren. Ich erkannte mich nicht wieder. Wo war meine Fähigkeit geblieben, andere zu begeistern? Nach und nach bin ich den Ursachen meiner Lethargie auf den Grund gekommen: Sie war die Folge einer beginnenden Resignation, die ich erst zu spät wahrhaben wollte.

Die WWL war auf dem besten Weg, in nachhaltige, existenzbedrohende Schwierigkeiten zu schlittern. Offensichtlich war man sich im Aufsichtsrat und bei den Vorstandskollegen über das wahre Ausmaß des sich anbahnenden Unheils nicht richtig im Klaren. Anders kann ich mir die Aufsichtsratssitzungen, die zu dieser Zeit stattfanden, nicht erklären. Ein ums andere Mal hatten mich diese Schönwetterveranstaltungen enttäuscht, auf denen der Aufsichtsrat bewusst oder unbewusst um die wirklichen Probleme herum manövrierte. Mehrfach habe ich versucht, das gefährliche Schweigen zu brechen, und dem Aufsichtsratsvorsitzenden eindringliche Briefe geschrieben, um ihn auf die Diskrepanz aufmerksam zu machen, die zwischen dem tatsächlichen Zustand der Firma und der in den Sitzungen vom Vorstandsvorsitzenden und dem Finanzvorstand verbreiteten Sorglosigkeit herrschte. Ich will nicht behaupten, dass die beiden Vorstände gelogen haben; sie glaubten wirklich, was sie erzählt hatten, nur sah die Realität ganz anders aus.

Der monatliche Liquiditätsschwund, bedingt durch den viel zu hohen Kostenapparat, sprach eine deutliche Sprache. Wer ihn ignorierte, war fehl am Platz und hätte seinen Stuhl räumen müssen – je eher desto besser. Das war auch der Inhalt meiner Briefe, in denen ich diese Maßnahmen sehr deutlich forderte und die Probleme beim Namen nannte. Meine Achtung und mein Respekt vor dem Aufsichtsratsvorsitzenden ließen mich insofern etwas behutsamer vorgehen, als dass ich diese Briefe zur Abstimmung zunächst nur ihm zusandte, mit der Absicht, sie anschließend in die große Runde zu geben, wohlwissend, dass damit ein offener, möglicherweise schädigender Disput ausgebrochen wäre: Eine von einer Eigendynamik getriebene Auseinandersetzung, die vielleicht außer Kontrolle geraten wäre und die der Aufsichtsrat scheute. Nichts schien ihm fremder, als personelle Konsequenzen zu ziehen. Immer wieder verlangte er daher vom Vorstand, sich über die Probleme untereinander auszutauschen und dem Aufsichtsrat lediglich die Lösung vorzulegen. Das war leichter gesagt als getan, zumal die Probleme und die darauf einzuleitenden Maßnahmen sehr unterschiedlich gesehen wurden und das Problem nach meinem Dafürhalten im Vorstand selber saß! So bekam ich denn auf meine Briefe auch immer die gleiche Antwort: Ich solle diese nur ja nicht in die große Runde geben, die Folge würde ein irreparabler Schaden für mich sein, mein eigener Ruf sei danach verspielt und ich im Unternehmen nicht mehr einsetzbar.

Ich fand mich in einer Rolle wieder, die mir widerstrebte. Ich kam mir vor wie ein Intrigant, der sich an einem politischen Tauziehen beteiligt und hinterrücks Verschwörungen anzettelt, weil offenbar alle anderen Möglichkeiten erschöpft sind. Dabei war ich hin- und hergerissen zwischen dem Festhalten und Loslassen „meiner" Firma. Dieser Konflikt wurde durch die Meinung anderer, mit denen ich mich austauschte, nur noch größer und zeigte mir, dass beide Ansichten ihre Berechtigung hatten. Zu frühes Loslassen konnte mir als Resignation, vorzeitiges Aufgeben oder unterlassenen Versuch unterstellt werden, es wenigstens probiert zu haben. Viele (ehemalige) Mitarbeiter verstehen bis heute nicht, warum sich die Gründer das Zepter aus der Hand haben nehmen lassen, nachdem die Firma so erfolgreich gestartet war. Andererseits konnte das weitere Festhalten bewirken, dass man mich als den eigentlichen Störenfried empfand, ohne den die Firma möglicherweise viel besser zu Recht kam. Die dritte Alternative allerdings, einfach weiterhin mitzuspielen, kam für mich keinesfalls infrage.

Ich habe die Briefe nicht in die große Runde gegeben, stattdessen unternahm ich im November den ersten Versuch, meine drei Mitbegründer hinter mich zu bekommen. Gemeinsam vertraten wir immerhin rund 28 Prozent des Aktienkapitals und hätten einen spürbaren Druck auf den Aufsichtsrat ausüben können. Der Versuch scheiterte. Zwar waren wir uns in der Interpretation der Probleme und ihrer Gründe einig, aber in den daraus zu ziehenden Schlussfolgerungen war spontan keine Übereinstimmung zu erzielen.

Meine Situation wurde frustrierender und auch mein Einfluss schwand dahin. Als Vorstand für den Bereich Produkte war ich nur für einen sehr kleinen Teil der gesamten Firma verantwortlich. Alle Plädoyers, die von mir kamen und sich nicht mit den Produkten auseinander setzten, wurden bestenfalls wohlwollend angehört, meistens aber als ärgerliche Einmischung in Bereiche empfunden, die mich nichts angingen.

Darin war die Ursache für meine Resignation und Demotivation zu sehen. Hinzu kam, dass mein eigener Bereich selbst nicht profitabel war, was meinen Worten das Gewicht nahm. Die Entwicklung unseres Prozessleitsystems war später als geplant zum Abschluss gekommen und mein Vertriebsleiter für dieses Produkt nicht eben erfolgreich. Er war ein Musterbeispiel für einen Verkäufer, der sich selbst und die Aussicht auf einen Auftragseingang ständig falsch – es erübrigt sich zu sagen, zu gut – einschätzt. Eineinhalb Jahre war jeder neue Kundenkontakt besser als der vorige, jedes Mal kam er von seinen Terminen zurück, getragen von einer erstaunlichen Euphorie. Und eineinhalb Jahre hatte er nicht einen einzigen Auftrag akquiriert.

Das habe ich mir viel zu lange kritiklos angeschaut – auch ich habe mich davon leiten lassen, die Profitabilität zunächst nicht als oberstes Ziel der Firma anzusehen, sondern ausschließlich das Wachstum. Im Spätsommer 2000 war Schluss damit, ich übte heftige Kritik an meinem Vertriebsmitarbeiter, und er spürte, dass von einem Tag auf den anderen ein schärferer Wind wehte. In der Folge war sein Verhalten mir gegenüber von einer Respektlosigkeit geprägt, dass ich vor jedem deutschen Arbeitsgericht mit seiner fristlosen Kündigung durchgekommen wäre, wenn nicht auch in diesem Fall der Aufsichtsrat vor den Folgen der Kündigung eines solch „wichtigen" Vertriebsmitarbeiters gewarnt hätte und mich eindringlich bat, diesen Mann in meiner zukünftigen Planung zu berücksichtigen. Es war mein Fehler, mich hier nicht energisch durchgesetzt zu haben.

Meine Zukunft sollte allerdings so aussehen, und dies war als Folge der leidlichen Neustrukturierung vom Frühjahr längst in Gang gesetzt, dass ich die Geschäftsführung des in ein rechtlich selbstständiges Tochterunternehmen auszulagernden Produktbereichs übernehmen sollte. Insofern war meine Abberufung als Vorstand der WWL Internet AG zum 31. Dezember 2000 völlig planmäßig. Tatsächlich empfand ich es als eine Sackgasse, und mir ging die Kritik nicht mehr aus dem Kopf, die ich seinerzeit im *Maritim* gegen die Neustrukturierung geäußert hatte. Mein Herz schlug und schlägt für die WWL. Das näher rückende Datum, an dem ich sie verlassen sollte, und meine nicht überwindbare Geringschätzung für die Leistung meines Vertriebsmitarbeiters waren weitere Demotivationsfaktoren, die mir im Herbst 2000 mein eigenes Wirken erschwerten.

In den letzten Wochen des Jahres 2000 ahnte ich bereits, dass in nicht allzu ferner Zukunft ein Schritt für mich unabwendbar sein würde: Im Januar 2001, unmittelbar nach meiner Abberufung als Vorstand, zog ich denn auch die Reißleine als Mitarbeiter. Ich musste erkennen, dass mein eigener Beitrag für das Unternehmen oder seine Tochter wertlos sein würde, wenn ich für meine Kritikpunkte nicht endlich Lösungen erzielen könnte. Ich verließ das Unternehmen in dem festen Vorhaben, meine Kritik auf der nächsten Hauptversammlung als Aktionär effektvoll anzubringen, wenn es mir schon als Vorstand nicht gelungen war.

Hätte ich gewusst, was ich mit meinem Ausscheiden bewirken sollte, ich hätte diesen Schritt schon viel früher getan. Mein Weggehen rief eine hohe Unsicherheit ob der tatsächlichen Situation der Firma bei den Mitarbeitern hervor. Sie wollten nicht glauben, dass ein Gründer, der noch dazu Mitglied des Vorstands war, die Firma einfach verließ, weil für ihn kein Platz mehr da war. Vielmehr ging die Sorge um, ich würde in der Kenntnis von Dingen, von denen die Mitarbeiter nichts wussten, das Unternehmen verlassen.

Nicht einmal zwei Wochen dauerte es, da rief mich mein Bruder an und erklärte mir, seine eigene Glaubwürdigkeit im Unternehmen sei bezüglich der Frage, wie lange er als Gründer noch dabeibliebe, in Mitleidenschaft gezogen – sicher würde er mir bald folgen. Wir fassten den Entschluss, dass ich in den Aufsichtsrat gehen würde, in dem seit Jahresbeginn eine Position vakant war, um ihn bei den „Aufräumarbeiten" flankieren zu können. Auch die anderen Gründer der WWL unterstützten mit voller Überzeugung diese Vorgehensweise und gaben mir die Rückendeckung, auf die ich schon für meine erste Amtshandlung als Aufsichtsrat angewiesen sein sollte.

Die hohe Unruhe bei den Mitarbeitern war de facto keineswegs nur auf mein Ausscheiden zurückzuführen. Sie war vielmehr die Folge eines wesentlich gravierenderen Ereignisses, welches seinen Ursprung zwei Monate zuvor genommen hatte. Der komplette fünfköpfige Vorstand und einige Mitarbeiter der zweiten Ebene hatten sich im Rahmen der Verabschiedung eines Paketes mit Sparmaßnahmen gegenseitig zugesagt, auf die Hälfte ihrer jährlichen Erfolgsprovision zu verzichten, die ihnen für das Jahr 2000 garantiert war. Ein Erfolg war schließlich nicht vorhanden und insofern war dieses freiwillige Opfer nur recht und billig. Bei der Überprüfung der Vorstandsverträge stellte sich jedoch heraus, dass unserem Vorstandsvorsitzenden keine Garantieprämie für das Jahr 2000 zugesagt war – allerdings lag sein Gehalt auch ohne diese Prämie deutlich über dem seiner Vorstandskollegen. Trotzdem ließ ihm dieser Umstand keine Ruhe, und so verhandelte er beim Aufsichtsrat nach, der ihm für das erfolglose Jahr 2000 eine zusätzliche Prämie zubilligte, die über dem Jahresgehalt so mancher unserer Angestellten lag. Auf fassungsloses Nachfragen der übrigen Vorstandsmitglieder teilte der Aufsichtsrat mit, es sei in Konzernen üblich – im Zusammenhang mit der WWL kann ich das Wort „Konzern" nicht mehr hören –, dass der Vorsitzende des Vorstands einen bestimmten Prozentsatz mehr bekäme als die anderen Vorstände. Möglicherweise ging der Aufsichtsrat aber insgeheim davon aus, dass wegen des erklärten Verzichts der Vorstände auf einen Teil ihrer Prämie „nur" die Hälfte auszuzahlen wäre.

Im Februar 2001 erklärte unser Vorsitzender zum Entsetzen aller aber, dass er sich nicht an sein Versprechen gebunden fühle und auf die Auszahlung der gesamten Prämie bestehen werde. Als Begründung gab er an, dass er nicht wisse, wie es um die Zukunft der WWL bestellt sei, und er beizeiten an sich und seine Familie denken müsse.

Das schlug ein wie eine Bombe! Der Kapitän des sinkenden Schiffes steigt als Erster in das Rettungsboot. Obwohl nur in kleinem Kreis verkündet, sickerte diese Meldung im Unternehmen durch. Die Folge war eine nicht zu besänftigende Unruhe bei den Mitarbeitern, die angesichts dieser Botschaft kein Verständnis mehr für die gebotenen Personalabbaumaßnahmen aufbringen wollten. Es zeichnete sich ein Flächenbrand ungeahnten Ausmaßes ab. Reihenweise drohten Mitarbeiter mit ihrer Kündigung – überwiegend jene Leistungsträger, auf die die WWL für die Neugestaltung ihrer Zukunft dringend setzen musste.

Bestürzt hörte ich die Worte meines Bruders. Fassungslos wollte ich nicht wahrhaben, was er mir erzählte, bedeutete es doch, dass wir keine Wahl mehr hatten: Unser Vorstandsvorsitzender war nicht mehr haltbar, mochte man über Erfolg oder Nichterfolg der Zusammenarbeit denken, wie man wollte. Den Stein, über den er nun stolpern sollte, hatte ausgerechnet er selbst gelegt. Seine Abberufung als Vorstand sollte denn auch meine erste Amtshandlung als Aufsichtsrat sein. Das war mir besonders deswegen unangenehm, weil ich ihm kurz zuvor noch zugesagt hatte, mich bis zur Hauptversammlung nicht mehr in die Unternehmenspolitik einmischen zu wollen, hin- und hergerissen zwischen dem Festhalten und Loslassen, das es Gründern so schwer macht, anderen „ihr" Unternehmen anzuvertrauen. Aber ich hatte mir vorgenommen, und es unserem Vorsitzenden auch im Interesse einer Versöhnung versprochen, dass ich mich aus allem raushalten und die WWL sich selbst überlassen würde. Und nun das!

Nicht einmal drei Wochen später hatte mich der zuständige Richter am Amtsgericht Nürnberg zum Aufsichtsrat bestellt. Von jetzt an ging es Schlag auf Schlag. Die Trennung im „gegenseitigen Einvernehmen" von unserem Vorstandsvorsitzenden wurde dem Kapitalmarkt am 13. März 2001 in einer *Ad-hoc*-Meldung mitgeteilt. Einen Nachfolger sollte es zunächst nicht geben, der Vorstand war damit auf zwei Personen reduziert – ganz im Sinne des anstehenden Sparkurses. Der Weg für den dringend notwendigen Turnaround war frei. Die Lorbeeren für seine Umsetzung gebühren dem verbliebenen Zweiervorstand, der innerhalb der nun folgenden zweieinhalb Monate bis zur Hauptversammlung am 31. Mai 2001 eine unglaubliche Aufräumaktion vollzogen hat – auch die längst überfällige Kündigung meines ehemaligen Vertriebsleiters.

Süß getrunken, sauer bezahlt

Es gibt eine Studie, die besagt, dass einer Entlassung des Vorstandsvorsitzenden meist im Abstand von spätestens zwei Wochen eine weitere *Ad-hoc*-Mitteilung folgt, die mit desolaten Zahlen Aufschluss über die wahren Hintergründe seiner Entlassung gibt. Leider musste die WWL zur Untermauerung dieser Regel beitragen und die erwartete Meldung am 27. März 2001 herausgeben. Bei einem Umsatz von rund 17,2 Millionen Euro musste ein EBIT von -27,2 Millionen Euro eingestanden werden, gegenüber einem Umsatz von 7,7 Millionen Euro und einem EBIT von - 5,3 Millionen Euro im Vorjahr. Dabei trug das operative Ergebnis mit einem Fehlbetrag von 11,6 Millionen Euro zu diesem Ergebnis bei. Der Rest bestand in Rückstellungen für absehbare Restrukturierungsaufwendungen, allen voran die Totalabschreibung der Bremer Akquisition, gefolgt von der Abschreibung der eigenen Tochter, der *trendfinder.com AG* und einer Teilabschreibung der Beteiligung an dem Wellness-Portal. Der operative Fehlbetrag sagte nichts anderes aus, als dass die WWL durch ihre Geschäftstätigkeit monatlich fast eine Million Euro vernichtet hatte.

Um den Grundstein für die dringend gebotene Profitabilität zu legen, mussten viele Geschäftsfelder und -tätigkeiten, die bei ihrer Gründung oder Aufnahme seinerzeit gefeiert worden waren, nun in einem an den Nerven zerrenden Prozess wieder abgebaut werden. Diesen mit der verbleibenden Liquidität der WWL zu meistern war schon eine schwierige Aufgabe. Wirklich an die Substanz gingen aber die vielen menschlichen Schicksale und Verhandlungen über Aufhebungsvereinbarungen, die der Personalabbau mit sich brachte. Der verbliebene Zweiervorstand brachte das Kunststück fertig, mit nahezu allen Altlasten innerhalb von 75 Tagen aufzuräumen.

Für die verlustbringenden Engagements musste so schnell wie möglich die Notbremse gezogen werden. Das Kerngeschäft – selbst noch nicht profitabel – war herauszuschälen, um der WWL eine Überlebenschance zu geben. Die Zeit drängte, denn der monatliche Liquiditätsabfluss setzte der Mission ein nicht verschiebbares Ende, wollte sie gelingen. Von daher befand sich die WWL beim Abstoßen so mancher Geschäftsfelder in der unterlegenen Verhandlungsposition. Letztlich aber zählte allein das Überleben, und so erinnerte der Verkauf oder die Stilllegung der Geschäftsfelder an hastig über Bord geworfenen Ballast: nur raus, raus, raus damit.

- Verkauf der nach wie vor im hohen Maße verlustreichen Bremer Akquisition, der *OptiNet Netzwerklösungen* an das seinerzeit von uns eingesetzte, lokale Management für die berühmte symbolische Mark unter Verzicht auf alle ausgereichten Konzerndarlehen. Der Kauf der *OptiNet* war wahrhaftig der Kardinalfehler in der Geschichte der WWL. Gemessen an seinen Folgen verblassen geradezu alle anderen Fehler.
- Verkauf der mittlerweile leicht profitablen *OptiNet Datentechnik*, unserer kleineren Bremer Akquisition an ein Berliner Elektrounternehmen. Hier konnte in etwa der Akquisitionspreis erzielt werden.
- *Management-Buy-out* eines internetbasierten Prozessleitsystems, eine Entwicklung, die unter der Federführung der WWL abgeschlossen werden konnte, aber noch keinen nennenswerten Umsatzbeitrag geleistet hatte.

- Schließung des Vertriebsbüros in Denver, über das das Prozessleitsystem in den amerikanischen Markt eingeführt werden sollte.
- Schließung des Vertriebsbüros in New York, welches ursprünglich die erste Anlaufstelle für potenzielle amerikanische Kunden sein sollte, die ihre Aktivitäten nach Europa ausdehnen wollten.
- *Management-Buy-out* der Prager Niederlassung, die als verlängerte Werkbank für Projekte aus Deutschland diente, aber wegen hoher Reibungsverluste niemals wirklich effektiv in die Prozessabläufe einer Auftragsabwicklung eingebunden werden konnte.
- Schließung der Hamburger Niederlassung.
- Verkauf des Internet-Providing-Geschäfts.
- Reduktion des Personals, insbesondere im Verwaltungsbereich. In anderen Bereichen mussten den Mitarbeitern Privilegien wieder abgerungen werden, die man ihnen zu Zeiten hoher Personalknappheit und im Überschwang der Wachstumseuphorie leichtfertig zugesagt hatte. Dies führte zwar zu Unruhe im Unternehmen und zu einigen schmerzlichen Kündigungen, letztlich sollte der Erfolg von Mitarbeitern aber nur daran gemessen werden, wie viel verrechenbare Leistung sie am Kunden erbringen oder ihm verkaufen, und nicht, wie viele Mitarbeiter sie intern führen oder auf welcher Stufe der Eskalationstreppe sie interne Probleme lösen.
- Verkauf der Finca auf Mallorca, die sich durch den kleiner gewordenen Personalstamm nicht mehr rechtfertigen ließ. Außerdem verbesserte der Verkaufserlös die Liquiditätslage der Firma. Erwartungsgemäß konnte sie in relativ kurzer Zeit mit einem kleinen Abschlag auf den Einstandspreis abgestoßen werden. Immerhin, in dem halben Jahr, in dem sie der WWL zur Verfügung stand, haben viele Teams die Finca mit Begeisterung genutzt. Dies bestätigte, dass sich die Erwartungen, die wir seinerzeit an die Finca geknüpft hatten, unter anderen Umständen erfüllt hätten.

Bei all den Aufräumarbeiten musste man die schmerzliche Erfahrung machen, dass viele Aktivitäten nicht von heute auf morgen einfach auf null gestellt werden können und deshalb das Unternehmen noch für eine Übergangszeit belasten. Vielmehr ist der Bremsweg dem eines Schiffes vergleichbar, das noch eine geraume Zeit weiterfährt, nachdem die Maschinen auf „Stopp" gestellt wurden. So wollen die Mieten für nicht mehr genutzte Büroflächen weiter bedient, Kündigungsfristen beachtet und Leasingverträge (für Fuhrpark und EDV) eingehalten werden.

Sanierung mit Nebenwirkungen

Den wichtigsten Schritt in eine sichere Zukunft hat die WWL aus eigener Kraft getan, sogar tun müssen: Indem sie Ballast über Bord warf, wurde sie von Tag zu Tag für neue Investoren attraktiver. Der zeitgleich weiter sinkende Aktienkurs auf die Tiefstmarke von 0,90 Euro tat sein Übriges, die Attraktivität zu steigern.

Der Aktienkurs dokumentierte, wie der Kapitalmarkt die WWL sah: Eine am Boden liegende Gesellschaft, der man kein Vertrauen mehr schenken wollte, weil sie es verspielt hatte. Doch am Boden zu liegen, praktisch bereit, alle Bedingungen eines Investors zu akzeptieren, nur um wieder eine Zukunftsperspektive zu erhalten, genügte nicht. Jeder potenzielle Investor, der witterte, welches Ungemach in Form von Altlasten auf ihn zukommen würde, zog sich dankend zurück. Erst als die WWL auf dem Weg ihrer eigenen Sanierung ein bedeutendes Stück weit vorangeschritten war, änderte sich die Haltung möglicher Investoren. Davon überzeugt, dass es gelingen würde, alle nicht profitablen Geschäftsfelder erfolgreich abzustoßen, zeigte sich schließlich die *XL Riskcap*, ein *Venture Capitalist* der *B. Holding* (*BH*), im April 2001 interessiert, mit uns eine gemeinsame Vision für die Zukunft zu entwerfen und für diese Vision auch die nötige finanzielle Unterstützung zu gewähren.

Das Geld der *XL Riskcap* kam der WWL auf zweierlei Wegen zu. Zum einen ganz direkt über eine Kapitalerhöhung. Allerdings legte *XL Riskcap* Wert darauf, dass auch die anderen Großaktionäre, die teilweise die Misere mit verschuldet hatten, ihr Scherflein beitragen. Ein neuer Investor spielt eben nicht so gerne den alleinigen Retter, sondern will sicherstellen, dass auch die übrigen Großaktionäre, die letztlich von der Erholung des Unternehmens und damit einhergehend auch von der Steigerung des Aktienkurses am meisten profitieren, in die Pflicht genommen werden. Somit bot *XL Riskcap* den Altaktionären, Altvorständen und auch den Altgesellschaftern der *OptiNet*, die noch ihre WWL-Aktien aus dem Verkauf der *OptiNet* besaßen, an, ihnen jeweils einen bestimmten Prozentsatz ihres Aktienvermögens unter der Auflage abzukaufen, dass sie das erlöste Geld der WWL vollumfänglich als Darlehen mit Rangrücktritt zur Verfügung stellen. Für die WWL kommt dies der Güte von Eigenkapital quasi gleich.

Und jetzt geschah das eigentlich Erstaunliche: Mit einer Ausnahme beteiligten sich alle Altaktionäre an dieser Rettungsaktion, egal, ob es sich um die abberufenen Vorstände oder um die Altgesellschafter der *OptiNet* handelte. Wer meint, dies sei nicht so sehr erstaunlich, weil sie doch keine andere Wahl hatten, der irrt gewaltig. Auch wenn es nicht offen ausgesprochen wurde, so war jedem klar, dass an dieser Rettungsaktion derjenige ein umso größeres Interesse hatte, der die meisten Aktien besaß. Die „kleinen" Aktionäre wussten sehr wohl, dass die „großen" notfalls auch ihren Anteil aufbringen würden. Und die „großen" waren nun mal die Gründungsgesellschafter, die dem neuen Investor auch sehr schnell ihre absolute Bereitschaft signalisierten. Aber trotzdem ließen sich genug Gründe finden, die jeden Aktionär „überzeugten", dass sein ganz persönlicher Beitrag jetzt gefragt war.

Überschattet wurde diese so lebensnotwendige Finanzspritze nur durch die Verweigerung eines Aktionärs, sich an der Aktion zu beteiligen. Unser ehemaliger Vorstandssprecher, der ein Jahr zuvor so „grandios" die Geschicke der *trendfinder.com AG* in die Hand genommen hatte, entzog sich seiner Verantwortung. Immerhin hatte er maßgeblich zu der prekären Situation beigetragen. Also durften wir von ihm erwarten, dass er seinen Anteil beisteuern würde. Mit rund 200.000 Aktien, die er aufgrund der laufenden *Lock-up*-Frist noch haben musste, gehörte er immerhin zu den zehn größten Aktionären der WWL. Zu unserer Verwunderung erfuhren wir, dass er sich bereits einige Monate zuvor von einem Großteil seiner Aktien getrennt hatte, als die Aktie der WWL zeitweise noch um sechs Euro notierte. Zwar hatte er damit nicht gegen die im Emissionsprospekt veröffentlichte *Lock-up*-Periode verstoßen, die den Verkauf lediglich in den ersten 18 Monaten nach Börsengang ausschloss, sein Vertrag mit der Commerzbank untersagte ihm allerdings den Verkauf für 24 Monate. Da er vor Ablauf der 24 Monate verkauft hat, ist anzunehmen, dass ihn die Commerzbank vorzeitig entbunden hat – sehr zum Leidwesen der übrigen Aktionäre.

Alles Kapital nutzt nichts, wenn einerseits die Sanierung nicht gelingt und sich andererseits die Auftragslage verschlechtert. Beides sollte durch einen anderen Partner aus der *BH-Gruppe* abgesichert werden, die *TalkSale Consulting GmbH*, die erstens mithalf, die Sanierung professionell abzuwickeln, und zweitens ihre vielfältigen Kontakte zu anderen Unternehmen einbringen sollte, um die Auftragslage zu stabilisieren oder gar zu steigern. Ihre Dienste ließ sich *TalkSale* allerdings fürstlich entlohnen. Das anfänglich geplante Auftragsvolumen für *TalkSale* zehrte zum großen Teil das Darlehen auf, welches die Altgesellschafter an die WWL ausgereicht hatten. Wie ich bald bemerken sollte, befand sich *TalkSale* in der komfortablen Position, bei WWL ihren unglaublich hohen Tagessatz von anfänglich rund zweitausend Euro durchsetzen zu können. Als ich den Vorstand bat, Vergleichsangebote einzuholen, über die wir den Tagessatz von *TalkSale* drücken könnten, stieß ich zunächst auf Widerstand. Von Investorenseite hatte man dem Vorstand deutlich gemacht, dass er nur dann mit weiteren Geldern und Unterstützung rechnen könne, wenn „im Gegenzug" die hauseigene Beratungsgesellschaft beauftragt werde. So läuft das also – eine Hand wäscht die andere! Zumindest die Bilanz der *TalkSale* würde am Jahresende einen ordentlichen Gewinn ausweisen. Die WWL hingegen würde bei diesen Tagessätzen niemals profitabel werden. Ich nahm an, oder besser gesagt, ich hoffte, dass die Investoren schon wüssten, was sie taten.

Egal wie gut eine nach außen getrimmte Pflege des Aktienkurses aussehen würde, solange die WWL keine Profitabilität vorweisen konnte, würde sich der Aktienkurs nicht erholen – und sich damit auch nicht die Investition in die Aktie lohnen.

Am Vortag zur Hauptversammlung am 31. Mai 2001 erfuhr ich ganz nebenbei, wie man sich für die Zukunft die Besetzung des Aufsichtsrats vorstellte. Unser stellvertretender Aufsichtsratsvorsitzender, der unser Investor aus dem ersten Jahr war, gab mir sehr deutlich zu verstehen, dass ich meine Kandidatur zurückziehen sollte. Obwohl sonst gegenüber Kosten immer sehr kritisch eingestellt, akzeptierte er wortlos die hohen Tagessätze von *TalkSale*, so als seien diese das Normalste auf der Welt. Möglicherweise fürchtete er, dass ich meine Kritik daran irgendwann nicht mehr so verhalten äußern würde und dadurch den Einstieg des neuen Investors gefährden könnte. Immerhin übte er später auch Druck auf *TalkSale* aus, ihre Tagessätze zu senken, und so befinden diese sich heute in dem zwar immer noch teuren, aber üblichen Bereich, den Unternehmensberatungen für ihre Dienste verlangen.

Tatsächlich verzichtete ich ohne großen Widerstand auf meine erneute Kandidatur. Einerseits konnte ich mich sehr gut mit den neu vorgeschlagenen Aufsichtsratsmitgliedern identifizieren, andererseits hatte ich zwischenzeitlich den Entschluss gefasst, die Vorgänge um die WWL in einem Buch detailliert und offen zu schildern. Ich war mit meiner Arbeit weit vorangeschritten und hatte auch schon Verbindung zu meinem Verleger. Es war mir klar geworden, dass ich nicht gleichzeitig Mitglied des Aufsichtsrats sein und als Autor schicksalhafte Meilensteine der Geschichte der Gesellschaft offenbaren konnte.

Allerdings war uns Gründern mit meinem Verzicht auf den Aufsichtsratsposten nicht so wohl. Ich war ein Garant dafür, meinen Bruder im Vorstand zu stärken und seinen Kurs mitzutragen. Wir waren uns nicht sicher, wie sich der neue Aufsichtsrat in dieser Frage verhalten würde. Beruhigt wurden wir allerdings durch die Beteuerung des designierten Aufsichtsratsvorsitzenden, der in Person immerhin auch die Jahresbilanz der WWL erstellte und damit bestens über die besorgniserregende Finanzlage Bescheid wusste, er würde für dieses Amt ausschließlich deswegen kandidieren, weil ihm die Art meines Bruders gefiel, den Turnaround voranzubringen.

So waren denn meine letzten Handlungen als Aufsichtsrat die Teilnahme an der Hauptversammlung der WWL und die Abberufung unseres Finanzvorstands. Letzteres war auch mit dem neuen Aufsichtsrat schon abgesprochen. Obwohl selbst ein unbedingter Verfechter der Abberufung des Finanzvorstands, missfällt es mir heute, dass der Aufsichtsratsbeschluss meine Unterschrift trägt; und dies gleich aus zwei Gründen.

Erstens hätte der neue Aufsichtsrat die Abberufung wenige Stunden später ohnehin unterzeichnet, aber gerade ich hatte mich in den letzten Wochen immer dagegen ausgesprochen, den Finanzvorstand abzuberufen, ohne seine Nachfolge geklärt zu haben. Die Neubesetzung der Position des Finanzvorstands lag als scheidender Aufsichtsrat nicht mehr in meiner Verantwortung. Ich hatte also den ersten Teil der Auswechslung eingeleitet, ohne am zweiten, nicht minder wichtigen Teil mitwirken zu können. Mir blieb nichts anderes übrig, als zu hoffen, dass die Investoren – jetzt dominant im Aufsichtsrat vertreten – den Posten des Finanzvorstands mit einer Person besetzen würden, die umfangreiche Erfahrung auf dem Gebiet der Sanierung hat.

Tatsächlich benötigte denn die neubestellte Finanzministerin für viele unpopuläre Maßnahmen auch ein dickes Fell. Unser Investor aus Gründertagen betonte immer wieder, der Finanzvorstand eines Unternehmens mache seinen Job falsch, wenn er beliebt und der Freund der Mitarbeiter sei. Für diesen Job sei nur geeignet, wer zahlenorientiert und nicht personenbezogen entscheidet. Die vorgefundene Situation war schließlich alles andere als einfach, und so blieb der neuen Finanzchefin wenig anderes übrig, als tapfer ihren harten Sparkurs zu verteidigen und sich dafür unbeliebt zu machen. Mehr als einmal muss sie der Ohnmacht nahe gewesen sein, als immer wieder Zahlungsverpflichtungen auftauchten, die ihr ihr Vorgänger vererbt hatte.

Zweitens hatte *TalkSale* den scheidenden Finanzvorstand in den letzten Wochen seines Wirkens nicht gerade gentlemanlike behandelt. Je mehr *TalkSale* die Kontrolle über das Unternehmen übernahm, zunächst getarnt als externe Beratungsgesellschaft, desto mehr ignorierte sie ihn. Entscheidungen, die sein Ressort betrafen, wurden teilweise getroffen, ohne dass er in den Entscheidungsprozess eingebunden wurde. Bei so manchen Vorstandssitzungen nahm er höchstens eine Stand-by-Funktion ein, indem er sich für den Fall bereithielt, dass man ihn hinzurufen würde. Da wäre es ehrlicher gewesen, ihn sofort abzuberufen, als ihn bis zur Hauptversammlung im Ungewissen über seine Zukunft hinzuhalten, nur damit er dort eventuelle „Prügel" für die Fehler der Vergangenheit einstecken könne.

Vielleicht hätte sich die eine oder andere Sparmaßnahme gegenüber den Mitarbeitern besser verkaufen lassen, wenn sie nicht den Eindruck gewonnen hätten, es gäbe Ausnahmen - womit ich trotz eines überquellenden Fuhrparks nicht das neue Auto für den Vorstand meine. Dem Geschäftsführer der *TalkSale* eilte der Ruf voraus, ein knallharter Sanierer zu sein. Reihenweise wurden Mitarbeiter entlassen. Für die die blieben, hielt das Sanierungskonzept die schmerzliche Überraschung parat, einen Gehaltsverzicht von bis zu zehn Prozent hinzunehmen, der allerdings nicht durchgesetzt werden konnte, sowie Überstundenansprüche und andere Leistungsboni aus der Vergangenheit ersatzlos zu streichen. Es gab Mitarbeiter, für die Letzteres einen Verzicht von zwanzigtausend und mehr Euro bedeutete. Gleichzeitig aber wurden immer mehr *TalkSale*-Mitarbeiter im Unternehmen eingesetzt, meist ohne Rücksprache mit dem Vorstand, und kassierten bis zu dreißigtausend Euro pro Kopf und Monat. Das anfängliche Budget war bald nicht mehr einzuhalten. Mehr als einmal setzte mein Bruder von *TalkSale*-Mitarbeitern, die sich zu dritt in Besprechungen drängelten, zwei vor die Tür. Ein anderes Mal fiel ein neu eingesetzter und nicht avisierter *TalkSale*-Mitarbeiter erst nach zwei Wochen Tätigkeit auf, bevor er nach „Hause" geschickt wurde. Immer wieder erbrachte *TalkSale* Leistungen nach eigenem Gutdünken, die nicht mit dem Vorstand abgesprochen waren und erst nach Eingang ihrer Rechnung auffielen. Fast könnte man meinen, die WWL wurde wie ein Selbstbedienungsladen ausgenommen, bei dem die Kasse unbesetzt war.

Mit ihrer Ankündigung im Halbjahresbericht 2001, im vierten Quartal in die Gewinnzone zu kommen, haben sich die neuen Fürsten sehr weit aus dem Fenster gelehnt. Die Sparmaßnahmen werden zweifellos den *Cash-burn* deutlich verringern. Ich bin auch ziemlich sicher, dass der Sanierungskurs zum gewünschten Ergebnis führt: Die Kosten werden notfalls so lange gesenkt, bis auch die vorhandene Auftragslage ausreicht, der Firma ein positives Ergebnis bescheren zu können.

Man kann sich auf zwei Dinge konzentrieren, um die Firma wieder flott zu bekommen: Zunächst ausschließlich und radikal die Kosten senken und anschließend die Vertriebsaktivitäten hochfahren, oder aber schon vorher auf Erfolge des Vertriebs setzen, um den Abbau nicht ganz so radikal durchführen zu müssen. Die zweite Methode birgt sicher ein gewisses Risiko, falls sich der Auftragsbestand nicht schnell genug entwickelt. Springen die Vertriebsaktivitäten allerdings wie geplant an, erspart man sich kostspieligen Abbau von Personal. Zu Beginn des Sommers 2001 entschied man sich zunächst für die zweite Methode.

Just zu dieser Zeit bot sich durch die sich anbahnende Insolvenz eines Wettbewerbers allerdings eine völlig neue und unerwartete Perspektive an.

Kabel New Media – Ein Flirt von kurzer Dauer

Nie werde ich den Abschluss des Londoner Teils der *Roadshow* vergessen. Während der Fahrt zum Flughafen sinnierte ich mit dem Leiter unseres Emissionsteams über die Zukunft der Branche und im Speziellen über die Zukunft der WWL. Eine Idee begeisterte uns sehr: Eine baldige Fusion mit *Kabel New Media* würde beide Unternehmen an die erste Stelle deutscher Internetagenturen katapultieren, egal welche Messkriterien, ob Umsatz oder Mitarbeiterstärke, man zugrunde legte. Die Zeit damals war nicht wirklich reif für derartige deutsch-deutsche Annäherungen. Mit einer gewissen Überheblichkeit war jeder der Ansicht, Deutschland hätte man schon allein fest im Griff, man müsse sich auf Europa ausrichten. Als *Kabel New Media* zwei Jahre später, am 2. Juli 2001, infolge ihrer völlig verfehlten europäischen Expansionspolitik das Insolvenzverfahren beantragen musste, schauderte mich bei dem Gedanke von einst, den Zusammenschluss mit *Kabel* zu suchen. Wahrscheinlich wäre auch die Geschichte eines fusionierten Unternehmens nicht anders verlaufen, und der Scherbenhaufen wäre für die Aktionäre der WWL heute ungleich größer, als ihn die WWL allein hinterlassen hat.

Über viele Monate hinweg wurde uns *Peter Kabel* von Investoren und Banken – auch von unserem Konsortialführer und erst recht von der großen US-amerikanischen Investmentbank Merrill Lynch – als Vorbild, als Star der deutschen Internetlandschaft gepriesen. Ihm sei es im Gegensatz zu uns mehrfach gelungen, eine erfolgreiche Expansionspolitik umzusetzen, womit er seine beeindruckende Marktkapitalisierung rechtfertige –

221

in der Spitze immerhin über eineinhalb Milliarden Euro. Nachdem uns schon die Integration unserer Bremer Akquisition kaum gelingen wollte, konnten wir uns einfach nicht vorstellen, dass *Kabel* die Integration von gut einem Dutzend Firmenkäufen völlig problemlos gelungen sein sollte.

So gerne heute viele mit dem Finger auf *Peter Kabel* zeigen, so gerne hatten sich dieselben noch ein Jahr zuvor mit seinem Namen geschmückt. Und niemand hat bemerkt, dass sich auch *Kabel*, wie viele andere, in den Sog überzogener Wachstumserwartungen gerade derjenigen hat ziehen lassen, die ihn heute verurteilen. Durch wenig zielgerichtete Übernahmen hat er am Ende die Anforderungen zur Profitabilität nicht mehr beherrschen können. Die renommierte Unternehmensberatung *Accenture* hat der *Kabel New Media AG*, nachdem diese das Insolvenzverfahren beantragt hatte, in einer Beurteilung der größten Verlierer des Neuen Marktes[9] sehr negative Noten in den Bereichen „Zielgerichtetes Wachstum", „Organisation & Steuerung" und „Unternehmensstruktur" gegeben. Diese spiegelt die Zusammenfassung dessen wider, was die WWL im Falle einer Fusion wahrscheinlich erwartet hätte.

Kabel hatte das doppelte Pech, erstens so viele Altlasten aufgebaut zu haben, dass ihre Beseitigung nicht mehr bezahlbar war, und zweitens durch viele hochtrabende Sprüche in der Öffentlichkeit eine gewisse Schadenfreude nach seinem Fall auf sich gezogen zu haben. Natürlich unterhielt er sich mit vielen potenziellen Investoren, um dem Eingeständnis seiner drohenden Insolvenz möglichst noch zu entgehen, die meisten aber winkten ab. Schließlich ist es für Investoren schwer, einzusehen, warum ihr Geld für die Rettung der *Kabel New Media* nicht zu schade sein soll, während sich *Peter Kabel*, der ein Jahr zuvor 700.000 Aktien nahe dem Höchstkurs von 80 Euro verkaufte und das hübsche Sümmchen von rund 50 Millionen Euro einstrich[10], angeblich beharrlich weigerte, selbst zur Rettung seines Unternehmens beizutragen.

Eine deutliche Warnung für den nahenden Liquiditätsengpass bei *Kabel New Media* hätte dem Kapitalmarkt die von *Kabel* im Januar 2001 angekündigte Investition der amerikanischen *GEM* (*Global Emerging Markets*) in Höhe von bis zu 15 Millionen Euro sein müssen. Diese Investorengruppe hatte auch der WWL Kapital zur Jahreswende angeboten, so wie man jemandem Geld anbietet, von dem man erwartet, dass ihm die Bedingungen für den Geldfluss diktiert werden können. Offenbar

---

9 Quelle: Welt am Sonntag vom 15. Juli 2001.
10 Quelle: Der Spiegel, Ausgabe 28/2001, „Spielhölle für Schrottwerte"

spricht *GEM* gezielt Pleitekandidaten an. Nach eigenen Aussagen hatte *Kabel* ein Teil dieses Geldes abgerufen, „um zu sehen, ob der Geldfluss aus den USA klappt". Allerdings wären auch die kompletten 15 Millionen Euro nur der berühmte Tropfen auf den heißen Stein gewesen. Die *XL Riskcap*, die *Kabel* in seiner Not Anfang Juni zu Hilfe rief, schätzte die benötigte Kapitalspritze nach nur wenigen Stunden Bestandsaufnahme auf einen hohen zweistelligen Millionenbetrag ein.

Über die *XL Riskcap* war schließlich die Brücke zur mittlerweile sanierten und überlebensfähigen WWL geschlagen. Die neue Strategie lag auf der Hand. Die WWL bot dem Insolvenzverwalter der *Kabel New Media* mit mehr oder minder aktiver Unterstützung des *Kabel*-Managements an, etwa 200 Mitarbeiter zu übernehmen und gleichzeitig die Betreuung der *Kabel*-Großkunden sicherzustellen. Aus der Zeitung erfuhr ich, dass man bei WWL auch darüber nachdachte, *Peter Kabel* ins Management der WWL zu holen. Was ich zunächst klar für ein Gerücht hielt, schien sich nach einigen Recherchen allerdings gar nicht als so absurd zu erweisen. Zu meinem Erstaunen musste ich hören, dass es tatsächlich einige Befürworter innerhalb der Investorengruppe der WWL gab. Allerdings verhielten sie sich zögernd. Dies war dem Umstand zu „verdanken", dass sich *Peter Kabel* mit der Staatsanwaltschaft auseinander setzen musste. Diese warf ihm vor, gegen die Insolvenzverordnung wegen Konkursverschleppung verstoßen zu haben.

Das *Manager Magazin* titelte bereits B. sei Dank – Kabel gerettet" und die *Welt am Sonntag* wollte weitere Details zur Übernahme der *Kabel New Media* durch die WWL erfahren haben. Lediglich der Newsletter der *Wallstreet-Online* blieb auf dem Boden der Tatsachen und weckte die Zockergemeinde mit dem Hinweis darauf, dass bei den von der WWL geplanten Maßnahmen die *Kabel New Media*, und damit die Aktie dieses Unternehmens, keineswegs gerettet sei. Das Angebot der WWL an die *Kabel New Media* war eher ein Asset-Deal und keine Umtauschofferte von *Kabel*-Aktien in WWL-Aktien. Die *Kabel New Media* selbst wäre danach keinesfalls überlebensfähig. Trotzdem schlug der Kurs der *Kabel*-Aktie nicht nachvollziehbare Kapriolen von Auf- und Abschlägen im hohen zweistelligen Prozentbereich. In den einschlägigen Chatforen sorgte der vielfach falsch verstandene Deal für regen Diskussionsstoff und ungerechtfertigte Fantasien zum künftigen Kursverlauf der *Kabel*-Aktie.

Letztlich sind die Verhandlungen mit der *Kabel New Media* aber am 10. August 2001 gescheitert. Der Preis war dem Vorstand der WWL bei einem nicht abwägbaren Risiko zu hoch. Für die Übernahme von etwa

200 Mitarbeitern und einigen sehr interessanten Großaufträgen hätte die WWL schätzungsweise rund zehn Millionen Euro an Gehältern vorfinanzieren, an Abstandszahlungen und als Provision für den Insolvenzverwalter der *Kabel New Media* bezahlen müssen.

Gescheitert sind die Verhandlungen aber auch an einem von der Öffentlichkeit weitgehend unbemerkten Hindernis. Die Delegation der WWL ist von *Peter Kabel* und seinen Leuten teilweise mit einer unerträglichen Arroganz behandelt worden, die sich normalerweise ein am Boden liegendes Unternehmen nicht leisten kann. Es sei denn, der Shootingstar von einst, der früh von sich reden machte, weil er als Erster recht überheblich auf Distanz zur *New Economy* ging und auf dem Deutschen Mittelstandsforum als „Entrepreneur des Jahres 2000" für seinen „visionären Weitblick" ausgezeichnet wurde, hat entsprechend der Recherche des *Spiegel* tatsächlich seine eigenen Schäfchen im Trockenen.

Peter Kabel trat am 31. August 2001 als Vorstand seines Unternehmens zurück, ein Tag bevor das Insolvenzverfahren über das Vermögen der *Kabel New Media AG* eröffnet wurde.

Losgelassen!

Kann man ein Unternehmen, das man selbst aufgebaut hat und von dem man noch immer einen großen Anteil an Aktien besitzt, loslassen und sich wirklich mental von ihm trennen?

Ich dachte, ich könnte es. Als ich im Januar 2001 ausschied, hatte ich innerlich meinen Aktienbestand, der zu Spitzenzeiten mit unglaublichen 25 Millionen Euro bewertet wurde, abgeschrieben und mich damit abgefunden, dass die WWL nicht mehr lange existieren würde. Ich wähnte mich für den Tag gerüstet, an dem dieses Schreckensszenario Wahrheit werden würde. Ich hätte die Nachricht aufgenommen, als wäre sie die Nachricht eines x-beliebigen Unternehmens, von dem ich zum ersten Mal höre.

Aber ich hatte drei wesentliche Aspekte völlig übersehen, und so sehr ich mir einbildete, die WWL losgelassen zu haben, ich hatte es nicht. Da war zum einen mein Bruder, der im Vorstand verblieb. Seinen eigenen Bruder kennt man einfach zu gut, als dass einem irgendwelche Dinge verborgen bleiben könnten, auch wenn sie nicht ausgesprochen werden. An seinem Gemütszustand konnte ich meistens genau ablesen, wie es um die WWL und die Probleme, von denen ich noch wusste, bestellt war. Dann waren da die Mitarbeiter, die anfangs großen Anteil an meinem Ausscheiden nahmen. Zu einigen besteht auch heute noch reger Kontakt, beispielsweise zu dem Mitarbeiter der ersten Stunde, mit dessen Hilfe ich vor zehn Jahren den Zuschlag zu unserem ersten Großauftrag bekam. Und zum dritten ist es genau jener Kunde, zu dem im Laufe der Zeit eine vertrauliche Beziehung gewachsen ist und bei dem ich weiterhin im Namen der WWL aufgetreten bin.

So sehr ich auch die WWL loslassen wollte, es gelang mir nicht. Selbst wenn ich alle meine Aktien verkauft hätte, die drei genannten Aspekte wären damit nicht aus der Welt geschafft. Mit einigen Monaten Abstand hat sich der Faktor Mitarbeiter beruhigt. Das Leben geht auch ohne mich weiter, da mache ich mir nichts vor. Selbst der Kunde hat die neue Situation um mich völlig akzeptiert und der Auftrag war zu keiner Zeit gefährdet. So verblieb nur mehr die emotionale Bindung über meinen Bruder zur WWL.

Am 22. August 2001 bin ich morgens von einer *SMS* überrascht worden, in der ich auf eine *Reuters*-Meldung hingewiesen wurde, wonach mein Bruder abberufen worden sei. Ich machte gerade in Italien Urlaub und hatte einige Mühe, meine Informationen über die nächste Internet-Surfstation zu vervollständigen. Zunächst las ich die *Ad-hoc*-Meldung, die das Unternehmen ausgegeben hatte. Demnach hatte mein Bruder „beim Aufsichtsrat um die Entbindung von seinen Pflichten als COO und Vorstand gebeten" und man trennte sich „im besten gegenseitigen Einvernehmen". Wenn ich eines sofort wusste, ohne mit ihm gesprochen zu haben, dann, dass dies nicht der Wahrheit entsprach. Ich wünschte, es wäre so, weil er damit die Konsequenzen aus der Zusammenarbeit mit den Investoren und seinen beiden Vorstandskollegen gezogen hätte, die in den letzten Wochen unsagbar quälend war. In Wirklichkeit aber kam seine Abberufung für ihn selber völlig überraschend.

Ich fand es bewundernswert, dass er, der noch die letzte Bastion der Gründer bildete, unter den gegebenen Umständen nicht schon früher das Handtuch geworfen hatte. Als Vorstandssprecher wusste er über vieles, was im Unternehmen ablief, nicht mehr Bescheid. Seine Vorstandskollegen informierten ihn nicht mehr über ihre Pläne, es kam immer seltener zu Vorstandssitzungen, und auch die Investoren, die über *TalkSale* agierten, machten im Wesentlichen, was sie wollten. Wenn er Glück hatte, wurde er hinterher informiert. Man behandelte ihn wie wenige Wochen zuvor den Finanzvorstand. Bestes Beispiel dafür waren die Gespräche mit der *Kabel*-Gruppe und anderen Übernahmekandidaten, wie beispielsweise die *Eskatoo* aus Nürnberg, aber auch Pläne zur Restrukturierung des Unternehmens.

Ich will nicht behaupten, dass die Pläne und Absichten der Investoren oder der von ihnen eingesetzten Vorstandskollegen falsch oder verfehlt waren. Die Tatsache, dass dies an ihm als dem Vorstandssprecher des Unternehmens vorbeiging, war ein deutliches Signal: Die Investoren wollten das Ruder vollständig übernehmen und sich auch personell nicht mehr mit den „emotional" agierenden Gründern plagen müssen. Nachdem mein Bruder den Turnaround eingeleitet und größtenteils umgesetzt hatte, freute er sich bereits wieder auf sein aktives Mitwirken bei der Akquisition neuer Kunden. Dies bleibt ihm nun verwehrt.

Durch die Abberufung meines Bruders, der auch von den Investoren unbestritten als die Integrationsfigur bei der Durchführung vieler Sanierungsmaßnahmen anerkannt war, ist eine beispiellose Anonymität zwischen Mitarbeitern und Vorstand entstanden. Dies mag den Vorteil haben, dass Mitarbeiter-relevante Entscheidungen ohne Rücksichtnahme auf mögliche Emotionen am grünen Tisch getroffen werden können. Es hat aber zweifellos den Nachteil, dass auch das Unternehmen für die Mitarbeiter nur mehr zu einem austauschbaren Arbeitgeber mutiert ist. Der Geist aus der Gründerzeit, den ich als unschätzbar wertvoll einstufe und der leider schon unter dem Börsengang gelitten hatte, war spätestens jetzt vollständig verflogen. Ich erinnere mich an manche Analysten und Fondsmanager – auch an unseren Großinvestor in Frankfurt –, die ein wesentliches Kriterium für ihre Investition in einer überzeugenden „Chemie" innerhalb des Vorstands und in einem großen Identifikationsvermögen der Mitarbeiter mit dem Unternehmen gesehen haben. Eine gesunde und vertrauenschaffende Kommunikationskultur eben. Davon war man im August 2001 weit entfernt.

Die Stimmung in der Belegschaft war als Folge der seit Monaten anhaltenden und noch bevorstehenden Entlassungswelle, die mit der Abberufung meines Bruders an Geschwindigkeit noch einmal zunahm, wahrscheinlich noch schlechter, als sie ein halbes Jahr zuvor nach dem zurückgezogenen Verzicht unseres ehemaligen Vorstandsvorsitzenden auf seine Prämie gewesen war.

In puncto Sanierung hat sich *TalkSale* zweifellos als kompetent erwiesen. In dem anderen, nicht minder wichtigen Punkt ihrer Mission war ihr kein Erfolg beschieden: Der Auftragsbestand erfuhr durch das Bemühen von *TalkSale* keine Impulse. Dass dieser sich dennoch erfreulich entwickelte, war allein dem Vertrieb der WWL zu verdanken. Dennoch reichte es nicht. Die Strategie einer „moderaten" Sanierung bei gleichzeitigem Ausbau des Auftragsbestands musste der Strategie eines knallharten, erbarmungslosen Sanierungskurses weichen, wollte man wie angekündigt im vierten Quartal die Gewinnschwelle erreichen. Offensichtlich stand mein Bruder für die nun einsetzende Entlassungswelle als „Freund der Mitarbeiter" im Weg. Dies ist im Übrigen tatsächlich der einzige Hinweis auf die Gründe seiner Entlassung, der ihm vom Aufsichtsrat mitgeteilt wurde. Für den bevorstehenden Endspurt der Sanierungsarbeiten könne man nicht mehr auf die emotional agierenden Gründer Rücksicht nehmen.

So habe ich denn als Reaktion auf die Abberufung meines Bruders einen kleinen Teil meiner Aktien veräußert – und machte eine völlig neue Erfahrung: Ich spürte, wie einfach es war, die WWL loszulassen.

Dabei fiel mir auch wieder das Buch von *Theo Lieven* ein: „Unternehmer sein heißt frei sein". Ich ahnte plötzlich, welche Unternehmer wirklich frei sind: Die, die den Zeitpunkt des richtigen Ausstiegs aus ihrem Unternehmen zu einem attraktiven Preis gefunden haben. Damit meine ich nicht eines von den unschönen Beispielen am Neuen Markt, wo sich Gründer als Mitglieder des Vorstands nach falschen *Ad-hoc*-Meldungen auf Kosten der Anleger bereichert haben. Ich habe einen Teil meiner Aktien zwar eher auf dem Tiefstand verkauft, aber trotzdem erahne ich zum ersten Mal nach elf Jahren Unternehmerdasein, was es heißt, frei zu sein. Frei ist nur, wer unabhängig ist – und Unabhängigkeit muss man sich leisten können.

Quo vadis WWL?

Wenn ich in diesem Buch Charaktere oder Fehlentscheidungen kritisiere, so soll das nicht darüber hinwegtäuschen, dass es auch Schwierigkeiten bei der Umsetzung des Geschäftsmodells gab, die ebenfalls zu der Misere beigetragen haben, in die die WWL mit Beginn des Jahres 2001 geraten war.

Das Kerngeschäft der WWL besteht aus dem Erbringen einer Dienstleistung. Anders als ein Produkt, welches, einmal entwickelt, hundert- oder tausendfach reproduziert werden kann, stellt im Dienstleistungsgeschäft die einzige multiplizierbare Ressource der Mensch dar. Vereinfacht ausgedrückt bedeutet dies, dass für den doppelten Umsatz (fast) doppelt so viele Mitarbeiter benötigt werden. Der schnelle Mitarbeiteraufbau hatte die jungen Strukturen und Kontrollmechanismen der Firma überfordert. Als Resultat sanken die Pro-Kopf-Umsätze, statt zu steigen wie von uns prognostiziert.

Hinzu kam, dass wir davon ausgingen, wir könnten Module oder Teile von Software, die einen Internetauftritt ausmachen, für Websites anderer Kunden wieder verwenden. Auch das ging nicht auf. Zu schnelllebig war die Zeit und in immer kürzerer Folge drängten neue Technologien auf den Markt, sei es von *Intershop, Gauss Interprise* oder vielen mehr. Diese machten den Einsatz von unseren Modulen obsolet und erforderten ständig ihre Neuentwicklung auf Basis der neuen Möglichkeiten. Synergieeffekte zwischen den einzelnen Projekten waren damit weitgehend ausgeschlossen und verhinderten, dass wir attraktive Margen erzielen konnten.

Beide Nachteile haben sich heute erheblich abgeschwächt und sind beherrschbar geworden. Zum einen muss dem Markt kein Wachstum von hundert oder mehr Prozent verkauft werden. Die Erwartungshaltung ist realistischer geworden und die Anleger wissen, dass ein angekündigtes Wachstum von zwanzig Prozent, welches nachhaltig eingehalten wird, wertvoller ist, als ein angekündigtes Wachstum von hundert Prozent, welches verfehlt wird und die Firma in Schwierigkeiten bringt. Zum anderen drängt auch nicht mehr eine so unüberschaubare Vielfalt an Technologien auf den Markt, die beherrscht werden muss. Dem Wettbewerb und dem Tempo der Jahre 1999 und 2000 sind viele Hersteller zum Opfer gefallen. Dies hat einen natürlichen Ausleseprozess in Gang gesetzt, der auch zu einer Beruhigung geführt hat.

Wenn es die Führung der WWL versteht, die Auftragslage zu verbessern, mit der neuen Situation behutsam und ehrlich umzugehen und wieder Ruhe in die Belegschaft zu bekommen, kann sie das unmöglich Geglaubte schaffen. Die Tendenz, die sich aus den nächsten Quartalsberichten ablesen lässt, wird es zeigen. Zumindest hat sich die Lücke zwischen Einnahmen und Ausgaben in den letzten Monaten spürbar verkleinert.

ALBTRAUM NEUER MARKT

ERFAHRUNGEN

UND

RANDGESCHICHTEN

TUE GUTES UND REDE NICHT DARÜBER!

Erfolg und Misserfolg liegen manchmal zu nah beieinander. Jeder erfolgreiche Unternehmer weiß das. Wie schnell kann, wer heute noch Erfolg hat, morgen von einer Pechsträhne verfolgt sein! Da ist es ratsam, in Zeiten des Erfolgs nichts zu tun, was sich als Bumerang erweisen könnte, wenn der Erfolg einmal ausbleibt. Jeder erfolgreiche Unternehmer hat in seiner Laufbahn auch Fehlentscheidungen getroffen. Um sie zu überwinden, muss man offen mit dem daraus resultierenden Misserfolg umgehen können und sich dazu zuvor nicht die Tür zugeworfen haben. Niemals sollte man aber auf dem vermeintlichen Gipfel seines Erfolgs prahlen.

Wenn die Sonne zweimal aufgeht

Es gibt nur wenige Unternehmen neben der WWL Internet AG, von denen ich noch das genaue Datum der Erstnotiz auswendig weiß. Eines davon ist die Firma *Gigabell AG*. Sie ist gut vier Wochen nach uns an die Börse gegangen, am 11. August 1999. Damit hat sich auch die Phase der Werbung während der *Pre-IPO*-Phase unserer beiden Unternehmen überschnitten. Mir ist die Firma damals durch ihre Penetranz in vielen Zeitschriften aufgefallen. Es war dieses leuchtend grüne „G", unter dem die Aussage herausposaunt wurde: „Mit uns wird E-Commerce neu definiert."

Ich verstehe nicht, wie man sich durch so eine hochtrabende Aussage die Messlatte fast unerreichbar hoch aufhängen kann! Aber wahrscheinlich hätte ich dieses Unternehmen wieder aus meiner Erinnerung verdrängt, wenn nicht ausgerechnet der 11. August 1999 der Tag der spektakulären Sonnenfinsternis in Deutschland gewesen wäre, die man im süddeutschen Raum sogar als totale Sonnenfinsternis beobachten konnte. Einer der Vorstände von *Gigabell* kommentierte seinen Börsengang an diesem Tag in der Öffentlichkeit so: „Für Gigabell geht heute die Sonne ein zweites Mal auf."

Welche tragische Bedeutung bekommt dieser Satz doch, wenn man auf das Ende sieht! Bereits ein gutes Jahr später, am 15. September 2000, hat *Gigabell* als erstes Unternehmen am Neuen Markt das Insolvenzverfahren beantragt. Da wurde der Anlegergemeinschaft bewusst, dass an einem Tag, an dem die Sonne zweimal aufgeht, diese auch zweimal untergeht. Das konnte kein gutes Omen sein!

Ich möchte nicht falsch verstanden werden. Ich habe absolutes Verständnis dafür, dass eine Firma in eine Schieflage geraten kann. Zu schnell gleitet man in eine solche Situation. Das kann einfach passieren. Schon ganz andere Unternehmen, die jahrzehntelang erfolgreich waren, sind plötzlich gekippt. Ich bedaure die Situation um *Gigabell* wirklich sehr. Zum einen wegen der Menschen, die dort gearbeitet haben, zum anderen wegen der Ausstrahlung eines solchen Vorfalls auf den Neuen Markt insgesamt. Aber ich habe kaum Verständnis für die hochtrabenden Worte, die auf der Welle des Erfolgs das Unternehmensbild geprägt haben und die jetzt so einen bitteren Nachgeschmack bekommen.

Von Fahrrädern und Ferraris

Einige Dinge ändern sich nach einem Börsengang auch im persönlichen Umfeld. Ob mir das nun passt oder nicht, es wurde mehrfach dokumentiert, wie viele Aktien ich an der WWL Internet AG hielt. Es musste zum Börsengang im Emissionsprospekt veröffentlicht werden und ist von da aus an die verschiedenen Stellen – auch im Internet abrufbar – hinaustransportiert worden. Es ist auch kein Kunststück, diese Aktienzahl mit dem aktuellen Kurs der Aktie zu multiplizieren und sich auszurechnen, wie es auf meinem Depot aussieht. Das Wissen darüber führt im Bekanntenkreis zu, sagen wir einmal, gewissen Verhaltensänderungen.

Ich war und bin sehr darauf bedacht, meinen Lebensstil nicht zu ändern. Zum einen konnte ich das nicht wirklich, denn die Aktien unterlagen einer zweijährigen, freiwilligen *Lock-up*-Periode, in der ich nicht verkaufen durfte.

Für großartige Lebenswandlungen hätte ich also das Depot beleihen müssen. Zum anderen entspricht es einfach nicht meiner Art, etwas auszugeben, was erst noch verdient sein muss. Direkt nach dem Börsengang habe ich in einem Gespräch mit einem anderen Altgesellschafter klargestellt, dass die Depotwerte eine Option auf die Zukunft darstellen. Sie sind nicht etwa der Verdienst dafür, das Unternehmen an die Börse gebracht zu haben. Vielmehr müssen wir zusehen, in den nächsten zwei, drei oder vier Jahren unsere Versprechen einzulösen, die wir im Rahmen des Börsengangs gegeben haben. Wenn unsere Aktie dann noch so interessant ist, dass sie einen Käufer findet, dann erst haben wir es uns verdient. Vorher nicht!

Die Sache mit der *Lock-up*-Periode steht lediglich im Emissionsprospekt und viele Leute setzen einen hohen Depotwert mit einem liquiden Vermögen gleich. Das sind jedoch zwei völlig verschiedene Dinge.

Obwohl ich also noch das gleiche Auto fahre, in dem gleichen Haus wohne, nach wie vor gerne im Urlaub mit dem Wohnwagen verreise, mich in meinem Verhalten auch sonst wenig geändert habe, nimmt mich meine Umwelt verändert wahr. Wahrscheinlich aber eher, weil sie eine Veränderung einfach voraussetzt oder zumindest insgeheim unterstellt.

Sportlich nehme ich gerne an Kurzstreckentriathlons teil, für die ich natürlich auch trainieren muss. Gerade im Sommer treffe ich mich mit Gleichgesinnten des Öfteren Sonntag morgens, um mit dem Fahrrad eine größere Trainingsrunde zu absolvieren. Nun hatte ich vor dem *IPO* ein wirklich altes Rennrad, welches mir für meine Zwecke als Nichtprofi völlig genügt hat. Beim Training am ersten Sonntag nach dem *IPO* bin ich wieder mit dem alten Rad erschienen. Nach einigen Kilometern meinte einer meiner Trainingspartner augenzwinkernd: „Also Andreas, ich war mir sicher, du kämest heute endlich mit einem neuen Rad zum Training, das kannst du dir doch jetzt leisten!"

Wenn ich früher beispielsweise meine Verwandtschaft in ein Restaurant zum Essen eingeladen habe, hatte ich Schwierigkeiten, am Ende durchzusetzen, dass die Rechnung bitte schön auch ich bezahle. Wahrscheinlich ist es für Eltern schwer erträglich, wenn ihr Junge alles ganz allein bezahlt. – Das hatte sich bald geändert. Jeder kam gerne mit und bestellte im Gegensatz zu früher auch noch Vorspeise und Nachtisch. Na also!

Unlängst konnte man im *manager magazin* die wundersame Bekehrung des Gründers und Vorstandschefs *Michael Mohr* der am Neuen Markt notierten *DCI – Database for Commerce and Industry AG* nachlesen. Nachdem die ursprüngliche Börsenstory wenig erfolgreich für *DCI* verlief, muss *Mohr* sein Unternehmen umbauen und sich wieder auf das ursprüngliche Kerngeschäft zurückbesinnen. In diese Zeit des Wasserpredigens passt es schlecht, wenn man selbst Wein trinkt. Und so verkauft er – als Signal für die neue Bescheidenheit – zunächst einmal seinen Ferrari und will künftig das Geld lieber in sein Unternehmen investieren. Diese Einsicht macht ihn sympathisch und dürfte die Grundvoraussetzung dafür sein, um seine Mitarbeiter hinter sich zu bekommen.

Ich will nicht das Zurschaustellen von Wohlstand und Reichtum kritisieren. Man sollte nur nie verwechseln, welchen Reichtum man sich wirklich leisten kann und welchen nicht. Ein gelungener Börsengang, aufgebaut auf noch einzulösende Versprechen, jedenfalls ist nicht der

Erfolg, der dazu berechtigt. Die Effekte aus dem Börsengang, wie beispielsweise die hohen Depotwerte der Altgesellschafter, sind nicht viel mehr als eine Option auf Vermögen, die erst nach weiteren erfolgreichen Geschäftsjahren eingelöst werden darf.

Schweigen ist Gold

Eine Problematik ganz anderer Art verbirgt sich in den Anstrengungen, kein Insiderwissen preiszugeben. Insidergeschäfte liegen immer dann vor, wenn man sich selbst oder anderen Aktionären mit dem Wissen um bevorstehende Entscheidungen in der Firma Vorteile beim Aktienhandel verschafft. Dabei handelt es sich keinesfalls nur um ein Kavaliersdelikt. Das Wertpapierhandelsgesetz belegt Insidergeschäfte mit hohen Geldstrafen und sieht sogar Freiheitsstrafen von bis zu fünf Jahren vor.

Man sollte allerdings nicht meinen, es sei damit getan, einfach nur den Mund zu halten. Die Wirkung selbst dieser Geste darf man nicht unterschätzen, denn wie heißt es so schön? Indem sie schweigen, rufen sie es aus!

Immer wieder haben mir Bekannte oder Kunden freudestrahlend mitgeteilt, sie hätten erneut Aktien der WWL gekauft, verknüpft mit der Nachfrage: „Dies war doch richtig, oder?". Eine Frage, die ich wie eine rhetorische behandelt habe, ohne dass sie als solche gemeint war. Ich durfte sie weder bejahen noch verneinen. Klar, in den ersten Monaten nach Börsengang habe ich mich immer gefreut, wenn ich auch von Bekannten erfuhr, dass sie die Aktie gekauft hatten. Eine solche Botschaft zeugte von Vertrauen des Käufers in mich und das ganze Unternehmen, und ihr folgte meist nahezu sicher im Abstand von wenigen Wochen der anerkennende Dank für die gute Performance der Aktie, die ihrem Besitzer zu einer deutlichen Mehrung seines Vermögens verholfen hatte.

Heute finde ich eine solche Mitteilung eher belastend, und dies nicht erst seit Unterschreiten unseres Emissionskurses. Ich weiß, dass fast alle Käufer der letzten Monate mit unserer Aktie kein Glück hatten – und auch nicht haben konnten. Das hätten sie zwar mit über 90 Prozent der anderen Titel am Neuen Markt oder gar im *DAX* auch nicht gehabt, entscheidend ist vielmehr, dass sie der WWL und insbesondere mir vertraut haben und dieses Vertrauen jetzt auf eine harte Probe gestellt wird. Da tröstet es auch wenig, dass der gesamte Markt zurzeit eher dem Bären gehorcht, und auch nicht, dass die Leute die Aktie ungefragt und ohne mein Zutun gekauft haben. Sie kennen die WWL teilweise noch nicht einmal richtig und können das Unternehmen folglich auch nicht beurteilen. Sie wissen keine Umsätze, keine Ergebnisse, interessieren sich nicht für die *Ad-hoc*-Meldungen und bringen die WWL meist nur irgendwie mit dem Internet in Verbindung. „Selbst schuld" könnte man da sagen. Das ist jedoch zu einfach, insbesondere da ich weiß, dass es Leute gibt, die mit einigen Zehntausend Euro investiert sind, im Vertrauen darauf, dass ich es schon richten werde. So schön das Vertrauen einerseits ist, so sehr stellt es andererseits auch eine Belastung dar, die ich dadurch zu vermeiden versuche, dass ich die WWL mit ihren Chancen und Risiken erkläre und somit jedem seine Kauf- oder Verkaufsentscheidung selber überlasse.

Und wie steht es mit dem Quäntchen Glück?

Als ich mich unmittelbar nach meinem Studium 1990 mit meiner ersten Firma selbstständig gemacht hatte, hat mir unser damaliger Firmenkundenbetreuer der Deutschen Bank eine Glückwunschkarte zur Eröffnung unseres Geschäftsbetriebs überreicht. Leider habe ich diese Karte nicht mehr, aber ich kann mich gut an den letzten Satz seiner sehr netten Worte erinnern: „Wir wünschen Ihnen auch das Quäntchen Glück, welches für ein erfolgreiches Unternehmen unerlässlich ist."

Ich gebe gerne zu, dass mir bis heute mehrere glückliche Zufälle geholfen haben, die ersten zehn Jahre meiner Selbstständigkeit insgesamt sehr erfolgreich gewesen zu sein. Nicht alles kann ich einer treffsicheren Unternehmernase mit dem unfehlbaren Instinkt zuschreiben. Nein, dazu habe ich auch manche Fehlentscheidung getroffen. Wie sagt doch der berühmte kleine Lausbub, der *Michel* aus Lönneberga, als er wieder einmal seine Strafe mit Holzschnitzen im Schuppen absitzen muss? Manchmal wisse man erst hinterher, dass es Blödsinn war. Und so ähnlich geht es einem Unternehmer doch auch. Manche Entscheidungen werden aus Unsicherheit heraus getroffen. Wenn sie sich dann zur goldrichtigen Entscheidung entpuppen, gehört dazu auch ein bisschen Glück, eben das besagte Quäntchen Glück.

Allerdings muss man sein Glück auch in die Hand nehmen. Von allein kommt es nicht. Die Gunst einer glücklichen Fügung zu erkennen und zuzugreifen ist der Schlüssel unternehmerischen Erfolgs.

Weil ich nun mehrfach in den Genuss dieses berühmten Quäntchens Glücks gekommen bin, will ich in meinem Buch diesen glücklichen Zufällen ein eigenes Kapitel widmen, wobei ich sie chronologisch ordne.

Zur richtigen Zeit am richtigen Ort

Die erste große glückliche Fügung des Schicksals ereignete sich nach einem knappen Jahr Geschäftstätigkeit, Ende 1990. Damals war ich glücklicherweise zum richtigen Zeitpunkt am richtigen Ort, als mir bei unserem späteren Großkunden, den die WWL auch heute noch erfolgreich betreut, eine Ausschreibung zu einem Auftrag aufgefallen ist, der ein einstelliges Millionenpotenzial hatte. Eine schier unglaubliche Summe für ein *Start-up*-Unternehmen. Unsere Firma war allerdings zunächst gar nicht für die Teilnahme an dieser Ausschreibung vorgesehen. Die

Ausschreibung lag dort auf einem Tisch, an dem jene Besprechung stattfand, an der ich ebenfalls teilnahm. Von meiner Position konnte ich sie zunächst nicht erkennen, erst als die Besprechung ihr Ende fand und alle Beteiligten aufgestanden sind, fiel sie mir auf. Mir blieben nur wenige Sekunden Zeit. Anhand des Deckblatts zu erkennen, dass es sich um eine große Sache handeln könnte, und den verantwortlichen Mitarbeiter des Kunden zu fragen, ob auch wir uns um diesen Auftrag bewerben könnten, war eins. Bis zur endgültigen Vertragsunterzeichnung im Mai 1991 mussten wir noch einige Hürden nehmen. Ich bin davon überzeugt, dass meine ganze Selbstständigkeit völlig anders verlaufen wäre, hätte diese weit reichende Begegnung nicht stattgefunden. Dieser Kunde war lange Zeit unser Hauptumsatzträger.

Das große Los

Das zweite riesengroße Glück ereignete sich im Februar 1994, als ein Jahr der Rezession in Deutschland zu Ende ging. Die Folgen spürten wir noch immer, und fast schien es, als könnten wir uns davon nicht mehr erholen. Sichergeglaubte Aufträge wurden uns nicht erteilt, sondern verschoben, und vorhandene Aufträge wurden teilweise auf Sparflamme gesetzt. Damit brachen auch unsere Umsätze ein, und wir mussten uns leider von einigen Mitarbeitern trennen, um überleben zu können. So sehr wir uns auch anstrengten – teilweise sogar eigenen Gehaltsverzicht übten –, die Rückkehr von den roten in die schwarzen Zahlen wollte nicht wirklich gelingen.

Nun ist die Kraft einer so kleinen und noch jungen Firma relativ schnell erschöpft. Glücklicherweise spielte unsere Hausbank damals großzügig mit und genehmigte uns die Überziehung unseres Firmenkontos gegen das Stellen zweier nicht unterlegter, persönlicher Höchstbetragsbürgschaften. Sicherheiten hätten wir zu dem damaligen Zeitpunkt nicht aufbringen können. Die Umsatzsituation war zum Leben zu schlecht und zum Sterben zu gut. Genau genommen war es ein langsames Sterben, welches im Februar 1994 so ernst wurde, dass wir, mein Bruder und ich als die beiden Alleingesellschafter, über die Schließung der Firma nachdenken mussten. Unser Eigenkapital drohte ins Negative zu rutschen. Jedenfalls ließen wir uns bereits darüber aufklären, wann wir als Geschäftsführer handeln und das Konkursverfahren beantragen müssten.

Und dann kam der Freitag, 25. Februar 1994, ein recht sonniger, milder Wintertag. Wie schon in den Wochen davor rief ich meinen Vater an, um von ihm seine Zahlen für den gemeinsamen Lottotipp abzufragen. Ich weiß nicht mehr wieso, aber ich überredete ihn, diesmal etwas mehr einzusetzen, als wir das sonst so taten. Ich wollte ein Vollsystem abgeben, bei dem man 10 Zahlen ankreuzen darf und damit jede Kombination 6 aus 10 abdeckt, die mit diesen 10 Zahlen möglich ist. Das sind viele Möglichkeiten und so kostete der Lottoschein denn auch 134,20 Euro. Unglaublich viel Geld, bedenkt man die Situation, in der ich mich mittlerweile auch privat befunden hatte. An diesem Freitag hatte ich aber das Gefühl, Lotto spielen zu müssen. Ich weiß, es klingt albern, zumal Sie jetzt wahrscheinlich schon eine leise Ahnung beschleicht, wie die Geschichte ausgehen wird, aber es war tatsächlich eine Art innerer Ruf. Mein Bruder beteiligte sich auch noch an dem Spieleinsatz und so sammelte ich die Zahlen von meinen Spielpartnern ein und stellte den Lottoschein fertig aus. Ich wollte mich gerade auf den Weg zur Annahmestelle machen, als uns ein Kunde aufsuchte, eher ein säumiger Zahler, der eine Rechnung über rund 2.500 Euro in bar begleichen wollte. Ich nahm das Geld entgegen und stellte ihm eine Quittung aus. Das Geld wollte ich gleich mitnehmen und bei der Bank unserem Konto gutschreiben lassen, welches diese Einzahlung dringend nötig hatte, auch wenn es eher der berühmte Tropfen auf den heißen Stein war. In diesem Moment, beim Anblick des vielen Bargeldes, war ich versucht, den gleichen Tippschein noch einmal auszustellen, dieses Mal aber auf die Firma. Zum einen war ich von den Zahlen überzeugt, wenngleich auch rational nicht begründbar, zum anderen stand es um die Firma ja „5 vor 12". Der Zweck heiligt die Mittel. Oder nicht?

Ich rief unseren Steuerberater an, um ihn zu fragen, ob ich mich als Geschäftsführer strafbar mache, wenn ich einen auf die Firma ausgestellten Lottoschein abgebe, diesen aus der Kasse der Firma bezahle und ob der Einsatz als (zu erwartender) Verlust abgeschrieben werden könne. Letzteres bejahte er ganz klar. Zu Ersterem klärte er mich darüber auf, dass ich diese Aktion einzig und allein vor meinem Gewissen und den Gesellschaftern rechtfertigen müsse. Wenn alle einverstanden seien, spräche nichts dagegen. Das ist nun einmal der Vorteil einer kleinen Firma mit wenig Gesellschaftern. Eine solche Frage ließe sich sehr schnell klären.

Letztlich gab ich doch keinen Schein auf den Namen der Firma ab. Mir fiel beim besten Willen keine Rechtfertigung ein, mit der ich meinen Bruder für die Abgabe des Scheins hätte begeistern können. Etwa weil ich so ein gutes Gefühl im Bauch hatte?

Als ich von der Lottoannahmestelle und von der Bank wiederkam, rief ich erneut meinen Vater an, um ihm mitzuteilen: „Mission erfüllt". Ich höre uns heute noch über den Spaß lachen, den wir hatten, als ich ihm sagte, ich hätte meinem Kundenberater bei der Bank den Lottoschein als Sicherheit für unsere Kreditlinie angeboten, aber dieser hätte abgelehnt. Daraufhin bemerkte mein Vater, am Montag würde der Kundenbetreuer seine Entscheidung bereuen und flehentlich um die Hereinnahme des Lottoscheins bitten.

Am Samstagabend nun vor der Tagesschau, meine Familie hatte sich gerade zum Essen gesetzt, holte ich entgegen meiner sonstigen Gewohnheit den Schein aus der Brieftasche und legte ihn neben den Teller. Im Hintergrund lief die Ziehung der Lottozahlen. Die ersten drei Zahlen wurden gezogen und jedes Mal verkündete ich: „Haben wir". Nach der dritten Zahl fiel mir schon einmal ein Stein vom Herzen, denn damit war zumindest der Einsatz wieder reingeholt. Als ich dann auch noch die vierte gezogene Zahl auf meinem Schein entdeckte, legte ich eilig das Besteck aus der Hand und mein Puls schoss schlagartig in die Höhe. Nach vier gezogenen Zahlen bereits vier richtig, ließ noch alle Möglichkeiten offen. Die fünfte gezogene Zahl war leider kein Treffer, dafür aber wieder die sechste Zahl. Fünf Richtige!

Mir wurde fast schlecht. Wegen des Vollsystems mit zehn angekreuzten Zahlen hatten wir damit gleich fünf Fünfer! Aber es kam noch besser, denn bekanntlich wird ja auch noch eine Zusatzzahl gezogen. Und siehe da, auch diese hatten wir angekreuzt. Fünf Richtige mit Zusatzzahl, mehrfach kontrolliert, es gab keinen Zweifel. Der Schein war auch gültig abgegeben – etwas was meine Frau sofort nachkontrollierte. Dann das bange Warten bis Montagabend, bis man im Bildschirmtext die Quoten abrufen konnte.

Wir hatten rund 80.000 Euro gewonnen – die Firma war gerettet. Ab Mai ging es mit der Auftragslage wieder aufwärts und wir konnten erste Neueinstellungen vornehmen.

Wahrscheinlich werden Sie sich fragen, ob ich mich nun über den nicht abgegebenen Lottoschein im Namen der Firma ärgere. In der ersten Reaktion hatte ich damals schon gedacht: „Hätte ich mal ..." Letztlich waren wir aber so froh über den erzielten Gewinn, dass wir darüber nicht in Wehmut verfallen sind. Danach habe ich übrigens nur noch relativ selten Lottoreihen getippt. Obwohl ich als Mathematiker natürlich weiß, dass der Zufall kein Gedächtnis hat und mir jede weitere Ziehung die gleichen, wenn auch geringen, Chancen bringt, wie jedem anderen Lottospieler auch. Ein Jahr später hatte ich übrigens noch einmal fünf Richtige, ohne Zusatzzahl. Wenn ich mich überhaupt über etwas „ärgere", dann darüber, dass mir zum Sechser beide Male die „48" auf meinem Tippschein gefehlt hatte. Seitdem habe ich fast gar nicht mehr gespielt. Mathematik hin oder her, das nötige Glück für ein drittes Mal kann man einfach nicht haben.

Die Eine-Million-Dollar-Frage

Ein gutes Dreivierteljahr nach Gründung der WWL lief uns im Februar 1996 Fortuna ein drittes Mal über den Weg. Die liquiden Mittel aus dem Startkapital von 25.000 Euro für die WWL waren schon weitgehend aufgebraucht. Dieser Betrag ist im kosten- und investitionsintensiven Internetgeschäft geradezu lächerlich klein. Uns vier Gründungsgesellschaftern hätte sehr zeitnah eine Entscheidung über den weiteren Verlauf der WWL bevorgestanden, ohne dass wir uns dieser Situation so richtig bewusst waren. So, wie ich meine Gründerkollegen mittlerweile kennen gelernt habe, war es ganz gut, dass es nie wirklich zu dieser inhaltlichen Diskussion kommen musste. Die Positionen hätten wahrscheinlich von „wir leisten uns nur, was wir aus dem Umsatz finanzieren können" bis „für zusätzliches Wachstum müssen wir weiteres, notfalls auch eigenes Kapital zur Verfügung stellen" gereicht. Ich bin bekennender Vertreter der letzten Position, solange mit zusätzlichem Kapital kein Verlust ohne Aussicht auf Erfolg finanziert werden muss. Aber wie so oft im Leben, kam es wieder einmal ganz anders.

Es ergab sich, dass wir bei einem interessierten Internetnutzer eine Präsentation über die Möglichkeiten des Internets online vorführen sollten. Gerade für Onlinevorführungen, die beim Kunden stattfanden, musste man sich 1995 und 1996 noch besonders vorsehen. ISDN war noch nicht so weit verbreitet wie heute, und auch Amtsleitungen, die an den meist störenden Telefonanlagen vorbei die Verbindung nach draußen zuverlässig gewährleisten sollten, waren Mangelware. Wir überzeugten uns zunächst telefonisch, um welche Anschlussart es sich beim Kunden handelte. Eine Frage, die technisch wenig versierte Menschen an den Rand der Verzweiflung treibt. Schaden macht klug, und von daher haben wir uns selten auf die Aussage des Kunden verlassen und meistens doch die Ausrüstung für alle möglichen Anschlussarten im Gepäck gehabt. Bei dem Kunden eingetroffen, wollte ich unseren mitgebrachten, internetfähigen PC in dem mir zugewiesenen Zimmer aufbauen.

Dieses stellte sich sehr schnell als das Zimmer des Geschäftsführers heraus, der der Präsentation selber beiwohnen wollte. Man sagte mir, dass ich den ISDN-Anschluss irgendwo im Umfeld des Schreibtisches finden würde. Leichter gesagt als getan. Mittlerweile allein in dem Zimmer gelassen, suchte ich die Gegend um den Schreibtisch ab. Es war nichts zu finden. Der Anschluss konnte nur noch irgendwo unter dem Schreibtisch oder einem der Schubladencontainer sein. Es half nichts, ich musste unter den Schreibtisch krabbeln. (Wer in so einer Situation denkt: „Ich bin doch aber Geschäftsführer, wieso sollte ich da unter den Schreibtisch krabbeln?", der macht sich besser nicht selbstständig. Denn auch das gehört zum Unternehmertum!)

Natürlich musste just in dem Moment, da ich mich auf allen vieren krabbelnd unter dem Schreibtisch befand, der Herr Geschäftsführer persönlich den Raum betreten. Er fragte nur relativ trocken, ob ich etwas suchen würde. Immerhin setzte er sich auf seinen Stuhl und beugte sich ebenfalls mit unter seinen Schreibtisch, um mir zu zeigen, wo er den Anschluss vermutete. Auch der Hinweis führte nicht zum Erfolg, aber er brachte uns beide einander näher. In dieser prekären Situation unter dem Tisch fragte er mich nämlich, ob die WWL Geld gebrauchen könnte.

Ich zögerte ganz kurz und überlegte mir, wie er denn die sicher ehrliche Antwort eines simplen „Ja" aufnehmen würde. Als Offenbarung oder gar Bloßstellung? Ich entschied mich für das „Ja", und er erzählte mir von einem Nürnberger Unternehmer, der sehr erfolgreich war und Interesse hatte, junge Unternehmen finanziell zu unterstützen. Er stellte den Kontakt zu einem Business Angel her. Wenige Tage später besuchten uns die beiden, und zum ersten Mal verwünschten wir unsere wenig repräsentativen Firmenräume in unmittelbarer Nähe des Nürnberger Rotlichtviertels. Wir waren uns sicher, unsere Besucher würden schon an der Biegung zu unserer Straße kehrtmachen, wenn sie erkennen, in welche Gegend sie geraten waren. Auch das Treppenhaus als Aufgang zu unseren Firmenräumen hatte eher schäbigen Hinterhofcharakter. Aber die beiden Herren ließen sich nicht abschrecken. Unser Investor interessierte sich wahrhaftig für unser Geschäft und weniger für die Kulisse. Stolz demonstrierten wir unseren Serverraum, in dem damals acht Modems und ein Server von *Hewlett Packard* ihren Dienst taten.

Nur zwei Wochen später hatten wir einen neuen Gesellschafter und mit ihm unser Stammkapital auf rund 200.000 Euro erhöht. Mich hatte damals beeindruckt, dass bereits am Tag nach der notariellen Zeremonie die vereinbarte Summe telegrafisch auf unserem Geschäftskonto eingetroffen war. Ein Punkt übrigens, der unserem Investor sehr wichtig war: Sein Geld sollte vollumfänglich dem Unternehmen zur Verfügung stehen und nicht der „Bereicherung" der Altgesellschafter dienen. Dies sollte nur der Beginn vieler weiterer, gemeinsamer Investments in die WWL sein. Als die WWL fünf Jahre später ihren Turnaround einleiten musste, kam der Kontakt zu *XL Riskcap* im Übrigen auf sein intensives Bemühen zustande.

NACHWORTE

Während meiner Arbeit an diesem Buch hat die Realität so manche Geschichte, die ich erzählt habe, fortgeschrieben. Auch die Ereignisse im Umkreis der WWL haben nicht Halt gemacht, sondern sich teilweise binnen weniger Tage lebhaft entwickelt. Ein paar dieser Anekdoten möchte ich Ihnen nicht vorenthalten.

Ein „Freund" der WWL stürzt

In diesem Buch habe ich mehrmals unsere sehr unterschiedlichen, aber im Ergebnis letztlich schlechten Erfahrungen geschildert, die wir mit einem der ganz großen Fondsmanager des Neuen Marktes gemacht hatten. Am 2. April 2001 geht die Meldung seiner fristlosen Entlassung wie ein Lauffeuer durch die Republik. In einer Stellungnahme erklärt ein Sprecher seines Arbeitgebers die Hintergründe, die zu der überraschenden Trennung geführt haben. Offenbar sei man unterschiedlicher Auffassung bei der Betreuung der Unternehmen in den Fonds. Aufgabe eines Fondsmanagers sei es, Unternehmen zu analysieren, weiterzuverfolgen, zu kaufen und zu verkaufen. Keinesfalls solle ein Fondsmanager Gesellschaften strategisch beraten.

Interessant war die Reaktion eines anderen institutionellen Investors, der der WWL durchaus positiv gesonnen ist und ablehnend die Investitionspolitik des „Mister Neuer Markt" verfolgt hatte. Seine spontane Stellungnahme war: „Der Totengräber der WWL ist gefeuert worden." Ganz so haben wir die Meldung nicht aufgenommen, aber eine gewisse Erleichterung knüpfen wir sehr wohl an die Hoffnung, künftig nicht mehr der Spielball eines Fondsmanagers zu Lasten von Kleinanlegern sein zu müssen.

Unerwartetes Rendezvous mit einem Aktionär

Etwas unfreiwillig kam ich unlängst mit meinem Arzt ins Gespräch über die WWL. Im Laufe des letzten Jahres habe ich ihn ab und zu aufsuchen müssen, aber nie sind wir groß ins Gespräch gekommen. Letztens muss ich allerdings einen sehr nachdenklichen Eindruck auf ihn gemacht haben. Er sprach mich darauf an, was mich denn so beschäftigen würde.

Ich erzählte ihm recht allgemein, dass ich gegenwärtig ein Buch über ein Unternehmen schreibe, das an den Neuen Markt gegangen ist. Daraufhin gestand er mir, dass er sich auf Empfehlung im letzten Jahr auch am Neuen Markt versucht hätte.

Normalerweise sei das nichts für ihn, aber dieses Mal hätte ihn ein Bekannter überredet, doch zur Abwechslung einmal in Aktien dieses Wachstumssegments zu investieren. Da es sich zudem um ein Nürnberger Unternehmen handelte, fühlte er sich auch von einer gewissen Solidarität getrieben und kaufte die Aktie. Leider war ihm das Glück nicht hold und er verlor mit der Aktie einiges Geld. Da es immerhin ein halbes Dutzend Nürnberger Unternehmen gibt, die am Neuen Markt notieren und allesamt einen mehr oder minder starken Kursrückgang zu verzeichnen hatten, machte ich mir eine gewisse Hoffnung, dass es sich dabei nicht um die WWL handeln könnte. Nur leider bestätigte er mir genau das, nicht wissend, dass ich einer der Gründer der WWL war. Ich gab mich ihm dann als das „L" in „WWL" zu erkennen und bedauerte aufrichtig seinen Verlust. Seine sehr freundliche Behandlung seitdem zeigt mir, dass er ob des Verlustes nicht allzu gram ist.

Wer hat den schnellsten Rückwärtsgang?

Die Akteure sind die gleichen geblieben, geändert haben sich ihre Gesprächsthemen. Zum dritten Mal wurde 2001 die *Internet World*, die alljährlich im Mai in Berlin stattfindet, von einer Fete begleitet – ein geselliges Event, bei dem sich die *New Economy*-Szene trifft, um sich bei Musik und Büfett auszutauschen.

Waren die Botschaften im Jahr zuvor noch durch den Tenor getragen, wem die meisten Akquisitionen gelungen seien und in wie vielen Märkten man sich außerhalb Deutschlands bewege, so ging es dieses Jahr um das blanke Überleben. Viele Auslandsniederlassungen waren bereits geschlossen, der Mitarbeiterabbau im vollen Gang und die eigenen Kernkompetenzen wieder entdeckt. Optimismus beherrschte die Szene dabei nach wie vor. Überleben werde, wer im Rückwärtsgang viele Entscheidungen aus der Hype-Phase rückabzuwickeln vermag und den Turnaround am schnellsten meistere. So glichen sich denn auch die Geschäftsberichte über das Jahr 2000 in mindestens einem Punkt: Hohe Firmenwertabschreibungen waren das späte Eingeständnis, dass Akquisitionen viel zu teuer bezahlt wurden, zu einer Zeit, als alle Beteiligten bereit waren, andere Bewertungsmaßstäbe anzulegen als die, die vorher galten und auch heute wieder gültig sind.

Das Gefangenen-Dilemma

Die Frage, wie sich die Altgesellschafter der WWL nach dem Auslaufen ihrer freiwillig auferlegten *Lock-up*-Periode von 24 Monaten verhalten würden, erinnert an eine bekannte Fragestellung aus der Verhaltensforschung: Wann und unter welchen Umständen würden Gefangene zu der Schuld ihrer Mitgefangenen aussagen, um selber auf Strafminderung hoffen zu dürfen?

Im großen Einvernehmen unterwarfen sich alle Altgesellschafter zum Börsengang der *Lock-up*-Periode, während der sie nur eine kleine, vorher festgelegte Anzahl an Aktien verkaufen durften. War der Stichtag 12. Juli 2001 während des Börsengangs noch in weiter Ferne, so rückte er mit Einsetzen der schlechten Unternehmensnachrichten unaufhaltsam näher. Niemand ahnte damals, dass der Kurs im Bereich um die zwei Euro pendeln würde. Eher hatte man mindestens an den Emissionskurs von 15,50 Euro gedacht. Es drängte sich die spannende und gleichzeitig unangenehme Frage auf, ob einzelne Altgesellschafter verkaufen würden, wenn ihre Aktien im Sommer 2001 frei würden. Bis zu welchen Kursen halten alle still? Bei welchem Kurs fängt der Erste an zu verkaufen und senkt damit den Kurs, so dass die anderen das Nachsehen haben? Finden möglicherweise Absprachen statt, und wie werden diese eingehalten oder beendet? Schließlich mag niemand der „Dumme" sein, nur weil er den „richtigen" Moment für einen (Teil-)Verkauf seiner Anteile verpasst hat. Wer zuerst verkauft, hat zumindest kurzfristig nicht das Nachsehen eines geschwächten Kurses.

War es schon schwer, das Verhalten einzelner Gründungsgesellschafter abzuschätzen, so war es nahezu unmöglich, die Reaktion der „neuen" Altgesellschafter vorherzusagen, die erst später Anteile an der WWL übernommen hatten und die teilweise wenig sanft aus dem Unternehmen hinauskomplimentiert wurden. Im Falle unseres ersten Vorstandssprechers war das Misstrauen auch angebracht. Er ließ sich von der ursprünglichen *Lock-up*-Vereinbarung mit der Commerzbank befreien und veredelte seine Anteile vorher.

Sechs Monate vor dem Stichtag hatte ich mit einem Rundschreiben an alle großen Gesellschafter einen Versuch unternommen, sie für eine neuerliche, freiwillige *Lock-up*-Frist über den 12. Juli hinaus zu begeistern. Lediglich einer der *OptiNet*-Altgesellschafter reagierte und erklärte spontan seine Bereitschaft.

Tatsächlich verstrichen der 12. Juli 2001 und die Wochen darauf relativ unspektakulär. Irgendwelche aufregenden oder unerklärlichen Kursbewegungen, die Panikverkäufe nach sich gezogen hätten, blieben aus.

FÜNFZEHN LÜGEN

Die Erfahrungen aus meiner Selbstständigkeit, die ich in diesem Buch niedergeschrieben habe, möchte ich nachfolgend in fünfzehn Irrtümern zusammenfassen, die geradezu die Erotik von Lügen haben müssen, sonst wären ihre Hartnäckigkeit und ihr immer wiederkehrender Charakter nicht zu erklären.

1 Die Umsatzlüge

Nahezu alle Unternehmen am Neuen Markt haben hohe Umsatzwachstumsraten versprochen. Eine der Zulassungsvoraussetzungen des Neuen Marktes ist ja gerade, dass sich das Unternehmen in einem stark wachsenden Marktumfeld bewegt. Der Preis dieses Wachstums ist allerdings hoch. Nicht von ungefähr hat der Ausdruck *cash-burn-rate*, der besagt, wie hoch der Kapitaleinsatz im Verhältnis zum Umsatz ist, die Situation am Neuen Markt beschrieben. Bis auf wenige Ausnahmen sind viele Neuer Markt-Unternehmen bis heute den Beweis schuldig geblieben, dass hohes Umsatzwachstum bei mindestens ausgeglichenem Ergebnis beherrschbar ist. Insbesondere für die Dienstleistungsunternehmen scheint dies eine unüberwindbare Hürde zu sein.

2 Die Beraterlüge

Für nahezu alle Anforderungen eines Unternehmens stehen Berater zur Verfügung. Egal, ob es sich um M&A-Berater, Steuerberater, Juristen, Unternehmensberater oder Wirtschaftsprüfer handelt, sie alle haben drei Dinge gemeinsam: Sie sind erstens unverzichtbar, daher zweitens auch sehr teuer und drittens sehr betreuungsintensiv. Einen Effekt habe ich bislang nicht erlebt, und er ist sowohl bei Verhandlungen mit potenziellen Fusionspartnern als auch in der Phase der Vorbereitung zum Börsengang besonders schmerzhaft: Die Minderung der Belastung des Managements durch die Aktivitäten der Berater, damit es weiterhin sein Kerngeschäft verfolgen kann. Meistens wirkt sich das Einschalten von Beratern in diesem Punkt kontraproduktiv aus und führt zur Vernachlässigung der eigenen Kernkompetenzen.

3 Die Fusionslüge

Wenn es eines mit Sicherheit auf dieser Welt nicht gibt, dann ist es eine Fusion unter Gleichen, ein *Merger of Equals*. Wir haben uns zunächst auch eingebildet, mit den Franzosen in gleicher Augenhöhe zu verhandeln. Am Ende war es aber doch so, dass die Währung des Stärkeren galt und dass der Stärkere auch Anspruch auf den Sitz des Vorstandsvorsitzenden erhob. Man kann es lediglich als geschicktes Taktieren betrachten, wenn der tonangebende Fusionspartner den anderen zunächst in der Illusion wiegt, gleichberechtigt mitreden zu können. Im Grunde wissen es beide von Anfang an, wer die Rolle des Übernehmenden spielt und wer die Rolle des Übernommenen.

4 Die Integrationslüge

Im Vorfeld einer Akquisition wird ihr zu erwartender – oder besser: ihr erhoffter – Erfolg dadurch begründet, dass der zu übernehmende Kandidat gut zum eigenen Unternehmen passt und damit die künftigen Integrationsschmerzen vernachlässigbar sind. Diese Aussage würde ich heute nicht mehr unterschreiben. Integrationsschmerzen gibt es immer, wenn die Menschen zweier Unternehmen und ihre Arbeitsprozesse aufeinander abgestimmt werden müssen. Und je mehr Menschen in den Unternehmen arbeiten, desto schwieriger ist das Unterfangen. Es gibt Statistiken, die besagen, dass rund 75 Prozent aller Akquisitionen und Fusionen als nicht erfolgreich zu werten sind, weil sie nicht zum versprochenen Ergebnis geführt haben. Dies ist häufig die Folge von gescheiterten Integrationsmaßnahmen.

5 Die Synergielüge

Mit dem Zauberwort der Synergie-Effekte werden angestrebte Firmenübernahmen am häufigsten begründet. Immer wieder werden fantastische Einspareffekte auf Grund von ausgemachten Synergien beim Zusammengehen zweier Firmen gemäß der Formel 1+1=3 vorgerechnet. Synergien entstehen durch das Zusammenlegen von Technologien oder Vertriebskanälen und Einsparungen im Verwaltungsbereich. Dabei übersieht man häufig, dass der Einstandspreis zum Ausnutzen dieser Synergien in Form der Akquisition und der Integrationsmaßnahmen hoch ist. Mögen die Nominal-Synergien einen beeindruckenden Wert haben, die Effektiv-Synergien unter Beachtung aller Investitionen sind oftmals nur sehr mager und lassen im Erfolgsfall höchstens die Gleichung 1+1=2,1 zu.

6 Die Wahrnehmungslüge

Eines der lähmendsten Ereignisse für ein Unternehmen sind Unstimmigkeiten im Vorstand, die oftmals dazu führen, dass sich der Vorstand und damit das Unternehmen mit sich selbst beschäftigt, anstatt am Kunden zu wirken. Nicht umsonst achten Investoren sehr genau auf das Zusammenspiel der Vorstände während einer *Roadshow*, um ein Gefühl für die zwischenmenschliche Harmonie im Management zu bekommen. Schon allein aus diesem Grund ist es ratsam, die *Roadshows* immer mit mehreren Vorständen wahrzunehmen. Es ist ein Trugschluss, anzunehmen, die Mitarbeiter des Unternehmens würden Konflikte auf Vorstandsebene nicht wahrnehmen, auch wenn sie noch so „unbemerkt" hinter verschlossenen Türen ausgetragen werden. Der Vorstand ist ein zentrales Energiefeld im Unternehmen, welches unter sehr genauer Beobachtung der Mitarbeiter steht. Jede noch so kleine Störung in diesem Feld wirkt sich bremsend und verunsichernd auf die Mitarbeiter aus.

7 Die Anlagelüge

Das Versprechen vieler Anleger, privater wie institutioneller Investoren gleichermaßen, langfristig in die Aktie zu investieren und mit uns durch „dick und dünn" gehen zu wollen, habe ich von Anfang an nie richtig geglaubt. Während der *Roadshow* haben uns Investoren teilweise ungefragt ihre langfristige Anlagestrategie erläutert. Natürlich war es damals genau die Story, die wir hören wollten. Und das wussten sie. Die meisten haben sich längst aus der Aktie verabschiedet, und das zu einem Zeitpunkt, als es von der WWL noch keine schlechten Nachrichten gab. Vielmehr hat sich der Markt gedreht und jede Woche neue Tiefstände hervorgebracht. Die Flucht aus den Aktien des Neuen Marktes hat längst vor seiner ersten Insolvenz mit *Gigabell* eingesetzt, infolge völlig überbewerteter Unternehmen.

8 Die Börsenlüge

Spätestens seit Herbst 2000 gilt die alte Börsenregel nicht mehr, nach der man sich im Spätsommer mit Aktien eindecken soll, um bis ins nächste Frühjahr durch steigende Kurse zu profitieren, angetrieben durch Fondsmanager, die unter hohem Investitionsdruck die Liquidität ihrer Fonds abbauen. Auch die zweite Regel hat nicht stattgefunden, nach der spätestens kurz nach der zweiten Zinssenkung durch die amerikanische Notenbank der Aktienmarkt wieder beflügelt wird. Wie oft haben gerade in den letzten Wochen die einschlägigen Fachmedien den Anlegern einen Bärendienst erwiesen und immer wieder die Trendwende am Aktienmarkt oder zumindest die Bodenbildung prophezeit? Und nichts dergleichen ist geschehen!

9 Die Erfolgslüge

Es ist immer wieder erstaunlich, mit welchen Argumenten Misserfolg begründet wird. Typische Beispiele dafür sind Messen und andere Publikumsveranstaltungen. Ist Ihnen schon einmal aufgefallen, mit welchen Gründen das Ausbleiben großen Besucherandrangs auf Messen gerade am ersten oder letzten Tag schöngeredet wird? Egal ob es der Charakter des ersten Tages ist, der falsche Platz in der falschen Halle, das Wetter oder eine Parallelveranstaltung, die die Aufmerksamkeit der Besucher ablenkt, es werden immer Gründe herbeizitiert, die an höhere Gewalt erinnern, der man sich machtlos ergeben muss. Bei schwach besetzten Vortragsveranstaltungen wird plötzlich ausfindig gemacht, dass es sich schließlich um den Freitagnachmittag handelt und die Leute sicher schon ins Wochenende aufgebrochen sind. Das Besorgnis erregende an all diesen Gründen ist das Ablenken von dem eigenen Beitrag zum Misserfolg. Kaum einen der Gründe hätte man nicht auch schon vorher ausmachen können, um darauf entsprechend proaktiv zu agieren.

10 Die Hierarchielüge

Als sich unser Vorstand im Zuge der Vorbereitungen zum Börsengang fast ausschließlich um denselben gekümmert hat, sind die bis dahin als flache Hierarchie zu bezeichnenden Strukturen des Unternehmens zum ersten Mal getestet worden und gefährlich ins Schwanken geraten. Obwohl ich vielen Mitarbeitern ein hohes Maß an Selbstständigkeit bescheinigen würde, sie fordern trotzdem eine straffe, aber faire Führung ein. Ein führungsloses Unternehmen, in dem Mitarbeiter nahezu alle Freiheitsgrade haben, endet in einem chaotischen Zustand, mit hoher Unzufriedenheit und Fluktuation. Mitarbeiter fordern geordnete Verhältnisse, und dazu gehört ein Organigramm, welches jedem einzelnen Mitarbeiter seine genaue Position und seine Aufgabe im Unternehmen zuweist. Ab einer gewissen Größenordnung werden Hierarchien unumgänglich. In ihnen liegt der Garant für einen ansprechbaren Vorgesetzten, der eine überschaubare Gruppe leiten muss. Allzu flache Hierarchien mit dem Hintergedanken, alle Mitarbeiter gleich zu behandeln, funktionieren nicht.

11 Die Solidaritätslüge

Die Solidarität unter Mitarbeitern stößt in manchen Punkten sehr schnell an ihre Grenzen, auch wenn es so aussieht, als seien sie sich in allen grundlegenden Dingen einig. Diese Einigkeit ist aber nicht kollektiver oder abgesprochener Natur, sondern eher eine zufällige Übereinstimmung ihrer Interessen, beispielsweise bei Gehaltsverhandlungen, Ausstattung der Arbeitsräume oder gemeinsamen Veranstaltungen mit Freizeitwert. Die gegenseitige Rücksichtnahme verschwindet und kehrt sich gar ins Gegenteil um, wenn ein Teammitglied fachlich erkennbar schwächer ist und es trotz aller Anstrengungen seiner Kollegen auch bleibt. Dann findet sich niemand mehr, der noch Rücksicht üben oder Sachzusammenhänge erklären will. Ist die Geduld der starken Teammitglieder erst einmal vorbei, lässt sie sich durch keine Motivationskunst wieder aufbauen. Versuche, den angeschlagenen Mitarbeiter dadurch zu retten, dass man ihn in ein anderes Team integriert oder ihm andere Aufgaben zuweist, schlagen meist fehl. In letzter Konsequenz muss man sich voneinander trennen.

12 Die Beförderungslüge

Immer wieder fallen Mitarbeiter schon nach wenigen Monaten durch herausragende Leistungen in ihrem Bereich auf. Nachdem sie ein oder zwei Jahre sehr erfolgreich gearbeitet haben, unterliegt man meist der

Versuchung, sie zu zusätzlichen Aufgaben motivieren zu wollen, wenn sie nach einer Gehaltserhöhung fragen. Als ließe sich mehr Geld nur durch mehr Verantwortung aber nicht durch gute Arbeit rechtfertigen. So avanciert jemand in eine Position, in der er auf einmal mehr Personal- und Projektverantwortung bekommt. Auch wenn er sich dort ganz wacker schlägt und durchaus bewährt, so ist damit eine Entwicklung angestoßen worden, die ihn mit jeder Beförderung weiter von seinen Kernkompetenzen abbringt, durch die er anfangs so positiv aufgefallen ist. Im Laufe der Zeit nehmen ihn die neuen Aufgaben zeitlich immer mehr in Beschlag zu Lasten seines wahren Könnens. Die neue Situation schlägt manchmal gar um in eine persönliche Unzufriedenheit des Mitarbeiters, wenn er an alte Erfolge nicht mehr anknüpfen kann. Für das Unternehmen bedeutet dies auch den Verlust einer qualitativ sehr guten Besetzung des ursprünglichen Postens. Es ist höchstbedauerlich, wenn dieser zunächst gut gemeinte Schritt einer Beförderung in der Kündigung des Mitarbeiters endet. Sollte die Forderung nach einer Gehaltserhöhung die einzige Motivation für die Beförderung sein, so wäre es geschickter, sich zu überlegen, ob man diese auch anders darstellen kann – ohne das Aufgabenfeld zu erweitern.

In einer Wachstumsphase unterliegt der Unternehmer oftmals der Versuchung, über den Weg der Beförderung verdiente Mitarbeiter auf Schlüssel- oder Entscheidungspositionen zu setzen, deren verrechenbare Leistung abnimmt. Damit baut er sich unmerklich einen großen Overhead auf und läuft Gefahr, das Projektgeschäft auszudünnen. Ein Verwaltungsapparat entsteht, der spätestens bei der nächsten „Verschlankungstherapie" teuer zu stehen kommt.

Allerdings bietet jede Beförderung auch eine Chance für das Unternehmen: Nicht selten wachsen Mitarbeiter erfolgreich in und mit ihren neuen Aufgaben.

13 Die Lüge der kritischen Masse

Hinter der Problematik der kritischen Masse verbirgt sich die Frage, wie viele Mitarbeiter an einem Standort beschäftigt sein müssen, damit sich dieser selber tragen kann. Gemeint ist der notwendige Mix aus administrativen und operativen Mitarbeitern, um den Standort autark am Leben zu halten. Oftmals muss gerade die nicht erreichte kritische Masse als Begründung für Anfangsverluste herhalten. Eine Reihe von Unternehmensgründungen, auch die der WWL, hat aber bereits den Beweis erbracht, schon mit den ersten Mitarbeitern an Bord profitabel sein zu können. Entscheidend dafür ist die Bereitschaft der Mitarbeiter der ersten Stunde, in ihrer Person alle Anforderungen abzudecken. Leistet man sich dagegen von Anfang an den Luxus, die unterschiedlichen Aufgaben jeweils mit verschiedenen Arbeitskräften abzudecken, beispielsweise durch eine Sekretärin und eine Telefonistin, muss man zur Rechtfertigung der Anfangsverluste tatsächlich das Gesetz der kritischen Masse bemühen.

14 Die Lüge unter „Freunden"

Während des Aufbaus und der Erweiterung des Unternehmens müssen sich die Gesellschafter des Öfteren die Frage nach geeigneten Kandidaten für signifikante Schlüsselpositionen stellen, sei es bei der Besetzung des Vorstands oder des Aufsichtsrats. Dabei wird meist im Geiste der Bekanntenkreis nach einer qualifizierten Person durchsucht. Ist sie gefunden und entspricht sie den Erwartungen aller Entscheider, so ist das Zusammenkommen so manches Mal der Anfang vom Ende für die Freundschaft und der Beginn eines Desasters für das Unternehmen. Denn irgendwann tritt die Situation ein, bei der die Freundschaft auf die Probe gestellt werden müsste. Es fällt meist schwer, die subjektive Wahrnehmung für den Freund von vornherein zugunsten objektiver Kritik abzulegen. Gerade weil die Äußerung von Kritik Freundschaften auf die Probe stellt, wird zu lang gewartet, ehe diese Hürde das erste Mal genommen wird. Letztlich bricht Schweigen die Freundschaft.

Für das Unternehmen sind freundschaftliche Verflechtungen, insbesondere solche, die sich schonen, in jedem Fall sehr nachteilig. Viel zu langsam und oft zu spät werden dringend erforderliche Maßnahmen eingeleitet, umso mehr, als sich die freundschaftliche Verstrickung durch Aufsichtsrat und Vorstand zieht.

15 Die Lüge in die eigene Tasche

Die schlimmste Lüge ist die, die man an sich selber verübt. Viel zu spät gesteht man sich oftmals seine eigenen Fehler ein. Dabei wäre ein frühzeitiges Eingestehen für eine schmerzlose und preiswerte Korrektur immens wichtig. Stattdessen hält man sich viel zu sehr damit auf, den eingeschlagenen Weg doch noch erfolgreich beenden zu wollen, was meistens misslingt. Selten täuschen die ersten Anzeichen. Schlimmer wird die Situation, wenn man zudem noch die Fehlentscheidung über eine *Ad-hoc*-Meldung kommunizieren müsste und damit möglicherweise einen Kurseinbruch verursachen könnte. Die Anstrengungen, diese Meldung, so drohend sie sich auch abzeichnet, noch irgendwie zu verhindern, sind enorm und verpuffen letztlich doch. Vor diesem Hintergrund habe ich die Kapitel „Aktie, Aktie über alles!" und „Fluch und Segen der Börsennotierung" geschrieben.

ALBTRAUM NEUER MARKT

ANHANG

Die Erlebnisberichte dreier Mitarbeiter

Der Gang an die Börse und das Bewusstsein, ein öffentliches Unternehmen zu sein, werden von den Mitarbeitern sehr unterschiedlich empfunden. Oftmals war der Vorstand, dessen Mitglieder selber über eine ordentliche Zahl an Aktien auf ihren Depots verfügten, nicht feinfühlig genug für die Stimmung bei den Mitarbeitern, die den Börsengang aus einer ganz anderen Perspektive erlebten und nicht immer bereit waren, die Euphorie bedingungslos zu teilen.

Ich habe drei geschätzte Kollegen gebeten, mir ihre Erfahrung aufzuschreiben. Weil dabei sehr authentische Erzählungen entstanden sind, die meine Sichtweise, die die eines ehemaligen Vorstands ist, ergänzen, möchte ich sie dem Leser nicht vorenthalten und nehme ihre Berichte nachfolgend unverändert auf.

Der Schlüssel zum Erfolg

Die erste und damit dienstälteste Mitarbeiterin der WWL hat, wie kaum jemand sonst im Unternehmen, alle Wachstumsphasen, Erfolge und Rückschläge der Firma hautnah aus der Sicht ihrer verschiedenen Positionen, die sie im Laufe ihrer Karriere hauptsächlich im Finanzbereich innehatte, miterlebt.

„Die Reise an den Neuen Markt begann für mich am 2. Januar 1996. Der Winter hatte Nürnberg fest im Griff. Schnee lag über der Stadt und die Temperaturen hatten die Minusgrenze schon längst unterschritten. Es war mein erster Arbeitstag als Assistentin der Geschäftsführung bei der WWL Connect Online Services GmbH. Eine neue und reizvolle Herausforderung wartete auf mich. Ich freute mich, der Internetwelt begegnen zu dürfen und die erste Mitarbeiterin dieses ideenreichen und fantasievollen Gründerteams zu sein.

Mein Enthusiasmus wurde aber gleich am ersten Tag abgekühlt: Morgens um drei viertel acht stand ich auf der Straße an der Eingangstür zur WWL und niemand reagierte auf mein Läuten. Eine Fehlfunktion der Klingel war ausgeschlossen, ihr Läuten konnte ich deutlich vernehmen. Offenbar war das Büro noch nicht besetzt und niemand rechnete nach den Feiertagen so früh mit mir. In jener unmittelbaren Nachbarschaft zum Nürnberger Rotlichtviertel, in dem es zu dieser Zeit schon (oder noch?) recht lebhaft zuging, wollte ich unbedingt den Eindruck erwecken, dass ich auf etwas Wichtiges warten würde. ‚Sie fan-

gen bestimmt gegen acht Uhr an', redete ich mir total überzeugt ein, ,ein biss-chen frische Luft wird dir gut tun.'

Frische Luft habe ich an diesem Tag bei minus 6 Grad in fast 90 Minuten zur Genüge getankt, obwohl nicht unbedingt für einen solchen ,Spaziergang' gekleidet. Erst gegen viertel nach neun traf Andreas Lindenberg ein und fand eine fast erfrorene Mitarbeiterin vor. ,Was machen Sie hier?' meinte er sehr überrascht, mich auf der Straße anzutreffen. Die Situation war ihm, glaube ich, schon sehr peinlich. Nach einem Tee und ein paar Minuten im warmen Büro war ich wieder aufgetaut. Um diese unangenehme Konstellation künftig zu ver-hindern, bekam ich um zehn Uhr von seinem Bruder und Mitbegründer der WWL, Michel Lindenberg, einen Hausschlüssel.

Am nächsten Tag stand ich um halb acht mit meinem Schlüssel voller Vorfreude auf den zweiten Arbeitstag erneut vor der Eingangstür. Der goldene Schlüssel in meiner Hand war sicher für irgendeine hübsche und widerstands-fähige Tür im Großraum Nürnberg geeignet – für die besondere Tür, vor der ich stand, nutzte er mir nur leider gar nichts. Um die Wartezeit erneut zu ver-kürzen und einer Erkältung vorzubeugen, nahm ich am Stehimbiss des nahe gelegenen Bäckers einen warmen Tee zu mir. Wieder war es Andreas Lindenberg, der mich um neun Uhr bibbernd vor verschlossener Tür antraf. Ohne ein Wort von mir erfasste er sofort die Lage, und ihm war klar, dass mein Schlüssel nicht passen konnte.

Am dritten Tag bekam ich von Michel Lindenberg einen schönen Blu-menstrauß. Seitdem werden alle Schlüssel überprüft, bevor Mitarbeiter einen erhalten.

Viele Software-Firmen haben in einer Garage oder in einem Keller ange-fangen, WWL war in dieser 5-Zimmer-Wohnung untergebracht und durfte sie als Entwicklungsumfeld genießen. Der Serverraum erschien mir als unerfah-rene ,Internautin' wie ein Feuerwerk – überall leuchteten kleine rote Lichter. Die Ziffern an den Modems flimmerten pausenlos, Kabel hingen von der Decke bis zum Boden, hunderte von Steckdosen waren besetzt, rechts und links standen Kartons, Rechner, Boxen. Aber es funktionierte, man konnte die Belegung der Einwahlleitungen sofort feststellen. Wenn ich den Serverraum von damals mit der heutigen Hightech-Web-Farm der WWL vergleiche, bewundere ich den Fortschritt der Technik und die Entwicklung der WWL in einer so kurzen Zeit.

Der Aufbau der Firma war mit mehreren Umzügen verbunden. Immer mehr Mitarbeiter begleiteten das Wachstum der WWL. Die Stärke der WWL war, ihren Mitarbeitern das Gefühl zu geben, dass sie wichtiger Bestandteil des ganzen Teams waren. Als ,Neue(r)' wurde man sehr schnell integriert, man wusste, was andere machten, die Geschäftsführung informierte regelmäßig die Belegschaft über die Entwicklung der Firma und jeder neue Auftrag wurde gefeiert. Es gab gemeinsame Mittagessen, am Abend wurden Pizzen bestellt und im Besprechungszimmer zwischen Cola und Fastfood wurde gelacht und geredet, bevor es wieder an die Arbeit ging! Die Nächte waren manchmal sehr lang, die Wochenenden wurden oft in der Firma verbracht, es gab immer irgendein Projekt mit unmittelbar bevorstehender Deadline, Abrechnung der Providing-Dienste, neue Onlinestellungen von Webshops, die Buchhaltung für den Steuerberater ... Die Zeit spielte oftmals keine Rolle, manchmal fing der Arbeitstag erst nach ‚Dienstschluss‘ so richtig an. WWL war fast wie unser zweites Zuhause.

Dieses familiäre Gefühl hat durch den Börsengang leider stark gelitten.

Als die Mitteilung kam, dass die WWL ihr Glück an der Börse versuchen wollte, war uns sicher nicht allen bewusst, was die Transparenz einer börsennotierten Aktiengesellschaft genau bedeutete. Woher auch? Der Neue Markt war noch sehr jung, das Börsenfieber noch nicht auf seinem Höhepunkt und die Erfahrung fehlte. Wie man heute weiß, hat die fehlende Erfahrung mehreren so genannten Dotcom- und Nemax-Firmen die Existenz gekostet. Nur die Starken überleben die Herausforderung des Marktes, die Schwachen werden auf dem Dotcom-Friedhof begraben: Insolvenz, Pleite, Entlassungen.

Ob privat oder geschäftlich, man hörte nur noch Begriffe wie Aktienzeichnung, KGV, Zeichnungsfrist, Emissionskurs. Internetaktien waren in und der Neue Markt das Nonplusuktra.

Die Vorbereitung zum Börsengang der WWL leitete die damalige Geschäftsführung im Herbst 1998 ein. Die Verschmelzung der WWL Connect Online Services GmbH auf die WWL Internet AG im Januar 1999 hatte für viele Mitarbeiter nicht viel verändert: Auf dem Lohnzettel stand plötzlich eine Aktiengesellschaft als Arbeitgeber, die Visitenkarten wurden neu gedruckt, das Corporate Design und Identity wurden angepasst. Ein Vorteil für alle: Die Firmenbezeichnung wurde kürzer.

Im Finanzbereich fing eine harte, aber aufregende und lehrreiche Zeit an: Buchhaltung, Einkauf, Verwaltung, Personal, Controlling, alles wurde auf Vordermann gebracht, professionelle Abläufe wurden eingeführt. Nach der Wandlung in eine Aktiengesellschaft fanden mehrere Marathon-Aktionen statt: Alle Geschäftspartner, egal ob Kreditoren oder Debitoren, Krankenkassen, Finanzamt, Versicherungen, Kunden und Partner mussten informiert werden, die Liste schien unendlich lang. Für die Einführung einer neuen Finanzsoftware benötigten wir zwei Anläufe, um die richtige zu finden.

So erreichten die WWL beispielsweise pro Monat ungefähr 150 einzelne

Telekom-Rechnungen der verschiedenen Verbindungsarten (Analog, ISDN, PMX, Festverbindungen etc.). Es dauerte mehr als ein Jahr, bis alle Telekom-Rechnungen richtig an die ‚WWL Internet AG' adressiert und vom richtigen Konto abgebucht wurden.

Einige Geschäftspartner sind auf äußerst kreative Firmenbezeichnungen gekommen: Auf einmal wurden die Rechnungen an die ‚WWL Online AG' adressiert oder ‚WWL Internet Services GmbH' oder ‚WWL Connect AG'. Solche Rechnungen konnten nicht gebucht und mussten an den Absender zurückgeschickt werden, mit dem Hinweis auf die richtige Firmenbezeichnung. Unzählige Rücksendungen haben uns sehr viel Kraft und Energie gekostet.

Der Börsengang hat für uns im Backoffice stattgefunden, vor dem Rechner und mit dem Telefon. Die heißeste Zeit begann, als die Unternehmensbewertung der WWL Internet AG losging. Alle Vorstände wollten plötzlich ununterbrochen Tabellen, ABC-Analysen[11], sortiert nach Kunden, Bereichen, Standorten, Produkten...

Da wir, bedingt durch unser rasantes Wachstum, wenig Zeit für die Konsolidierung zu einer wirklich effizienten Organisation hatten, waren alle gewünschten Informationen mehr oder weniger schon vorhanden, nur leider verteilt auf mindestens einhundert Exceldateien, die zwar regelmäßig gepflegt wurden, aber nicht miteinander verknüpft waren. Damit fing die fleißige Arbeit von Penelope[12] an:

Umsatz nach Standort, Auftragslage ermitteln, bereits berechnete Leistungen, Projektplanung, Projektstatus usw. Das Wichtigste war immer: Wann wird der Auftrag online gehen? Wann wird der Endbetrag in Rechnung gestellt?

Ich kann mich noch an Anrufe erinnern, die zumeist freitags, spät am Nachmittag eintrafen, die nur vom Wirtschaftsprüfer oder vom Vorstand sein konnten: ‚Wir benötigen dringend eine neue ABC-Analyse ...' Es war immer dringend und oft zu einer Zeit, zu der wir längst unseren Familien gehörten. Und dann ging es wieder los; wir saßen zusammen, mein Kollege mit den Zahlen, ich mit meinem Notebook und Ordnern, und wir bastelten die neue ABC-Analyse als Excel-Torte oder mit Säulen zusammen.

Die Arbeit, die der Bereich Finanzen geleistet hat, aber auch andere Bereiche wie Marketing, Investor-Relations, Werbung, Design, Programmierung, war einfach gigantisch.

---

[11] Eine ABC-Analyse lässt erkennen, ob das Unternehmen von einigen Großkunden oder auch Lieferanten abhängig ist.

[12] Gattin des Odysseus, auf dessen Rückkehr sie zwanzig Jahre in unwandelbarer Treue wartete.

Am 1. Mai 1999, gut zehn Wochen vor der geplanten Erstnotiz, fanden wir uns wieder in der Firma ein: Fertigstellung der Ordner für die Due Diligence. Alle Verträge noch einmal zusammenstellen, seien es Partnerverträge, Arbeitsverträge, Kundenverträge, Rahmenabkommen, Miet-, Leasing-, Mietkaufverträge ... Urkunden von unseren Marken und Namen, Lebensläufe der Vorstände, Unternehmensprofil, und, und, und. Die Finanzeckdaten waren auch noch schön darzustellen.

Endlich, nach sieben Stunden war die Geschichte der WWL in vier Ordnern resümiert.

Der Vorstand bereitete sich fleißig auf die Roadshow vor, für uns war die Vorphase des Börsengangs fast abgeschlossen und wir konnten uns wieder voll auf das Tagesgeschäft konzentrieren.

Ich denke, man hätte allen Mitarbeitern, die es gewünscht hätten, ermöglichen sollen, am Tag der Erstnotiz der WWL in Frankfurt dabei sein zu können. Natürlich, wir sind von unserem Vorstand vertreten worden. Aber dieses Feeling muss einmalig sein, schließlich erlebt man einen Börsengang sicher kaum zwei Mal im Leben. Es ist wie eine Geburt, die Vorbereitung hat neun Monaten gedauert, neun Monate harte und präzise Teamarbeit. Die Chemie unter den Kollegen, die Zeit und der Markt, alles musste perfekt passen. Und alles hat gepasst.

Der 15. Juli 1999, der Tag der Erstnotiz, war nicht die Erfüllung eines Traumes, sondern die Fortführung einer Reise, der Beginn einer neuen Herausforderung – für den Vorstand und für die Mitarbeiter der WWL Internet AG. Eine Reise voller Überraschungen, eine Reise voller Hindernisse.

Der Vorstand wurde erweitert, die WWL war voll auf Expansionskurs: neue Standorte, neue Akquisitionen, viele neu eingestellte Mitarbeiter. ,Groß werden' lautete das Motto. Wahrhaftig! Aber zu welchem Preis!

Die WWL ist sicher eine sehr innovative, motivierte und überzeugende Firma, in zwei Punkten hat sie sich meiner Meinung nach aber nicht richtig oder rechtzeitig fokussiert: Bei der Planung und Organisation der Unternehmensstrukturen.

Jede Umstrukturierung hat uns extrem viel Energie und Geld gekostet. Kaum war eine Umstrukturierung so gut wie abgeschlossen, schon zeichnete sich die nächste ab.

Jede Akquisition oder Standorterweiterung wurde nur oberflächlich ,verdaut'. Es gab nicht mehr das Gefühl, eine Firma zu sein, sondern man war eine Kostenstelle, eine Umlage-Nummer, ein Competence Center, ein Standort. Man berechnete intern Leistungen an andere Kostenstellen weiter. Sicherlich, wirtschaftlich und buchhalterisch ist das alles korrekt, aber wir haben uns in dieser

Bürokratie verfahren und teilweise vergessen, dass unsere eigentliche Hauptaufgabe die erfolgreiche Führung der WWL Internet AG war. Eine fundierte
Struktur hatten wir manches Mal vermisst, und das schnelle Wachstum stellte
uns immer wieder vor Herausforderungen. Viele Hindernisse wurden über-
wunden und mit der Zeit wuchs der Organisationsgrad.

Als Anfang September 1999 unser neues Vorstandsmitglied und späterer
Vorsitzender bei einer Mitarbeiterversammlung seine Pläne und Visionen vorstellte, verglich er die WWL mit einem Rohdiamanten und versprach, diesen zu
polieren. Jede Facette sollte im Jahr 2000 brillieren – jede Facette stand für
einen(e) Mitarbeiter(in) und einen Kunden der WWL.

Wir haben sicher einige Facetten zum Glänzen gebracht. Diese Arbeit ist
jedoch noch längst nicht abgeschlossen, wir werden sie fortführen. Es ist schwieriger, als ursprünglich angenommen, der Markt hat sich verändert, das
Vertrauen der Investoren ist nicht mehr so stark, der Preiskampf ist härter
geworden. Die großen Aufträge sind nicht mehr so einfach zu gewinnen, aber
ein großer Marktanteil ist für die WWL Internet AG immer noch da, nur haben
sich die Methoden, ihn zu erobern, geändert.

Ich denke, das Schwierigste für eine junge Firma, ob börsennotiert oder
nicht, ist der Umgang mit dem Geld – mit sehr viel Geld. Der richtige Umgang
mit Summen in Millionenhöhe, die mehr oder weniger über Nacht zur
Verfügung stehen, macht den Unterschied zwischen Überleben und Sterben
aus. Es spielt keine Rolle mehr, welchen Abschluss Manager besitzen, seien sie
nun Betriebswirt oder ob sie über zehn Jahre Erfahrung im Vertrieb verfügen.
Die Profitabilität wird nur erreicht, wenn alle Manager zuerst kostenbewusst
und dann umsatzorientiert denken und wenn einer die Kontrolle über den
Geldhahn ausübt.

Der richtige Manager muss sich überlegen, ob er in Zeiten von Verlusten
seine Vorbildfunktion lieber mit einem überdimensionierten Auto oder mit
einem unauffälligen Fahrzeug unter Beweis stellt. Der richtige Manager muss
an sein Unternehmen und an die Belegschaft denken, und seine Profilneurose
hintanstellen. Der Dotcom-Manager mit dem großen Auto und ausgeprägter
Neurose wird sich und seine Firma schon nach kurzer Zeit im Dotcom-Friedhof
wiederfinden, der andere mit dem schlichten Auto und Vernunft darf die Reise
weiterhin genießen.

Trotz allem, eine Perle ist die WWL geblieben. ‚Wo wäre die WWL heute,
wenn wir den Börsengang nicht geschafft hätten?‘ diese Frage stellte ich mir im
Februar 2001, als viele Altlasten aus den Monaten nach dem Börsengang die
WWL zu erdrücken schienen. Meine ganz persönlich Antwort darauf ist: Sie
würde heute ein Standort oder ein Teilchen einer der großen Mediaagenturen

in Deutschland sein, sie würde sicher nicht mehr WWL heißen und hätte ihren ureigenen, ganz besonderen Spirit verloren.

Was habe ich aus dem Börsengang der WWL gelernt? Persönlich habe ich sehr viel Erfahrung gesammelt, und egal, ob mein beruflicher Weg die WWL weiter verfolgen oder sich irgendwann von ihr trennen wird, in meinem Herzen werde ich immer ein WWL-Fan bleiben. Die WWL Internet AG ist sehr groß geworden, die kleine Truppe aus Gründertagen ist heute ein mittelständisches Unternehmen, und nach einem ‚Erfrischungsbad‘ zu Beginn des Jahres konzentriert sie sich wieder auf ihr Kerngeschäft, den Bereich, wo sie wirklich ein Pionier ist: den E-Commerce.

Man lernt nicht aus Fehlern, sondern aus Erfahrungen, vorausgesetzt man ist lernfähig.

Der Schlüssel zum Erfolg ist noch immer vorhanden, die Reise wird weitergehen ...“

Cécile Dutheil-Taimanglo

Die Ziellinie des einen – die Startlinie des anderen

Unser Leiter der Niederlassung in Pliezhausen bei Stuttgart hat mir ebenfalls seine Sicht der Dinge bei der Akquisition der ISS Internet Services GmbH aufgeschrieben, die sich ihm im März 1999 in seiner Position als kaufmännischer Leiter präsentiert hatte, bevor wir ihn kurz nach der Akquisition zum Geschäftsführer bestellt haben. Seine Erzählung macht besonders deutlich, mit welch gegensätzlichen Erwartungen Käufer und Verkäufer aufeinander treffen, Erwartungen, die oftmals im Detail stecken und doch ganz banal sind.

„Die Akquisition der ISS Stuttgart durch WWL Nürnberg habe ich als Prokurist begonnen und als Geschäftsführer vollendet. Wer sonst noch hat von dieser Entwicklung profitiert?

Ich denke, alle, die daran beteiligt waren. Eine Akquisition findet immer zweimal statt, einmal vor dem Notartermin und einmal danach. Zwischen dem allerersten Kontakt und der Vertragsunterzeichnung lagen hier gerade einmal 45 Tage – die berühmte Liebe auf den ersten Blick? Für den unmittelbar anstehenden Tanz auf dem Börsenparkett suchte WWL Nürnberg nach Partnern: Nationale Größe, regionale Präsenz, fachliche Kompetenz, rasche Entscheidung weniger Anteilseigner, das waren anvisierte Zielgrößen. Nicht etwa über einen E-Mail-Kontakt, sondern über einen Zeitungsartikel im Wirtschaftsteil wurde der Geschäftsführer der ISS Stuttgart seinerzeit auf die Expansionspläne von WWL aufmerksam – und vereinbarte umgehend einen Gesprächstermin.

Nach dem frostigen Ende einer hitzigen Allianz mit einem Geldgeber aus dem Energieversorgungsbereich hatte die ISS ein gewisses finanzielles Anlehnungsbedürfnis einerseits. Andererseits wollte man grundsätzlich mit fachlich ebenbürtigen Partnern zusammenarbeiten, schlichtweg um verstanden zu werden. ISS war Agentur und Service- Provider in einem, für lokales Agieren zu groß und zu kompetent aus eigener Sicht, von Dritten für einen Börsengang letztlich für zu klein befunden.

Ungeduld war auf beiden Seiten vorhanden: WWL hatte bereits mit mehreren Partnern verhandelt und brauchte einen Erfolgsnachweis für den anstehenden Börsengang. Auch ISS hatte bereits mit mehreren Partnern verhandelt und brauchte eine klare Vision für die Mitarbeiter. Bei allem Tempo wurde dennoch professionell vorgegangen, zusammen mit einem LOI wurde ein ganz straffer Zeitplan für die Due Diligence der ISS GmbH vereinbart. Wichtig für den raschen Erfolg war, dass in beiden Unternehmen keine große Geheimnis-

krämerei stattfand, sondern dass sich Mitarbeiter aus dem operativen Bereich beider Unternehmen miteinander austauschten und in großer Offenheit eine Menge an Gemeinsamkeiten identifiziert wurde. Kein Wunder, waren doch in beiden Unternehmen in puncto Kreativität und Chaos Künstler und Helden vereint, die mit hohem persönlichen Einsatz mit der technologischen Entwicklung und dem Gang von Projekten Schritt zu halten versuchten – und die keinerlei Vorbehalte gegen eine Akquisition hatten.

Bei so großer Einigkeit über Stil und Inhalte sollte die formale Due Diligence weder sachlich noch zeitlich ein Hindernis bilden, und ich setzte persönlich alles daran, über geordnete Verhältnisse erschöpfend und schnell Auskunft zu geben, und aus dem Zusammengehen-Wollen wurde auch ein juristisches und kaufmännisches Zusammengehen-Können. Also eine Aktion aus Liebe und aus Berechnung. Ich bilde mir ein, das Zustandekommen eines auch im Rückblick erträglichen Kaufpreises gefördert zu haben, in dem ich die Verkäufer und Käufer gleichermaßen von allzu hohen, aber in der Phase des Hype-Aufbaus nicht untypischen Preisvorstellungen abbrachte – damals schien ja eigentlich alles erlaubt. Und mit Wirkung zum 6. März 1999 gingen mit dem eiligen Votum eines nicht tätigen Gesellschafters per Handy von der Skipiste aus dem Notar gegenüber 75 Prozent der ISS-Anteile an WWL über. Der ungerade Übergangsstichtag – weder Monats- noch Quartalsende, aber es musste so sein – brockte mir danach eine aufwändige Stichtagsbilanz ein. Der Vorstandssprecher der WWL lud Mitarbeiter, Kunden und Partner zu einer reichlich bemessenen Start-up-Party. Die ISS nahm den Namen der neuen Anteilseigner an und firmierte als WWL Internet GmbH.

Und nach dem Notartermin?

Da trat auf beiden Seiten Ernüchterung ein: Vieles ging im Organisatorischen nicht so leicht von der Hand, vielmehr gingen da ISS-Mitarbeiter von Bord aufgrund fataler terminlicher Koinzidenzen, die man auch als zuvor verschwiegene Tatsachen interpretieren konnte oder wollte, worauf andernorts man sich Unterstellungen verbat: Kurz, da hatte sich ein Tanzpartner dem anderen in die Arme geworfen, der gar nicht so sehr auf ein Auffangen gefasst war, sondern sich ganz ausschließlich für den Gang aufs Börsenparkett vorbereitete. Bei WWL Nürnberg hatten die Verantwortlichen das Gefühl, mit der besiegelten Akquisition eine Ziellinie erreicht zu haben, bei WWL Stuttgart hingegen erwarteten alle die Aufstellung an der Startlinie. Mit diesen grundverschiedenen Erwartungshaltungen waren Misstöne im operativen Bereich vorprogrammiert, zumal viele strategische Fragen beispielsweise zur Zentralität oder Dezentralität im Vorfeld des Börsengangs plötzlich zweit- und drittrangig erschienen, und wer auf der Woge des Erfolgs in Richtung Börsengang getragen wird, tut Kritik *gerne als überflüssig ab. Schnell sahen sich die Stuttgarter in die Defensive gedrängt und einem Legitimationsdruck ausgesetzt hinsichtlich ihrer fachlichen Kompetenz, wenn nicht sogar ihrer wirtschaftlichen Existenz.*

Das Dienstleistungs- und Projektgeschäft ist abhängig von der Motivation der Mitarbeiter, von ihrem Eindruck, im richtigen Boot zu sitzen und mit der richtigen Mission unterwegs zu sein: Das konnte in Stuttgart weder von WWL Nürnberg noch von der bisherigen ISS-Geschäftsführung vermittelt werden, es entstand ein negativ unterlegtes Vakuum, und es gab Tage, an denen manche wünschten, die Akquisition im Nachhinein ungeschehen machen zu können.

Kaufen ist das eine, Integrieren ist das andere, und nach nicht einmal drei Monaten gab mir WWL Nürnberg die Aufgabe, den bisherigen Geschäftsführer – der mich für ISS geworben hatte – zu verabschieden und seine Position selbst, aber anders wahrzunehmen. Das mache ich jetzt schon gut zwei Jahre so und gelte den Nürnbergern immer als Stuttgarter, und den Stuttgartern bin ich immer Nürnberger Gesinnung verdächtig."

Andreas Magg

Im Goldrausch müssen nicht einmal die Hacke- und Pickehersteller verdienen

Ein Bericht darf natürlich nicht fehlen – der unseres *Investor-Relations*-Managers, der selber als Analyst gearbeitet hatte, bevor er zu uns kam. Einige Male habe ich in diesem Buch betont, wie wichtig es ist, rechtzeitig an das „Produkt" Aktie zu denken, das nach einem Börsengang unerbittlich seine Pflege einklagt. Etwas verspätet, nämlich erst einige Wochen nach dem Börsengang, hatten wir uns um den Aufbau einer *Investor-Relations*-Abteilung gekümmert. Welches Umfeld unser eiligst rekrutierter IR-Manager seinerzeit vorgefunden hatte, beschreibt er in seinen nachfolgenden Erinnerungen, die auch eine Rückblende auf den Goldrausch in der *New Economy* zum Ausklang des zwanzigsten Jahrhunderts sind.

„Als ich am 1. Oktober 1999 von Düsseldorf nach Nürnberg kam, um dort nach 10 Jahren ‚Old Economy' bei der erst seit zweieinhalb Monaten am Neuen Markt gelisteten WWL Internet AG nun in einem Unternehmen der ‚New Economy' mein Glück als IR-Manager zu suchen, war ich sehr zuversichtlich und gespannt. Der Kapitalmarkt entdeckte gerade die New Economy und hier insbesondere das Internet als die Wachstumsbranche des 21. Jahrhunderts.

Während die Old Economy als langweilig, ohne Wachstumsperspektiven und auf lange Sicht im Prinzip dem Untergang geweiht galt, war der Begriff ‚New Economy' ausschließlich positiv besetzt. Er stand für Aufbruch, neue Strukturen und letztlich Umsatz- und Gewinnwachstum ohne Ende. Die Kurse diverser Neuer Markt-Werte hatten sich binnen kurzer Zeit vervielfacht. Bis dato gab es nur Erfolgsgeschichten. Das Internet – so die meinungsführenden Hightech-Experten – schien die größte, umwälzendste technische Neuerung seit Erfindung der Dampfmaschine. Dank des Internets würde sich die Erde schneller drehen.

Mittendrin in diesem chancenreichen Szenario eine Company wie WWL, die mit ihren Dienstleistungen für eine erfolgreiche Präsenz im Internet besonderen Nutzen aus dieser Entwicklung ziehen sollte. Denn für alle Firmen, gerade die börsennotierten, ist die Frage nach der Zukunftsstrategie entscheidend. Beim Thema Zukunft stößt man zwangsläufig auf das Thema Internet. Und da sind wir die Experten, das ist – so die plausible Gleichung – unser Markt, unser Gewinn. Insofern schien das Geld auf der Straße zu liegen. Dank des Gangs an die Börse verfügte WWL über genügend Mittel für eine Expansion, um als einer der ‚first mover' schon bald groß, stark und sehr profitabel zu sein. Dutzende an der Nasdaq gelistete Firmen hatten diese Erfolgsgeschichte in den USA bereits geschrieben. Warum sollte dasselbe nicht auch WWL gelingen?

Nun, wie man seit Ende 2000 weiß, kam letztlich alles anders. Zwar kam es zunächst zu einer atemberaubenden Hausse bei den Hightech-Titeln, von der die Internetwerte besonders profitierten. Der im Sommer 1999 seit gut zwei Jahren bestehende Neue Markt hatte seine Feuertaufe durch solide Erfolgszahlen mit einem Gewinnmomentum, das die Fantasie der Börsianer beflügelte, gut gemeistert. Hierzu hatte auch das anfängliche Augenmaß der die IPOs begleitenden Banken beigetragen. Die Erfolgsstory der über fünfundzwanzigjährigen Nasdaq plus die scheinbar grenzenlosen Perspektiven des Internets lösten den kollektiven Goldrausch an der deutschen Börse für Wachstumswerte aus.

Beseelt von den vielfältigen Chancen des Internets, wurden neue Bewertungsmaßstäbe kreiert, die bis dahin an Gewinne geknüpfte Bewertungen außer Kraft setzten. Nicht mehr die abgezinsten künftigen Gewinne, sondern die erwarteten künftigen Umsätze wurden zur neuen Richtschnur. Der unselige Begriff der Cash-Burn-Rate, der zufolge junge Unternehmen mit hohen Marketing- und PR-Aufwendungen und infolgedessen hohen Verlusten besonders hoch zu bewerten seien, war geboren. Keinem Toppanalysten bereitete eine hohe Cash-Burn-Rate damals Sorgen. Im Gegenteil, Analysten forderten sie sogar.

In dieser Phase verloren ‚financial community' und auch das Management vieler Neuer Markt-Unternehmen die ‚hard facts‘ aus den Augen. Auch WWL wollte zeigen, die neuen Spielregeln begriffen zu haben. Noch im Jahr des Börsengangs erzielte WWL statt eines in der Emissionsstudie bereits für 1999 in Aussicht gestellten kleinen Gewinns bei Umsätzen von 7,8 Millionen Euro einen stattlichen Jahresfehlbetrag von 2,9 Millionen Euro.

An dieser Stelle liegt meines Erachtens der Knackpunkt für die nachfolgende Fehlentwicklung, die WWL fast in den Ruin geführt hätte. Hätte man sich eingehend mit den Ursachen dieses Verlustes auseinander gesetzt, so hätte man vermutlich bereits erkannt, dass die im November 1999 akquirierte OptiNet längst nicht so profitabel war wie angenommen bzw. erhofft. Statt dessen setzte man – dem ‚neuen‘ Denken verhaftet – nochmals voll auf die ‚vielfältigen Chancen des Internets‘. Neben dem Kerngeschäft sollten rasch neue, verwandte Geschäftsfelder erschlossen, weitere neue Standorte eröffnet und an bestehenden die Zahl der Mitarbeiter schnell weiter erhöht werden. Die Strategie hieß noch immer: Wachstum und nochmals Wachstum. Alle Ermahnungen einzelner Vorstände oder Mitarbeiter, man müsse stärker auf die Kosten achten, wurden weggefegt.

Unvergesslich ist für mich, wie der erste Vorstandssprecher der WWL, zu dem Zeitpunkt bereits designierter Vorstandsvorsitzender des neu zu gründenden Start-up-Vermittlers trendfinder.com, mich darüber informierte, dass WWL neue Strukturen mit drei neuen Unternehmensbereichen schaffen wolle. Ich war gerade in der Hochphase der Vorbereitung unserer Bilanzpressekonferenz und unseres Analystenmeetings Ende März 2000. Wir hatten noch eine Woche Zeit. Als Leiter Investor-Relations und kommissarisch auch Public Relations hatte ich den Schreibtisch ohnehin voller Arbeit. Der Geschäftsbericht musste fertig gestellt werden. Bis der Wirtschaftsprüfer die Zahlen testiert hatte, kam es immer wieder zu kleinen, aber sehr ärgerlichen Anpassungen im Jahresabschluss. Beinahe täglich änderten sich dadurch nicht nur der Geschäftsbericht, sondern auch die Vorträge für den CEO und CFO, die Ad-hoc- und Pressemeldungen und die Sprachregelungen.

Als mir in dieser Situation der Vorstandssprecher begeistert die neuen Strukturen erläuterte und ich angesichts der vielen Baustellen allein im Kerngeschäft von WWL nicht in Begeisterung ausbrach, kam von ihm nur, manchmal habe er doch Zweifel, ob ich das richtige PR-Feeling für den IR-Job bei einem Neuer Markt-Wert mitbringe. Er vermisse bei mir hin und wieder die Begeisterung für neue Ideen. Der Kapitalmarkt, so versicherte er mir, werde begeistert sein. Was soll man da sagen? Letztlich ist man als IR-Manager Erfüllungsgehilfe des Vorstands. Spielverderber will man ja nicht sein, zumal auch unser Aufsichtsratsvorsitzender auf unserer kurzfristig einberufenen Mitarbeiterversammlung verkündete, man sei mit dem Kurs (der immerhin noch ungefähr bei 30 Euro lag, was einer Marktkapitalisierung von 230 Millionen Euro entsprach) alles andere als zufrieden. (Anmerkung des Autors: Die Aussage des Aufsichtsratsvorsitzenden muss vor dem Hintergrund verstanden werden, dass sich die Aktie seit ihrem Hoch von 60 Euro nicht mal zwei Monate zuvor praktisch halbiert hatte.)

Der Kurseuphorie, die bei WWL von November 1999 bis Februar 2000 gedauert und den Kurs von 16 auf 60 Euro getrieben hatte, folgte eine Serie von erbarmungslosen Nackenschlägen.

Auf der Bilanzpressekonferenz kam die Verkündung der neuen Strukturen gleichzeitig mit der Verkündung der Zahlen 1999 überhaupt nicht gut an. Der Kurs brach am selben Tag um 20 Prozent ein. Tenor in der Presse: WWL befindet sich in einer Restrukturierung. Die guten Zahlen des vierten Quartals 1999 wurden nicht beachtet. Von den vollmundig angekündigten neuen Strukturen hielt der Kapitalmarkt angesichts der bestehenden Verluste im Kerngeschäft – vorsichtig ausgedrückt – wenig.

Mitte Mai publizierten wir die Zahlen des ersten Quartals 2000. Sie waren schwach, und zwar sowohl hinsichtlich des Umsatzes als auch hinsichtlich der Höhe des Verlustes. Die Gewinnschwelle war bei einer negativen EBITDA-Marge von minus 48 Prozent (nach immerhin nur minus 14 Prozent im vierten Quartal 2000) wieder in weite Ferne gerückt.

Mittlerweile setzte sich die Talfahrt der Kurse bei Internetwerten beschleunigt fort. Der Katalysator hierfür war der Konkurs des britischen Onlinemodehändlers boo.com. Auf einmal war klar, dass man mit dem Internet nicht nur schnell reich, sondern auch in beachtlich kurzer Zeit Pleite gehen konnte. Der Zauber, der zuvor vom Internet ausgegangen war, war gebrochen. Alle E-Business-Enabler wollten die neue Realität zunächst nicht wahrhaben. Man sprach sich Mut zu, indem man beteuerte, mit den Geschäftspraktiken einer boo.com nichts gemein zu haben. In zig Interviews wehrte man sich dagegen, mit ihr in einen Topf geschmissen zu werden. Zwar glaubte man wirklich daran, die Lage würde durch den Imageschaden, verursacht durch einzelne schwarze Schafe im weiten Feld des Internet-Business, etwas schwieriger. Dass sich die Lage allerdings bis Ende des Jahres dramatisch zuspitzen würde, ahnte wohl niemand. Auch Analysten warfen zu dem Zeitpunkt noch keine Fragen nach einer eventuellen Illiquidität von deutschen E-Business-Enablern auf. Gleichwohl, der Kursrutsch setzte sich schleichend fort, der Kapitalmarkt ahnte das drohende Ungemach. Im Juni 2000 unterschritt WWL erstmals den Emissionskurs von 15,50 Euro und erreichte noch im selben Monat ein neues Allzeittief von 12 Euro.

Im August beflügelten Fusionsverhandlungen mit einer französischen und skandinavischen Internetgesellschaft den Kurs der WWL-Aktie zwischenzeitlich. Der Kurs verbesserte sich auf 24 Euro. Die Verhandlungen kosteten den Vorstand aber letztlich wiederum nur viel Zeit und Energie, was besonders deswegen ärgerlich war, da sie nicht zu einem erfolgreichen Abschluss gebracht werden konnten.

Rasch testete der WWL-Kurs danach nahezu wöchentlich neue Allzeittiefs. Bei den neu geschaffenen Unternehmensbereichen blieben die erhofften Erfolgsmeldungen aus. Mitte November verkündeten wir unsere Zahlen des dritten Quartals, die bestätigten, was der Kapitalmarkt vorweggenommen hatte. Die neuen Unternehmensbereiche trugen inzwischen ihren Teil dazu bei, dass sich die EBITDA-Marge auf minus 78 Prozent verschlechtert hatte.

Anrufe von Analysten und Journalisten, ob WWL ein Übernahmekandidat sei, hatten längst ihren Schrecken verloren. Im Gegenteil, die Branchenkonjunktur hatte sich im vierten Quartal deutlich abgekühlt, und die Lage war inzwischen so ernst, dass sich WWL längst dazu bekannte, für Übernahmegespräche offen zu sein.

Im Dezember 2000 reihte sich WWL schließlich in die Kette der Internetunternehmen ein, die Fehlschläge zugeben mussten. Bei der trendfinder.com hatte sich frühzeitig abgezeichnet, dass das Ziel, bereits in 2000 schwarze Zahlen zu schreiben, angesichts des zusammengebrochenen Venture-Capital-Marktes unerreichbar sein würde. Da der Start-up-Vermittler von Beginn an auf viel zu großem Fuß gelebt hatte, zog WWL die Reißleine. Eine Maßnahme, die für den Kapitalmarkt zu spät kam. Der Kurs der WWL-Aktie fiel bis Jahresende auf 4,55 Euro.

Im Januar 2001 verkündeten wir die Rückbesinnung auf unsere Kernkompetenzen. Sicherlich, hinterher ist man immer klüger. Dennoch, es wäre besser gewesen, WWL hätte die neuen Strukturen, die wir jetzt teuer zurückschrauben mussten, nie eingeführt und das Wachstum von Beginn an mit mehr Augenmaß vollzogen. Gleichwohl, wir hatten inzwischen den letzten Kredit an der Börse verspielt. Im April 2001 degenerierte die WWL-Aktie zum Penny-Stock mit Kursen von zeitweilig 0,90 Euro. Der Kurs spiegelte wider, dass der Kapitalmarkt die Gefahr einer bald eintretenden Illiquidität witterte. Die Marktkapitalisierung war mit 7 Millionen Euro kaum höher als unsere verbliebenen liquiden Mittel. Alle übrigen bilanzierten und nichtbilanzierbaren Vermögensteile bewertete die Börse zu dem Zeitpunkt mit null. Eine schallende Ohrfeige, die sich neben WWL auch viele andere Internetwerte eingefangen haben.

Gemessen am Aktienkurs lag WWL am Boden. Ein tieferer Fall schien kaum noch möglich. Doch wie die Börse so spielt: Just in dem Moment, in dem es keine Hoffnung mehr zu geben schien, nahte die Rettung. Aufgrund der niedrigen Bewertung und des bereits in die Wege geleiteten ,Aufräumens' – und der daraus ersten sichtbaren Erfolge – war WWL auf einmal für strategische Investoren äußerst interessant. Dank der Vermittlungsbemühungen unseres stellvertretenden Aufsichtsratsvorsitzenden gelang der Einstieg der Beisheim-Gruppe im Mai 2001. Es gab neues Kapital und vor allem eine neue Perspektive für WWL. Nachdem inzwischen fast der gesamte fünfköpfige Vorstand, der WWL im Geschäftsjahr 2000 geführt hatte, seinen Hut genommen hat beziehungsweise nehmen musste, zogen zwei der Firmengründer vor und hinter den Kulissen wieder an den entscheidenden Strippen. Die Chance ist nun da, dass WWL es schaffen kann – gereift durch viele harte Fehlschläge und gestärkt durch Netzwerk und Einflussnahme des neuen Eigners.

Rückblickend kann ich wohl sagen, dass jeder Tag bei WWL den Einsatz wert war, obschon der IR-Job in Zeiten fallender Kurse, die bei WWL die Zeiten steigender Kurse deutlich übertrafen, auch seine frustrierenden Seiten hatte, was Anleger, gerade Privatanleger, aber auch Mitarbeiter betrifft. Einige Privatanleger ließen ihrem Unmut über die Kursentwicklung freien Lauf. Wütende E-Mails, aufgeregte Telefonanrufe und unflätige Äußerungen in Chatrooms waren die Quittung. Bei institutionellen Anlegern geht das diskreter vor sich. Sie verkaufen die Aktie, schwören in ihren Anlageausschüssen, eine solche risikoreiche Aktie nie mehr anzurühren, schicken ansonsten aber nur noch eine Mail: Bitte streichen Sie mich von Ihrem IR-Verteiler.

Bei Mitarbeitern ist die Unkenntnis über Aufgaben und Einfluss von Investor-Relations in der Regel noch größer als bei Privatanlegern, wahrscheinlich, weil bei ihnen die Meinung vorherrscht, der IR-Manager steuere die Kursschwankungen. Einmal kam ein Mitarbeiter während der Hausse freudig erregt und im Überschwang herzlicher Dankbarkeit auf mich zugelaufen: ,Mensch, Stefan, toll! Wie hast du das nur gemacht? Der Kurs ist ja wie eine Rakete abgegangen. Mit meinen WWL-Aktien kann ich mir nun eine super Küche kaufen. Danke!' Versuche, ihn eines Besseren zu belehren, fruchteten nur bedingt, er blieb bei seiner Meinung, ich hätte das für ihn gemacht. Als ich ihn neun Monate später auf der Weihnachtsfeier wieder traf, meinte er nur: ,Na ja, dann kaufe ich mir von den Aktien eben nur eine Spüle!'

Weniger gefasst zeigte sich ein anderer WWL-Mitarbeiter, der eine relativ hohe Zahl von WWL-Aktien erworben hatte. Als die Aktie drohte unter den Emissionskurs von 15,50 Euro zu fallen, sandte er eine verzweifelte Mail an den Vorstand und an mich in Kopie. Sinngemäß fragte er: ,Mein Gott, der Kurs sinkt und sinkt – wann tun Sie endlich etwas?' Wie bei vielen Mitarbeitern herrschte bei ihm der Irrglaube vor, der IR-Manager müsse doch nur Anleger und Analysten anrufen und ihnen erklären, dass WWL – den hohen Verlusten zum Trotz – eine tolle Firma sei. Dann würde der Kurs schon wieder steigen.

Als längst schon die starken wirtschaftlichen Probleme von WWL bekannt waren, der Personalabbau auch die Holding, eingeführt durch die verunglückte Neustrukturierung, nicht verschonte, berichtete mir meine PR-Kollegin von einem Mitarbeiter, der ihr eine besonders interessante Meinung über mich kundgetan hatte. Er habe gehört, der IR-Manager gehe. Sein Kommentar dazu: Dies sei ja wohl auch mehr als überfällig, wenn man bedenke, was der mit dem Aktienkurs von WWL gemacht habe.

Trotz solcher Vorfälle, die letztlich Ausdruck der immer größeren Kluft zwischen Mitarbeitern der Holding und des operativen Geschäfts waren, haben mir die knapp zwei Jahre bei WWL viel Spaß gemacht. Es war eine spannende Zeit, in der unglaublich viel passierte. Nicht zu Unrecht hört man immer wieder, ein Internetjahr entspreche vier normalen Jahren.

Als angenehm habe ich die flachen Hierarchien empfunden, dank derer ich nah an den Entscheidungen war. Mit Vorständen gemeinsam Mittagessen zu gehen war bei WWL ganz normal. Als sehr positiv habe ich auch den Arbeitseifer der vielen jungen Mitarbeiter im operativen Bereich empfunden. Für die rechtzeitige Fertigstellung auch aufwändiger Projekte haben sie sich, wenn es sein musste, krumm gemacht. Und last but not least: ein über lange Zeit sehr positives Betriebsklima. Hierzu trugen viele einzelne Mitarbeiter bei, die beispielsweise einfach so mal einen selbst gebackenen Kuchen für die Etage mitbrachten.

Es fußt aber auch auf der Art und Weise, mit der Teile des Vorstands die Mitarbeiter behandelt haben, nämlich mit hoher Wertschätzung. Das äußerte sich in kleinen und großen Gesten. Zur Weihnachtszeit und im Sommer gab es tolle Feste, bei denen sich die Firma sehr großzügig zeigte. Darüber hinaus gab es häufig für alle Mitarbeiter kleine, herzliche Überraschungen. Nicht nur, aber eben auch an Brückentagen, an denen ein Teil der Belegschaft Dienst schieben musste, fand man in der Küche ein üppiges Obstbuffet. Freitagabend, wenn ich mit nichts mehr rechnete, rief manches Mal der Autor dieses Buches an, erkundigte sich neben besonderen Vorfällen des Tages auch nach mir und lud mich spontan zu sich nach Hause ein. Alles Dinge, die ich so in der Old Economy nie erlebt habe."

Stefan Mehler

WWL Internet AG – Eckdaten des Unternehmens

Am 24. April 1995 wurde die WWL Connect Online Services GmbH gegründet. Die Eintragung ins Handelsregister des Amtsgerichts Nürnberg erfolgte schon sechs Wochen später, am 7. Juni 1995. Gründer der Gesellschaft waren Dr. Steffen Weber (Diplomphysiker), Dr. Christian Winkler (Diplomphysiker), Michel Lindenberg (Diplominformatiker) und Andreas Lindenberg (Diplommathematiker), Autor dieses Buches.

Die Brüder Michel Lindenberg und Andreas Lindenberg hatten bereits 1989 ein Unternehmen im Bereich der Software-Entwicklung gegründet, die B&L Impuls Software GmbH, die im Zuge der Zusammenführung der beiden Unternehmen zum 1. Januar 1999 auf die WWL Connect Online Services GmbH verschmolzen wurde.

Mit Beschluss der Gesellschafterversammlung wurde am 26. Januar 1999 eine Aktiengesellschaft unter der Firma WWL Internet AG errichtet und am 12. Mai 1999 in das Handelsregister beim Amtsgericht Nürnberg eingetragen. Am 15. Mai 1999 hat die Hauptversammlung der WWL Internet AG rückwirkend zum 1. Januar 1999 die WWL Connect Online Services GmbH auf die WWL Internet AG verschmolzen.

Der Hauptgegenstand der Gesellschaft ist die weltweite Entwicklung und Umsetzung von Internetstrategien und Internetauftritten, inklusive Beratung, Konzeption, Design, Programmierung, Qualitätssicherung und Vermarktung derselben.

Am 15. Juli 1999 erfolgte der Börsengang der Gesellschaft am Neuen Markt in Frankfurt. Dabei wurden 2.470.512 Inhaber Stückaktien zu einem Emissionspreis von 15,50 Euro am oberen Ende der *Bookbuilding*-Spanne von 12,50 Euro bis 15,50 Euro platziert. Die WWL Internet AG war das 138. Unternehmen, welches an den Neuen Markt aufgenommen wurde. (Zur Information: Am 3.4.2001 waren bereits 340 Unternehmen am Neuen Markt gelistet.)

Die Gesellschaft verfügt im April 2001 über ein Grundkapital von 7.632.838 Euro. Zu diesem Zeitpunkt beträgt der *Free Float* ungefähr 40 Prozent.

Die nachfolgende Grafik zeigt die konsolidierte Umsatzentwicklung seit Gründung im Jahr 1995, d. h. zur Vergleichbarkeit wurden auch die Umsätze der verschmolzenen Gesellschaften rückwirkend summiert:

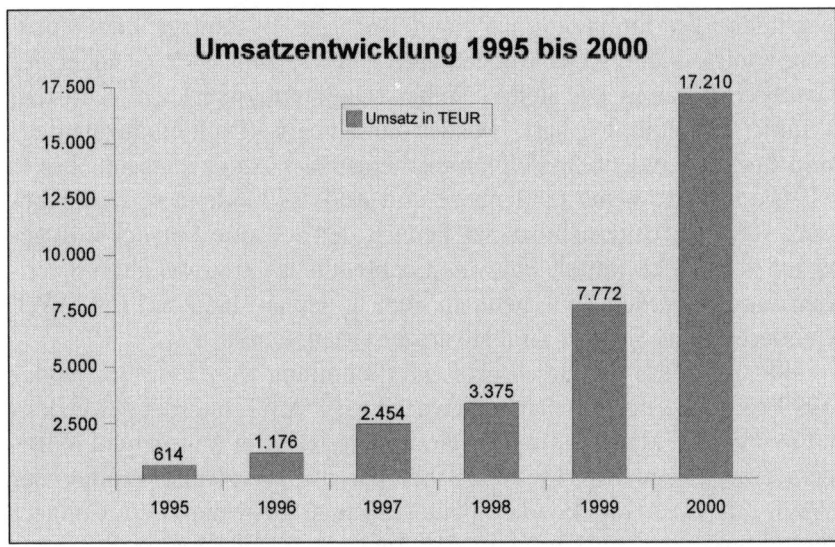

Im Januar 2001 beschäftigt das Unternehmen rund 350 Mitarbeiter an sieben Standorten in Deutschland und einem Standort im Ausland, in Prag. Die Aktie hat vom Tag der Erstnotiz bis Anfang Juli 2001 folgenden Kursverlauf absolviert:

Quelle: comdirect

ZEITLICHE ABFOLGE DER UNTERNEHMENSENTWICKLUNG

Die nachfolgenden Zeitachsen geben einen Überblick über die Ereignisse der Jahre 1999 und 2000.

1999

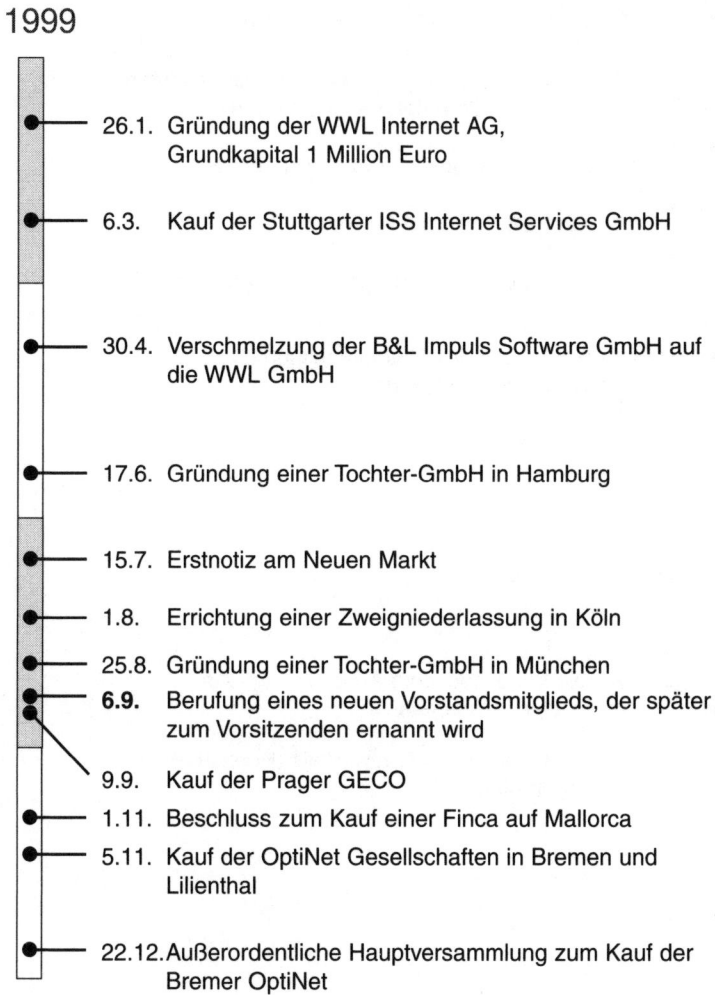

26.1. Gründung der WWL Internet AG, Grundkapital 1 Million Euro

6.3. Kauf der Stuttgarter ISS Internet Services GmbH

30.4. Verschmelzung der B&L Impuls Software GmbH auf die WWL GmbH

17.6. Gründung einer Tochter-GmbH in Hamburg

15.7. Erstnotiz am Neuen Markt

1.8. Errichtung einer Zweigniederlassung in Köln

25.8. Gründung einer Tochter-GmbH in München

6.9. Berufung eines neuen Vorstandsmitglieds, der später zum Vorsitzenden ernannt wird

9.9. Kauf der Prager GECO

1.11. Beschluss zum Kauf einer Finca auf Mallorca

5.11. Kauf der OptiNet Gesellschaften in Bremen und Lilienthal

22.12. Außerordentliche Hauptversammlung zum Kauf der Bremer OptiNet

2000

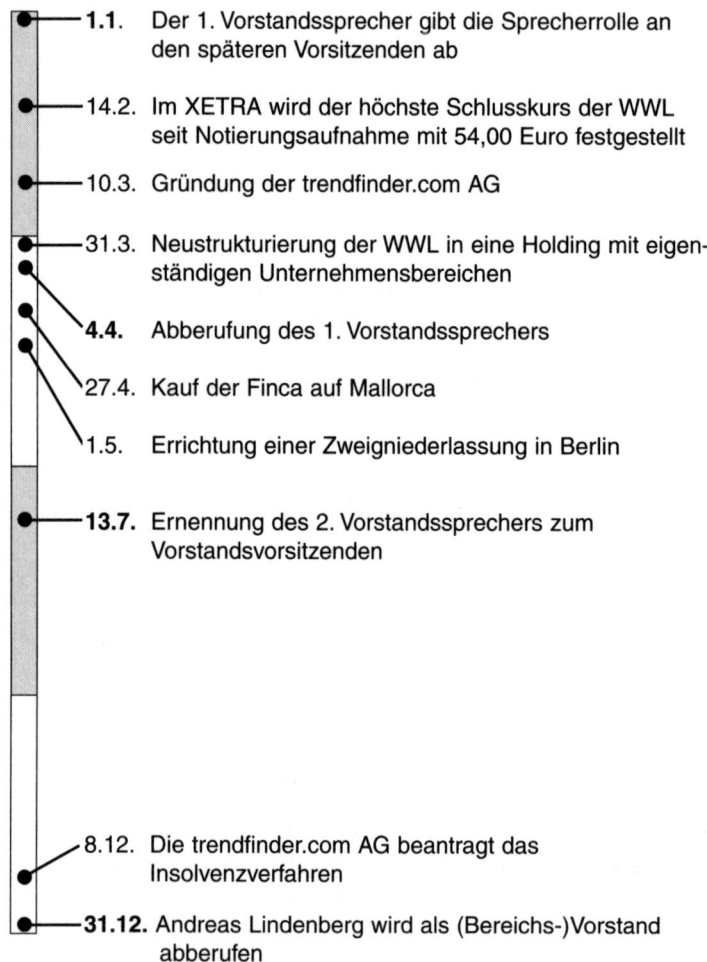

1.1. Der 1. Vorstandssprecher gibt die Sprecherrolle an den späteren Vorsitzenden ab

14.2. Im XETRA wird der höchste Schlusskurs der WWL seit Notierungsaufnahme mit 54,00 Euro festgestellt

10.3. Gründung der trendfinder.com AG

31.3. Neustrukturierung der WWL in eine Holding mit eigenständigen Unternehmensbereichen

4.4. Abberufung des 1. Vorstandssprechers

27.4. Kauf der Finca auf Mallorca

1.5. Errichtung einer Zweigniederlassung in Berlin

13.7. Ernennung des 2. Vorstandssprechers zum Vorstandsvorsitzenden

8.12. Die trendfinder.com AG beantragt das Insolvenzverfahren

31.12. Andreas Lindenberg wird als (Bereichs-)Vorstand abberufen

GLOSSAR

Ad-hoc-Mitteilung	Die Unternehmen am Neuen Markt sind verpflichtet, alle kursrelevanten Ereignisse, zum Beispiel Großaufträge oder Gewinnwarnungen, unverzüglich allen Marktteilnehmern über sog. *Ad-hoc*-Mitteilungen zukommen zu lassen. *Ad-hoc*-Mitteilungen genießen eine hohe Aufmerksamkeit, weshalb sie gelegentlich zu Marketingzwecken missbraucht wurden, ohne dass der Nachricht ein sensationeller Charakter zugekommen wäre. Die *Deutsche Börse AG* hat darauf mit einer Verschärfung ihrer Sanktionen reagiert.
Bankenexposé	Beschreibung des Unternehmens und seiner Märkte, um dieses gegenüber einer Bank mit der Absicht zu präsentieren, sie zu einem *Beauty-Contest* einzuladen.
Beauty-Contest	Auswahlverfahren, bei dem das Unternehmen unter mehreren Banken das Konsortium für den beabsichtigten Börsengang zusammenstellt.
Bookbuilding-Spanne	Preisspanne, innerhalb derer die Aktien eines Unternehmens zur Zeichnung angeboten werden. Das Bookbuilding-Verfahren dient der Preisfindung für neue Aktien und wird durch die Zeichnungsanträge potenzieller Anleger beeinflusst.
Burn Rate	Geschwindigkeit, mit der ein Unternehmen Investitionskapital verbraucht.
Cashflow	Die einem Unternehmen zufließenden Mittel, nach Abzug der Kosten, Abschreibungen, Rücklagen, Wertberichtigungen und Pensionsrückstellungen.
Dotcom	Bezeichnung für eine neu gegründete Firma, deren Aktivität sich anfangs fast ausschließlich im Internet abspielt. Für ihren Internetauftritt reservieren diese Firmen meist einen Domain-Namen, der mit „*.com*" endet, um ihre kommerzielle Absicht zu betonen.

DVFA	Deutsche Vereinigung für Finanzanalyse und Anlageberatung GmbH
Due Diligence	„Beteiligungsprüfung". Genaue Prüfung des Unternehmens durch Investoren als Basis der Investitionsentscheidung.
EBIT	Earning Before Interests & Taxes, bezeichnet die Position der Gewinn- und Verlustrechnung eines Unternehmens vor Berücksichtigung von Steuern und Zinsen (operatives Ergebnis).
EBITDA	Earning Before Interests & Taxes, Depreciation & Amortisation, bezeichnet das operative Ergebnis eines Unternehmens innerhalb der Gewinn- und Verlustrechnung, vor Steuern, Zinsen und Abschreibungen.
Emission	Ausgabe von Wertpapieren wie Aktien oder Anleihen.
Free Float	Bezeichnet den Anteil der Aktien eines Unternehmens, die frei gehandelt werden können – der Streubesitz. Bei Unternehmen am Neuen Markt muss der Free Float 20 Prozent der Aktien betragen. Oftmals ist er nur wenig höher, was schon bei geringen gehandelten Mengen große Kurssprünge ermöglicht, siehe auch: *fungible Aktie*.
Fungible Aktie	Handel- oder Veräußerlichkeit einer Aktie. Bezeichnet eine bewegliche Aktie, bei der regelmäßig hohe Handelsvolumina zustande kommen, ohne dass dies massive Auswirkungen auf den Aktienkurs haben muss. Aktien von Neuer Markt-Unternehmen sind wegen ihrer meist sehr geringen, frei handelbaren Menge überwiegend wenig fungibel.
Greenshoe	Unwiderrufliche Mehrzuteilungsoption für die konsortialführende Bank. Mit dem Greenshoe soll eine „Überhitzung" der Nachfrage nach der Aktie vermieden werden. Er stellt eine Reserve dar, die zumeist aus den Aktienbeständen der Altgesellschafter bereitgestellt wird und die bei einer zu hohen Überzeichnung ausgegeben wer-

den kann. Dadurch soll verhindert werden, dass die Aktienpreise am Tag des Börsengangs aufgrund der großen Nachfrage in astronomische Höhen schnellen, kurz danach aber einen ebenso rasanten Einbruch erleben.

IAS	International Accounting Standards; Internationale Bilanzierungsvorschriften zur Erstellung des Jahresabschlusses und Lageberichts.
IPO	Initial Public Offering; Erstmaliger Börsengang eines Unternehmens mit Publikumsöffnung, wodurch eine breite Öffentlichkeit die Möglichkeit erhält, durch den Kauf von Aktien in das Unternehmen zu investieren.
Konsortialbanken	Lockerer Zusammenschluss mehrerer Geldinstitute für die gemeinsame Abwicklung von Aktien- oder Kreditgeschäften.
KonTraG	Gesetz zur Kontrolle und Transparenz im Unternehmen, wurde im April 1998 wirksam und fordert vom Vorstand u. a. geeignete Maßnahmen zur Risikofrüherkennung und Überwachung seines Unternehmens.
Lock-up-Periode	„Verschluss-Periode". Bezeichnet in der Regel einen Zeitraum im Anschluss an einen Börsengang, während dem den Altgesellschaftern nicht oder nur sehr begrenzt erlaubt ist, ihre Aktien an der Börse zu verkaufen.
Marktkapitalisierung	Gibt die Bewertung eines Unternehmens an der Börse an und berechnet sich aus dem Faktor des Aktienkurses und der zum Handel zugelassenen Anzahl an Aktien.
Nasdaq	National association of securities dealers automated quotations; 1971 gegründete computergestützte Börse in den USA, an der vorrangig Wachstums- und Hochtechnologieunternehmen notiert sind. Die Nasdaq ist Vorbild für den Neuen Markt in Frankfurt und Inbegriff des Börsenbooms und der *New Economy*.
Nemax-All-Share-Index	Gewichteter Index des Neuen Marktes, in den alle Werte dieses Segments einfließen.

Outperformer	Bezeichnung für ein Unternehmen (oder Aktie), das sich schneller oder besser entwickelt als der Marktdurchschnitt, in dem es operiert.
Roadshow	Rundreise von Vorständen einer Aktiengesellschaft zu verschiedenen potenziellen (Groß) Anlegern, um diesen das Unternehmen mit dem Ziel zu präsentieren, sie zu größeren Aktienkäufen zu bewegen.
Router	Gerät an einem Knotenpunkt im Netz, das für jedes Datenpaket die nächste Station bestimmt.
Shareholder-Value	Die teilweise radikale Ausrichtung der Unternehmenspolitik zum Zwecke eines steigenden Aktienkurses.
SMS	Short Message Service; bezeichnet ein Verfahren, Kurztexte mit einer Länge von maximal 160 Zeichen von oder an ein Handy zu verschicken.
Stock Options	Kaufoptionen auf Aktien der Gesellschaft, die die Mitarbeiter von ihrem Arbeitgeber erhalten.
Turnaround	Bezeichnet eine Umkehr in der Unternehmenspolitik, mit dem Ziel, eine drohende Insolvenz abzuwehren. Dies erfordert meistens einschneidende Maßnahmen wie Personalabbau und die bedingungslose Aufgabe verlustbringender Unternehmensbereiche.
US-GAAP	US-amerikanische Generally Accepted Accounting Principles, Bilanzierungsvorschriften zur Erstellung des Jahresabschlusses und Lageberichts.
Volatile Aktie	Aktie mit hoher Schwankungsbreite / -fähigkeit. Drückt aus, wie stark die Aktie Ausschläge nach oben oder unten vollzieht. Die Volatilität ist eine Art durchschnittliche Standardabweichung vom Mittelwert. Hohe Volatilität –> viel Schwankung.
WWL Internet AG	Eine oft gestellte Frage ist die nach der Bedeutung der Abkürzung WWL. Sie fasst lediglich die Initialen der Gründer zusammen.
Xetra	Ein von der Deutschen Börse AG vergebener Name für das elektronische Handelssystem, in Abgrenzung zum Parketthandel in Frankfurt und anderen regionalen Börsen.

Danksagung

Den vorliegenden Praxisbericht habe ich im Wesentlichen aus meiner Erinnerung heraus geschrieben – alle Zahlenangaben sind natürlich recherchiert. Mit der Unterstützung vieler Menschen ist die eine oder andere Erinnerung wieder belebt oder aufgefrischt worden. Andere haben durch eigene interessante Marktbeobachtungen die Darstellungen zum gesamten Umfeld der ersten 24 Monate der WWL Internet AG am Neuen Markt großartig ergänzt. Nicht zu vergessen all die fleißigen Korrektoren unter ihnen, die durch ihren unermüdlichen Einsatz zum flüssigen Lesevergnügen beigetragen haben.

Ganz besonders möchte ich *Dr. Konrad Bösl, Cécile Dutheil-Taimanglo, Eberhard Frenkel, Kristiane Hallermann, Renate Hampel, Gregor Krawczuk, Marcel van Leeuwen, Ulrich-Peter Lindenberg, Christoph Lubkoll, Jürgen Odoj-Brunner, Stefan Mehler, Harald Schumm, Dieter Setzchen, Johannes Taschner, Oliver Thiel* und *Thomas vom Busch* für ihre Unterstützung danken. Sie waren mir mit vielen kritischen Anmerkungen zu verschiedenen Versionen des Manuskripts eine wertvolle Hilfe, meinen Weg bei der Annäherung an ein so schwieriges Thema zu finden.

Eher zufällig geriet ich an *Christian Jund*. Über die Schwester eines langjährigen Geschäftspartners der WWL hat ihn ein Vorabdruck meiner Gliederung erreicht. Obwohl sich die beiden Referenzkapitel, die er umgehend von mir anforderte, und kurze Zeit später auch das ganze Manuskript, noch in einem sehr frühen Stadium befanden, teilte er meine Begeisterung für das Projekt. Bei unserem ersten Treffen habe ich den Verleger des *FinanzBuch Verlags* als einen enthusiastischen und hoch motivierten Entrepreneur kennen gelernt.

Mein ganz besonderer Dank gilt meinem Bruder, *Michel Lindenberg*, der bis zum 21. August 2001 als Vorstandssprecher der WWL Internet AG die undankbare Aufgabe übernehmen musste, den Turnaround einzuleiten und mit den Altlasten aufzuräumen, die ihm der Vorstand, dem ich angehörte, hinterlassen hatte. Er war angetreten, um das Vertrauen der Aktionäre, der Mitarbeiter und Kunden in das Unternehmen zurückzugewinnen und diesem dadurch eine neue, eine zweite Zukunft zu geben.

Andreas Lindenberg

Der Autor

Andreas Lindenberg, Jahrgang 1963, wuchs bis zu seinem zwanzigsten Lebensjahr in Brüssel auf und besuchte dort die zeitweise größte deutsche Auslandsschule. Nach dem Abitur begann er in Berlin eine Banklehre, die er nach kurzer Zeit abbrach, um in Erlangen Mathematik und Informatik zu studieren. Direkt nach seinem Studienabschluss gründete er 1989 mit seinem Bruder ein Unternehmen zur Entwicklung von Software. Parallel dazu gründeten die beiden Brüder 1995 mit zwei weiteren Gesellschaftern die WWL, damals noch in der Rechtsform der GmbH. Als Geschäftsführer und Vorstand begleitete Andreas Lindenberg den Aufbau der WWL und ihren Gang an den Neuen Markt, ehe er Ende 2000 als Vorstand und Mitarbeiter ausschied.

Als Mitglied des Aufsichtsrats von März bis Mai 2001 leitete er mit seinem Bruder im Vorstand den Turnaround der WWL Internet AG ein. Heute ist er gern geladener Referent über seinen Praxisbericht auf verschiedenen Publikumsveranstaltungen.

In seiner Freizeit trainiert er leidenschaftlich für Triathlon und befasst sich mit ungelösten Problemen der Mathematik.

Stichwortverzeichnis